PENGUIN
History *of* Britain Vol.2
企鹅英国史卷二

后罗马时代的不列颠

衰落与崛起

400—1070

Britain After Rome

The Fall and Rise, 400 to 1070

ROBIN FLEMING
[美] 罗宾 · 弗莱明 ♦ 著

满海霞 朱珂漫 王杜 ♦ 译

上海社会科学院出版社
SHANGHAI ACADEMY OF SOCIAL SCIENCES PRESS

图书在版编目（CIP）数据

企鹅英国史. 卷二，后罗马时代的不列颠 ：衰落与崛起 ：400—1070 / （美）罗宾·弗莱明（Robin Fleming）著 ；满海霞，朱珂漫，王杜译 . — 上海 ：上海社会科学院出版社，2024

书名原文 ：Britain After Rome ：The Fall and Rise, 400 to 1070

ISBN 978-7-5520-4091-3

Ⅰ. ①企… Ⅱ. ①罗… ②满… ③朱… ④王… Ⅲ. ①英国— 历史—400-1070 Ⅳ. ①K561.0

中国国家版本馆CIP数据核字（2023）第041844号

审图号：GS（2023）2820号

上海市版权局著作权合同登记号：09-2023-0329

First published as *Britain After Rome* in 2010 by Allen Lane, an imprint of Penguin Press.
Penguin Press is part of the Penguin Random House group of companies.

后罗马时代的不列颠 ：衰落与崛起 ，400—1070

Britain After Rome : The Fall and Rise, 400 to 1070

著　　者：［美］罗宾·弗莱明（Robin Fleming）
译　　者：满海霞　朱珂漫　王　杜
策 划 人：唐云松　熊文霞
责任编辑：董汉玲
特约编辑：薛　瑶
封面设计：别境Lab
出版发行：上海社会科学院出版社
上海顺昌路622号　　邮编 200025
电话总机 021-63315947　　销售热线 021-53063735
https://cbs.sass.org.cn　　E-mail: sassp@sassp.cn
印　　刷：上海盛通时代印刷有限公司
开　　本：890毫米×1240毫米　1/32
印　　张：16
字　　数：383千
版　　次：2024年5月第1版　2024年5月第1次印刷

ISBN 978-7-5520-4091-3/K·680　　定价：88.00元

致谢

完成一本书有很多乐趣，其中之一就是撰写答谢词。我要感谢给予我经济支持的个人和机构，感谢你们提供科研经费，支付我的旅行费用；感谢我的研究助理，你们的辛勤付出，让我有时间专心写作。感谢波士顿大学的各位同事，帕特里夏·德·莱乌、林恩·约翰逊、大卫·奎格利、乔·奎恩和皮特·威勒，感谢你们的全力支持和帮助。本书最初几章的写作，要感谢约翰·西蒙·古根海姆基金会以及普林斯顿高等研究院历史研究学院的慷慨资助。还要特别感谢贾尔斯·康斯特布尔和卡洛琳·拜纳姆，因为他们，我有幸成为小乔治·威廉·科特雷尔协会的成员。同时，还要感谢协会好友和同事：朱莉·巴罗、斯蒂芬·本施、康斯坦斯·布沙尔、西莉亚·沙泽勒、安吉拉·克里杰、苏珊妮·埃比沙姆、乔希·福格尔、基特·弗伦奇、琼·贾奇、克里斯蒂娜·克劳斯、尼诺·卢拉吉、伊丽莎白·梅吉尔、彼得·摩根、莱斯利·皮尔斯和莫顿·怀特，很荣幸得到他们的陪伴，以及他们提出的十分宝贵的意见。我在哈佛大学拉德克利夫学院度过了本书写作的最后阶段，在这段高度紧张的时期，感谢学院提供给我如此舒适的工作环境，使我能够全力以赴地完成收尾工作。

当然，本书的完成也离不开许多图书馆和这些图书馆的管理员。波士顿大学奥尼尔图书馆的管理员和工作人员给了我极大的帮助，特别是馆际互借部门的管理员，帮我查到非常重要的文献资料。还有普林斯顿高等研究院图书馆的管理员们，感谢你们的帮助。托泽图书馆和哈佛大学人类学图书馆，让我能有机会查阅世界上（至少在我的研究领域内）最好的藏书，同时在我写作的几年内，为我提供研习间，感谢你们给予的帮助与友好。

我还要感谢很多历史学家，包括大卫·贝茨、朱莉娅·克里克、温迪·戴维斯、萨拉·哈密尔顿、约翰·吉灵厄姆、亚历桑德拉·马萨里、南希·内策、罗伯特·施奈德和伊丽莎白·范·霍茨。他们都曾邀请我撰写文章或专著的部分章节，这些写作经历都使我能够重新思考我书写历史的方法，有机会探索非文本类型的各种证据。理查德·埃布尔斯、凯瑟琳·弗伦奇、克里斯·刘易斯和布鲁斯·奥布赖恩阅读了我的书稿，就书中的许多章节和观点与我进行了深入探讨并提出宝贵意见。许多毕业和在读的研究生和我一起思考和解决书中各个时期及其证据给出的难题，他们包括：伊丽莎白·布赫尔特、特雷西-安妮·库珀、凯莉·多德森、里根·伊比、乔希·格拉波夫、杰西·奥斯特罗姆、马克·马兰、克里斯·里德尔、克里斯蒂娜·塞内卡、萨莉·肖克罗、卡里宁·乌格，特别是阿莱西亚·阿赛奥、大卫·克兰、安德鲁·洛厄尔和奥斯丁·梅森，他们和我一样，也对考古发掘的各种物证充满兴趣。我想特别感谢我已经毕业的两位研究生——玛丽·弗兰西斯·詹鲁和帕特丽夏·哈尔平，在2001年，我们合作发表了一篇论文，那次写作标志着我沉醉不列颠广博的物质文化的开端。

我在波士顿大学教授本科生“罗马人与蛮族”课程，并组织了本科生的物质文化研讨课，学生们帮助我理清了本书中的许多论点；两位本科生研究助理亨利·萨里奥和迈克·基特森整理了本书的参考书目。我在波士顿大学的同事，无论是研究公元前历史的学者，还是研究中世纪的学者，都给予了我很多支持，尤其是普拉桑南·帕尔塔萨拉、南锡·内策尔和皮特·威勒，他们是我灵感的重要来源。他们都和我一样，也对这一领域充满了探索欲，以各自的方式从事着历史研究。

我还想感谢企鹅出版社的编辑们：西蒙·温德尔，他耐心、热情，提出了许多宝贵意见；大卫·坎纳丁，是他向我发出了橄榄枝，邀请我撰写这本书；伊丽莎白·斯特拉特福德，她的编辑排版水平十分出色。最后，我深深感激我的丈夫斯塔夫罗斯·马克拉基斯先生，感谢他的陪伴、他精湛的厨艺、他对事物的好奇心、他过目不忘的能力、他的耐心，以及他对《英文写作指南》和《现代英语用法词典》这两本书的研读，他不但使这本书的语言更加出色，而且让我心情愉悦地享受这本书的写作过程，这样的经历让我终生难忘。

地图

图 1　5 世纪至 7 世纪早期的不列颠

墓地
上层人士的墓葬
专业的基督教社区
有证据表明没有丧葬仪式活动的地点
北
皮克特
爱奥那岛
达尔里阿达王国
林迪斯法恩
伯尼西亚
埃斯克姆
哈特尔浦
德依勒
古德曼汉姆
林赛
巴德尼
迪河畔班戈修道院
麦西亚
丘上布利登
中盎格利亚王国
斯邦山
东盎格利亚王国
伯格城堡
朗兹
斯内普
伍斯特郡圣海伦纳
麦肯赛特王国
格洛斯特郡圣玛丽德洛德教堂
赫威赛王国
纳兹恩伯里
圣奥尔本斯
东撒克逊王国
滨海绍森德
兰尼蒂
坎特伯雷
坎宁顿
肯特
西撒克逊王国
南撒克逊王国
庞德伯里
怀特岛
0
100 公里
0
50 英里

图 2 仪式、信仰与皈信

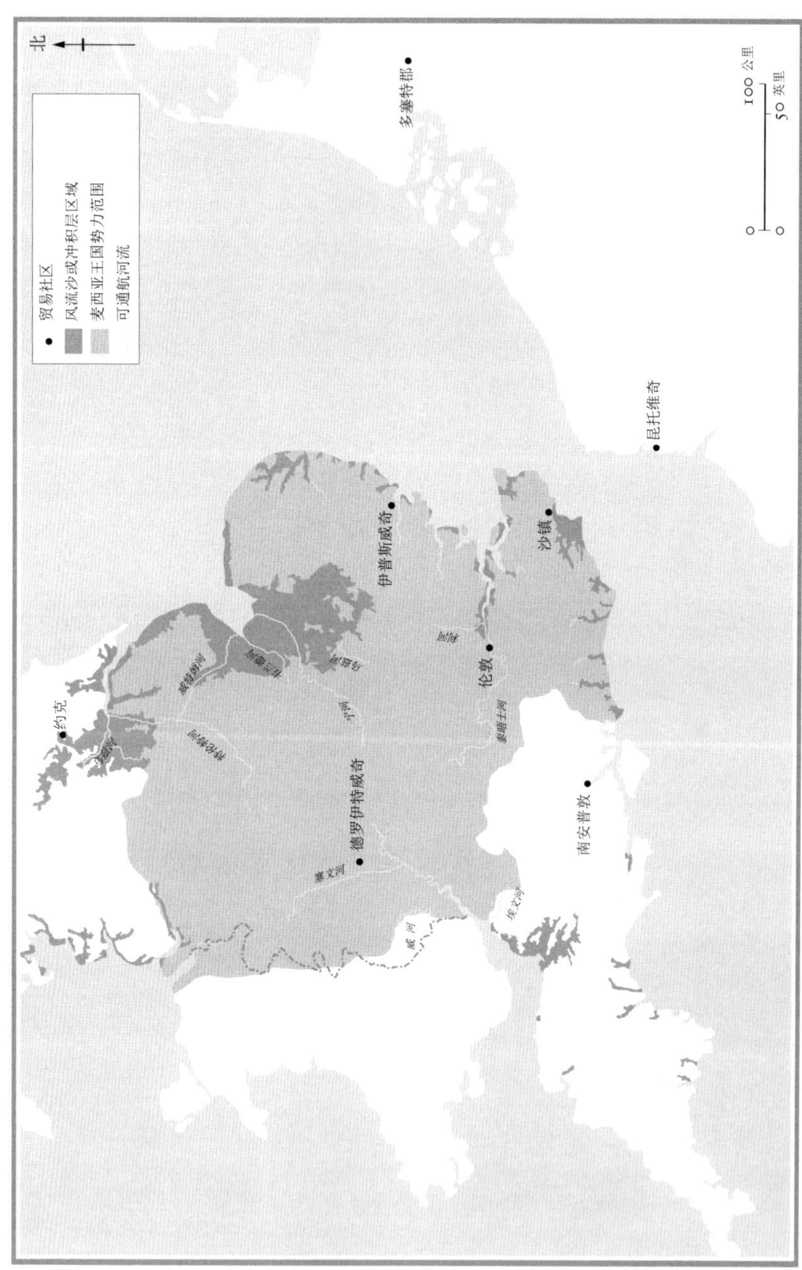
北
贸易社区
风流沙或冲积层区域
麦西亚王国势力范围
可通航河流
0
0
100 公里
50 英里
多塞特郡
昆托维奇
伊普斯威奇
沙镇
伦敦
泰晤士河
约克
德罗伊特威奇
塞文河
南安普敦
埃文河

图 3　贸易社区的重生

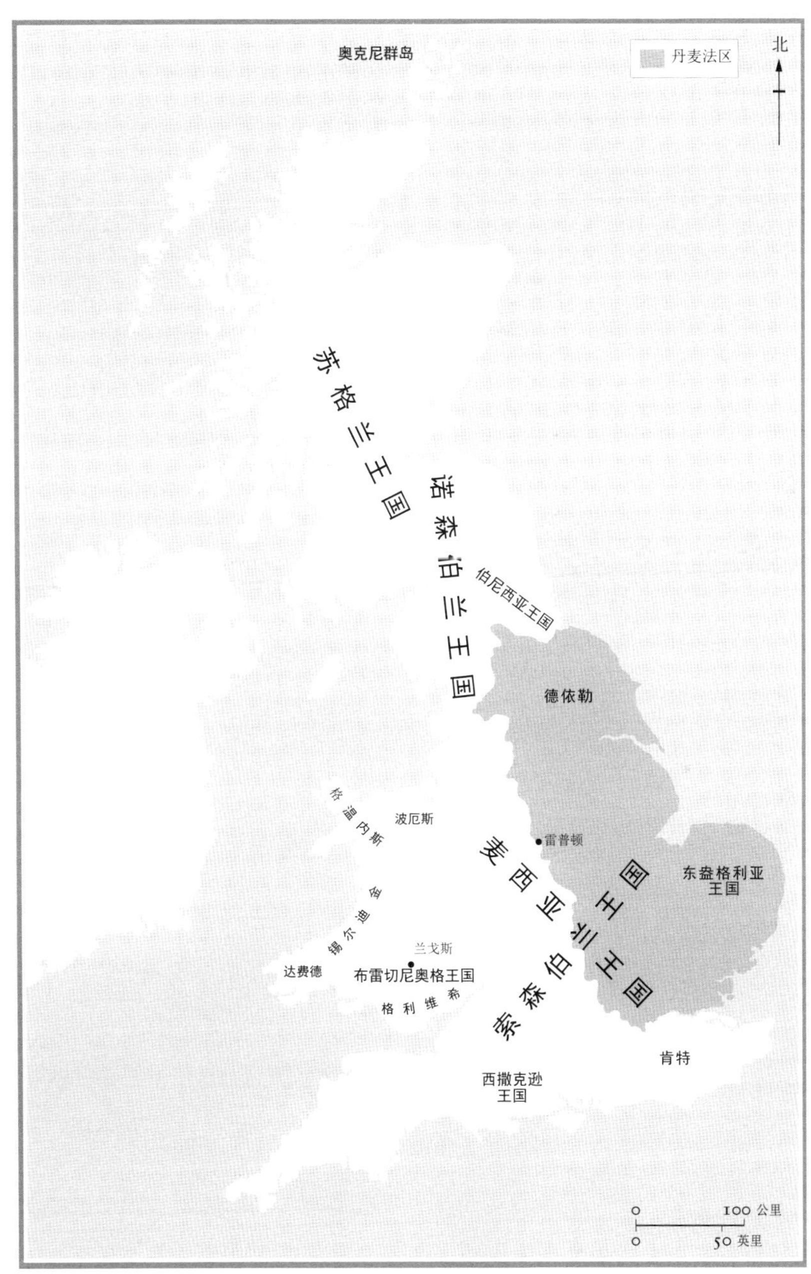

图 4　不列颠王国与维京人

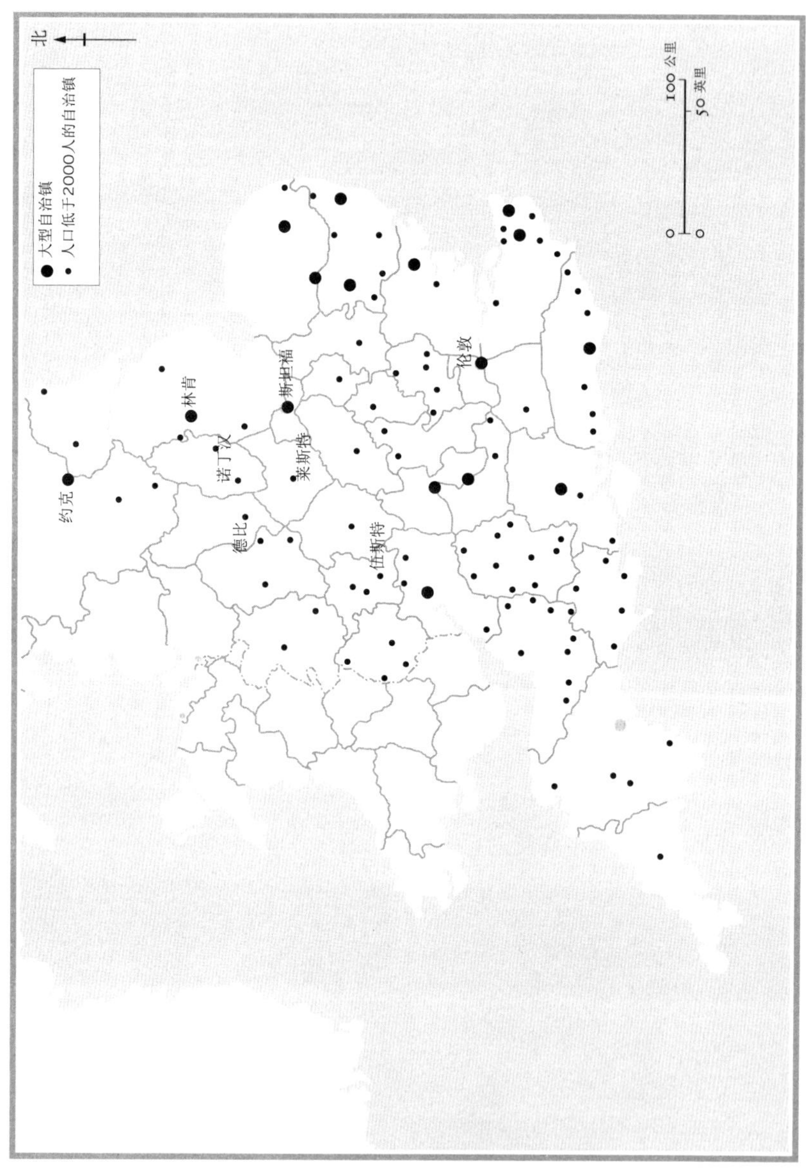

图 5 《末日审判书》中记载的城镇和郡县

目　录

引言

这是一本关于中世纪早期的不列颠人，以及他们居于斯的社群的书。这本书也是一部叙事史，打算讲述这些人的生活的故事。现在姓名可考的几位——圣高隆（St Columba）、“和平者”埃德加（Edgar the Peaceable）、海韦尔·达（Hywel Dda）和“决策无方者”埃塞尔雷德（Æthelred the Unready）——几乎一直都是这个时期叙事史学的焦点，而且他们主导着研究。虽然因为我们的书面资料太少而且含糊不清，这些人的生活和事迹往往极难重建；有许多历史学家毕生都在努力从极少且毫无关联的关于他们的史实中建构有意义的生命历程。这些人一旦出现在我们的叙事历史中，他们（旁边是我们关于他们我们能说什么不能说什么的连篇累牍的讨论）往往便占据了所有讨论空间，结果，几乎没有留给数十万与奥法王（King Offa）、哈罗德·戈德温森（Harold Godwineson）这样的人物生活在同一时期的寂寂无名者任何空间。因为我想在我将要讲述的故事中给这些其他人更多空间，所以，知名度更高的人在本书中较少现身；实际上，读者在本书中找到的有名可考的个人和具体事件比大多数叙事史都少。但是，他们也将在本书中找到大大多于他们通常在这个时期的叙事史中找到的历史行动者。

本书选择这一视角，首先出于对实际情况的考量。关于这个时期的政治情况已经有许多优秀的叙事作品，它们的作者也是非常优秀的历史学家，沿着类似的方向再进行一次探索确实很难。其次是更深层的哲学层面的原因。我过去常常认为，处于社会顶层的人会对每个普通人的生活、对社会都产生巨大影响。但是，尤其经过布什总统任职的 8 年，我们发现，千千万万普通民众参与并缔造的历史潮流，它们缓慢、稳步、无声无息，却塑造了整个社会和文化，上到总理和总统、下到我们所有人的生活，都受到了深深的影响。比如，智能手机和社交平台的普及、远离烟草的倡议、方便的避孕措施、物质的极大丰富，等等。我一直相信，在更遥远的过去亦应如此。我想写一段记叙中世纪早期的历史，它记录的是普通大众的日常生活，他们和他们参与的活动（而不是国王和政治事件）是故事的核心。因此，本书打算从中世纪早期不列颠地区每一代人共同的行为、信仰和苦难出发，看一看他们的经历如何塑造了所有人的生活，并深刻地改变了整个社会的进程。他们对历史的塑造，比那些我们恰巧知道名字的人物更加重要、更加深刻。成书之际，我发现我笔下的历史与布莱恩·哈里森的新书《寻求地位：英国 1951—1970》(*Seeking a Role: The United Kingdom 1951–1970*) 异曲同工。哈里森一开始就告诉读者，其书的“重点不是按年代梳理政治事件，而是那些不那么为人熟知的独特的非政治事件，它们带来的改变可能缓慢，甚至难以察觉，但往往同样是革命性的。没有任何一个社会里政治家和政府官员能够支配人们的日常生活”。我同意，历史叙事应该倾听非政治性变革事件发出的声音，它们可能在不同地点平行发生，而不应该纠结于社会的某个子方面，做历史的归纳总结，为了补充说明国王和王国的“真实历史”，专门分出几个章节讨论女性、社会、农耕和经济历史。

找寻无名之人，丰富笔下历史的痛苦，与将他们的生活拼凑起来的欢愉，都来自我们得到的考古证据。几乎所有文字记载都是关于国王与教士的，它们的作者按照自己特定的视角撰写了历史。因此，如果我们想了解 6 世纪的几个家庭如何说服别人为他们上缴生产盈余，7 世纪早期的商人如何在不列颠重建城镇生活，或者 9 世纪时一些皮克特人（Picts）如何成为维京人，我们就要放下手中的《盎格鲁－撒克逊编年史》(后文中简称为《编年史》)，真正地看一看现代考古学家发掘出了哪些物质证据。当然，在过去的几十年里，有一些历史学家不但认真吸纳了这些证据，而且令人羡慕地可以信手拈来将它们用于论证。但也必须承认，大多数历史学家仍然很少关注考古获得的物质证据，尽管在过去 30 年间，考古学家发掘的证据经常与各种文本资料相佐，但应该说，这些证据具有颠覆性的意义。因此，历史学家应该与考古学家一样，仔细钻研发掘出来的物质证据，通过理解它们背后的含义和逻辑，来修补和重构我们过去研究中的某些残缺的部分。

物质证据有时会给出与文字资料不同的年代史，让人醍醐灌顶。我明白的最重要的一点是，研究中世纪早期的历史，应该从不列颠尼亚的鼎盛时期开始，而不是其衰落之后；忽视罗马帝国，我们则会忽略掉不列颠庞大的本土人口，从而造成对历史的重大曲解。可是，几乎没有任何描述不列颠尼亚当时历史的文本留存至今，如果我们想引证的话，只能考虑使用考古发掘的物质证据。同样，在文字资料中异教时期与基督教时期划分得如此清晰，但实际情况似乎对于生活在这个时期的人来说也并非如此，许多被历史学家轻描淡写地定为“异教”做法的，例如，陪葬品和坟冢，是只有好几代出身“更好”家庭的基督徒才能拥有的墓葬形式。物质文化也对历史学家以往的政治和种族边界划分提出了质疑，他们基于文字记录的传统划分方式一直主宰着我们对事实真相的思考。

当然，无论是物质证据还是文本证据，它们皆是证据，无关我们的倾向。例如，我曾希望减少对英格兰人的关注，更多地关注皮克特人或威尔士人，因为这两个种族的物质证据比文本证据多。但是，与文本证据一样，物质证据在不列颠不同地区、不同时期的分布不均匀，进而决定了我们可以写谁。同时，研究物质证据也一样，需要谨慎小心，避免误入歧途。如果我们想选择它作为佐证，我们必须尽力掌握所有物质证据，而不仅仅是典型的物件、典型的遗址，还有考古发掘报告中的细枝末节。简而言之，要像“研读”文本证据一样“研读”物质证据——小心、勤思、富于想象。

很多年前，大卫・坎纳丁邀请我撰写这本书。他给出 3 条不可违背的原则：第一，不能有脚注；第二，不讨论史料；第三，一般读者、本科生、研究生和专业历史学家都可以从中获益。我尽力达到他的要求。本书中所有解释与论证完全基于数百名考古学家和历史学家的研究，没有脚注，但我增加了“扩展阅读”部分的书单。在本书扩展阅读部分，我们尽力列出每个章节最经典的文献，以这种方式展示本书的学术特质。与引言部分相关的扩展阅读分 6 个小板块：第一部分选择的几本书，旨在帮助感兴趣的读者理解什么是政治叙事；第二部分选择了几本分专题讨论这段历史的书籍，比较基础，但十分重要且可读性强；第三部分的书籍和文章展示了一些物质证据，供感兴趣的读者参考；第四部分列出的都是专门讨论物质文化及史学家如何利用物质文化的文章；第五、第六部分一共列出 10 本书和 10 篇文章，这些书和文章的作者采用有趣、令人激动且富有创意的方式去研究物质证据和物质世界（从虫子到鱼骨的各种物质），说明物质证据无论大小，都“值得仔细思考”。所有这些都能作为入门书籍，帮助不熟悉物质证据的历史学者和一般读者探索物质证据的可能性和丰富性。这里的每一部书、每一篇文章都曾让我对历史产生了不同看法，是它们，让我燃起撰写一部新的叙事历史的愿望。

第一章

古典时代晚期不列颠的兴与衰：2 世纪至 5 世纪初

5 世纪初，罗马军队完全撤离不列颠。此时的罗马今非昔比，已不是当年征服并殖民不列颠的那个罗马。在罗马完全撤军前的一百多年里，高卢、意大利、罗马帝国的东部边境发生了一系列政治危机，极大地消耗了涉事地区的经济和军事实力，不列颠地区幸免于难，经济和社会生活日渐繁荣，这一时期的不列颠被称为“古典时代晚期的不列颠”（Late antique Britain）。显然，3 世纪对于罗马帝国的大部分地区来说都显得格外艰难，蛮族入侵、长期内战、无休止的军事政变及严重的通货膨胀蔓延至不列颠以外的罗马统治地区。直到 3—4 世纪之交，罗马帝国才又稳定下来，但其管理模式已经发生了巨大的转变，整个社会和文化都被重塑。这一时期，罗马的皇帝们都是军事上的铁腕人物，大权在握；帝国在各城邦都任命了专职管理者；富人积聚了大量财富，4 代以前的古罗马元首制（principate）黄金时代的富人都无法与之媲美。那时的罗马各皇帝，至少在理论上，一直都被认为是“同侪之首”。新的罗马是一个统治上更加专制（此处“专制”的英文 despotic 来自拉丁文单词 dominus，意为“主人”）的罗马，在其撤出不列颠前的最后一个世纪，重塑了不列颠社会的政治和经济形态。罗马在不列颠建成了一个新的社会，这个社会比其以往少了古典时期的风貌，而更为罗马化。

不列颠尼亚的第一次经济繁荣

由于不列颠在 3 世纪避开了大多数的政治暴乱和蛮族入侵，它所经历的社会变化主要源于罗马帝国因长期艰难的社会结构转变而带来的经济混乱。在经济危机爆发之前，古典风貌的城市在不列颠一度盛行。虽然这些城市的规模相对较小（伦敦在其鼎盛时期拥有大约 3 万人口，而罗马在鼎盛时期人口达到 100 万），但有很多公共设施大致相同——精密规划的网格状街道、沟渠、浴场、广场以及露天竞技场。这些经过规划的城镇建立于罗马元首制早期，虽然不如罗马帝国在其他地区的城镇奢华，但它们也有大理石镶面的建筑，有瓦片铺就的屋顶，还有公共纪念碑。不列颠的城镇社区，尤其是伦敦，能繁荣发展主要因为它们本身就是大规模国际商业贸易的中心。不列颠在 2 世纪的贸易量巨大，大宗廉价商品不远万里汇聚于此。事实上，这一时期的贸易水平比接下来 1 500 年间的任一时期都要高。大量盛满西班牙橄榄油或巴勒斯坦葡萄酒的双耳陶罐被运至伦敦的各个码头，来自高卢的红色封印土雕花陶具（Samian tableware）在此堆积成山，无一不说明当时贸易规模之大、范围之广。其中部分贸易为罗马的征税和盘剥网络所带动，因为罗马帝国为方便管辖，划分其殖民地区为不同行省，征税与盘剥网络因此将各行省的财富转移到罗马帝国的中心。另一促进形成这种国际性贸易的因素是一小撮本地统治阶级的消费习惯和他们的罗马化品味。不过，不列颠本身并不是一个富饶的行省，单单靠其自身的条件，绝不可能吸引到跨罗马世界的商业贸易机会；但是，不列颠境内驻扎着规模异常庞大的罗马军队，罗马帝国的管理者在不列颠的军事要塞上、在提供物资供给的货物运输系统上耗费巨大，显然，这些也刺激并维系了不列颠的大部分贸易活动。

驻扎在不列颠北部的军队规模庞大，鼎盛时期超过 4 万人，约占罗马帝国军队总数的 1/8。尽管不列颠当时只是罗马帝国 40 个行省之一，但其庞大的军队规模每年大概要花掉帝国总预算的 1/16。一支军队要有这样的规模，不仅要求国家有大量资金注入，还需要各种物资不间断地供给，包括食物（尤其谷物）、衣物、武器、用于军事运输的牲畜、建筑材料等，其中有些可以由当地社区提供，但大部分来自其他更遥远的地区。在元首制的巅峰时期，军队与英吉利海峡以南各个行省的贸易商签订合约，由其提供军队所需的大部分粮食与物资。这些供给军队的物资和运输到英国本土市场的货物，顺着内陆水路从高卢沿着莱茵河最终抵达不列颠。如果这些商贩只为满足不列颠的本土市场，他们走大西洋海路的费用会少很多。所以，除非这种高费用的内陆运输方式得到某种形式的补贴，商贩才有可能做出这样的选择，而事实似乎正是如此。从对沉船的考古发掘得知：船舶运送的制成品（包括 2 世纪考古记录中不列颠地区比较常见的陶器、玻璃制品及金属制品等），对于大部分军事物资运输船舶来说，只占总运送货物的一小部分，它们主要运送的还是原料和食物。因此，似乎那些有胆识的贸易商在伺机利用船舶的运输空间，一旦军事物资装载完毕，剩余空间便被用来装运奢侈品。等船舶抵达目的地，这些奢侈品就可以卖给罗马的管理者、有现钱的士兵或者讲究的当地人。因此，这部分商品没有增加一丝一毫成本，夹杂在军事物资里悄悄进入了不列颠。这些偶然却特别的安排萌芽于罗马帝国的扩张，使得帝国内富有的行省以这种补贴贸易的方式，得以从帝国征服的消耗中慢慢恢复，当然，它们也交出了自己相应的税款。

不列颠依仗政府的巨额支出和大陆贸易的有利条件，在一个半世纪的运转中创造了大量财富。但在这些既得利益中，有多少由不列颠居民享有，有多少归属于罗马帝国的管理者和大陆贸易的中间商或供给商，就难说清楚了。在此期间，大多数不列颠尼亚的乡村定居点（包括富有家庭和不太富有的农家），人们的生活仍然没有任何罗马化的迹象。因此，元首制下繁荣的长途贸易好像并没有惠及不列颠本地，其所带来的经济利益大多被那些在政治上控制不列颠、军事上统治不列颠和商业上与不列颠交往的人所获得。

虽然这一体系创造了巨额财富，促进了不列颠最初的城市化，但问题在于它无法持续。罗马军队在不列颠境内的最后一系列军事活动发生在 3 世纪初，并且随着莱茵河、多瑙河以及波斯湾前线战况告急，罗马撤走了驻扎在不列颠的大部分军力，只留下大约一半原有军队。军队缩减之后，原本占主导地位的军需贸易及补贴模式无法持续，不列颠依赖于这一模式的罗马化生活也便无法维持。军队的合同发生了变化，寄生在军需贸易中的大陆贸易活动因此陷入了危机。3 世纪 30—50 年代，外族入侵高卢和意大利北部地区，这也是造成跨省贸易中断的另一个原因。外族的入侵加上时而爆发的内战，当商品运输穿越罗马帝国西部时，无疑面临更大的风险，从而增加了货物运输的成本。在这场危机中，自一个半世纪前因大量船舶通过英吉利海峡运输货物而猖獗起来的沿海海盗不断壮大，在3—4世纪之交，肯特郡（Kent）的里卡尔弗（Reculver）和诺福克（Norfolk）海岸的布兰克斯特（Brancaster）甚至不得不斥巨资修建海岸要塞来阻挡海盗入侵。到4世纪中叶，除了以上两地的要塞，人们又修建了更多的要塞。支离破碎的和平局势加上军队物资运输骤减，导致来自欧洲大陆的进口贸易日渐衰落。

当初，罗马帝国中心行省的经济都是在罗马扩张时期组织起来的。现在，在罗马军队周边建立起的集市数量不断缩减，各行省的生产者和小城镇也都随之瓦解。高卢地区的封印土雕花陶具及西班牙橄榄油生产就深受经济危机的打击，他们制造的产品在2世纪的英格兰地区曾经随处可见，但在3世纪早期的考古记录中几乎完全消失了。而那些因与不列颠开展贸易而繁荣起来的欧洲大陆上的城市（如亚眠）现在也同样破败不堪；古罗马时代最富有的一些农业区，如托斯卡纳和皮卡第，那里的大型庄园曾靠跨海贸易大发横财，现在则开始衰败。

不列颠的城镇在上述原因影响下，面临着一系列重大转型。伦敦作为不列颠尼亚最重要的国际港口，尤其受到帝国贸易与防御体系的改变带来沉重打击。伦敦从2世纪后期开始衰落，此时各方面问题初显，随之每况愈下，一直持续到3世纪。在这一时期，伦敦城内部的建筑密度锐减。伦敦曾是一座人潮涌动、十分拥挤的城市，但到公元300年，市内2世纪早期的建筑大概有2/3被拆除，却没有修建其他任何新建筑。到了4世纪初，城内没有了公共浴场，广场也都荒废弃用，曾经是欧洲西北部地区最大建筑的长方形廊柱大会堂也被拆毁。同时，伦敦市郊的数量、市郊道路旁定居点的数量也都急剧缩减，特别是沿惠特灵大街的周边地区，这条路曾是连接伦敦海港和北部边疆的陆路干道。以上这些变化直接与萎缩的跨省贸易及缩减的军队规模相关，而且直接反映在伦敦及其中心区萨瑟克区（Southwark）用于仓储的街区的数量上。此外，还有伦敦内陆贸易衰落的一大佐证。这些地区以前主要为罗马军队生产基本物资，在 2 世纪达到鼎盛，此时数量也在减少。还有肯特郡和埃塞克斯郡（Essex）的矿盐开采、威尔德（Weald）东部地区铁的生产，由于罗马军队的大量采购，在 1—2 世纪繁荣起来，但随着不列颠北部前线军队的锐减，到了 3 世纪，这两处的产量均急剧下滑。与此同时，肯特郡和萨里郡（Surrey）的许多庄园——毋庸置疑是伦敦繁盛时期富有家族的乡间宅邸——在 3 世纪后半叶也都废弃了。如此，寄生式贸易的衰落加上军队需求的急剧减少，彻底破坏了伦敦大部分的商业活动。

不过，有组织的城市生活在这一时期并没有消失，伦敦仍然是一座城市，这一点是毋庸置疑的。有明显证据证明，伦敦的废弃建筑是有计划有组织地拆除的，绝非任其闲置而荒废；看起来很像是在经济危机开始后的几代人时间里，城内许多大块区域由喧闹的工业区转变为商品菜园、果园或者被用来倾倒垃圾。曾经供手艺人、商人、穷苦大众居住的地区最终建起了奢华的城区住宅，新的街区开阔而宁静。到了 3 世纪末，罗马帝国的工匠破土动工，开始修建一座崭新的宫殿，这一建筑群气势恢宏，将作为新的行政管理中心。在罗马帝国统治后期的新伦敦，私人住宅比公共纪念碑重要；休闲比工业重要；帝国的管理者比商人更重要。伦敦作为早期城镇，曾经熙熙攘攘、商铺林立、顾客摩肩接踵、空地难寻，此刻发生的变化多么令人震惊。

在其他所谓的“公共城镇”（有重要行政功能的城镇），也可见到类似伦敦的变化。这些城镇的早期繁荣与罗马帝国的扩张密不可分。科尔切斯特尽管在3世纪以后城市面积依然不小，但比经济危机发生以前小了很多，在本质上也不大相同了。现在，这里建起了许多新的公共建筑，全都气势恢宏：它们都有主要的仓储设施用来贮存征收上来的谷物，有一整片新的行政综合建筑群，还有壮丽的新神殿和新近加固的防御工事——这一切都表明，古典时代晚期的科尔切斯特在不列颠尼亚是行政管理的中心。尽管如此，那些在2世纪曾让城市熠熠生辉的公共建筑，那些内城的公共浴场、广场还有剧院，现在都已消失。而且与伦敦相似，此时，科尔切斯特城人口奇少，耕种区域多在城内，还有很多坐落在精美花园内的奢华住宅。科尔切斯特城所展示的这幅4世纪的画面不再拥有1—2世纪它所具有的经济活力，也没有以广场和浴场为中心的古地中海式的公共生活方式。我们所发现的只是一个方便罗马帝国征税所组织起来的城镇，城内遍布各种办公场地，还有仓库和精英阶层的宅邸。

约克城（York）也具有同样的情形。早期的约克城既是一座军事城镇，也是一座国际性微型都市。据一些2世纪的墓地铭文记载，当年，有很多来自法国东南部、撒丁岛以及希腊等欧洲大陆的人最后客死约克；许多在约克城出土的罗马时期的遗骸甚至来自北非。当然，还有来自2世纪和3世纪早期的大量考古表明，约克本地的生产技术虽已达到十分先进的水平，但同时也有来自整个罗马世界的商品大量涌入。不过在公元300年之后，这些几乎都没了迹象。当然，4世纪的约克城还有精致的房屋，还有一些大型的国家建筑工程，但很明显，4世纪约克的城镇生活和伦敦、科尔切斯特一样，主要展现的都是其行政功能和宏伟气派的宅邸。这已完全不是罗马古典时期城市生活的样貌了。

不列颠尼亚的第二次经济繁荣

不列颠公共城镇在无比艰难的3世纪所经历的质变，只不过是历史翻天覆地发展变化中的一个片段。它们预示着一种新经济模式的诞生，不过这种新的经济形式相比元首制鼎盛时期的经济形式来说规模要小很多。旧经济模式向新经济模式的转变是缓慢的，充满阵痛的，它贯穿了3世纪的大部分时间。随着经济危机的出现，进口商品日渐稀少，本土商品逐渐取代来自欧洲大陆的舶来品。有些进口商品，尤其是农产品，在阴霾多雨的不列颠根本无法复制，于是，人们开始在当地寻找永久性的替代品。啤酒大体上取代了葡萄酒，猪油和黄油取代了橄榄油，蜡烛和火盆取代了油灯。其他一些来自欧洲大陆的商品最终为本地的高仿商品所替代。考古发掘的陶器显示，当时不列颠的工匠已经有能力批量生产罗马风格的餐具，弥补欧洲大陆的商品供给缺口。不过，制陶工人是花了几乎整个3世纪才完全掌握了这项工艺。3世纪30年代之后，在不列颠几乎看不到封印土雕花陶具，但不列颠本地的替代品——牛津、内内河谷（Nene valley）和新森林地区（New Forest）生产的精美器具——也是直到3世纪末才得以见到。事实上，这些地区在2世纪也有少量的陶器生产，但和有组织的欧洲大陆窑一样，不列颠的制陶匠在公元200年之后的某段时间里数量锐减。缓慢加速的当地替代产业表明，尽管不列颠在这场经济危机中成功规避了很多血腥的场面，但它在3世纪仍然发生了相当严重的经济混乱和物质紊乱。其他一些证据也都佐证了这一点。3世纪时，不列颠鲜有新建筑落成，鲜少对老旧建筑进行维护，也很少使用豪华的马赛克做装饰装潢。不过，到公元300

年时，苏格兰低地还有新建、重建的项目及装饰工程。与此同时，不列颠对做工精良的餐具以及更实用的粗制器具的大规模生产正如火如荼地进行。所以，只过了几代人的时间，当地的生产者就弥补了旧经济模式衰落造成的贸易缺口，不列颠再次进入经济繁荣时期。

不过，新的经济模式与旧经济模式存在本质上的差异。制陶业的例子最为明显，因为陶器是这一时期考古挖掘的主要出土物。不列颠尼亚的制陶业与欧洲大陆的制陶业迥然不同，它所生产的陶器主要在不列颠本土交易，小部分运往欧洲大陆的陶器也集中在沿海的狭长地带。此外，行省内部的窑从未烧制过双耳细颈酒罐，这种酒罐在不列颠境内一度曾十分常见，但省内窑并不烧制这种陶罐，因为用于交易的不是双耳细颈酒罐本身，而是用它储存运输更值钱的液体货物。不列颠既不生产葡萄酒也不生产橄榄油，而餐具、炊具及其他家用储罐存放的都不如储存在双耳细颈酒罐中的商品值钱，因此，生产和交换双耳细颈酒罐都不会为 2 世纪的贸易带来任何财富。不过，不列颠餐具制造业的兴盛确实给制陶工、贸易商和中间商带来了好运。在很大程度上，这是陶器市场在英国本土扩张的结果。不列颠制陶业有组织地开展起来，本土窑第一次开始进入低地的乡村。同时，其他少数手工制品也开始进入低地乡村，比如钉子。铜币开始经常性地遗落在简陋的农庄，因为它们为居住在此的人们更频繁地使用。事实上，仅在 3 世纪的最后 40 年里，也正是在这 40 年间，大量低价值的硬币开始作为日常货币在不列颠流通起来。所以应该说，直至此时，组成不列颠人口的绝大多数，即不列颠农民，才开始参与到货币经济中来（即使非货币商品交换仍在发生），并开始在生活中使用各种批量生产的罗马风格的商品。总的来说，不列颠尼亚晚期的证据向我们描绘了一幅廉价商品在境内繁荣生产的景象。贫苦民众愿意花上几个铜币就能购买他人生产的物品，他们也有能力这么做，这就决定了新的经济模式得以产生并发展。林林总总的变化不但反映了当时深刻的经济转型，而且体现出关键的文化转型。不列颠的生产者现在终于可以为本国市场大批量生产罗马风格的物品，这是以前从未有过的。他们现在能够生产、复制、销售自家具有罗马风格的商品，而且还有很多人愿意购买。

随着新的行省经济模式的出现，一批相当富有而且生活高度罗马化的精英阶层家族应运而生。这些家族在不列颠尼亚行省时代的晚期开始进入统治阶层，他们是不列颠古代部落精英的后裔，不过到了罗马统治的晚期，这些皮肤白皙、蓝眼睛的凯尔特人把罗马元老院贵族的礼仪、价值观和使用拉丁语的传统加以内化，开始过上和高卢、意大利及罗马统治下北非地区的贵族一样奢靡的生活。

在这个被新贵主导的“勇敢新世界”，新的富有阶级与旧式公共城镇之间很快发展成一种有趣的共生关系。虽然不列颠那些优雅的去工业化的城市已经不再处于新经济的核心位置，但它们仍然富有吸引力。在经济转型的过程中，对于那些拥有巨额财富、被罗马文化完全同化的不列颠人来说，这些城市无疑仍然是他们社会和文化生活的中心。在古典时代晚期，不列颠的精英阶层可能新建或修缮多达约 500 座别墅，其中大部分坐落在苏格兰低地的城区或近郊。多数 4 世纪最重要的城镇内，至少都有十几处这样的别墅，一些甚至还有乡村大别墅才会有的谷仓、小围场和玉米烘干坊。这些住宅有些可能是供帝国管理者居住的，但大多数属于本土的寡头统治者，这些人每年至少会在这些舒适的城区飞地[①]住上一段时间。其他富有家族则会将他们的主居建在离这些飞地较近的地区，一般在半天的路程以内。在赛伦赛斯特、格洛斯特和西尔切斯特的周边地区，别墅密度极高，但在南部和东部的大多数城镇外围，此类别墅则三五成群，不会簇拥在一起。虽然当时生活在这些富丽别墅的不列颠绅士们没有留下任何文字感言，但一位同时代生活在高卢的罗马人德西穆·马格努斯·奥索尼乌斯（Decimus Magnus Ausonius，约 310—394）如此赞美他所管辖的波尔多镇和他的别墅："我的住所离城不远，亦非毗邻，故此，我可以摆脱城内的喧嚣冗杂，也能享受它带来的生活便利。一旦厌烦一处，我便移步另一居所，如此享受城市与乡村两种生活。"马格努斯深感幸福，在那些可爱但经济日渐衰落的晚期罗马城镇中，他的别墅紧邻其中一个。

公共城镇在数量上远远少于 100 多年前，但是晚期罗马别墅能与公共城镇并存，这乍看之下着实令人迷惑。关于晚期罗马不列颠的文字记录也少得可怜，我们不知道任何一幢别墅主人的名字，也没有任何文字记录描述某个人与某座城镇的关系，但我们依然可以做出某些猜测。在 3 世纪末或 4 世纪初，有钱的不列颠人肯定不是出于经济原因才被吸引到公共城镇，因为此时这些城镇的经济正在衰退，他们也不可能是为城镇的公共设施所吸引，因为很多地方的公共设施都已经消失了。他们肯定也不想千里迢迢赶到城里去与同僚竞争，斥资参加古罗马时代一度盛行的"市民资助"活动，因为在罗马帝国晚期很少有人还参与这类活动。而且，曾经在广场和

① 飞地指隶属于某一行政区管辖但不与本区毗连的土地。（本书脚注均为译者注）

长方形廊柱大会堂举行的集体活动此时肯定已经不重要了，因为这些场所往往都已疏于管理与修缮。城里那些最奢华的民用住宅既然都建起了浴室和私人朝圣场所，以往以公共浴场和神殿为中心的老式的公共仪式中心也应该正在衰落。似乎城镇的所有公共生活随着其经济的衰落，都慢慢走向了私有化，最后集中到了富人手中。这一时期，人们需要受到邀请，才能与政客有所交集；他们必须是朋友、亲戚或者有业务往来，才能进入这个圈子，欣赏别致的喷泉，站在手工铺就的地板上闲谈。这些私人空间逐渐主导了古典时代晚期不列颠要人的生活，他们用精美的壁画、棋盘格花纹的走廊在“优等人”与“低等人”之间、在那些有资格进入奢华装饰房间的人与没有资格进入其中的人之间、在权贵与平民之间建立了一道难以穿越的壁垒。

城市的财富在 2—4 世纪同样经历了类似的转变。在某种程度上，财富和公共生活一样，在整个 3 世纪为罗马化的本地垄断寡头所支配。此时，公共城镇已不是重要的贸易场所或制造业中心，它们无法生产出以往一样的财富，但随着富人移居此地，这些城市及其周边又开始展现繁荣的迹象。因此，城市财富和城市的权力中心二者沿着同样一个方向重新洗牌：它们被罗马化的不列颠精英阶层所绑架。

一个突出的现象是，无论在城市还是乡村，伴随着少数人的财富出现惊人的增长，社会分层进一步加深。这一时期，豪华别墅的大量出现是财富向更少数人手里集中的一大特征，他们成为“被选中的少数”，越来越成功地控制越来越多的土地和劳动者，中等水平的 4 世纪别墅以其美观、舒适而著称；事实上，在 18 世纪大型乡村别墅兴起之前，它们堪称无与伦比。显而易见，这些别墅不同于不列颠大部分人居住的泥泞农庄，不过比起当时七八座同时期富人建造的宫殿式的大房子，它们倒是还逊色一些。这几座豪宅的主人往往会在他们房子里设计几间奢华宽敞的房间，给前来交易的客户或者纳贡的佃户以心理和情感上的强烈冲击，以巩固已经深化分层的社会关系。比如，在威尔特郡的博克斯村（Box），就有一个精心设计的半圆形房间，主导整个建筑结构。它看起来非常像听证大厅。在这里，居于统治地位的人为其“子民”和佃户主持“私家正义”；低层级的人可能对应着低层级的座位，时刻提醒他社会阶层的存在。在格洛斯特郡（Gloucestershire）的斯特劳德（Stroud）附近，伍德切斯特（Woodchester）最大的那个房间修建于325—350年间，单单这一个房间就占地760平方米。这个房间如此之大，不可能用作私人空间。更好的理解是，有人借此彰显贵族身份，为了在不列颠乡村地区强化和凸显阶层关系。其他别墅彰显贵族身份的方式有所不同。比如，在格洛斯特郡的切德沃思（Chedworth），会在房屋背面靠近厨房和厕所的位置设置一小房间，这个房间不能穿过房子主体而进入。正是在这个房间里，考古学家发现了此考古点内的大部分钱币。房间的位置和这些钱币说明，这个房间是佃农缴纳租金和税费的地方，他们从后门进入，不会通过房屋的主体。

4世纪精英阶层所采用的更加私人化的新型支出方式和政治形式，不但需要精英们掌握大量财富，更要有一批民众仰慕他们，整个系统的运作都需要依赖于朋友和拥护者的仰慕。这时期的别墅发展出结构复杂的空间区域，有专为与朋友同党交流的娱乐场所。在伍德切斯特的两个餐厅套间中，有一个不仅装修精美、配备了供暖设施，在房间一头还设置一个高台，供就餐时摆放高脚桌使用，这一切都说明，即使是关系亲密的知己至交，也会有社会层级之别。在这里，房屋的主人特意铺了马赛克地砖，以彰显自己的特殊身份。很多马赛克地砖所描绘的场景体现了对拉丁文学作品的深刻理解，尤其是维吉尔（Virgil）和奥维德（Ovid）的作品，也体现了对更为神秘晦涩的宗教和哲学学说的熟识。大部分马赛克饰画在主题上不拘一格，但几乎都与异教相关，带着一种学究气的保守，正是罗马城的著名政治家叙马库斯（Symmachus）和他那 4 世纪的保守小圈子最为欣赏的那种风格。这些饰画场景不单单出于别墅主人的爱好，更为彰显主人尊贵的身份。富人渴望炫耀自己的财富，这也可能解释了为什么古典时代晚期的别墅通常会建造在一起。

展示私人生活的奢靡是贵族生活的核心，于是，富人收集并炫耀的不仅仅是奢华的马赛克地饰，还有美轮美奂的壁画、精美绝伦的花园（水景园艺设备）、首饰（男性佩戴罗马帝国的官方腰带，女性则是设计精美的体链）、工艺精湛的银盘、高档手抄书，以及华丽的私服。所有这些——地板、珠宝、银质器皿——都是社会地位的重要象征（是那个时代上流社会的入场券）、权力的重要组成部分。但是，这些奇珍异宝不可能在破旧的小镇上买到，事实上，这时期最精湛的马赛克工艺都是城市著名作坊的作品。位于或靠近公共城镇的别墅群无疑推动了当地高档工艺品的生产。不过，这些奢侈品无论如何昂贵，毕竟是小众商品，难以形成规模，只能创造出以往帝国商业的一小部分财富，绝对不足以刺激公共城镇再次成为不列颠尼亚的经济中心。在整个古典时代晚期，这些城镇依然是财富和权力中心，但已不再是经济发展的动力来源。

不列颠的精英阶层与公共城镇均被新时期的罗马特征所重塑，不过，不列颠社会的其余部分同样在 3 世纪的严酷考验下被翻新改造。比如，不列颠最高产的瓷窑如今出现在了那些曾经处于经济边缘地带的地区。实际上，当时靠近公共城镇的制陶业衰落了，与此同时，远离公共城镇的制陶工业却兴盛起来。经济从核心区域向外围转移，从公共城镇向并未完全城市化的地区，甚至是农村地区转移，这是古典时代晚期的另一特征。

这一时期，边缘地区经济开始繁荣，最明显的例子就是众多小型社区（被称为“小城镇”）崛起。早前，小城镇在整个经济体系中无足轻重，但到公元 300 年，它们已经跃居经济的核心地位。与公共城镇不同的是，它们没有依靠 1 世纪的罗马军队或是帝国管理者，而是依靠自身优势发展起来的。到了罗马统治晚期，有七八十个这样的小城镇，两镇之间相距不超过 15 公里。这些小城镇均沿罗马公路而建，大多位于多条公路的交会点，还有许多靠近重要河道的交会处。它们无处不在，特殊的地理位置将其嵌入当地的贸易、农业和制造业网络，而非融入一个范围更广、更加国际化的世界。小城镇所提供的商品和服务、小城镇独有的市场、小城镇所聚集的劳动力储备，使它们成为佃农、农户以及大型乡村宅邸管家的聚集中心。

和大部分出入于此的客户一样，小城镇的房屋往往也会有些破旧，它们大多散落于主干道两侧，没有不列颠典型城镇的那种严谨布局，几乎找不到浴场、高架渠、广场或是有供暖设施的房屋，这里的富人一般都会另择他处。事实上，正是小城镇所具有的这些特征，对于那些内化了罗马古典文化的人来说，使城市生活更加都市化。古罗马诗人奥索尼乌斯在描述波尔多城时就提到这些特征：“她，令人惊艳。规划整齐的街道、鳞次栉比的建筑、宽阔怡人的林荫大道，正用她优美的身姿，阐释着她的芳名。”当然，大多数小镇的生活仍然十分罗马化，只不过带有浓浓的不列颠味道。小城镇的建筑倾向于本地特色与罗马经典的混搭。例如，小城镇的神殿和宗教中心，除了巴斯城（Bath）在这方面迥然不同以外，往往没那么浓重的地中海味道，看起来更具不列颠风格：伍斯特有一个圆形神殿，尼桑姆有数量惊人的还愿墙，东约克郡希普顿索普（Shiptonthorpe）还有一个公用的水坑，用于饲饮牲口的同时，还会埋葬死去的婴儿，做动物献祭。这些都与罗马城的神殿做法背道而驰。而且，在这些地方，非宗教性质的建筑结构和罗马建筑一样，几乎都是长方形的。因此，它们在外形设计上仍然采用罗马风格，但内部完全取自本土的原料，即一般由木材和茅草而非石料修建，也就是说，在建筑材料的使用方面也是本土化的。

小城镇中最为显眼的罗马式建筑比起大城市里的罗马建筑，只能算是一个极其简陋的版本——它们把邮政中转站当作帝国邮政系统，把国有粮仓作为罗马统治晚期的实物缴税点。一些小城镇里，比如，泰晤士河畔多切斯特（Dorchester-on-Thames）、沃特牛顿（Water Newton）、卡特里克（Catterick），可能还有士兵居住，镇守国有仓库或者作为官方军队，保护罗马帝国的货物运输。但是，大批的罗马管理者往往只在一年一度的税收期进入这些小镇，而且这些穷乡僻壤也只为仅有的几位代表罗马帝国的官员提供住处。

小城镇绝大多数的建筑结构都是长条形的，可同时作为住所和手工作坊。每一座临街而建的条形建筑都有一个大的前厅，朝街道敞开，且可以随时用百叶窗式的遮板与行人隔开。靠近街道的前厅可做商用，作为制锡工、雕骨工、制革工、玻璃工和金属工的作坊，面包师的烘焙房，抑或是建筑工人的工作区。长形建筑的背面是生活小区，往往比较舒适安逸。地基部分和建筑本身的结构类似，也是两边很长，朝向街道的方向狭窄，很多还有鹅卵石铺就的小院、牲畜棚圈、小块菜地，甚至还有烤炉。晚期罗马的小城镇看起来应该与中世纪晚期英格兰地区的小城镇差别不大，房间狭小，临街拥挤，房屋外还有家庭菜园。

除了常见的制造业，有些小城镇还专门从事采矿业，如门迪普（Mendips）靠铅和银的开采而变得财大气粗，在此建起了卡尔特修道院（Charterhouse）；米德尔威奇（Middlewich）因盐业而逐渐繁荣，奇切斯特城则因威尔德地区西部的铁矿而富甲一方。这些小城镇也是农耕与食物生产的重镇。比如，高德曼彻斯特城发现了干草架、玉米烘干灶、打谷场和谷仓；还有阿尔切斯特（Alchester）和谢普顿马利特（Shepton Mallet）的赶牛棒，大切斯特福德的铡草器，泰晤士河畔多切斯特的镰刀。小城镇同时拥有季节性和永久性两种集市，一些城镇还拥有可以承办露天集市的大型广场（有时连着神殿，用鹅卵石铺就）。在这些地点，还出土了大量的铜币，以及商人和贸易商使用的铅质秤砣。

和公共城镇一样，最成功的小城镇在其四周建有防御工事。比起那些差一点儿的小定居点，这些小城镇拥有一到两座公共大楼、大量石质建筑，甚至可能有设计精美的祭祀中心。一些更富有的小城镇，尤其是巴斯和沃特牛顿，在城外还有别墅区。但大部分小城镇的特色不在于宏大的房屋或者服务政府的建筑，而是那些铁匠铺、商店和谷仓。这里有修理铺，也有大量的劳动力和技工，为贸易商、佃农、代表帝国的官员，甚至偶尔到来的基督教主教提供休憩场所。小城镇位于贸易网络的中心，能将不列颠尼亚乡村的农业生产转变为财富、税收及手工业制品；正是在这里，佃农和农户获得了所需产品；也正是在这里，乡下人认识到了金钱的重要性，被一种本土而又夹杂一点点异域风格的罗马式物质文化所吸引。这些小城镇都不大，几乎不会吸引富贵人士。但是，就如乡村地区的制陶业，它们处于罗马晚期经济活动的中心，不列颠的繁荣很大一部分来源于此。

农业也是繁荣之源。此时，农业本身正经历着一场静悄悄的变革。在这一时期，许多乡村庄园的所有者斥巨资修建新房舍、投资新技术、进行种植实验。乡村劳动力和资金的投入、种植新技术的引进，都无疑使得农作物产量大大增加，同时带动了农村制造业的发展。比如，一栋盖特科姆（Gatcombe）晚期罗马别墅（位于布里斯托尔西向6.5公里处）的所有者，在公元275年前后开辟出一块区域专注于生产，他对这块区域做了非常认真的设计和安排。盖特科姆的别墅还有一些附属建筑，专门用于谷物的研磨储存和大规模的面包烘烤。另一些建筑群则包括了屠宰场、肉制品冷藏区及骨器制造作坊。还有一些则专门用于冶炼、铁器及锡器制造。盖特科姆的这些建筑几乎一夜之间矗立起来，持续使用达一个世纪，当时建造的费用一定相当惊人。它们应该是那个周密策划、精心管理、耗费巨资的超级别墅项目的一部分，最终使其成为一个专注于大规模农业与手工业生产的小城镇。

盖特科姆的工业产业区仅仅是乡村在古典时代晚期经历重塑的一个例证。不列颠乡村发生了一系列变化，这表明乡村生活的重塑是一个系统性工程。和这一时期其他许多地方相似，新的社会很快就出现了越来越深刻的社会分层和更高程度的罗马化。精英阶层的大型乡村宅邸是划分贫富、寡头与佃农最明显的标志。不过，此时的小型农场罗马味儿更浓了。比如，位于牛津郡的巴顿庭院农场，它不像切德沃思或博克斯的庄园那般讲究，但它在

4 世纪时的生活，比其历史上任何时候都更加富庶，农耕效率更高。这里不像那些彰显社会地位的别墅，几乎找不到任何铺张奢靡或是明显挥霍浪费的痕迹——没有精心设计带有供暖设施的建筑，没有华丽的马赛克地饰，也没有宽敞的会客厅。不过，这里的生活仍然不错，还稍微有些罗马化。4 世纪生活在这里的人们会用香菜、莳萝、罂粟调味，很明显，这些都不是不列颠本地人的习惯。他们能比祖先吃到品质更优的肉制品，还可以吃到大量的牡蛎。这些牡蛎从海里打捞出来，沿泰晤士河运送到这里。相比其他任何时期，巴顿庭院农场发现的外来商品产于 4 世纪的最多，包括用作窗户的一小片玻璃、几只精美的玻璃器皿、一些陶制品、大量铁器和不少硬币。所有这些都表明，这个农场不但可以自给自足，而且还能有所盈余，供它的所有者去购买享受更为舒适，也更罗马式的生活。

除了巴顿庭院农场，不那么富足的农场在 3 世纪末 4 世纪初也在悄悄经历转型。比如，位于萨默塞特（Somerset）的巴特康伯（Butcombe）农庄，位于格洛斯特郡的卡特格尔（Catsgore）佃农社区，其房屋、围场和田地完全被重新规划。而且，在这些地方出土的硬币和批量生产的陶瓷数量比以往更大。在埃塞克斯郡雷恩地区（Rayne），一个相当普通的农庄也发现了一些建于 4 世纪的便利设施，这些设施即使出现在别墅遗址都毫无违和感。不仅如此，到罗马帝国统治的晚期，生活在苏格兰低地的佃农在日常饮食上相比一个世纪前也更加罗马化了。生活在农村地区社会阶层比较低的人们开始食用香菜、苹果之类的罗马香料和水果。至于屠宰业，这些地区的人们现在会使用较沉重的砍砸工具剁开动物骨头的关节，而在此之前，他们只能用锋利的刀具做简单切割。

水果、香草及新的屠宰方式很可能最早是由罗马军队带入，到了古典时代晚期，扎根于不列颠农民的生活之中。饮食习惯是文化中最基础的部分，很难发生改变，但在经历了几个世纪的殖民之后，到了 4 世纪，即使是普通人饮食习惯也改变了。就是在从未接触任何新文化习俗的穷乡僻壤，如不列颠西南部、威尔士北部和奔宁山脉（Pennines）地区，人们在 4 世纪依然住在罗马征服前铁器时代的传统圆形房屋里，可他们的日常生活中同样出现了罗马式的元素。

农业方面的变化不易察觉，但它促进了罗马化与小规模的地方繁荣。罗马统治后的第一、二个世纪没有发生重大的农耕技术上的革新：即使农耕的规模有所扩大、更有组织性、专业性也更强，但许多在铁器时代建立的农耕模式（比如，农田系统、乡村布局、建筑风格和农耕工具）还在起着作用。所有这些在 3 世纪末 4 世纪初突然发生了改变。以作物种植为例，所有谷物的种植更加集中，包括斯佩耳特小麦，它一直是罗马帝国的主要谷类作物。最重要的是，人们开始大量种植面包小麦（普通小麦）。在这一时期，面包小麦在不列颠的出现是其农耕史上一个最伟大的变革，因为小麦将成为大多数不列颠居民的主要食物来源。此时，也是出现干草饲料的重要时期，草料种植因而兴起。这些变化无疑得益于 3 世纪末开始的一系列农业技术革新：人们开始使用自重更重的犁和进口的大型犁耕牲畜，使得肥沃但厚重的黏质土壤得以开垦；长柄大镰刀的出现提高了收割效率；更广泛地使用金属耕犁和收割工具；加大开垦深度，使用犁铧耕耘；采用休耕轮作，集中施肥，等等。4 世纪还出现了大量配有活动地板和玉米晾晒架的谷仓，用于干燥或发酵谷物。农场的修建更多地选用石料，为方便饲养牲畜，围栏、小围场、水井也变得更多。所有这些变化都需要大量资金与劳力投入，但这也极大提高了食物处理、加工和储存的效率。

古典时代晚期的不列颠居民

经济、居住地和技术这些客观条件的改变，如何才能显现出这一时代个体的生活情况呢？新世界里，小城镇兴起、制陶业兴盛、农业大发展，普通男女的生活又发生了何种改变呢？虽然没有任何文字流传下来，帮助我们来回答这些问题，但通过对大型墓葬出土的尸骸分析，我们大致能够还原他们生前的工作、健康状况，看到他们所经历过的那些磨难。多切斯特有一个城外墓群，位于庞德伯里镇（Poundbury），考古人员在这里发掘了大约 1 200 名 4 世纪不列颠人的遗骸，这些遗骸向我们透露了不列颠居民在罗马帝国统治晚期的生活状态。虽然许多埋葬在庞德伯里的人都是在 4 世纪的多切斯特度过了一生，但还有很多可能是周围乡村的居民，他们或来自那里的农场，或来自那里的社区，有些甚至是附近弗兰普顿（Frampton）和辛顿圣玛丽（Hinton St Mary）某些别墅的拥有者。因此，他们的墓能告诉我们关于城市和乡村生活的不同面貌，告诉我们富人与穷人的生活差距。

罗马帝国晚期的不列颠地区尽管比较繁荣，但绝非人间天堂。那些葬在庞德伯里的人，他们一生的大部分时间都在从事繁重的体力劳动。所有葬于此的人当中，除了一个婴儿死于重击，再没有任何表明发生过暴力的迹象。大多数人的身体损伤来源于长年累月的关节磨损和肌肉扭伤，在长期痛苦的劳作中困扰并折磨着他们。从关节状况来看，成年人生前多患有关节炎、长期的背部酸痛。这里男性脊柱和肩部的状况显示，他们从青少年时期就开始参与重体力劳动，直至在 4 世纪年老死去。他们的关节由于长期从事挖掘和负重、拉车或耕犁活动而出现重度磨损。而女性则饱受膝关节疼痛的折磨。她们腿部的状态表明，她们蹲着的时间非常长，可能是在用小型手磨研磨谷物。因此，这里的男人和女人，每天都从事着不同的体力劳动，只需依据他们的身体创伤情况就能区分出尸骨的性别。

庞德伯里还有大量孩童的尸骨。在数量上，两三岁的小孩多于新生儿。能活过幼年早期的孩童通常都能度过青少年时期，但 20 多岁和 30 多岁又是一个死亡高峰（无论男女）。具体来讲，能活过 5 岁的人有半数死于 20—45 岁。当然，多切斯特也有一些年长者，有些甚至活到了 80 多岁。所以，埋葬在庞德伯里的尸骨多是幼童或青少年，很多 20 来岁，少部分 30 多岁，40 多岁的更少。

传染性疾病无疑是造成早逝的原因之一。在多切斯特，天花周期性暴发，部分人患有肺结核，但最重要的原因还是长期的营养不良。这种营养不良不是因为饥荒，而是饮食结构上的缺陷。从骨骼可以发现，这里的孩童生长缓慢（他们的发育比今天的同龄孩童要晚两年），青春期来得较晚；能活到成年的人普遍骨头较轻，牙齿发育不良，这些都是营养不良的典型症状。罪魁祸首可能是铅中毒、坏血病，以及不良的婴儿喂养方式。肠胃疾病如腹泻也能危害健康，因为它会影响食物中营养物质的吸收，从而引发一系列更为严重的疾病，比如痛风、骨质疏松、腿部溃疡和不孕不育，这些可能是居住在 4 世纪多塞特郡人们的常见病。埋葬在庞德伯里的人还有很多患有寄生虫疾病，特别是蛔虫和鞭虫，都能导致痢疾，反过来，又会进一步造成慢性营养不良和贫血，尤其在年幼的孩童中更为普遍。埋葬在庞德伯里的人肯定和许多其他生活在不列颠尼亚的人一样，生前饱受身体不适和疼痛的折磨。他们生前肯定都会或多或少因为胃部疾病、关节炎或痛风显得有点儿古怪，或者因为头上长了虱子而脾气暴躁。一定有人常为孩子或朋友的死亡而悲痛欲绝。但是，亲友的死不是因为暴发了瘟疫，而是无人知晓的某些神秘原因，他们根本就不知道，这些问题的症结竟在于他们日常饮食的缺陷、微生物或寄生虫。

在庞德伯里，我们能大致了解罗马统治时期普通的不列颠人长成什么样子。葬在此处的人们，在特征和体格上极为相似。相比现代英国人，他们的头更小，脸更平，但是颌骨更大更有力，在我们看来，这会显得下巴太大了。男性身高基本在 1.63—1.73 米（只有一位超过 1.83 米，一位低于 1.52 米），女性身高则在 1.57—1.60 米 。部分棺材外部包裹着一层石膏，尸骨的头发因而得以保存。少数存留下来的头发证明了在庞德伯里镇及其周边生活的人们，生前会在头发上抹油，并习惯将头发梳得很整齐。男人留发长至颈部，从头顶后部的位置梳向额头方向。有位老人还用散沫花给头发染了颜色，他梳头的方式正好盖住头上秃顶的部分！女性多把头发盘起，编成圆髻或小辫子。其中，有一位女性的盘发非常复杂，若没有得到他人的帮助，她自己断然是不可能完成的。不仅是她，很多埋葬在此的人看起来都像是精英阶层的一员。许多男性和女性，他们以家庭为单位下葬，埋葬形式比起大部分人显得更加用心。比如，有些人躺在铅质棺材里，有些则埋在能容纳多个棺椁的陵墓里。这些人大部分都长得很高、身体健硕，身体条件绝对算得上庞德伯里的佼佼者。其中部分男性尸骨更显现出弥漫性特发性骨肥厚的症状，这只在现代患有成年型糖尿病的人群或肥胖人群中才多见。我们对其中两名男性的骨头做稳定同位素的分析，得知他们是为数不多的生前吃过海鲜（也可能是鱼酱）的人。对于生活在 4 世纪不列颠的人来说，海鲜或是鱼酱，都是太过昂贵的珍馐美味。而且，他们的骨头也并没有像其他人有类似磨损的迹象。所以，这些人可能来自精英阶层，他们生前有自己的别墅，营养状况良好，也有干净的水可以饮用。

这些死者的墓葬仪式与整个罗马世界的葬礼习惯十分相似。像罗马帝国的许多居民一样，不列颠人到 4 世纪时也放弃了火葬，开始采用土葬，他们现在更喜欢将死者埋葬在广阔并经过规划的郊区公墓，精心排列成行（考古学家称为“定向墓”），但很少（即使有）会在心爱之人的墓中放入陪葬品。这种在罗马帝国广泛流行的葬礼最初为不列颠的城镇所接受。和许多其他罗马的事物或习惯一样，这些葬礼之后逐渐渗透到了乡村中。在罗马统治晚期的不列颠，葬礼和人们生活中的很多方面首先越来越接近罗马风格，然后为越来越多的人所接受，最后逐步渗入乡村地区。墓葬的有些做法明显是外来的，比如，用石膏包裹棺材的做法起源于北非，一些明显带有基督教色彩的仪式来自遥远的巴勒斯坦。这样的葬礼首先出现在伦敦或约克这样的国际性城市，一点一滴渗透至小城镇、乡间别墅，最后遍及乡村的埋葬点。现在，许多不列颠人也会陪葬“卡戎[①]的欧宝”，将硬币置于逝者的手心或含其口中，用来支付通过冥河的过路费。这种做法真正风靡不列颠是在公元 260 年，当时正是低值货币在不列颠使用的井喷期，这不但反映了人们对于死亡的

① 希腊神话中在冥河上摆渡亡魂去阴间的船夫。

新态度，更反映了人们对于金钱的一种新态度。但是，正如很多其他罗马不列颠的事物一样，本地的做法修改和调整了外来仪式。不列颠乡村的一些特别传统也出现在了城市墓地里，比如，斩首埋葬（这种做法实在令人困惑），即死者被砍下头颅，小心放置在双脚之间；还有鞋履埋葬（这种方式倒是没那么恐怖），即死者的钉靴被小心放置在棺材里面或者旁边。因此，埋葬方式和古典时代晚期很多其他事物一样：大体上都是罗马风格的，帝国的做法为不列颠各个社会阶层所接受并使用，同时又被本地仪式或习俗所改良。在这些墓葬仪式中，我们还能看到一些在本地生产但本质上又是罗马风格的器物，比如，钉靴、陶罐、低价值货币，它们逐渐融入不列颠所有社会阶层的葬礼之中，这些物品就像人们的日常生活中一样，为社会各个阶层所接纳。

公元 290—360 年是罗马情怀在不列颠最为盛行的一段时间，在很多方面也都是不列颠历史上最具罗马特点的时刻。上至公共城镇、殿宇辉煌的别墅，下到小城镇和佃农农庄，罗马文化、罗马城邦及罗马商品为人们不同程度地接纳（或被迫接纳）。大多数人都能（或多或少）接触到大量不列颠生产的具有罗马风格的物品——这些物品是在罗马式经济制度下批量生产出来的，得益于有组织的工业生产、小城镇构成的本地市场网络、井喷式的低值货币，当然还有和平的社会环境。在这七八十年间，不列颠与罗马帝国其他地区突然兴起的那些地方行省极为相似。古典时代晚期的整个罗马世界，不单单在不列颠、埃及、卡帕多细亚、北非及其他各地，到处都呈现着罗马标准主题的一个本地化版本。比如，在 4 世纪，不列颠生产有印纹器皿，而在同一时期的突尼斯和东地中海地区也生产有印纹器皿。因此，4 世纪罗马不列颠的陶器同时具有不列颠本地的特点，在设计和生产上又有很明显的晚期罗马的风格。还有，就是在罗马戴克里先大帝（Diocletian）沿斯普利特（Split）海岸修建巨大宫殿建筑群的同时，其对手阿列克图斯（Allectus）在伦敦也修建了一处宫殿建筑群，但最终并未完工；虽然不列颠在地理位置上相距罗马帝国的中心甚远，但是统治此处的帝位觊觎者还有那些宏伟的宫殿，都说明伦敦的政治文化与罗马同步。就连不列颠的公共城镇也与罗马帝国同一时期的城市没有多少差别。比如，意大利在 2 世纪最繁华的商业中心之一奥斯蒂亚城（Ostia），到 4 世纪时基本失去了经济活力，但城内仍然遍布人型建筑；还有，4 世纪的演说家里巴尼乌斯（Libanius）曾这样描述高卢的城镇："轭住牛头，犁开沃土，播下种子；玉米种收，都在城里，省时省力。"那些不列颠地区死后置于铅棺或铆钉棺、葬在大型城外墓园卧位东西向坟墓中的人，与葬于海峡对岸甚至地中海周边的死者是近亲，不管前者的墓里是否有钉靴，是否偶尔出现被肢解陪葬的狗。不列颠尽管经济上不再像 2 世纪时那样完全融入罗马的经济体系，在战略地位上也没有那么重要了，尽管不再具有罗马古典时期的典型特征，其实本质上还是原原本本的晚期罗马的样子。总的来说，不列颠与其他任何地方一样，它在 4 世纪时就是一座罗马式的城邦。

内向式崩溃

不列颠本可以这样下去，经济尚可、工业有组织进行、城镇社区小规模发展、文化取之罗马却异于罗马，如此维持几个世纪。

但是，不列颠繁荣的前提是绝大部分人口能够购买和销售大量低值的农产品和加工品，这种方式必须依靠密集的小城镇网络，并为繁荣的市场提供交通上的便利。但是，接连发生的小灾难，一个波及另一个，它们搅乱了不列颠的和平时局，急需更多资源用于防御。这样大规模的资源需求，无论不列颠还是罗马帝国都无法提供，最终导致了罗马帝国晚期经济的衰落。这些问题一旦发酵，城镇、商业，甚至乡村生活的整个结构都遭到了破坏，不列颠迅速衰落；不列颠经济在公元 350 年还十分繁荣，可是在 350—450 年这一个世纪的时间里，不列颠经济衰退，使得不列颠不但为罗马帝国所抛弃，而且失去了所有罗马时代的特征。

不列颠的危机悄无声息地开始了，几乎没有人能够察觉，先是来自哈德良长城北部和沿海地带的零星骚扰。当时的入侵者还谈不上是日耳曼人，顶多只是一些联系松散的部落或不列颠本地岛屿上的联邦，前来骚扰罗马统治的领地。但从这一时期开始，有两支部族越来越不安分，尤其是皮克特部族——来自苏格兰高地的“涂彩民族”和来自爱尔兰地区的苏格兰部族。其实，入侵一直是困扰帝国前线的一个因素，不列颠地区因为靠海，加之哈德良长城的保护，在 3 世纪和 4 世纪初比帝国其他地区安宁得多。但是，不列颠海岸线及哈德良长城，在 4 世纪初的几十年间开始修建加固防御工事。这一切都说明，比之以往，不列颠开始重视蛮族的侵扰。在 4 世纪 30 年代，有一段仓促修建军事防御的时期，可能是为应对边境线上不断增大的军事压力。但是，这些入侵在开始时都是些独立的事件，只对遭受入侵的当地造成破坏。事实上，正如我们所见，3 世纪后半叶以及 4 世纪前半叶堪称不列颠尼亚的鼎盛时期。但是，外来入侵愈演愈烈，公元 343 年年初，罗马皇帝君士坦斯（Constance）带领一路远征军，冒着严冬跨越英吉利海峡，支援不列颠地区的边防。在不列颠边境稳定之后，哈德良长城沿线和不列颠东海岸堡垒再次进行了一系列加固，这才使当地恢复了和平。无疑，不定期的入侵仍在继续，直到 360 年，不列颠再次面临严重的入侵危机。360 年，皮克特人和苏格兰人采用游击战略，打了就跑，袭扰整整持续了一个季度。正如 343 年一样，战局紧张，罗马派出最强的将士率领大批军队前来增援。结果到 367 年，不列颠面临一次更为严重的威胁——一次真正意义上的入侵，罗马历史学家阿米阿努斯·马尔切利努斯（Ammianus Marcellinus，约 330—约 390）描述其为一场“野蛮人的联合阴谋”，皮克特人、苏格兰人和来自岛外的阿塔科蒂人（Attacotti）一齐入侵不列颠，撒克逊人和法兰克人则在此时袭击高卢的海岸线。他们翻越哈德良长城，破坏了北海沿岸的防御工事。这一次，不列颠的卫戍部队需要来自远方的补给。罗马将军花了两年时间才又恢复地方秩序，将不列颠境内剩下的散兵游勇和形形色色的逃兵肃清，这些人带着抢来的牲畜、战利品和不列颠俘虏在乡村地区流窜。396—398 年间，皮克特人、苏格兰人和撒克逊人又发起一次凶猛的入侵。罗马皇帝派遣大将斯提里科[①]（汪达尔人）率领另一支远征军到不列颠平息战乱。401 年，意大利遭受威胁，斯提里科更需要军队护卫罗马帝国，所以，他快速撤回不列颠境内的军队。整个 4 世纪，皮克特人和苏格兰人不断骚扰不列颠，而且随着时间的推移，攻势越发猛烈，其中，有 4 次进攻更有组织性、破坏力更大，一度中断了不列颠境内的和平。当然，单靠一次次单独的突袭和进攻，并不足以破坏不列颠古

① 斯提里科，罗马帝国高级将领，曾领导罗马军队入侵汪达尔。

典时代晚期的文化和生活，但是，入侵所造成的破坏在几十年间缓慢却无情地累积。

一边是越发不安分的野蛮邻居，一边是罗马帝国后期的内部政治危机，后者所产生的影响也在不断蔓延，进而影响了不列颠，加剧了不列颠自身的矛盾。4 世纪四五十年代的罗马帝国陷入战乱，血腥且劳民伤财，许多不列颠的大地主、军官和行政长官被牵涉其中。353 年，一名罗马帝位的觊觎者在欧洲大陆被击溃，不列颠随之经历了一次可怕的政治清洗。383—388 年间，不列颠西班牙裔的军队指挥官马格努斯·马克西穆斯（Magnus Maximus）自封西罗马帝国之首，都城位于特里尔（Trier）。马克西穆斯的帝国野心，加之一系列性命攸关的困难，使得他不得不从不列颠撤军，并向自己管辖下的领土加重赋税，以支付在欧洲大陆的征战费用。这毁掉了许多不列颠最为重要的家族和帝国的管理者，不列颠因此失去了对其越发重要的军事保护。

接连不断的政治清洗、腐蚀性的政治混乱以及野蛮部族入侵，使得大幅度增加防御建设的费用在不列颠显得极为必要。大多数公共城镇、还有许多小城镇，在一个多世纪以前就建有土城墙，有的还是石城墙，但在“野蛮人的联合阴谋”发生之后，许多村落纷纷建起了砖石城墙，并在城墙上建起了塔楼。此后，城墙加塔楼是整个晚期罗马世界采用的一种标志性的防御工事。修补和加固哈德良长城也花费了大量的劳力和资金。根据城墙遗址上发现的文字，距离城墙几百公里的南部城镇为修建哈德良长城提供了大量的劳动力，这一定花费了极大的人力物力才得以完成。因为西部军费与日俱增，这些项目又没有获得城邦的任何资助，所以当地社区不得不自行承担这笔费用。如果不列颠的富人能像欧洲大陆地区的富人一样成功避税，那么这些花销就会更多地落在普通百姓身上，增加了赋税的平民因此购买力大大下降。再说，修建这些项目的所有经费要向不列颠民众征收，在这个生活因战争而变得千疮百孔的时候，刚刚经历战争的他们根本负担不起。

不列颠，尤其在 4 世纪 40 年代之后，就是一幅不断遭受外族侵扰的图景。外族（主要是爱尔兰人和皮克特人）周期性的入侵对不列颠打击巨大，它们破坏了帝国的政治统治，使不列颠在防御上费用陡增。这种情形下，一个问题会加剧另外一些问题，罗马不列颠的经济随之瓦解。外忧、内患、耗费巨资修建防御工事，单独任何一项都不会瓦解不列颠的经济，但是三者合在一起，经济秩序危如累卵。这种破坏一开始是温和的，随后逐渐恶化。到 4 世纪 60 年代末 70 年代初的某个时间点，不列颠尼亚跨过了那个临界点，经济和文化发展水平急转直下，这在一代人以前甚至是无法想象的。

自 4 世纪 60 年代起，那些不列颠所具有的罗马特点——上流社会的别墅、高度罗马化的精英阶层、批量生产的经济模式、本地贸易的发展和钱币的大量使用、城镇社区，还有与整个罗马世界的联系——纷纷瓦解，直至消亡。不列颠 4 世纪的大别墅在 4 世纪 60 年代后开始衰败。有些依旧繁荣，比如，胡克里科特别墅（Hucclecote Villa）在这一时期铺设了新的马赛克地面，切德沃思的一幢别墅还修建了一系列奢华的房间。不过，大多数乡村宅邸都有严重损坏和突然衰败的迹象。比如，埃文河（Avon）河畔金斯韦斯顿（Kings Weston）别墅的一翼在这一时期遭遇大火。一夜之间，这幢宏伟的别墅被烧得面目全非。虽然房子仍有人居住，但被烧毁的房屋再未得到修复。其他一些别墅的主屋，在 4 世纪六七十年代发生了坍塌，有的则被改建成了厨房、谷仓或者玉米烘干坊，这只能说明，在这些房间里曾经进行的那些活动（大型聚会晚宴，一种编排复杂的领族—雇主仪式）正在消亡。这种衰落没有任何文字记载，我们很难知道到底发生了什么。有些别墅可能是被入侵的外族所摧毁，但似乎大部分的破损源于古代生活中一些偶然的灾难，比如，意外火灾、施工问题、地表下沉等，由于经济衰落，发生这些灾难后，没有人能负担其维修成本。还可能是富人们在三四代人的时间里，不断疯狂投资其乡村庄园，最终导致没有资金维护的结果。资金全都投入他们乡村别墅的建设之中，除了提升社会地位以外毫无用处，有些家庭可能在追求这种生活的过程中变得一贫如洗。这种情况显然在高卢出现过，有文字记载为证。罗马著名诗人奥索尼乌斯（Ausonius）之孙培拉的保利努斯（Paulinus of Pellas），尽管是罗马高卢大家族的后裔，却在罗马帝国及其统治层的衰落中失去了一切。保利努斯在年轻时继承了一大笔房产，但他晚年承认，他一生仅有的兴趣就是奢侈品，他写道：

> 每个季节，在我的房子和我的生活中，
> 我的房间永保舒适。
> 我的桌子上，陈设之物奢侈而精美，
> 我的仆人们，年轻力壮，繁若星辰。
> 家，装修已毕、风格多变、富于品位；
> 白银之珍，价贵于其重；
> 技艺娴熟的工匠，时刻听于我命；
> 训练有素的马匹待于马厩
> 无论何处，凡我欲往之，车辆备之……

但是到罗马帝国晚期，随着外族侵扰和政治混乱在高卢不断加剧，保利努斯失去了大部分的财产。

最后我决定，留居马赛……
现在，财产消耗殆尽，
那，也只是家族留下的遗产
没有新的收入
理应焕发新希望的地方，却没有田地
没有葡萄园——这是这个城市的财富——却没有一处属于我。
我所拥有的，仅是这城市中的一座小房，旁边一座
花园。这，确实，简陋得寒碜。
虽有几蔓葡藤、三五果树，可，
没有任何土地，看似值得开垦。
最后，我说服自己，用起那闲田
那小得可怜的闲田，再在那块遍布岩石的空地
建一间小房，从而省出
每一寸可以耕作的土地。为了购置
只有钱能购置的东西，我计划放弃土地。
那时，我还有奴隶，为我管理房屋，
我仍壮年，精力旺盛。
但是此后，变幻莫测的世界改变了，也破坏了我的运气，
我终于破产，因失去土地
因年迈的身体，因我虚弱不堪。
我流浪、贫穷、老无所依。

在不列颠，有一些迹象表明，小一点儿的别墅先衰落，之后才是那些最大的别墅。而且，在 4 世纪中期的某个时刻，大型别墅的主人开始收购受损房产。虽然这会使一些家庭短期内获得大量财富，但从长远来看，这是灾难性的，因为不列颠每个个人的繁荣，甚至包括富人，都是建立在四通八达的本地市场及适度且普遍的社会繁荣之上的。

比起别墅的衰败，更不幸的是组织性的工业开始崩溃。4 世纪中期，制陶业开始显示发展疲软的迹象。虽然窑的总量没有太大变化，但是约从公元 350 年起，烧制器具的种类以及器具表面的装饰图案都有大幅缩减。尽管仍有大量陶器出产，但在 4 世纪 70 年代的某个时间，新森林地区和牛津郡的不列颠尼亚窑开始出现数量上的直线下滑，以至于在公元 400 年那代人的时间里，制陶工艺失传，不列颠大部分地区进入了无陶器时期。再如，威尔德地区铁的生产约在 350 年骤然降至 4 世纪初水平的 1/4，到 410 年时铁的生产完全中止。铁器和陶罐虽然不为富人所爱，但它们都早已成为日常生活的必需品。再如钉子，虽然看似微不足道，但若没有钉子，不列颠的生活会变得举步维艰。在 4 世纪 70 年代，钉子在不列颠越来越稀有，到了 90 年代，几乎见不到钉棺和钉靴，所以，不列颠居民挖开泥土，把自己所爱之人直接埋进冰冷、坚硬的地下。陶器和铁器因为不易腐坏，能够提供很好的考古依据，但易腐坏的物品如皮革、木材、食物等，虽然无法追溯，无疑和陶器、铁器的境遇大致相似。

住宅房屋的衰落、工业的颓败一齐作用，瓦解了不列颠的城镇。衰败开始于郊区，城墙以外的那片地区。在郊区，4 世纪中期的陶器和钱币的出土量显著减少，钱币与陶片约在 370 年后几乎完全消失。由于郊区一直是制造业和商业的中心，它的衰败和废弃是极其不祥的征兆。虽然郊区位于城外，但没有任何入侵者破坏的迹象。郊区的衰落是一系列经济危机的产物，说明不列颠已无法支撑起大量的手工业人口。

城墙内的区域萎缩得慢一些，它们的最终衰落比郊区晚 10 年左右，但其基础设施在 4 世纪中期已经开始败落。在坎特伯雷（Canterbury），下水道在 350 年前后开始发生堵塞，城市的浴场、街道积满厚厚的淤泥。与此同时，各大建筑的临街房开始侵占公共街道，在坎特伯雷和约克都有这种情形，若在之前，这是市政当局绝不允许的。下水道、水供应及公共街道都是不列颠公共城镇生活的最基本方面，它们的衰败说明当时出现了严重的财政危机以及地方管理的萎靡。然而在大多数地方，城市生活一直持续到了 4 世纪末，有些地方甚至又延续了 10—20 年。比如，巴斯城。虽然巴斯的神殿被拆毁了，街道在 4 世纪晚期磨损严重，但在 4 世纪中期到 5 世纪初的时间里，街道又进行了 6 次鹅卵石的重新铺设。因此，即使巴斯的神殿不复存在，但街道上依然人潮涌动，地方官员还能充分组织人力物力对其进行重要的修复。与此相似的塞伦赛斯特（Cirencester）内罗马晚期的城墙也一直在维护和修复，持续到了 5 世纪早期，城内的论辩广场一尘不染，没有任何在破旧衰败的城镇里应该发现的垃圾。但是，广场的石头地面磨损严重，一度光彩的砂岩石板被磨到很薄。因此，塞伦赛斯特的市民生活，一直到 4 世纪末都还是有组织的：市场及时打扫，城墙及时修补，只是广场没有再重新铺设地面。在坎特伯雷、巴斯、塞伦赛斯特及其他一些城镇，街道和城墙仍有维护，但钱币和陶罐的减少说明面对经济的衰退，公共生活已经变得匮乏，但仍然有组织地延续着。

过了5世纪早期的某个时间节点，城市生活完全消失，所有不列颠的城镇，不论是公共城镇还是小城镇都不复存在。考古发现足以证明这些推断，真正的事实甚至还有些令人感伤。比如，约克变成了空城废墟，到5世纪，曾经建于沼泽的约克又变成了一片沼泽。在5世纪早期的土层中，考古发现了甲虫的化石，而这些甲虫同时生活在高草和芦苇滩中，说明当时废墟和泥土已经覆盖了整个垂死的城市。沫蝉，这种栖息在英格兰湿地的生物，也在5世纪的土层中被发现，这在约克的罗马时期沉积层中是不存在的。田鼠、水鼠、鼬鼠和地鼠等各种鼠类进驻城市废墟，在沼泽地这些鼠类也一样四散蔓延，吞噬了风化严重的街道和破败不堪的房屋，它们便在这种潮湿的环境中流窜生活。考古学家在坎特伯雷城内发现了一座5世纪的墓葬。罗马认为将人埋葬在城内是一项很严重的禁忌，甚至有法律规定将生者和死者完全隔离，所以，罗马的墓葬通常都集中在郊外的墓群里（类似于庞德伯里）。因此，任何城内的墓葬都代表着对于传统的严重违背，表明城市管理者失去了权威，长期的文化禁忌已被打破。不仅如此，墓葬本身的形式也很奇怪。它埋葬了一个家庭的全部成员——男主人、女主人、两个孩童，还有两只狗。他们被小心地埋葬在同一个深坑里，两旁是草地。男女主人是坐着的，一个孩童躺在女主人大腿上，另一个躺在她脚边。两只狗躺在男主人的对面。其中一个孩童死于头部重击，即使其他人的死因无法确定，但从孩子粉碎的头骨来看，他们很有可能死于暴力袭击。从任何角度来说，他们被集中埋在一个坑中，而且还位于城内，这都不是标准的罗马埋葬形式。因为他们是罗马化的不列颠人，他们有晚期罗马风格的铜器和银饰作为陪葬，陪葬品中还有罗马风格的玻璃和钥匙。他们遭受到的暴力说明，当时在城内（当时不再是一个城镇）发生了某些可怕的暴力事件，但绝非源自蛮族入侵，而是由于骚乱、社会崩陷和文化崩溃造成的。

到 420 年，不列颠的别墅悉数废弃，城镇人去屋空，工业停滞，与罗马世界的联系被割断。这里满目疮痍，却不见一个盎格鲁 – 撒克逊人的身影。

第二章

在废墟中生活：5 世纪至 6 世纪早期

公元 420 年，在不列颠仍有一些人，出生时，他们的家庭深受罗马帝国建制的影响；年少时，他们的生活受到罗马物质文化左右。这些男男女女，他们的生活依旧建立在古典时代晚期的种种共识之上。其余那些数以万计的人，他们从小则在尘土飞扬的小镇街道上玩耍，童年用锡器或玻璃器皿吃饭；他们也曾站在祖父母和过早夭折的弟弟的墓边，悲伤无言。当时，亲人的墓地都设在城镇边缘的大型墓地里。在公元 420 年，有从小就在供暖别墅里长大、步入中年的男人，也有父亲纳过税、母亲在当地集市上买过锅碗、自己身为（外）祖母的女人。生活在 420 年的人，可能有 1/4 受生活视野所限，形成了适应当时社会的世界观，或多或少接受了它的塑造。不过，尽管此时还有深受罗马文化影响的古不列颠人，但是到了 420 年，不列颠已经不再是罗马帝国统治下的那个不列颠尼亚行省。

除此之外，很多新的民族开始在不列颠定居，这些人从未生活在受罗马世界影响的疆域内。在 420 年之后大约 10 年时间里，生活在英吉利海峡对面的日耳曼民族陆续迁徙到不列颠，他们多数以小家庭为单位，一次仅一两船人。这些人大多从未使用过钱币，也从未见过城镇。日耳曼人到达不列颠后，有些作为劳役，可能参与建造过罗马庄园，或者参加过罗马军队，曾在战场上奋勇拼杀，但大部分（至少据我们了解）从未有过任何与罗马帝国接触的经历。这些新移民最初沿不列颠东海岸（特别是在东盎格利亚和肯特地区）定居，也有一部分定居在不列颠东部的河谷之上。在不列颠西海沿岸，还有来自爱尔兰的移民。这些日耳曼人、爱尔兰人与不列颠人时有瓜葛。一百多年间，他们不断侵扰不列颠尼亚的定居点；现在，随着罗马帝国撤出不列颠，这些人顺利移居至此，从此开启全新的生活。

古不列颠人（史学家以此定义这一时期祖祖辈辈在不列颠尼亚生活的原住民）是怎样对待这些新移民的？他们和这些新邻居是怎样活下来的呢？在古典时代晚期的废墟中，他们共同创造了怎样的一个新社会？这些问题极难回答。现存仅有两份文本供我们一窥废墟中的生活，一份是布立吞人圣帕特里克（St Patrick）的文字记录，一份是高卢主教杰马努斯（Germanus）的自传《杰马努斯传记》(*Life of St Germanus*)，记录了他不远万里来到不列颠传教的经历。其他大多数写于中世纪早期的文字记载记述于事情发生很久以后，主要基于一些不太可靠的道听途说，或者作者基于想象对情节予以重构，最多只能算给出了那个时期的大致轮廓，而非那个时期的真实全景。除了文字记录的匮乏，那时留下名字的人物也少之又少。我们仅知道几个在此时期住在不列颠的人，包括：圣帕特里克的父亲卡尔普尔尼乌斯（Calpornius），他在远北地区有一座小别墅；古不列颠富豪埃拉弗乌斯（Elafius），他请圣杰马努斯给孩子治病，孩子得以治愈；以及爱尔兰人库诺瑞克斯（Cunorix），在一块石头上刻有纪念他的粗糙铭文。这 3 个人，虽然我们无从得知他们的生平，但至少还知道他们的名字。在罗马帝国陷落后约 6 代人的时间里，没有任何关于这一时期人民生活的文字记载，也没有任何记述的故事流传下来，我们只能依靠考古发掘来了解这一时期，因此很难真正了解那些已知存在的人物，他们的生活到底是什么样子？当时发生了哪些具体的事件？不过，反过来，考古发现也能告诉我们一些中世纪文字资料无法说明的事情，比如，经济状况、社会差别和社会分层等方面呈现出来的微妙迹象，还有农耕生活的艰难困苦，等等。透过考古学发现，再辅以不列颠地域风貌的绝佳佐证和早期的一些地名，这一时期遗失的历史真相便浮出水面。

窥见三处不列颠社区

罗马帝国既需要盈余，也创造了大量的盈余。城邦、军队、法律法规以及上层人士的悠闲生活都建立在生产过剩的基础之上。但当罗马从不列颠撤离后，罗马经济开始衰败，再没有有组织的、贸易互通的市场。没有赋税，没有货币，没有商品的大规模生产。失去了这些，生产出的盈余用途越来越少，也越来越难以创造和储存。因此，随着市场的消失，货币和盈余也消失了，罗马物质文化中的基础成分随之消失。罗马城镇的旧址内（尤其是那些 4 世纪建造的城镇）遍布残垣断壁，到处是钱币和被随意丢弃的破旧手工制品。考古工作者在每处农庄和别墅周围都发现了成片散布的日常用品。相比之下，考古中几乎见不到 5 世纪的定居点，很少有陶器和金属制品的痕迹，随后，连建筑遗址也见不到了。其结果便是：与 4 世纪的不列颠相比，5 世纪的不列颠显得一贫如洗。但在这种凄凉的相似背景下，定居点之间呈现出巨大的差异。罗马城邦和罗马文化所具有的一统力量曾使所有的罗马小城镇、所有的别墅和所有的村庄都呈现出一种心照不宣的相似面貌。罗马帝国撤出后，这股力量不复存在；而且，在这种沉郁的崩塌气氛下，在 5 世纪支离破碎的环境中，各地的社区和个人穷困潦倒、挣扎求存，各个定居点纷纷独立发展、自谋生路。

许多生活在 4 世纪晚期和 5 世纪早期的人都处于不断迁徙的状态中。所有城镇，不论是公共城镇还是小城镇，都流失了它们的全部人口，大多数别墅遭到废弃。很难想象农庄和小村落都经历了什么，不过从人口上看，似乎也有人员迁移的迹象。因为面临社会的崩溃，人们意识到传统居所已不再宜居；有些地方，即使仍有人居住，往往也进行了彻底的改造。这些人去往何处，他们又如何重新组织当地社会，大概可以从他们继续使用的物品上得到答案。

在英格兰西南部，有些人离开自己的家园，迁徙至山顶古堡居住，这些山堡在罗马征服之前很久就存在，已被遗弃数百年。萨默塞特郡的卡德伯里康格雷斯伯里山（Cadbury Congresbury）上就有这样一个山堡，在 5 世纪后半叶又开始有人居住，并在之后五六代人的时间里，逐渐成为某个不列颠社区居民的新家园。康格雷斯伯里山堡地势险峻，多面环山，周围的山脊是现成的屏障，保护新居民和牲畜的安全，阻止盗贼和其他不列颠社区的入侵。

在山堡重新定居下来的第一批居民，他们在文化上仍然沿袭不列颠尼亚的传统，但在物质上却较 4 世纪简陋得多。他们似乎带着几大包个人物品迁徙到此，这些物品展示着他们的罗马情结。在康格雷斯伯里生活的最初岁月，人们仍然使用转轮大量生产不列颠尼亚风格的陶器；他们也拥有一些玻璃制品，有些建筑还使用了罗马风格装饰的石块。但是，与附近那些 4 世纪的定居点相比，5 世纪生活在康格雷斯伯里的第一代居民所拥有的这些物品真是少得可怜。大多数的陶罐、玻璃和琢石的使用都集中在 5 世纪后半叶，但却制造于 50 年甚至 100 年以前。有些在山堡出土的物品，比如玻璃或一些胸针，是世代相传的珍贵物品或者价值不菲的私人物品，由于受到主人的珍视而得以长久保存。但其他物品看起来就没这么珍贵了，它们似乎是从废弃遗址捡来的。比如，琢石“挑选”自临近废弃的一处建筑，一些玻璃制品和陶器可能“拾获”于当地的别墅废墟。5 世纪的不列颠遍布这样建于废墟之上的新家园。《杰马努斯传记》里就记载有这样一个位于高卢的新家园（虽然故事本身剽窃了古罗马作家小普林尼的故事）。传记里说，一个冬天的夜晚，杰马努斯和他的同伴旅途劳顿，疲惫不堪。他们见到一处被遗弃的房屋，房顶塌陷，屋内长满荆棘，“在众多房间中”，只有一间可以勉强留宿。当地人称，这个地方闹鬼，恶人的鬼魂时常出没。这样的地方是不列颠低地地区在罗马帝国衰落后的一大写照，人们可能会在这里搜刮自己需要但当时无法复制的物品。在康格雷斯伯里发现的陶罐，有些可能有另外的来源：它们很可能是从附近 3 世纪的墓地里搜刮而来的，这些墓地当时都采取火葬，装骨灰的陶罐可能被挖出来，骨灰被倒掉后拿回家用于烹饪或储水。康格雷斯伯里以及其他山堡所见的这些物品说明，当时的人们坚守着先人的物质文化，不论做起来有多可憎，不论搜刮废墟与墓穴多么让人无地自容。

不过，在康格雷斯伯里，社会形式迅速从晚期罗马阶段进入一个截然不同的阶段。来到山堡的民族形形色色，有来自没落城市社区的难民，有别墅的拥有者和他们的佃农，还有居住在神殿建筑群周围的社区居民和小农户等，他们在罗马衰亡前属于不同的世界，但现在，所有人汇聚到同一个地方，生活在同一个社区。因此，面对罗马灾难性的衰亡，他们所属的小社会迅速从古典时代晚期迈向中世纪早期。在重新占领山堡的那一代人中，很可能从占领初期开始，就有某个人、某个家庭或者某个小团体处在统领地位。事实上，第一时间宣称自己对某个重要地点拥有所有权，可能是部分个人或群体确立权威的主要方式。到公元 500 年，山堡开始进行正式的重修与加固，人们利用木料和草皮建起高大的瞭望塔，建筑形式类似于晚期罗马的军事防御。在康格雷斯伯里山堡的第二个“生命历程”中，这里建立起多达 200 座建筑。这无疑说明，这里有大量的人力，他们有实力消耗大量的资源，并且有人做总体的组织和调度。200 座建筑形式各异，没有一座使用了砂浆和建筑石材(使用砂浆石材建造房屋的工艺在 5 世纪的不列颠已经失传)，但其中有一座大型木结构长屋，显然，这里住着某位重要人物和他的家人。康格雷斯伯里的其他建筑，在结构上则十分接近于前罗马铁器时代的圆屋。在罗马帝国时期，这种房屋只能在穷乡僻壤找到；但现在，随着越来越多不列颠尼亚人口建筑技能的退化，圆屋再次流行起来。罗马形式的瞭望塔、长屋及结构简单的圆屋同时出现在康格雷斯伯里，这表明在这个社区里，有人占据主导地位，余下的人服从他的领导。当地人在一两代之后开始制造的首饰也证实了我们的判断：当地工匠使用金、锡、镀银的铜和玻璃等来做首饰的材料，而这些材料只有很少部分人有条件拥有。

在 5 世纪晚期到 6 世纪中期的 75 年间，在拜占庭帝国的贸易商与部分位于不列颠西部的山堡社区（包括康格雷斯伯里）的居民之间，很可能仍有一年一次的贸易往来。考古学家在康格雷斯伯里以及其他地区——最著名的是位于康沃尔郡的廷塔杰尔镇（Tintagel）和位于格拉摩根（Glamorgan）的迪纳斯波厄斯镇（Dinas Powys）——发现了5—6世纪的餐具和双耳陶罐的碎片。这些物品来自爱琴海、地中海东部和北非，可能还有西班牙南部，其中双耳陶罐曾经用来盛装葡萄酒或橄榄油。这些惊人的发现表明，长途贸易重整旗鼓，虽然规模较小，但意义深远。商贩和水手再次发现长途贸易的价值，即使跨越整个地中海，勇渡西部海区航行至不列颠，全程约1万公里，这样的冒险航程也都值得一试。此时，不论谁在控制康格雷斯伯里社区，在这片罗马殖民地的荒野上，他一定掌握着那些希腊商人念念不忘的东西。这种东西很可能是锡，因为锡在欧洲十分稀有，在古典时代晚期被称为“不列颠的金属”。锡是在青铜（这一时期广为使用的一种合金）冶炼过程中至关重要的原料，而为了获得锡以及其他任何值得贸易交换的物品，某些商贩和水手不惜远渡重洋，把小部分罗马商品涓涓细流般地送到部分山堡居民的手中。虽然这些贸易往来可能不是经常性的，但这样的贸易交换足以使这个社会中最重要的那些成员再次有机会展现他们的“罗马情怀”，在重建的山堡社区里强调他们高人一等的地位。在木结构“宫殿”里举行的盛宴和庆祝活动上，他们吃着自己牧场生产的牛肉，用着罗马风格的餐具，喝的是珍稀的希腊葡萄美酒。这与古罗马诗人马格努斯·奥索尼乌斯描述的优裕生活相距甚远，但它却是对不列颠尼亚衰落时已有几个世纪历史的政治风格的延续，是一种将自己与罗马建立联系，与罗马事物建立联系来彰显其尊贵地位的社会策略。

远至不列颠北部，另一个社区正在博多斯瓦尔德（Birdoswald）集结形成。博多斯瓦尔德是哈德良长城上一个建于2世纪的军事堡垒，它和康格雷斯伯里一样，都是曾经的古代旧址，不同的是，在罗马帝国衰落之前、之中及之后的很长一段时间内，这座堡垒都有人居住。在古典时代晚期，博多斯瓦尔德的卫戍部队与整个罗马世界的部队一样，规模很小。士兵都是当地男子，他们很可能就是从生活在泰恩河（Tyne）和埃斯克河（Esk）之间的那些社区里招募而来的。这些“罗马”士兵很可能会与当地女子结婚生子，他们的儿子会被迫继承父业，再次成为罗马帝国晚期的一名士兵。到 5 世纪最初 10 年的时候，卫戍部队逐渐失去收入和供给，但位于堡垒上的社区仍旧维持着日常运营。

在 5 世纪的最初几年，至少在罗马的地方政府制度仍然有效，地方官员仍然主掌地方权力之前，士兵可能还能获得来自当地社区的供给，保证他们履行维护治安和服兵役的职责。和康格雷斯伯里一样，博多斯瓦尔德这块小地方也在迅速转型。

博多斯瓦尔德在 3 世纪早期建有许多谷仓，这些谷仓的演变正是博多斯瓦尔德社区所经历演变的缩影。如果军事堡垒的规模还很大，而且军队物资的供给网络仍在运作，那么就还需要石砌的仓储粮库储藏各家上缴的实物税。但是，到了 4 世纪晚期，随着卫戍部队规模缩减，大多数公共谷仓都被弃用。其中有一处谷仓被弃用之后又被重新挖出来，只为利用废弃的建筑石材。另一处则被改建为大型的家用建筑，铺上了坚固耐用的新地面，在房间一端建起了壁炉，但是旧谷仓化身新建筑之后，内部空间未被隔开，难以实现整体供暖，显然，做这种翻修改建并不是为了用作生活住宅。此外，出土于博多斯瓦尔德的文物中，令人印象最深刻的（一副金耳环及一个玻璃戒指）都是在新砌的壁炉旁发现的。所有这些迹象表明，谷仓具有高地位、准私人的功能：可能是卫戍部队的集合大厅，同时也是部队指挥官的住所。这位指挥官可能不仅是部队的首领，还长期扮演着“守护神”的角色。在其统辖区域之内，人民可向其寻求帮助或庇护。这种双重身份的组合在罗马帝国晚期的其他地方也可见到，这样的人物不仅统领着为其服役的士兵，还在平民百姓中享有崇高的威望。

博多斯瓦尔德的社会变革在罗马帝国衰落之前就已开始，一直持续至罗马撤军之后。但是，到大约 420 年，堡垒内的许多建筑（包括那个由谷仓改造的士兵集合大厅）都不再有人维护。这些建筑一旦破败，生活或劳作在这里的人们就直接弃用，搬进更结实可靠的建筑之中。大概在一代人的时间里，人们都生活在日渐破败的建筑中。在 5 世纪中期的某个时间点，这些近半损毁的罗马帝国建筑开始出现混合结构，部分使用石块，部分使用木材，样子很像是在耸立的单墙壁上撑起的棚架（lean-to）。这时，更多坚固耐用的木结构被用于建造古代建筑。到大约公元 470 年，生活在堡垒中的居民开始拆毁罗马高壁，在堡垒内兴建采用全木质结构的新建筑。此时，新建筑的布局不再受堡垒内原有布局、已有建筑与道路位置的影响。在这一时期，一座木质廊厅拔地而起，它是中世纪早期会堂式建筑的原型。这座木质廊厅很可能外墙用厚厚的草皮包裹，屋顶由稻草铺就，整个廊厅气势恢宏，矗立在老罗马大道上，大道一路向南延伸至当时正在使用的堡垒正门。因此，这座廊厅是建在一片大型的晚期帝国建筑之上。进入博多斯瓦尔德，首先映入眼帘的就是这座廊厅。一眼望去，很像是一位主宰历史沉浮的伟人所在的居所。

这一切都表明，在罗马帝国衰败后的一个世纪中，晚期罗马卫戍军队的后裔仍在博多斯瓦尔德居住，并聚合形成一个社区；有一位世袭的指挥官和那些晚期罗马应征士兵的子孙一直占领着这座堡垒，可能形成了一个拥有武装并深谙军队传统的社区。6 世纪伟大的拜占庭历史学家普罗科匹厄斯（Procopius）在他的作品《哥特战争》（*Gothic Wars*）中提到了高卢当地的几支卫戍部队，或许恰好捕捉到了博多斯瓦尔德人的状态：

> 罗马士兵……在高卢边境安营扎寨，守卫边防……他们将祖先的习俗悉数传给后人……直到今天，他们仍视自己为古代帝国军团的一员，参与战斗时坚守自己的准则……他们仍然保留着罗马时期的服饰，甚至包括脚上的鞋子。

有迹象表明，赛伦赛斯特镇有一处类似的军事遗址。或许，这种军事类型的堡垒社区在 5 世纪的不列颠十分普遍。而且，通过分析哈德良长城沿线地层中的古代花粉成分得知，这一带在 6 世纪以前没有被矮树丛吞噬，这说明罗马晚期的田园经济在坎布里亚郡堡垒社区中得以延续。但是，博多斯瓦尔德的发掘者没有发现工业发展的痕迹，也没有任何长途贸易的证据。似乎在罗马撤军整整一个世纪后，即从 6 世纪中期之前的某个时间点开始，这里的定居点开始衰落。

第三个新式不列颠社区的形成可在罗马时期一度繁荣的公共城镇罗克斯特（Wroxeter）废墟得以窥见。在罗克斯特的考古发掘发现，用作城市浴场的巴西利卡（basilica）结构在公元 400 年前后不但仍频繁使用，而且得到了持续改进。但是，在一代人左右的时间之后，修缮停止了。5 世纪中叶，浴场破败不堪，无法继续使用，其屋顶和石柱廊被拆除，只剩下墙壁围成的一个露天无底的空壳。在其内部好像临时搭建过季节性的露天集市，因为周围附有披屋作为摊位，还有一排经常使用的便坑。这些改建表明，市民有组织的生活在某种程度上依然存在。市场和市场旁边的鹅卵石街道相继被拆除，废弃的垃圾被运走，一批木质结构建筑取代了浴场上原有的建筑，其中一处还蔚为壮观。这处遗址的最后一次改造是在 5 世纪末，耗费了大量的劳动力，持续时间长达一年。随着这一变化，这片遗址绝不可能还是某种公共或市政用的场所。但不管怎样，罗克斯特仍是一个十分重要的地方，为某位有权势的人所“营救”“劫持”，或曰“窃为己有”。这个人位高权重，足以将整座古罗马城市的公共空间据为己有，他熟悉 4 世纪上流社会的建筑风格，在巴西利卡式建筑的位置兴建起那座豪华的木结构堂厅，灵感源自罗马风格的廊翼别墅。这座新建的木质建筑建于罗马城镇废墟之上，选址在老浴场的巴西利卡结构上，都可以看出这位重要人物所拥有的罗马情怀。虽然城镇本身失去了经济和市政功能，但它仍处于中心地位，因为它已成为中心人物的居所。由此推论，5 世纪后半叶的罗克斯特出现了一位颇具实力的人物，他以社区领袖的身份掌管其势力范围内的所有公共职责，包括这座荒废的城市，也包括这座城市所在的古代领地。

很明显，在古城的西南角，市民生活仍在继续，这个位置就是今天圣安德鲁教堂（Church of St Andrew’s）的所在地。教堂的建筑构造残留着中世纪早期的石雕工艺，但是教堂的地基可以追溯到更早的 4—5 世纪。教堂朝向也很奇怪：东偏北 23 度方向。这与一条罗马主道的方向一致，而且教堂旁边仍有罗马大道的痕迹。罗马大道在罗马统治晚期始于塞文河上的一个渡口，连接河流浅滩与城镇的主干道。既然这条罗马大道决定了教堂的修建方向，那么它在第一座教堂始建之时肯定十分完整且尤为重要。当然，在古罗马晚期的罗克斯特，有这么一个基督教社区并不奇怪。自君士坦丁大帝（Constantine the Great）统治开始，基督教就是罗马帝国的国教。很有可能，罗克斯特的社区至 5 世纪晚期就已全民皈信基督教，由一位重要的人物领导，他是旧时精英阶层的后裔，控制了城镇周围古老的行政领地。基督教、统一管理、木结构建筑，这 3 个特点都是罗克斯特罗马历史的重要遗迹，也是其在未来中世纪早期的持久组成部分。它们同等重要，不分伯仲。同样，对于它们的消失和延续，我们也很难说哪个更加令人惊讶。

新来的邻居

我们在不列颠西部看到了一系列规模不大、政治独立、社会分层的小世界，每一个的建立都依仗各自不同的历史片段——前罗马的铁器时代、罗马军队或古典时代晚期的城镇生活。它们中每一处都遭受到了灾难性的经济危机和政治动荡，国家权力被私人窃取，物质上极度匮乏，社会结构迅速变迁。那些康格雷斯伯里、博多斯瓦尔德及罗克斯特社区在 5 世纪与之接触的群体，那些最有可能与这 3 个社区形成竞争关系的群体，是其他有组织的不列颠社区，或者是爱尔兰精英阶层，他们此时开始在不列颠西部立足。但是，几乎没有考古证据表明，在这些地区，不列颠的原住民与来自欧洲大陆的新移民之间有任何瓜葛，敌对与否。我们研究过的那些社区，它们的演进应该归因于罗马帝国的衰落，而非日耳曼民族的入侵。

不过，也正是在这一时期，大概 420 年前后，说日耳曼语的移民开始迁徙至不列颠东部。在这里，几乎找不到有组织的不列颠社区的迹象。可能林肯郡和圣奥尔本斯的社区各算一个，在遥远的东北地区肯定还有其他社区，但东部显然比西部的社区少。为什么这种组织严密、等级森严的不列颠社区在东部产生的数量远少于西部？原因不得而知。但可以肯定地说，从整体上看，在 4 世纪并未完全罗马化的不列颠地区，要比那些完全罗马化的地区，在罗马衰亡之后更具罗马情怀。或许，越是过于依赖罗马的经济结构和国家管理机构，越是难以面对罗马帝国的崩溃。无论情况如何，自 420 年前后的一代人起，日耳曼移民开始迁至不列颠，最远到达东部的博多斯瓦尔德、罗克斯特和康格雷斯伯里。他们大部分来自德意志北部，弗里西亚或者斯堪的纳维亚的南部［8 世纪历史学家、“尊者”比德（Venerable Bede）告诉我们，这些人是撒克逊人、盎格鲁人和朱特人（Jutes）］，他们符合野蛮人的古老定义：他们既不说希腊语也不说拉丁语，且都来自罗马帝国的边境以外。虽然同为日耳曼人，但数千名自 3 世纪起就已定居于此的日耳曼人与他们不同，前者定居在欧洲大陆地区的罗马边境线上，或者居住在罗马帝国的统治区域内，到 5 世纪，他们都已经习惯了古典时代晚期的城邦制，习惯了罗马帝国的生活方式。例如，许多人的陪葬品中都有官吏发放的、象征罗马帝国的铜质腰饰，以及罗马晚期的十字弓胸针。尽管身为日耳曼人，这些人在 4—5 世纪与罗马帝国及其军队一直保持着良好的关系。

与此相反，对于大多数在不列颠海岸线上生活的日耳曼人来说，他们对罗马的了解最多不过是间接的：当然，也很少有人拥有曾为帝国效力的实物证据。他们到达不列颠似乎是偶然的、没有计划的。5 世纪的高卢罗马绅士圣希多尼乌斯・阿波黎纳里斯（Sidonius Apollinaris）曾描写过撒克逊海盗在高卢海岸活动的故事。他提到的海盗船由动物皮缝制而成，只够承载一人，每个人既是船长也是船员，绝非骇人的舰队。这很好地描述了大多数说日耳曼语的人最初来到不列颠时的情形。他们看起来对征服任何人或任何事物，既没有能力，也不感兴趣。他们想要可以耕种的土地，也希望能找到猪能觅食的树林。有些农民在 5 世纪最初几十年间抵达东南地区和东盎格利亚地区；这些人最早定居下来之后，大概从 5 世纪中叶开始，不列颠迎来了大规模的移民；到 6 世纪中叶，仍有大量移民携家带眷，带着生活用品勇渡北海抵达不列颠。所以说，移民并不是在某个充满戏剧性的历史时刻一次性抵达不列颠，他们的到来不能定义为入侵。相反，比德所说的“英格兰人的到来”应该是一个长期的历史过程，而不是一个单一的历史事件。

但是，考虑到这些移民迁徙至此的本质，他们与不列颠东部那几个有组织的社区可能也没有太多交集。虽然能够表明 5 世纪的不列颠存在移民农户和他们极小规模定居点的证据很多，但是几乎找不到能够证明当时仍有日耳曼散兵游勇流窜各地的证据。有些在 5 世纪初，很可能有些来自欧洲大陆的人被招募为雇佣兵，听命于不列颠尼亚的某些族群或者某个铁腕人物。不列颠教士吉尔达斯（Gildas）在他 6 世纪中期的记述中很坚定地确信这一点。在他的故事里，有一位主掌“三龙骨”大船的不列颠僭主招募了整整 3 船的日耳曼士兵，以巩固他的政权。吉尔达斯又说，这一政策不幸导致撒克逊人席卷整个不列颠，在一片刀光剑影中，当地原住民惨遭杀戮。然而，除吉尔达斯的故事外，没有任何证据能够证明这一切。吉尔达斯的故事在 6 世纪中叶能够令人信服并流传开来，或许不是因为故事本身记录了史实，而是它很好地解释了在吉尔达斯所处的年代，为什么会有如此众多的英格兰人。在不列颠还发现了十几处藏宝点，大多数集中在塞文河和亨伯河的东部和南部。有几处藏有精美银盘、贵金属汤匙、黄金镂空首饰，以及价值高昂的钱币。一个简单的解释就是，这些宝物由日耳曼战争中在逃的古不列颠尼亚人所埋。但对这些藏宝点更仔细的考察表明，将物品埋藏于此，很大可能是为了躲避4世纪罗马帝国政治上的争斗，而非躲避蛮族的入侵。例如，著名的米尔登霍尔宝藏（Mildenhall Treasure）埋藏了酒神图案的盘子、大量的碗和一个重量超过8千克的银质大浅盘。这些珍宝埋藏于4世纪60年代，很可能是在帝国党羽政治斗争中，某个站错队的富有家族所为。还有塞特福德宝藏（Thetford Hoard），这里出土了许多指环和带扣，可能用来供奉异教神法乌努斯（Faunus），大概埋藏于4世纪80年代，因为当时的罗马皇帝狄奥多西一世（Theodosius Ⅰ）发起了清除异教信仰的运动。有些宝藏甚至掩埋于公元400年以后，比如，霍克斯尼（Hoxne）的宝藏，很可能是为了躲避具有竞争关系的本地族群，也可能是为了躲避新来的移民。

还有一些稀少而偶然的发现也许能够证明5世纪早期存在日耳曼战士，比如，在位于多赛特郡的铁器时代丘堡霍得山（Hod Hill）的斜坡地带发现了两枚日耳曼风格的胸针。5世纪时所有“盎格鲁-撒克逊”式墓地都离多赛特郡很远，但是霍得山此时的情形可能类似康格雷斯伯里山堡，为罗马化的古不列颠人重新占领。如果是这样，在霍德山堡发现的这两枚属于外来者的日耳曼胸针，应被当地的罗马人当作实力的象征。在伦敦城外的一个墓地里，我们也同样发现了两个圆锥形胸针，这两个小徽章看起来就像小型盾突，这种形式源自莱茵兰北部，于5世纪最初几十年间随一具尸体一起埋葬。这个人可能是一位异国盟友的妻子，其丈夫被这座垂死城市废墟上的居民招募为一名雇佣兵。不过，像这样的发现用10根手指就能数得过来。相反，5世纪占压倒优势的证据表明，日耳曼移民并没有参与战斗，他们在不列颠从事农业生产；那些小型社区中的新移民多是孕妇、小孩及辛苦劳作的男人，绝非久经沙场的战士。

虽然很难重现这些人到来初期的生活情况，因为他们人数不多、财产很少，但幸运的是，我们捕捉到了两群早期移民的踪迹：一群是新近定居赫里福德郡贝克福德（Beckford）附近的男男女女；另一群生活在泰晤士河河口的砾石滩，位于埃塞克斯郡的马肯村（Mucking）。虽然这两群人包括他们的尸骨在内只有少量物品存留至今，但我们能从这些物品了解早期农民拓荒者所过的生活。在贝克福德出土的两个早期墓葬中保留了死于5世纪的少数人的遗骸，以及一些零星的贵重物品和衣物饰品。5世纪晚期的贝克福德陶器似乎很少，有的也只是粗糙滥造；制衣的布料质量明显较差。许多青少年和成年人，无论男女，踝关节都由于长时间蹲着休息而变形，这说明他们平时屋内很少有凳子或长椅。他们的牙齿因为长期咀嚼粗糙的食物而磨损严重，这要么是因为手推磨质量太差，食物无法精细加工，要么因为他们没有煮饭的锅或陶罐，所以直接在壁炉里烹煮食物，灰尘和沙砾直接混进食物当中。没有炊具或像样的石磨，没有好布料，甚至连最简单的家具都没有，他们的生活一定异常艰苦。

然而，贝克福德的情况可能是超乎寻常水平的艰苦，据我们所知，马肯村早期移民的生活要好得多。当然，我们对马肯居民的了解更多，因为考古不但发掘了马肯的墓地，还发现了那儿的定居点。与贝克福德类似，马肯的定居点建立于公元 5 世纪，和其他大迁徙时期的定居点一样，还不能算作村庄。与后来的乡村社区不同，马肯的房屋和附属建筑并没有依据土地财产的永久边界来组织，也没有沿着连贯的道路或道路网格进行修建。它们只是形成了一个不设防的农场，沿着砾石铺就的平台向前延伸，只是随着时间的推移，随着在此居住的家庭的消亡和扩大而自然更替。似乎马肯村大多数家庭都独自耕作。他们、他们的亲戚、佃户、朋友很可能将住所建在彼此附近，但整体上，每一个小家在农庄的劳作和生活都是相当独立而分散的。马肯和其他早期小村落也不像之后的“村庄”，有周边集体耕种的公用土地。村庄体系和敞田模式应该都是大迁徙之后几个世纪的事了。

马肯与很多早期的英格兰定居点一样建在边缘土地上，可能是因为周围最肥沃的耕地已被别人开垦。马肯没有精心修建的住宅，没有哪些房屋看起来比其他房屋更加重要，也没有同期在欧洲大陆日耳曼人定居点里发现的大型长屋和宽敞的农场，这说明马肯的居民家庭规模较小，劳动力较少。马肯人似乎与我们之前看到的不列颠社区的居民不一样，在这里所有人的生活状况基本相同，没有非常明显的贫富差距。不过比之房屋，马肯的墓葬倒是显示出了更多社会差异。例如，个别男性有剑作为陪葬品（尽管绝大部分男性没有），部分女性拥有精美的胸针。除了这些轻微差别以外，马肯没有发现“王公贵族”规模的墓葬，也就是说，没有超乎寻常水平、豪华程度惊人的墓葬。在大迁徙时期的初始阶段，整个英格兰地区的墓地与马肯墓地情形基本相同，都没有极其富贵的墓葬。所以，这并不是马肯独有的情况——所有地方都一样。

马肯区别于贝克福德以及其他大多数 5 世纪定居点的一大特点就是它的规模。马肯作为定居点的那几个世纪期间，当地人口是 80—90 人，共 9—10 个家庭。每户家庭都拥有自己会厅式的住房，外加一两间地面低洼的外屋。其他大多数考古发掘的早期定居点规模都相对更小，通常只有 20 或 30 位居民，共 4—5 个家庭。然而，即使马肯达到 90 人的最大规模，仍然展示出与罗马时期定居点的明显不同。100 年前，这里也曾有城镇和城市，也有农场和别墅，有一些房子足够大，大到不仅能款待亲友，还足以留宿陌生人和点头之交。但是到了 5 世纪中叶，这些大城镇、大城市都已消失，只剩小村落，人们的交往范围都极其受限。若事实果真如此，在所有这样的地方，即使规模最大的马肯，由于缺少新的基因，传宗接代都成了问题，所以需要与外地联姻，娶妻嫁女。事实上，各地外来者的来源各异，物质文化大相径庭，正是通过女性通婚的作用，使外来文化开始渗入，至少是地方性的，而且发生在最初几代人里。

贝克福德、马肯及数百个同时期相似的定居点在经济上并不依靠货币或集市贸易。它们没有大规模有组织的生产活动，也没有大量有专门技术的劳动力。不过，这些社区从事的农业活动还是创造了少量的盈余。这里男人佩刀、女人佩戴胸针，但在 5 世纪，应该只有少数人拥有如此精湛的技艺，能够制造这些物品。此外，女性通常佩戴玻璃珠串或者漂亮的胸针，这些配饰要么是她们婚嫁之时从娘家带来的，要么通过其他途径获得，用以彰显家庭的富足。少数人拥有更稀有的物品，比如，玻璃材质的长柄敞口杯、铜箍木桶。这里的经济应该算是自给农业，但是仍有少量盈余；在任何情况下，这部分盈余都足以供养少数手工业者并用于少量的商品交换。在每片居住区，只有少数人能娶富家新娘，获得舶来之物，反过来，它说明了社会存在轻微的社会分化和等级制度。因此，马肯和其他 5 世纪的英格兰社区所展现的是大体上的平等，但内部仍有高低之分：每个定居点与其邻近定居点在资源、外貌和规模上大同小异，但是在每个定居点内部又存在着细微的社会分化。这些村落里没有贵族，没有士兵阶级，但是小范围内最重要的个体——可能是每个家庭内部最有权势的成员——拥有更加精心的墓葬，会有一些贵重的私人物品陪葬，因为他们比其他家庭成员地位更高。然而，没有证据表明，对于地位更高的成员，他们的后代也拥有更多资源；很少有证据表明，这种身份地位上的细微差别会以相同的方式延续到下一代。

移民、原住民以及第一代“盎格鲁－撒克逊人”

到 5 世纪末，以贝克福德和马肯为代表的定居点在东英格兰地区快速扩张。这里绝大部分民族大迁徙时期的遗址形成于公元 470—520 年的某段时间。在这几十年间，日耳曼移民从涓涓细流缓慢增加，最后湖水般地涌入英格兰。这一时期，在东英格兰地区建立的社区不论是在规模上、组织程度上、社会阶层还是富有程度上，都无法与西部的罗克斯特、博多斯瓦尔德或者康格雷斯伯里社区相媲美。那么，东英格兰的不列颠人此时都生活在哪儿？“尊者”比德口中的盎格鲁人、撒克逊人及朱特人，这些据称来源易于辨认的、高度同质化的种族在考古学上是否能回溯到欧洲大陆上泾渭分明的同质民族呢？

回答这些问题之前，必须首先回答另一个问题：在 5 世纪，不列颠东部的居民都有哪些身份特征？对他们最清晰的了解来自东部大迁徙时期的墓地遗址。这些墓地通常距离当时已经废弃的罗马城镇以及废弃的罗马墓地较远。在东英格兰的新墓地里，一系列新颖且明显非罗马式的墓葬形式开始流行，最典型的就是重新出现了用于火化尸体的柴堆。火葬在 3 世纪以前的罗马世界十分常见，但其后逐渐废弃。从 5 世纪开始，又有尸体（裹有衣物）置于柴堆上焚烧。灰烬连同未完全熔化的带扣和胸针被铲起来放到陶罐里，最后埋进公共墓地，有些墓地埋入的骨灰瓮多达数千只。还有很多尸体未经火化直接土葬，并有各类物品陪葬。两种墓葬方式——火葬和有随葬品的土葬——在 5 世纪的东英格兰地区都有出现，往往并存于同一个墓地。

如果没有土葬为我们提供大量证据，5 世纪的真实情况将会变得扑朔迷离。前面我们已经看到，在古典时代晚期，尸骨旁有时会有随葬品——陶罐、十字弓形的胸针或是钉靴，可能还有一两枚硬币，但到了 4 世纪中叶，包括庞德伯里在内的许多墓葬都不再有任何陪葬品，里面除了尸体和盛放尸体的木棺，什么都没有。到了 5 世纪，处理死者的方式又大不相同。一方面，他们和大多数罗马死者一样，全身都裹有衣物，但是另一方面，衣服上还装饰有对于不列颠人来说算是新式的胸针和其他首饰，同时，陪葬品的选择上也与罗马衰落前大不相同。5 世纪的土葬很少使用棺材，只有一些“箱形棺柩”，即用石头小心砌筑出来的陵墓。4 世纪和 5 世纪墓葬的这些区别，在某些程度上看，只不过是不列颠尼亚经济衰落（包括有组织的生产和城市的衰败）的结果：女性死者手中不再放置新硬币，没有木工厂切割木板来制造木棺，镇上没有人找地方埋葬他们的亲朋好友。

然而，并不是5世纪所有的丧葬方式都受到罗马帝国崩溃的影响。有些丧葬方式是人们主动选择的，它们体现了人们在看待自己、看待世界方面发生了深刻的变化。例如，女性通常会配备一套全新的陪葬物品——小水桶形状的青铜垂饰，悬挂在束腰裤上的长形金属条，还有束在腰带上的小口袋。男性陪葬品有时会有武器，大多是矛，也有盾或者剑。然而，拥有武器并不代表这些男性就是“士兵”。单支的矛，至多一矛一盾，无法说明其主人就是某类军事组织的成员。捕杀野兔野猪或者自我防卫与有组织的战争一样，都需要配备此类武器。除此之外，年长的男性，甚至在骨骸上留有愈合的斧伤或剑伤的人，通常没有武器陪葬。所以，这些随葬品并不能区分他们是战士还是普通百姓。

墓中陪葬品的各种变化不仅证明物质文化发生了重塑，还标志着意识形态和社会习俗发生了转变。例如，在晚期罗马行省的墓地里从未发现过武器，甚至在离罗马军队营地仅咫尺之遥的墓地也未发现过；而在5世纪的英格兰，男性陪葬武器，女性通常陪葬腰带挂钩，这显然是一种用来彰显自己性别身份的新形式；到5世纪末，陪葬品渐渐也开始表明其所有者的社会地位。深刻的文化转变也表现在新墓地中死者身份的构成上。在古罗马晚期墓地里经常发现婴儿和幼童的骸骨，但在大迁徙时期的埋葬地点极少见到孩童尸骨，不是因为婴幼儿很少死亡，而是因为大多数家庭选择不将孩子与其他死者埋葬在一起。这与4世纪不列颠尼亚地区的做法迥然不同，也透露出人们对于婴幼儿、对于埋葬方式，甚至对于“一个人是如何成为一个人的概念”都发生了彻底的改变。

即使5世纪的“盎格鲁-撒克逊”墓地很容易与4世纪的不列颠尼亚墓地区分开来，但是5世纪的墓地又各自不同，有些甚至仅仅相隔一个山谷，却也表现出惊人的差异。比如，前面已经看到，在 5 世纪的英格兰，有些社区会选择土葬心爱之人，有些则会选择火葬。有一些定居点会各家独自寻找埋葬地点，形成孤坟，其他定居点则将生活在同一地区的死者集中埋葬，形成墓群。在一些墓地里，死者身旁摆有装着火化狗或马骨灰的罐子，而其他墓地里则会摆放树枝。有时家庭关系会决定墓葬的排列形式，而有时又似乎年龄或者性别才是决定因素。根据这些埋葬习俗的差异，我们可以判断，不同村落之间墓葬仪式和社会价值观念上的差异极大。

与此相似，因为人们 5 世纪下葬时候都穿着衣服，我们便知道生者的服饰也非常本地化。虽然布料很难经久不腐，但是很多将衣服固定在一起的金属扣件保留了下来，包括这一时期随处可见的带扣、胸针和别针。和丧葬仪式一样，在 4 世纪晚期到 6 世纪初期这段时间内，服饰的配件形式变化巨大。我们还在新的墓地里发现了外来珠宝，佩戴方式也十分新颖。典型的东英格兰女性下葬时，通常会佩戴一对胸针——一个肩头别一枚，在两枚胸针之间，经常搭配一两串颜色艳丽的珠链。而在泰晤士河以北地区，女性通常会在胸间再佩戴一枚胸针，可能是用来固定斗篷或者披肩的。这些胸针种类丰富，形状和尺寸各异，有十字形、方头、细长形的小胸针，也有对称带花茎支撑臂的等臂胸针。还有一种圆盘胸针，这种胸针以圆盘中心为圆心，表面凸起呈辐射状向外扩散，形成鸟的形状。每一类胸针由不同的图案和球状突起装饰而成，涉及各种不同的制作工艺。有些胸针表面镀锡，有些则镀金；有时图案是锻造的，有时是铸造的。

这些各式各样的胸针向我们讲述了英格兰移民的起源。例如，部分年代非常久远的胸针与在同时期欧洲大陆佩戴的胸针非常相似，因而指明了这些胸针的佩戴者来自哪些特定的区域。小型质朴的十字形胸针，如在肯特郡萨尔村和豪利特村出土的，在 5 世纪早期的日德兰半岛也出现过；而等臂胸针，如出土于霍德山的等臂胸针，就与德意志西北部易北河和威悉河之间地带发现的胸针十分相像。在剑桥郡有些墓地里发现的 5 世纪的胸针，与今天汉诺威市（德国下萨克森州首府）及其周边发现的胸针十分类似，还有那些出现在牛津郡的胸针，则很像 5 世纪西撒克逊州的胸针。这些胸针同时期在欧洲大陆上也都有人佩戴，说明它们的佩戴者很可能是第一批勇渡英吉利海峡来到不列颠的移民。不过，我们不能就此推断，说埋葬在这些坟墓里的人都是移民。许多最早期的胸针都已严重磨损，甚至有一些别针已然脱落，不得不缝在死者的衣服上。这些胸针看起来是在使用了几十年后才被埋入地下的，所以，它们要么被视为贵重的传家宝用来纪念死者，要么就是一些没人介意的老物件。

然而，还有许多早期的英格兰胸针并未在欧洲大陆出现过。长形小号胸针仅限于英格兰地区，它们可能是一种更加精致的方头胸针的仿制品，这种方头胸针最早来自斯堪的纳维亚半岛。还有在泰晤士河上游山谷早期墓地里经常发现的圆盘形胸针，在欧洲大陆不曾见过。这两种胸针以及另一种早期的胸针样式——中空环形胸针，都延续了不列颠尼亚本土的金属加工工艺。因此，事实似乎是，在有些社区，居民佩戴着家乡的胸针和首饰来到英格兰，在他们定居下来以后便想方设法复制出和家乡相同样式的胸针；而在其他社区，人们在一两代人时间里创造出了独具特色的英格兰本地胸针，许多与欧洲大陆的旧有款式具有明显的关联，但毋庸置疑它们是“英格兰式的”。

不管大多数 5 世纪的金属物件与欧洲大陆有着多少千丝万缕的密切关系，这些胸针的真实来源仍旧无法揭示，为埋葬在墓地里各个社区的成员提供无懈可击的族裔身份。虽然有些特殊的胸针在某些社区发现得更多，但由此便认为这些区域是 5 世纪某些欧洲大陆“部落”的飞地，丝毫不受其他部族或文化的影响，似乎也是不明智的。一个地区如若流行某种款式的胸针，往往也会与流行另一款式胸针的地区互相交叠。那些入葬时佩戴所谓“盎格鲁人”或“撒克逊人”胸针的女性，她们的墓葬经常会还有各式各样的其他物品，这些物品来自盎格利亚或萨克森外的其他地区。事实上，在东英格兰，几乎没有任何墓穴与同一时期欧洲大陆上的墓穴完全相同，风格完全一致的墓地更加无法找到。例如，在肯特郡最早期的那些墓地里发现大量日德兰风格的胸针，但是这些墓地本身与日德兰地区的墓地又不相同，仔细比较可以发现，在故乡和新大陆之间，葬礼的权利和服饰风格往往有很大的不同。用这些胸针或者其他种类的手工艺品为死者确定严格的“部落”归属，无论如何都是不明智的。其实，即使我们再怎么努力，恐怕也无法对 5 世纪不列颠东部这些离散的、自治的民族勾勒出统一的物质文化，因为他们还没有融合成为同一个民族。

不列颠女性在 5 世纪和 6 世纪初期佩戴的胸针是各种胸针样式混杂的产物：有些能够明显看出其仿造对象，更多则是在更古老或更加别致款式上的微妙变化，还有一些是不列颠独有的款式。这些款式的胸针同时存在，表明欧洲大陆风格的首饰在进入英格兰伊始就经过了再思考、剔糟粕、重塑造的过程。这种吸收—改造很可能同样发生在无形的意识形态方面，如歌曲、语言、饮食和口味等。当然，这些都是因为一些小群体或者个人在刚到英格兰之时，就开始接触各种各样的陌生面孔，有来自西北欧其他地区的移民家庭，有在此定居一两代人的社区原住民，甚至还有住在附近讲不列颠语的邻居。胸针款式多种多样，则表明在420年之后生活和去世的几代人，从民族和环境的大融合中拼凑出自己独特的小文化。这些小文化是异质的，高度本土化的，流动性极强。到最后，在5世纪和6世纪早期的英格兰，其墓葬和服饰上呈现出令人赞叹的多样性。这种多样性不仅表现在区域与区域之间、墓地与墓地之间，甚至体现在墓与墓之间、婆婆与媳妇之间。变幻莫测的胸针款式以及墓内其他陪葬品，也反映出英格兰不同民族之间物质文化的千差万别，甚至相隔一两公里的两个族群，人与人之间差别都很明显；而这反过来也表明，穿戴这些饰品的女性，他们每一位都是那个特定的、高度本土化的“小小世界”的一个组成单元。鉴于这一时期物质文化和丧葬习俗的多样性，似乎在迁徙时代的第一个百年中，迁徙并非以大的“部落”为单位，不是每个“部落”迁徙至此之前就有同质的物质文化、族群服饰和丧葬习俗，并在他们来到不列颠后又将这些特征逐一复制。事实应该是，有几十个微妙的不同且独特的小社会，每一个都因自身的种类和迅速转型而引人注目。

尽管5世纪的英格兰并不像比德断言的那样：定居在怀特岛（Isle of Wight）的就是朱特人，定居在诺森伯兰王国的就是盎格鲁人，尽管英格兰在5世纪还未出现独立的“盎格鲁-撒克逊”文化，但是很明显，在不列颠新出现的那些社会行为、在不列颠大陆新出现的那些物品，正在逐渐塑造东英格兰地区人们的生活，而且越接近6世纪，这种现象就越明显。

当然，这一时期出现了新式墓地、新的丧葬方式、新的着装时尚和手工制品，同时，不列颠尼亚时期的种种丧葬习俗和物件消失殆尽，我们也可以假设日耳曼民族入侵，驱逐或肃清了当地所有原住人口。但是，考古发现的证据与此推论相左，急需其他解释。最重要的是，罗马帝国及其经济衰落导致的一个直接后果就是不列颠人所拥有的金属制品、陶器或石器数量锐减，这一点从常识可以得出推断，考古学家因此很少发现这一时期有此类物品。在对早期移民时期遗址的艰苦发掘工作中也没有发现第一代移民中有任何政治组织或军事组织存在的迹象。事实上，有非常确凿的证据表明，古不列颠尼亚人的孙辈和曾孙辈仍然生活在英格兰东部，他们与新邻居和平共处，并没有发生战争。

虽然许多佩戴胸针的女性，她们的父母或者祖父母很可能出生在不列颠海域对面的土地上，但是，一直生活在本地的不列颠女性也可能在与新移民接触的过程中，逐渐喜欢上日耳曼风格的金属制品，尤其在一些地区，不列颠尼亚风格制品的生产屡屡间断，人们只能接触到这些款式新颖的胸针。磨坊山（Mill Hill）墓地的陪葬首饰可能就是这种情况。磨坊山位于肯特郡，靠近迪尔镇，一些埋葬在这里的女性会在脖颈上佩戴单枚胸针，裙子用腰带束在腰间，由巨大而夸张的带扣束紧。这些都是4世纪不列颠尼亚的传统。但是，磨坊山地区还有许多女性，她们不只佩戴单枚胸针，也没有采取更为常见的成对佩戴方法，而是一次性同时佩戴5—6枚胸针，沿着裙子的正面从领部至腰部一线排开，这种做法在欧洲大陆的日耳曼女性中从未有过。甚至有一位女性还将胸针别在头巾上。这些服饰扣件中，许多都起源于欧洲大陆地区，或者按照大陆居民的传统而打造，但磨坊山地区女性非传统的佩戴方式表明，要么她们并不熟悉日耳曼人的装饰细节，要么她们根本不在乎日耳曼人如何佩戴，她们只在意自己本地的、高度特质化的穿戴方式。磨坊山男性的陪葬品倒是更有“日耳曼”的传统。可能是因为在磨坊山埋葬逝者的社区中，有一部分人是男性移民，他们娶当地人为妻，这些妻子有的继续以她们4世纪祖先的方式穿戴，有些则选择以自己特有的方式佩戴丈夫从欧洲大陆带来的饰品。

罗马风格的物品在新的墓地里也能找到。埋葬罗马物件、采用罗马墓葬仪式的做法值得思考，因为在某些情况下，这可能标志着文化习俗和人口特征方面的延续性。当然，我们也必须小心，不能对某种做法强行赋以某种含义。就拿在汉普郡奥尔顿出土的一位年长女性来说，她死时年龄在60—80岁，穿戴方式与众不同，埋葬她的人一定为她精心打扮过。她佩戴了一条项链，是用不列颠尼亚风格的玻璃珠和打孔的钱币制成的；胸前佩戴着一枚古罗马人用的搭扣式胸针，这枚胸针在她死时已有几百年的历史；在她的两肩肩头，还佩戴着样式奇特的D形带扣状胸针。她是谁？是一位相当固执的文化守旧者吗？在罗马衰落一个世纪后，仍然执着于祖传遗物，整天跟邻居唠叨自己祖上是不列颠人？或者，她的祖父母辈均出生于欧洲大陆地区，她偶然发现了几个罗马的旧品，从此便决定穿戴它们？还可能，她只是生活太穷苦、社会地位太低微，除了这些旧的“垃圾”以外，没有其他物品可以陪葬。啊！我们永远无法知道她这些首饰背后的故事！但是，我们可以断定一点，无论她是不是本地人，她使用罗马物品的方式在不列颠尼亚的女性中从未出现过。在奥尔顿另一位女性的墓穴中，还发现了一小片镀铜的罗马剧票。在这两个墓穴中发现的物品都说明，奥尔顿及其周边地区生活的女性喜欢在废弃的罗马遗址搜罗一些“小宝贝”。不过，在其他一些墓地，我们也发现严格遵守罗马物品使用方式的情况。例如，埋葬在威尔特郡科林伯恩杜迪斯（Collingbourne Ducis）的一位男性，他不仅以不列颠古典时代晚期常见的俯卧姿势葬于墓穴内，还佩戴了一枚罗马晚期风格的镀金圆盘胸针，并把这枚胸针别在他的肩头，而这正是一个世纪前罗马晚期的穿戴习惯。因此，这不但是一位陪葬有罗马物品的男性，他对物品的使用方式也完全遵从罗马习惯。即便墓中的罗马物品比奥尔顿那位年长的女性少，他与罗马帝国的联系也应该更为密切。

这样去解读确实很冒险。但是，在这些“盎格鲁－撒克逊”墓地里，似乎到处都散发着微妙的不列颠气息。几乎每个大型的、早期的“盎格鲁－撒克逊”墓地都有一些墓穴和大多罗马晚期的坟墓一样，墓穴与墓穴在位置上严格对齐，没有任何陪葬品。这些墓穴有些很可能是社区里贫苦成员的，或者尚未组建家庭的青少年的；但有些可能是不列颠原住民的，他们和他们迁徙而来的邻居共用当地的墓地，但埋葬形式仍旧沿用罗马晚期的传统形式。在早期“盎格鲁－撒克逊”的墓中，有一小部分还在死者手中/边发现了单枚硬币，这可能是沿用了罗马习俗中用硬币贿赂卡戎[①]的做法。更有意思的是，大迁徙时期的墓中还发现了大量刻有字母“chirho”的硬币，“chirho”是基督（Christ）的希腊语写法。这再次表明，在罗马衰落后，不列颠民族很可能仍然存在，基督教以一种本土的形式存留了下来。此外，罗马统治后期常见的石棺墓葬，在一些地方（如约克郡东部）仍然采用主流的埋葬习俗，尽管很多墓葬开始出现一些欧洲大陆风格的金属制品。这表明不列颠人或者在罗马衰败后延续了这种传统，或者新移民选择了原住民的墓葬方式。4世

① 卡戎是古希腊神话中的冥河渡神，他会向亡魂索要金钱作为将其摆渡过冥河的报酬。

纪的不列颠尼亚女性已经开始佩戴手镯，有时会同时佩戴多个，但是，在比德所假定的“盎格鲁－撒克逊”发源地的日耳曼人就不佩戴手镯。到了5世纪和6世纪早期，“盎格鲁－撒克逊”墓地里有相当一部分女性和儿童佩戴手镯，这说明不列颠的风尚在有些社区流传下来。有些5世纪墓穴的主人尽管陪葬有“盎格鲁－撒克逊”风格的物品，但穿着的衣物却是采用不列颠尼亚工艺，而非“盎格鲁－撒克逊”工艺制成的。这些做法都能追溯到罗马统治时期，并且在那些被称为“盎格鲁－撒克逊”的墓中一直延续到5世纪以后。

这些古“不列颠”或“罗马”习俗（如果能这样说的话）的意义无疑随着时间而改变。在5世纪早期，它们表现为部分人顽固坚持那些已经过时的传统。但到了6世纪早期，这些习俗可能已经被祖上来自德意志西北部的人们接受并赋予全新的含义。埋葬习俗也好，着装方式也罢，原有与外来的形式共存，这可能暗示，一方面，新移民在接受不列颠的本土文化，同时，原住民也在为新风俗、新饰品、新文化所同化。事实上，到了5世纪末，似乎不列颠东部的物质文化已经背离古不列颠的传统，比如，位于牛津郡的两个墓地：一个位于昆福特农场（Queenford Farm），另一个位于相距不足1公里的伯林斯菲尔德（Berinsfield）。在昆福特的墓地，4世纪时不列颠尼亚人都以罗马的方式来埋葬死者。到了5世纪，附近的伯林斯菲尔德出现了一片崭新的墓地，成为“盎格鲁－撒克逊人”埋葬死者的地方，他们更多地遵循欧洲大陆的墓葬方式。然而，葬在这两处的死者牙齿结构大多极其相似，牙齿上的11种遗传特征，包括基因决定的小脊、褶皱和尖突，在每个墓地中的比例几乎相同。这只能说明葬于两处的死者拥有亲缘关系。所以，在两地之间，应该是文化发生了变化，而不是人口发生了迁移。在 4 世纪，住在昆福特农场周边的人以非常典型的不列颠尼亚风格埋葬死者，但到了 5 世纪，他们的一部分后代开始在柏林斯菲尔德的新墓地以新邻居的墓葬方式和陪葬品来埋葬死者。暂且不论这些做法具体的含义，有些 4 世纪传统明显延续至 5 世纪以后，这表明日耳曼人迁徙到已有人口聚集的地方，并在这些地方定居下来，同时还表明，这些早期移民所遇到的本地居民，他们的后代仍然生活在这里。

在约克郡还发现了一些罕见的证据，使我们窥见许多混合型社区的实际情况，正是在这些社区里，文化上的适应与融合悄然发生。在匹克林河谷（Vale of Pickering）的萨克斯顿（Saxton）附近有一个孤立的农庄，在 4 世纪中叶，生活在这里的居民在生活上并不那么罗马化，但他们和其他地方的人一样，都受到帝国经济的影响。事实上，就在这个帝国最北端一条不起眼的小道尽头，仍有人使用来自高卢的陶罐。大约 150 年后，这个农庄仍然有人居住。他们很可能是 4 世纪居民的后裔，因为这里一直有人居住，从未中断。只不过现在的人们使用“盎格鲁 – 撒克逊”风格的新式陶器，至少有一位女性在她的衣袖上佩戴一对小型金属挂钩式“手腕扣”，这种风格的手腕扣从北欧西南部传入不列颠。在几公里之外，位于威克姆（Wykham）和舍本（Sherburn）的两个小村庄也有迹象表明，这里在公元 400 年前后一直有人居住，但在 5 世纪的某个时间，村庄里开始出现日耳曼风格的尖顶落地茅草屋，夹杂在定居点原有的圆屋之间；人们开始使用日耳曼风格的陶瓷和骨器，不仅是住在尖顶落地茅草屋里的人，住在圆屋的人们也在使用。再远一些，在林肯郡斯利福德（Sleaford）附近的昆宁顿村（Quarrington），人们在 5 世纪既建造圆屋，也建造方屋，他们佩戴不列颠尼亚风格的螺纹金属手镯，使用“盎格鲁－撒克逊”风格的陶器。

5 世纪的地域风貌、生活环境与当时的墓葬和物质文化一样，说明文化错位、文化延续及文化融合在同时发生。如前所见，罗马体制（包括军队、城邦、城镇和别墅）到 420 年已从不列颠消失殆尽，旨在为市场提供粮食，让佃农供给生产盈余的租费和赋税系统也随之瓦解。但是，很多东西没有变化，农民仍然耕作，粮食仍然生长，牲畜仍然需要放牧，改变的只是农耕系统所深植的社会体系。在罗马时期，大地主会组织劳动力修建并维护广布的排水系统，同时也用这些沟渠界定自己的土地范围。到了 5 世纪，这些沟渠多疏于维护，这说明在 4 世纪末至 5 世纪初的某段时间，英格兰东部大部分地区的地主都丧失了物权。受命运眷顾的少数人不再驱使大量劳动力为其服务。在牛津郡的巴顿庭院农场，肥沃的水田沿着泰晤士河的第一级碎石滩延伸，耕种这些田地需要花费大量人力来维护其排水系统，但此时的排水系统已长满杂草，被淤泥堵塞，功能尽失。这块地不得不被弃耕，只有河岸第二级碎石滩的田地仍在耕种，因为这一级田地不太依赖沟渠引水。在亨伯河的北侧，沟渠也都荒废坍塌。这里的农田曾经以深挖 3 英尺的沟渠为界，现在则仅以栅栏为界，显然建栅栏围墙无须耗费多少劳动。沟渠的挖掘和维护需要组织大量的劳力，一旦支撑领主特权的社会体系消失，那些管家一类的人物就很难组织起所需的大量劳动力。当然，罗马的农耕系统和土地边界在有些地方延续了下来。比如，在格温特湿地（Gwent Levels）就有一片组织良好的网格状农田，最初可能是由驻扎在可尔里昂（Caerleon）的罗马军团士兵开垦，成功保留至今。可以肯定的是，在罗马撤军之后，人们仍一直遵守帝国旧制的土地所有制及边界划分标准，才使得湿地保持了原来的面貌。这种情况在苏塞克斯郡的亚克斯利（Yaxley）更为典型。在这里，重要的罗马边界和罗马主道一直用来标记和分割地区版图，但从这些重要边界延伸出来的小边界（至少部分）均已消失，毋庸置疑，这是因为领主势力衰弱，农田系统缺少维护，小边界日渐模糊。

在 5 世纪，耕种的作物、饲养的牲畜（许多自铁器时代就已开始）有时与罗马时期无异。比如，出土于大迁徙时期遗址的牛羊的骨头表明，它们是不列颠尼亚的品种，不是德意志北部的品种。在英格兰东部发掘出来的家养四蹄动物的尸骨中，各类牲畜所占的比重和欧洲大陆的也不同。在欧洲大陆，牛马占比更大，猪羊较少，这里则相反。所以，就算是迁徙人口聚居的区域，饲养的仍是典型的不列颠本地牲畜，人们吃的肉食与在故乡日德兰半岛或者莱茵河下游时也不相同。但是，在 5 世纪遗址中发现的各类家畜的尸骨比例，又与罗马晚期遗址的有明显不同，所以，似乎不列颠的农耕畜牧和饮食结构并不是没有发生改变。一是猪成为越发重要的肉类来源，很可能因为猪是杂食动物，体重增长快，能帮助拓荒者度过最初几个寒冬，备受新移民的青睐。某些牲畜被大量宰杀，很可能因为人们发现它们很难越冬。

虽然新移民应该从小就在种植大麦、燕麦和面包小麦的环境中生长，但在他们初到不列颠时，就有人开始选择种植斯佩耳特小麦。斯佩耳特小麦是罗马居民的主食，在移民开垦新土地之前就已在此生长。在罗马晚期和中世纪早期定居点遗址的土层中，人们还发现了一种生长在不列颠尼亚亚麻田里的小型杂草亚麻荠的花粉，亚麻荠现今已经非常罕见，这说明在 4—5 世纪这段时间内，这些农田一直种植亚麻，在罗马衰落前后未有间断。同时，还有迹象表明，5 世纪的不列颠社区在培育新作物。上一章提到过，在庞德伯里晚期罗马墓地的坟墓和陵墓中，首次出现不需要脱粒的面包小麦。不过和很多其他地方一样，这里培育的作物种类十分有限。人们不再耕种芫荽和茴香这样的烹饪香草、罂粟之类的药用植物，黄瓜和萝卜等蔬菜，以及苹果、西梅和洋李等水果，还有曾在罗马时期的花园中精心培植的外来品种，比如石松、桑葚和黄杨，都在不列颠消失了。

地点名称的变化也诉说着类似的故事。在罗马帝国版图扩张的过程中，很少有地名留存下来，而且很多地名都来自日耳曼语，若不假思索地借地名做论证，很容易使人产生不列颠人多在刀光剑影、烧杀抢掠中苟活的判断。但是，地点的更名远要复杂得多。英格兰的地名和英格兰的墓地一样，不能当作不列颠人被整体从英格兰东部逼走的事实证据。不列颠人口的流失，不能用来解释不列颠尼亚地名的失传。虽然不列颠地名流传至今的并不多，但是日耳曼人定居最早、人口最密集的英格兰东部，相比直到 8 世纪才开始有英格兰人定居的英格兰西部，其流传下来的不列颠地名实在多太多。而且，即使是在康沃尔郡和威尔士，虽然这两处一直到现在都讲凯尔特语，但它们大部分地名还是英语地名。

我们能够知道的是，生活在不列颠尼亚的人喜欢根据当地地形为定居点命名。他们选用的名称通常是定居点所处位置地形的描述，例如 Canonum 指“河岸之上的地带”，Maglona 指“高地”，Uxelodunum 指“高堡垒”。罗马衰落以后，这一习惯在说不列颠语的社区延续了很久。据我们所知，早期的日耳曼移民也是一样，用描述的方法为他们周围的地点命名，为数不多的几个已知名称的早期地点（包括古英语和不列颠语的名称）都采用了这种描述性的命名方式，比如，“蓝山”“林中空地”等。但是，自 9 世纪之后，讲威尔士语（他们说的威尔士语出现于中世纪早期，源自不列颠尼亚时期的地方方言）和讲英语（这种英语属于日耳曼语系，使用者是 5 世纪和 6 世纪来自欧洲大陆的移民）的人都开始重新命名不列颠的地点。他们不再满足使用地形特点进行命名，开始选择用表明居住者身份的名字来代替原有的名字。英格兰地名通常在人的名字上加上含有“村落”含义的词缀，英格兰地名中通常会出现词缀“-tun”，威尔士语单词则出现词缀“-trefi”。这种新的命名方式代表领主宣称对某块土地拥有所有权，它来源于社会精英阶层，而社会精英的权力来源于土地所有权。但是，这些地名所呈现的世界，仍然不是 5 世纪和 6 世纪的那个英格兰，我们今天在地图上看到的英格兰地名，并不是 5—6 世纪日耳曼定居者给予当地的名字，而是那些 9 世纪及以后居于该地的居民所使用的名字。大多数早期的地名，不论是英语的还是不列颠语的，都不是在英格兰迁徙时期被弃用，而是那之后的三四百年间消失的。所以，当英格兰各地被重新命名时，大多数人，不管他们的祖先是谁，都已经讲英语了，所以，他们选择的地名——其中大部分至今仍在使用——都是英文名字。

事实上，通过对 5 世纪和 6 世纪地点名称的研究，我们发现说不列颠语和英语的人之间保持着长期和平的共存关系。比如，一些早期的英格兰地名中含有拉丁文元素。Portus 在拉丁文中指“港口”，英格兰东南部，在罗马衰落之前，有一个英吉利海峡的大型港口叫作 Portus Adurni。一位编年史家在 9 世纪解释道，“朴次茅斯”（Portsmouth，Portus Adurni 在 9 世纪时的地名）之所以命名，是因为“一个名叫波特（Port）的人和他两个儿子……分乘两艘船行至不列颠，停靠在名叫 Portes mutha 的海岸”。显然，中世纪早期的人们，已不再记得“port”一词在拉丁文中意为“港口”，而且这个地方被称为“某某 port”已经 800 多年。为了解释这一地名的来源，就虚构出这样一个名叫“Port”的野蛮军阀。事实上，“Port”能作为地名的一部分流传下来，其真正原因恐怕不过是新移民从他们的不列颠邻居那里学来。还有一座位于维多兰达（Vindolanda）的罗马城墙要塞附近的古山堡情况类似。这座山堡名叫巴科姆，俯瞰整个维多兰达堡垒，这个名字是哈德良长城位于维多兰达的一处要塞豪塞斯特兹（Housesteads）的拉丁名称 Vecovicium 盎格鲁版本的音译。可能生活在维多兰达和豪塞斯特兹的居民，在帝国政府不再提供军事供给后一同迁往巴科姆（Barcombe）。100 年后，当新移民定居此处，原住民开始接纳外来人士的语言和物质文化，这个地点的罗马名称间接因此得以保存下来。

其他地名的情况也类似。不列颠许多重要的地域标志使用的都是不列颠语而非古英语的名称，包括最重要的河流，比如，泰晤士河、埃文河和赛文河；最高的山麓，比如，莫尔文丘陵（Malvern Hills）和奔宁山脉；还有最大的森林，如阿尔丁（Arden）森林和怀尔（Wyre）森林。聚居在这些重要地点周边地区的新移民，肯定是从他们说不列颠语的邻居那里学习如何称呼这些地区的。

还有一些地名则是古英语和不列颠语混合的产物。比如，伍斯特郡的多佛代尔（Doverdale）是由古英语单词“山谷”（dale）和不列颠语中的“河”（dov）组合而成。查恩伍德（Charnwood）也是这样，它是由不列颠语中的“石头”（charn）和古英语中的“木头”（wood）组合而成。其他词的合成有些冗余的味道，比如，莱斯特郡的布利登（Breedon），它的第一个音节（威尔士语中 bre）和后一个音节（英语中的 dun）意思均为“山”。比德的记录还有一个类似的例子，一个地方的修道院叫因德拉伍杜，意思是“木头木头”。这种合成词是大迁徙时期不同母语的人交流的产物。他们生活在同一森林的边缘，在同一片高地上耕作，虽然不能理解彼此的语言，但当他们面对同一条河流或同一片森林时，尽可能向彼此发问：“你怎么称呼这个地方？”因此，早期地名的含义还说明，外来人口并没有屠杀不列颠本地人，继而占领不列颠，他们只是定居在了不列颠社区的周边。

尽管 5 世纪各方面的证据都很粗糙、模糊，显得扑朔迷离，但它们足以表明，“盎格鲁－撒克逊”士兵并没有将不列颠尼亚的居民置于刀剑之下。西部的一些社区，如博多斯瓦尔德、罗克斯特和康格雷斯伯里，能够延续罗马式的生活方式，虽然罗马味道日渐稀薄，但是在许多其他地区，尤其是在东部地区，人们无法继续罗马式的生活。历史呈现给我们的图景是：外来的移民之间没有社会等级差别，当然也没有武士贵族。不列颠当时经济和政治的灾难不是由这些外来人口造成的。新移民自大约 420 年起开始以家庭为单位来到这里，他们通常定居在不列颠尼亚佃农后代的居住点附近。由于地主阶级衰弱并消失，这些佃农不再交税，但也不再能够获得大规模生产的罗马物品。新移民和原住民偶尔可能会有摩擦，但大量证据表明，在更多情况下，他们互相交流并且聚居一处，成为友邻。事实上，相比于贪得无厌的别墅主人或者贪婪成性的帝国征税官员，不列颠的农户可能更愿意与那些远道而来精通农业生产的人成为邻居。新移民和本地人互相通婚，将逝者葬于同一块新墓地。5 世纪时，罗马物质文化在不列颠东部已经消亡，许多不列颠人似乎已经接受了新移民的物质文化。到公元 500 年，这些新移民的人口达到鼎盛，超过原住民人口，这在以往从未有过。只有在罗克斯特这样的地方，拉丁文、基督教、古老家族还有关于古罗马篡位者的故事才不至于失传。但是在不列颠的东半部分，看起来很像是不列颠尼亚的后裔正经历着与蛮族物质文化的碰撞，同时外来移民也暴露在不列颠的生活习惯和社会习俗之下。如此，不列颠人和外来移民都开始发展出新的民族身份。在接下来的一个世纪，新的共存方式开始融合，展现出英格兰身份的雏形。但我们必须记住：这种新的身份特征并不是征服或者殖民的结果，它产生于外来者的定居，新移民与本地人在生活上互相适应、文化上互相渗透的基础之上。它是不列颠本地民族和说日耳曼语民族的共同产物。

在 6 世纪，全新而且更加丰富的民族身份出现了，这种身份的形成与社会差异、规模较大的族裔、领土划分都有关系。这些身份逐渐发展为各个民族，生成比德所描述的社会结构：英格兰人和威尔士人等多民族广泛分布，西撒克逊人（或曰“肯特人”）在政治上自觉联合，出现伊马（Imma）和古斯拉克（Guthlac）等贵族、乌芬加斯（Wuffingas）和埃辛加斯（Oiscingas）等王朝。然而，所有这些都不是出现在罗马撤军后第一个世纪的不列颠。

第三章

塑造民族、塑造社会阶层：5 世纪末期至 6 世纪

“尊者”比德（于 8 世纪）曾描述过这样一个英格兰：其最早的定居者是日耳曼人，他们来自欧洲大陆的几个“部落”，在来到英格兰之前就已具备成熟的身份特征。比德断言英格兰人：

> 来自 3 个非常强大的日耳曼部落，分别为撒克逊部落、盎格鲁部落和朱特部落。肯特人和怀特岛的居民与住在怀特岛对岸的那些居民一样，都是朱特人的后裔，因为威塞克斯王国（Wessex）的那部分地区直到今天仍然被称为朱特王国（音译为朱特之地，即今天的日德兰半岛）。东撒克逊人、南撒克逊人和西撒克逊人（盎格鲁人）都来自撒克逊王国，即现在被称为老萨克森的地区。此外，东盎格鲁人、中盎格鲁人、麦西亚人和所有诺森伯兰种族（居住在亨伯河以北的人）以及其他盎格鲁部落，都来自盎格鲁王国（朱特王国与撒克逊王国之间的地区）。

从 5 世纪的考古发现来看，比德对英国最早移民的清晰编目令人质疑。尽管考古发现证实，确有一些在英格兰定居的居民来自

日德兰半岛和萨克森州，这一点比德是对的，但从考古发现得知，这些地方还生活着其他一些民族，如法兰克人和北欧人。而恰恰就是这两个民族比德没有提到。我们还知道，5 世纪的不列颠是多民族聚集的地方，整个西北欧的居民、不列颠其他地区的居民和爱尔兰的居民汇集于此，他们接触着各种各样来源不同的社会习俗和物质文化。因此，比德笔下 5 世纪的英格兰，那个由盎格鲁人、撒克逊人和朱特人组成的泾渭分明的世界，很可能是时间错配的结果，它反映的是比德生活的时期，那些最活跃、最重要的人群宣称自己是这 3 个民族的后裔。

6 世纪的考古发现大相径庭。6 世纪确如比德所说，广泛的文化群体开始真正地融合。如果说 5 世纪是一段由统一的国家及统一的文化取代上百个临时的地方性小群体的历史，是一段关于旧身份消融、新身份（更加精细）形成的历史，那么 6 世纪就是另一组适用范围更广泛的差异化身份（首先基于社会差异，之后基于地域差异）的诞生史。我们想知道，在 475—600 年这五六代人的时间里，个人与群体是怎样将自己与周围的个人与群体区分开来的？对那些他们认为的自己人，他们是如何表达他们的团结的？又是在什么情况下，允许甚至要求扩大和细化这些特定身份？想要回答这些问题，我们首先必须了解两个问题：这些人如何看待自己与他人的关系？他们如何向全世界展示自己的身份？

新身份的构建

沃里克郡（Warwick）的瓦斯珀顿有一片墓地，从罗马晚期一直沿用到 7 世纪。一直到 5 世纪晚期，这片墓地埋葬的既有不列颠原住民，也有新来的定居者。因为这片墓地保留了大量墓穴，不同群体所采用的不同丧葬方式因而得以保留，因此，我们可以一睹瓦斯珀顿在公元 500 年的葬礼。将亲人埋葬在墓地东南角的那些家庭或家族，已经在附近地区生活了相当长的一段时间，他们仍然采用不列颠更遥远的西部居民所熟悉的方式埋葬逝者，这种方式可以追溯到罗马晚期。到了这个时候，也有新来的定居者选择安葬在瓦斯珀顿，因为墓地留有他们的位置，只不过原住民和新来的定居者选用的墓葬仪式不同，有的选择火葬，有的选择土葬，选择土葬的有各种“盎格鲁－撒克逊”风格的陪葬品。但是，一两代人之后，新来的居民与原住民的墓葬方式不再有太多的差别，或许因为这些年来，街坊邻里，你来我往——夏日促膝夜话、秋收互相帮助，儿女喜结连理、共享天伦之乐。所以，到 6 世纪中期，我们可以看到在瓦斯珀顿采用的丧葬仪式，不是全部由基因决定，而是主动选择的结果。在此，罗马不列颠人的后裔展示出与其祖辈全然不同的自我认同。无论如何，6 世纪的瓦斯珀顿墓地，不管有没有陪葬品，都和在那里发现的第一批移民的墓不太一样了。所以，务实一点来说，无论他们的曾祖父母来自何处，这些瓦斯珀顿人都在彰显他们全新的身份，至少墓葬仪式上的表现就是如此。

一些小群体和个人，为了宣称他们是谁，与谁有关，他们的历史是什么，采用与适应传统习俗——葬礼仪式，以此作为他们更广泛策略的一部分。和丧葬仪式一样，普通的日用品也在广泛传达着其使用者的身份信息。比如，妇女所携带炊具的类型和她斗篷的编织方式所传达出的身份信息。当然，人们肯定也会利用大量在考古上不可见的行为和意识形态（比如，俚语、宗教信仰、姓名、发型等）来标记自己的特殊身份，与自己所接触过的其他人的相同或不同之处。这些身份，毋庸置疑，不是基因决定的，而是社会和文化共同作用的结果。有着欧洲大陆日耳曼血统的人，不会因为流着日耳曼人的血就会像日耳曼人一样行事，同样地，不列颠血统的人，也不会因为自己的不列颠基因而在行为上也与其他不列颠人完全不同。

当然，身份从来就不是一个简单、统一的命题。6 世纪早期，一个男人可能同时拥有多重身份：一对吸收了新邻居物质文化的不列颠夫妇的儿子、某个大家庭的家长、对当地德高望重的首领感恩戴德的普通人、迎娶了某个富裕移民家庭女儿的丈夫和信奉火葬文化的异教徒。这里，每一种身份都可以通过实物，通过他们的服饰扣件、墓葬仪式、食物制作或建筑风格等表现出来。这样，从考古发现的这些古代遗存上，可以窥见当时定居者和定居点的复杂身份特征。

然而，不幸的是，在 6 世纪的考古遗迹中，文化、身份、祖籍和日常生活用品交织在一起，几乎不可能在 1 500 年之后，在那堆类似一团乱麻的考古遗迹中将它们逐一剥离开来，完全理解哪些可以用来表示一个人的身份。对于同时代的人来说，这些物品、习惯和行为的含义可能非常清楚，它们本可以像我们今天一样是识别身份的重要标志。比如，在今天，一个人吃麦芽酱，我们可以判断他是不列颠人，他若喝根汁啤酒，那么他是美国人，但盐和胡椒的使用对区分这两个民族没有多大作用。与此相似，生活在 6 世纪的不列颠人，也可能通过辨别某些关键特征，过滤掉其他干扰信息，以此来确定他或她的身份。

因此，每个人都会有一堆属于他的身份标签。到 6 世纪，生活在同一个小山村的人，或者逝于同一个屋檐下的人都有许多相同之处，他们走过同一处山丘、与同一群街坊闲聊，他们有共同的堂表兄弟和姻亲，为共同的逝者悲伤流泪。他们共同的民族意识和地域意识，造就了他们互相重叠的族裔身份和家族身份。不过，即便生活在同一社区，大家生活密切相关，他们也会拥有很多不同的身份。比如，生活在 6 世纪的男人和女人，即使住在同一个屋檐下，也会过着截然不同的生活。女人长时间在潮湿的织布棚里织布，她们怀孕生子，照顾下一代。而男人（从他们的骨骼中可以看到）终身从事重体力劳动，有时还会参加战争。很多女性过早死亡，这就意味着：有很多男性在成年后成了鳏夫。男人和女人迥然不同的生活经历产生了许多后果，其中之一就是：在某些方面，贫穷的女人和富裕的女人，生活在亨伯河以北的女人和生活在泰晤士河以南的女人，说不列颠语的女人和说英语的女人，她们彼此间的共同点比她们与自己兄弟、丈夫之间的共同点要多。

随着时间的推移，一个人在其社区和家庭中的地位，慢慢以其他方式开始超越性别和社区所赋予他（或她）的身份。例如，社会等级可能会决定人们对友谊和婚姻的选择。6 世纪初，那些家境富裕的农民（作为家族和定居点的首领），即使路途遥远，可能也会想方设法把女儿嫁到与自己门当户对的家庭中去。比如，葬在肯特郡东部磨坊山的最富有家庭的成员，他们愿意跋涉 15 公里，甚至 20 公里去巴克兰（Buckland）、比弗龙（Bifrons）或者利明奇（Lyminge）附近的定居点，寻找同样能够陪葬剑和石榴花胸针的家庭。我们发现，大多数 6 世纪的墓地里，有一两座埋葬佩戴不寻常珠宝的女性，她们的饰品在邻近地区更为常见。毫无疑问，有些饰品是流动商贩或工匠艺人卖到这里的；但肯定还有一部分是别在新娘的礼服上，随着她远嫁被带到这里。在接下来几代人的时间里，这些人建立了广泛的家族网络，他们把女儿嫁到 15 公里以北（南）的地方，嫁出去的女儿在那里定居下来，之后他们的外孙女再嫁到更远的地方。这些人在地理上扩散开来，也正是这种扩散的地理分布，打造了他们不同的家庭类型和生活经历。可以肯定的是，这些人不同于社区中那些等级地位较低的人，那些人的生活被限制在一个更加封闭的世界里。在 6 世纪，上层社会人群建立起来的社交网络和新的身份特征对不列颠社会的发展可能具有革命性意义。

社会阶层的出现

在不列颠东部，社会和经济上的不平等从 5 世纪最后的 25 年开始渐露端倪。当然，这些不平等现象从一开始就存在于各个家庭和村落之中。分层社会（在马肯村非常明显）从来就不是人人平等的社会：即使公元 450 年，也已经有人颐指气使，有人忍气吞声、唯命是从。不过，在分层社会里，个人无法将集体富余的物质资源和充沛的劳动力据为己有。但是，社会不平等伴随着经济不平等，在 6 世纪日益加剧，在不列颠东部的定居点和地域版图上都留下了深刻烙印。到 6 世纪中叶，在不列颠东部的许多地方，每个村落不再是家家两三口人，鲜有几位领袖，领袖家里也少仅有盈余。现在，有些家族的富裕程度远远超过其他人，还有些人含着金汤匙降生。

从分层社会到社会阶层森严的等级社会，从某种程度上讲应该是移民带来的副产品。在现代社会，同一个社区里第一代移民的后裔，往往比后来的移民在几代人的时间里更具优势，所以很有可能 5 世纪到达的第一批移民也享有类似的好处。先到不列颠的移民可能激励了家乡的其他人纷纷效仿。正是这些人，给他们的亲戚朋友传授经验，挑选迁移路线和有前景的目的地，也正是这些人，他们有能力帮助那些刚刚抵达此地的新人。所以，在几十年的时间里，第一批移民家庭的成员（当然，其中一些家庭与当地的不列颠家庭联姻）因为他们所做的一切而备受感激。这可能就是诺福克郡斯邦山（Spong Hill）附近地区的情况。在这里有一座墓地，许多在斯邦山火葬的人显然都来自同一个地方，即从今天德国的石勒苏益格 – 荷尔斯泰因移民来到英格兰。很可能那条在移民与他们隔北海相望的故土之间所建立的社交网络，将几代移民从欧洲大陆吸引到诺福克。不过，可能还有很多生活在斯邦山附近的人（其中包括给墓地制造骨灰盒的陶匠）是来自欧洲大陆其他地方的，因此，该地区的定居者籍贯不一。单从同一地区移民的数量判断，似乎是早期定居在这里的家庭鼓励他们旧时的街坊邻居、亲戚朋友一起移民定居不列颠。这些家族处于移民链的起点，大概经过两代人的时间，到他们的孙辈时，就处在了本地区某些社交网络的顶端。反过来，这又给予他们在社会竞争中的优势地位。

现代社会的移民往往与家乡保持着紧密的联系，有些人甚至会年年返乡。似乎 5—6 世纪的不列颠也是这样。这种所谓的循环式移民可能也在一定程度上塑造了 6 世纪及之后不列颠的社会关系。比如，在第一批移民到达的最初几年不太可能做到完全的自给自足。如果那些共同修建农房的人中没有铁匠，或者没人会做玻璃烧杯，那么，可能就需要有人返回家乡，或者取这些东西回来，或者吸引工匠艺人或流动商贩带着这些东西来新定居点。我们可以肯定，这样的事情一定发生过，因为在移民的最早期，整个英格兰地区制造或者佩戴的饰品深受海峡对岸流行潮流变化的影响：这种现象的发生，需要有人持续不断地穿梭于海峡两岸。所以，那些年年归乡的人以及那些与归乡者关系密切的人，就有更好的机会获得那些提升自己社会地位的商品。而拥有这些商品，在一个只有最基本的生产和交换体系的社会中具有决定性的优势。

在社会差异不断加剧的时期，运气也可能影响个人或整个社区的兴衰。有时候，人们挣扎在生死线上，整个夏季滴雨未落，麻疹持续暴发数周，孩童不幸夭折，家畜大量死亡，任何一项都可能毁灭整个村庄几十年的希望。从 6 世纪的死者遗骸中可以清楚地看到，有些社区就受到过此类不幸的困扰。剑桥郡奥金顿（Oakington）有一片 6 世纪的墓地，其出土的尸骸中，有近 40%表现出营养不良或严重的儿童疾病，而在肯特郡的磨坊山，只有一小部分人表现出类似的不健康症状。显然，儿童疾病以及饥荒以不同方式肆虐着不同的村庄，但是，如果一个社区失去了大部分孩子，比起那些孩子躲过一劫的村庄，其未来将更加恐怖和绝望。在 6 世纪之后的年份里，当个人和家庭之间开始抢夺资源和社会地位的时候，一个饥荒的年份或者家庭劳动力的匮乏，会让整个家庭、整个社会一连几代都无法翻身。

在阿当南（Adomnán）的《高隆传》[*Life of Columba*，爱尔兰圣高隆（521—597）的生平及传奇，高隆曾在苏格兰给皮克特人传教] 一书中，记述了一个小故事，展示出在 6 世纪的不列颠或者 6 世纪的爱尔兰，人畜两旺有多么重要：

内萨，尽管家境贫寒，但有机会接待圣高隆来家中做客，

> 他十分喜悦。内萨通宵达旦，倾其所有，盛情款待，高隆问："你有几头牛？""5头。"内萨回答。"请带来！"高隆说，"我将为它们祈祷。"内萨将牛一一牵来，高隆举起他的圣手，说道："从今天起，你这5头母牛将繁衍后代，牛越来越多，直到有105头母牛。"作为一名平信徒，内萨还有妻儿，高隆补充道：你的子孙将得到祝福……另有一个富人维根，他非常吝啬，看不起圣高隆，不愿意在家款待他。圣徒给他的预言截然相反，他说："这个吝啬鬼，在朝圣者中，只有他拒绝了耶稣基督。从此，他的财富会逐渐减少，直到一无所有。他将沦为乞丐，他的儿子将挨家乞讨。仇人会用斧头砍死他，他将暴毙于打谷场的壕沟。"圣徒关于这两个人的预言全都实现了。

社会分层的原因错综复杂。而且，在这一时期，不同的个人和群体都可能由于一系列小范围的、极特殊的情况，从各类社会群体里（可能在他们的家庭、定居点，或在墓葬社区）脱颖而出，或者一蹶不振。但是，不管在这些成功或失败的背后发生了哪些非同寻常的故事，其结果都是一样的：到6世纪中叶，少数人拥有大多数的资源、人脉和机会，他们比他们的祖父母、比他们的大部分同龄人拥有的都要多。下层阶级（英格兰人口的主要组成部分）与上层阶级（寥若晨星）之间的鸿沟日益扩大，其差距体现在方方面面。但是在21世纪的今天，这种差距最直观地体现在他们的墓地和住所上。

6世纪时，新的不平等在这一时期的丧葬习俗中体现得淋漓尽致。前面已经看到，5世纪的丧葬方式不尽相同。死者的性别和年龄对他的墓葬方式具有直观的影响，这种墓葬方式使得墓与墓之间产生很多差异。例如，年幼的孩子通常没有陪葬品，顶多是象征性地陪葬一两颗珠子或者一把小刀。而死于青春期后期的人，有时则会陪葬和成年人一样的物品，只是数量少些。成年人呢，不同性别的人陪葬品不同。女性往往陪葬衣服扣件、串珠、腰带，腰带上挂有许多小袋子和束腰裤的挂钩；男性则通常陪葬有长矛，有时还会同时陪葬盾牌和长矛。尽管如此，在5世纪的不列颠东部，仍然有超过一半的成年人既没有珠宝也没有武器作为陪葬品。再早些时候，有些地方不给死者陪葬品，这有可能仍然受到罗马晚期土葬习俗的影响，因为罗马式土葬不要求任何陪葬物品。但在其他地方，送葬者有可能认为，只有领导整个大家庭的夫妻，才有资格陪葬一些有用的东西或者私人物品。

6世纪时，墓主年龄和性别上的差异在墓葬方式上仍有所体现，但是证明性别身份的陪葬品占个人总陪葬品的比例发生了变化。统计数据是这样的：约公元525年之前，在土葬墓中，只有不到1/3的成年女性陪葬有衣服扣件、首饰或束腰裤的挂钩。在接下来的100年里，这个数字超过了一半。到了7世纪，有女性陪葬品的坟墓数量急剧减少，所有女性坟墓里大约只有1/4能够拥有这些陪葬品。而男性坟墓的情况（至少在最初的时候）则恰恰相反。525年之前，超过40%的男性在土葬时都有长矛作为陪葬品。525—625年间，这个数目减少到大约1/3，625年之后直至7世纪末，只有不到1/5的人享受到这样的殊荣。因此，似乎陪葬武器的习俗在适用范围上逐渐缩小，其趋势不可逆转，究其原因，可能是配享这种荣誉的逝者越来越少，也可能是愿意或者有能力展示已逝亲人具有特殊身份的人越来越少。这反过来也表明，男性的社会地位在整个 6 世纪经历了一个重新定义的过程，同时表明那些能够彰显上层社会地位的标志物越来越局限在某些少数物品上。不过在同一时期，至少直至 7 世纪的头几十年，相当大数量的女性都有陪葬品，极有可能是丧葬习俗中的女性身份（作为妻子、母亲，是家庭中举足轻重的成员）继续以 6 世纪的墓葬仪式来表达，男性地位则不再取决于他在家庭中的地位，而是由他在更大范围的社会群体中（比如，在当地或者定居点）的地位所决定。与此同时，在小部分 6 世纪女性的坟墓里开始出现贵重饰品，如镶红石榴石的金质珠宝、琥珀串珠项链和做工精美的方头胸针等。所以，尽管 6 世纪时相当数量的女性都有陪葬品，但只有极少数人的陪葬品极具异国情调。简而言之，社会地位的高低在 6 世纪的丧葬仪式中有所体现，无论男女，只是表现方式不同罢了。

通过陪葬彰显性别或异国情调的群体范围的缩小，在不同地区发生的时间不同。在有些周边地区，这一转变花费了很长一段时间。比如，在一片相对简陋的 6 世纪墓地［位于克利夫兰（Cleveland）的诺顿］，有那么几座坟墓显得与众不同。其中，有一座墓中有一名女性，戴一副穿孔螺旋雕饰银手镯，这在亨伯河以北地区是极其罕见的；另一个当时在亨伯河以北很少见的墓葬是男子陪葬单刃刀（古英语称之为赛斯刀），在诺顿仅发现一例。不过，很多葬在诺顿的女性都有精美胸针陪葬，不少男性则有长矛或一矛与一盾陪葬。所以，看起来在 6 世纪的诺顿，家庭在当地社会的地位依然重要，似乎和 5 世纪时一样，它决定着人们死后的墓葬规格。诺顿和其他类似的墓地所见证的，即使在 6 世纪末，可能仍是老式的分层社区，这些社区还在顽固坚持，拒绝建立严格的社会等级制度。

在其他地方，普通人和拥有丰厚陪葬品的人之间的差距不断加大，表征性别的陪葬品越来越少，陪葬奢侈品的墓葬也越来越少。例如，20 世纪 90 年代，在肯特郡多佛（Dover）附近的巴克兰，考古人员发掘出大概 260 座 6 世纪的坟墓，其中有几处陪葬有当时的稀世珍品。比如，有一名妇女头戴赤金色锦缎头巾，头巾上带有古罗马凹雕工艺制成的垂饰。她一共佩戴 2 枚银制胸针、3 枚镀金胸针，皆镶有红色石榴石。除此之外，颈上还戴着一条长长的项链，由玻璃珠、琥珀珠串成，挂有金银吊坠。这个女人的大部分饰品来自海外，它们在同时代人看来一定和我们的感觉一样，美轮美奂，令人叹为观止。这个墓地里最威风的男人，他不但陪葬有一把剑、一杆长矛和一块盾牌，还有一条镶青铜钉扣腰带，设计相当别致，还有两架天平。这些陪葬品放在一起令人惊叹，不过，附近还有数十个类似的坟墓，同样陪葬有各类物品及衣物配饰。然而，在这些壮观的墓葬之间，很多其他坟墓中的死者只有一把刀或一个腰带别扣作为陪葬品；事实上，埋葬于此的人中，有 1/3 根本就没有陪葬品。

在厚葬墓穴与完全没有陪葬品的墓穴之间所体现出的巨大鸿沟，是 6 世纪的一个新现象。这种差距在肯特郡东部尤为明显，那里厚葬的墓穴通常会有法兰克人制造的或者受法兰克风格影响的物品。从肯特郡墓穴所出土的大量法兰克风格的物品中可以清楚地看到，当时的名门望族已与法兰克人交往甚密。这些法兰克人原为异邦蛮族，他们在西罗马帝国衰落前一个半世纪，作为一个民族来到高卢定居，并在这一百多年间被深刻地罗马化了，是一个名副其实的“罗马蛮族”。罗马衰落之后，法兰克人成为高卢地区最重要的政治群体，人们开始用法兰克相关的名字标记这片地区：首先在中世纪早期，这片地区被称为法兰克，后来又称为法兰西。尽管公元5、6世纪的高卢，在政治环境和领导阶层发生了翻天覆地的变化，但罗马文化和罗马经济的许多元素都保留下来了，相比之下，不列颠没能做到这一点。事实上，在高卢，不仅仅是法律法规和联邦制保留下来了，古老的高卢罗马精英家庭、基督教、拉丁文、货币经济，还有城镇，也都延续下来了。甚至在6世纪和7世纪初期，当时由法兰克人统治的王国还存在罗马规模化工业生产的痕迹。虽然法兰克人很难称得上传统意义上的罗马人，但是他们统治的是一个等级森严的社会，一个可以生产大量珠宝、金币、葡萄酒、陶器和纺织品的社会，这些产品正是与其接触的英格兰人用来标榜和体现自身社会地位的。此外，从6世纪肯特人的葬仪来看，似乎肯特郡富有的家庭逐渐开始模仿法兰克人的墓葬方式。肯特人穿着法兰克式服装，他们一定十分尊崇法兰克人，因为法兰克人在某种程度上看起来非常“罗马”。

在其他一些地区，英格兰家庭开始接触到一群完全不同的、值得效仿的外国人。例如，亨伯河两岸的潜在精英们喜欢与更优秀的来自北欧西部的人打交道，这些北欧人和法兰克人一样，女性服饰优雅，社会等级分明，为当地的英格兰家庭所纷纷效仿。比如，在林肯郡北部，有些人胸怀鸿鹄之志，他们从文化意义上来讲是英格兰人，但在不断与不列颠精英做生意的过程中，开始购买、炫耀那些在不列颠制成的漂亮吊碗[①]，还有环形胸针。在这一时期与老练的外来者（不管是法兰克人、北欧人还是不列颠人）交往的都是一

① 吊碗是一种独特的神器。存在于公元410年不列颠罗马统治结束时期间和7世纪基督教盎格鲁-撒克逊王国出现之间。

些胸怀大志的英格兰家庭，他们利用那些在政治和经济上更优秀的外来者所佩戴的首饰、所穿着的服装，来彰显自己非同寻常，至少优于那些逊色的亲戚和邻居。

其他在 6 世纪开始的做法，同样表明一些家庭正在打造独领风骚、处境优越的特殊身份。比如，前面讨论过，5 世纪的孩童基本上没有陪葬品。不过，有时也能碰见一些特殊的儿童墓葬。比如，在林肯郡的洛夫登山，有一具 5 岁小男孩的尸骸，他躺在一位老者的怀里，两人脚下还有一只瘸腿的老狗。从考古学角度看，这个墓穴的组成体现的是一种情感，无关乎墓葬花费的问题。在 6、7 世纪的一些墓葬中，孩童的陪葬品种类异常丰富。比如，在肯特郡芬格尔沙姆（Finglesham）的墓地发现的 19 名儿童，其中 3 人陪葬有贵重物品。有一个孩子躺在棺材里，脖颈上佩戴有一串项链，项链上挂着玻璃珠子和硬币吊坠，棺中放有一个大肚陶瓷酒壶、一个钱包和一根精美的腰链，这些物品通常是成年女性的陪葬品。因为孩子几乎不能利用自身优势来获取较高的社会地位，像这样的墓葬折射出这样一个社会：在这个社会里，整个家庭，包括年龄最小的成员都非同寻常；在这个社会里，身份显赫的家族认为，即使是最年幼的孩子，也有必要举行隆重的送别仪式，因为这对于维持或者加强家族的社会地位十分重要。所以，在 6 世纪的英格兰，出现了规格较高的儿童墓穴，这说明身份承袭的概念在发展，这种观念认为，身份不仅属于那些赚取或掠夺它的人，还属于他们的子孙后代。

6 世纪墓葬方式的差异反映出社会生活上的不平等。在这一时期，社会方方面面都在传播、强化邻里间的社会差异，其中一个就是特权家庭最重要的女性会佩戴精美的贵重金属首饰。比如，6 世纪时有一小部分身份特殊的女性，她们的家庭和朋友有机会接触到横跨整个欧洲大陆的贸易或礼品交换网络，所以她们有机会佩戴镶嵌石榴石（来自印度）的胸针，或者佩戴串有 3 串珠子的项链，珠子中间有时还夹有几颗波罗的海琥珀。与此相似，许多女性佩戴体形巨大且图案极其精美的方头胸针，其中最夸张的一个长度超过 15 厘米！戴上它，估计普通人在百米开外就可以看到。有人腰间佩戴着一串串精致的饰物，如圆环、条饰、钥匙，她们走起路来环佩叮当，远远就能听到伊人将至。这些服饰奢华高调，显然是在区分高低贵贱、富有贫穷。

穿着华丽服饰下葬，在 6 世纪不列颠东部逐渐成为特权家庭的标准做法，这也展示了一系列用来强调其等级地位的做法中约定俗成的部分。这种做法同时面对两个完全不同的受众。一方面，穿着如此华丽的服装，向那些和他们身份一样的人表明了自己在这个世界上的地位，同时向那些未来的同僚展示，自己参与了相同珍贵的朋友圈和社交网络，进而证实他可以从广泛的人脉资源中得到礼物，还有会手艺的工匠为其服务。一些人在积极地推动着社会分层，他们谋划着一个新的社会身份，这种身份能够超越家庭和村庄的界限，在更大范围内将拥有相同资源的人联系起来。衣着讲究的那些人，虽然彼此的生活空间有一段距离，但他们共享衣着、品位、丧葬仪式及社交策略，这只能说明，一种以社会地位为基础的、自发形成的新的亲密关系正在萌芽。这些人也许偶尔才会聚在一起，但是，从他们之间的模仿程度来看，想必每次聚会都至关重要。与此同时，这种身穿华丽服装和举行豪华葬礼的习惯，使得他们与其他所有人形成鲜明对比。他们这样可不是做给那些远在天边的显贵们，而是做给社会等级不如他们的邻居看的，因为 6 世纪时大多葬礼都在当地的小墓地里举行，因此仪式都是为某些特定的参加者所举办的。参加葬礼的有时只是那么一小群人，他们来自各个社会群体，很可能有从事体力劳动的邻居，但不太可能邀请那些数天路程以外的同僚。

那些能够获得青铜束腰裤挂钩或者石榴石胸针的显贵在6世纪时开始住在一种新式的社区里。在汉普郡贝辛斯托克（Basingstoke）附近的考德里斯当（Cowdery's Down）就发掘了一个这样的社区。此区域的布局最早在6世纪中叶的某个时间开始形成，人们在此定居长达一个世纪。在这100年里，该地被分成了两块，每块都建有一系列房屋，用篱笆墙分隔开来，可能各属于一个大家族。在两个围栏外还有一些建筑，其中包括一连串的木结构建筑，该遗址的发掘人员将其解读为公共大厅，并认为这个大厅不是用来举办宴会，就是地方长官的府邸。篱笆之外的另一座建筑值得注意，它可能是祭祀场所——长12米多，宽6米，占地面积很大——旁边还有一个神秘的圆坑，里面埋有公猪的下颌和牛的尸骨。总的来说，这个遗址上的建筑似乎为权贵所建。它们比5世纪在马肯村、在那些小村落里发现的类似建筑要大很多，而且，在考德里斯当使用的木材是十分奢侈的。显然，砍伐树木、制作木板和运输原料，这都要求它们的修建者必须能够控制大量的劳动力。尤其是考德里斯当，它在最后的几十年里，显然要比马肯村之类的地方规划性更强，各种越发规整的重建工作有条不紊地进行。这里没有发现跟食物生产有关、会影响周围环境的证据，比如，屠宰家畜、谷物脱粒等，所以，这里很有可能是一个纳贡的地点。居住在附近的人，在自家附近宰杀牛羊、加工谷物，然后运送到这里，贡献给社会地位更高的人。

只有农村及其定居点发生了彻底的社会重构，才有可能出现考德里斯当这样的地方。每存在一个像考德里斯当这样（由身着华服的人所控制）的地方，都必定有十几，甚至更多像马肯村这样破烂不堪的小村落，生活在这些小村落的人们对考德里斯当之类的地方负有共同的社会责任，他们要向居住在那里的人提供食物和所需要的劳动。一位英格兰国王［名为伊尼（Ine）］在690—700年间颁布的法条中有所记载，像马肯村这样村落里的人们，大概从6世纪就开始应向考德里斯当之类的地方缴纳以下贡品："10桶蜂蜜、300个大面包、12瓶威尔士麦芽啤酒、30瓶纯啤酒、2头成年奶牛或10只羯羊、10只鹅、20只母鸡、10块奶酪、5条黄油、5条鲑鱼、20磅饲料和100条鳗鱼。"把像考德里斯当这样的遗址放回其地理布局中——高贵地区连接贫寒乡村（这种情况很少见于罗马衰落之后的不列颠东部）——我们大概看到了关于社会等级在这些定居点发展的模糊轮廓。宏伟的木质建筑大厅、怪异的祭祀用石碑，从这些考古遗迹就可以识别出那是权贵人士的定居点，在考德里斯当、在诺森伯兰王国特威德河谷的耶韦灵（Yeavering）都有这样的定居点，但是在其他一些相对不那么宏伟大气的村落，如瑟灵斯（Thirlings），也发现了类似的大厅和纪念碑。瑟灵斯就是一个小村庄，有手工艺作坊，有储物用的尖顶屋，有饲养动物的围栏，还有一些简陋的房屋。

考德里斯当于7世纪的某个时候被弃用。它位于两个中世纪早期庄园的边界上，其中一个就是著名的贝辛庄园。贝辛确是一个早期的地名，意思是"巴萨人（Basa）的居住地"。有人可能不禁会想，是否有位巴萨人曾经在这里居住？或者，某些来自巴萨的人为其贡献了食物和劳动？

竞相效仿，产生区域身份特征

不列颠精英阶层在6世纪的崛起促进了区域性身份特征的形成。随着新兴精英阶层的崛起，地位显赫的家庭开始编织广泛的社交网络，他们建立了由地方要人组成的面对面社区，这些社区由居住地相距不远的地方显贵组成。这些人开始在生活方式和殡葬仪式上趋于一致，还开始创造一种更加统一的物质文化。这种文化通过礼尚往来、通婚联姻、彼此效仿在圈子里传播开来。事实上，从同质风格的胸针、金属饰品在整个地区传播的情况来看，似乎“尊者”比德所记载的那个3个民族——盎格鲁人、撒克逊人和朱特人，此时终于开始出现在历史舞台。

6世纪的女性服饰最能清楚展示区域特征何时开始形成。这些区域特征涉及范围广泛，在女性的服饰上十分细致地展现出来。肯特郡就是一个典型的例子。从出土的女性坟墓来看，这里的妇女（至少是富有的女性）当时都穿着束腰长裙和短夹克，肯特郡女性的这种着装方式可能是不列颠最接近法兰克风格的了。此外，肯特郡的女性还会穿戴各式各样法兰克风格的衣服扣件，包括一些在肯特郡以外很少能看到的款式，比如，玫瑰花形状的胸针和小鸟形状的石榴石别针。肯特郡的女性也会效仿法兰克女性胸针的别法，比如，把胸针别在腰带上或者用它们来系紧夹克。在肯特郡，随处可见雕琢打磨好可供使用的石榴石，它们在法兰克是金属制品的重要配饰。亚麻布服装在肯特郡随处可见，尤其是平纹的亚麻布服装。平纹编织是法兰克服装的典型特征。这里以法兰克风格为时尚，所以，肯特郡女性在首饰上与法兰克风格保持一致就不那么令人惊讶了。

虽然肯特郡的女性热衷法兰克饰物，但她们绝不只是简单地将自己打扮成法兰克人模样。她们没有佩戴法兰克风格的耳环、发卡和绑腿（这些在英吉利海峡东岸是女性服饰最重要的元素），而是选择佩戴来自其他地方的配饰。比如，她们喜欢佩戴小号方头胸针、金质薄圆盘状吊坠，后者是一种刻着抽象的兽身和兽面的薄吊坠：这些都是受斯堪的纳维亚半岛影响的作品。虽然肯特郡的女性日常佩戴和陪葬的都是法兰克风格的物品，但这些物品是产于本地的，而非从法兰克进口，所以制造时在微妙地迎合肯特人的偏好。所以，肯特女性绝非完全模仿法兰克女性，就像东盎格利亚或诺森伯兰王国的女性模仿法兰克女性一样，若把她们放在法兰克北部是很容易被区分开的。很明显，6 世纪的肯特郡东部，女人们从琳琅满目的法兰克物品中精心挑选出一些，同时也忽略了一些，搭配另一些在斯堪的纳维亚地区流行的小配饰，但这些小配饰采用本地的做工，形成一种混搭，开创了一种属于她们自身风格的区域性着装。到 6 世纪中叶，居住在磨坊山、芬格尔沙姆和坎特伯雷附近村落的富家女子，其着装风格、衣着打扮与肯特女人如出一辙，因此，她们与肯特郡的显贵应该具有血缘姻亲关系，这一点是毫无疑问的。

在肯特郡，女人们发展出有自身区域特点的着装方式，几乎同时，生活在亨伯河两岸和诺福克的女人们也在打造属于自己的着装风格。女人们开始在衣袖下端缝上金属扣，用来扣住与衣袖分离的袖口。布料年代久远，早已腐败不堪，但由于是金属材料的原因，这些腕扣得以保存下来。留存下来的腕扣证明，不列颠北方的女性已经开始穿长袖内衬衣，但肯特郡的女性还没有。使用腕扣的习惯在斯堪的纳维亚地区的富裕阶层中由来已久，但英格兰人采用的这种腕扣样式来自北欧的西部地区。无论是上面提到的长袖裙装还是腕扣本身，都说明英格兰的北方来了一群衣着考究的北欧女人，当然，肯定还有北欧的男人一起，而这些人正是其他人争相效仿的对象。腕扣的使用大约始于475年，此风尚以惊人的速度席卷英格兰的北方和东部地区：估计不到一代人的时间，腕扣、长袖内衬衣就成为约克郡、林肯郡和诺福克地区富裕女性的标准配饰。所以，到了6世纪初期，似乎身着北欧风格服装就暗示着她与当地其他同样着装的人属于同一个圈子。此外，腕扣作为一种着装习惯，为普通家庭的女人所普遍采用，无论其祖居何地，即使是之后比德称之为“东盎格利亚”的地区。腕扣的使用历史表明，盎格鲁的物质文化（包括他们的着装风格）既不是始于移民开始的第一个世纪，也不是源于盎格鲁人那个推定的故乡，而是在移民时代开始的三四代人时间里，在英格兰内部萌芽并发展起来的。

因此，基于地域范围的代表性服饰，似乎在5世纪晚期或6世纪早期开始出现，并且第一次成为一种社会的标记。最初，在肯特郡佩戴辐射状石榴石胸针，或者在诺福克佩戴镀银腕扣，都象征着佩戴者的社会地位和他们的社交圈。几代人的秦晋之好和礼尚往来，加上商贩和匠人不知疲倦地兜售，使得这些款式的服装得以改进和传播，并在不列颠东部流行起来。因此，到了6世纪中叶，精英家庭的成员，如果遇到社会地位相当并且来自同一地区的人，就会发现大家穿得都差不太多。当然，服饰无疑只是许多共同的习俗之一，在同一片地区，富庶之家可能都唱同样的歌，参加同样的祭祀活动，相信同样的神话和传说。

出现这种外显同质化迹象的区域，比那些没有同质化迹象的区域更具优势，因为团结与结盟孕育着统一，而其背后则是显赫家族密切联系的关系网。当名门望族遇到来自其他地区的顶级家庭时，他们之间的差异就被突出和放大了。因此，强调民族内部身份特点的相似性，同时夸大民族之间的身份特点的差异，巧妙地区分了不同地域上的不同种族。

毋庸置疑，具有代表性的地域性服饰最初开始于显贵之家；但还有一点也很明显，经济条件较差的妇女，有时也会效仿社会地位较高者的着装习惯。一些有趣的证据表明，没有社会关系、没有经济来源的家庭和个人，虽然无法获得精美首饰，但有时候会尽其所能穿得“像”个富人。成功跻身于上流社会、家庭经济条件富庶的女人们，常常在几节腰带之间用金属筛网连接，腰带上挂着长而优雅的束腰裤挂钩，挂钩上挂着进口的水晶球。在这个阶级日渐形成的社会里，来自下层家庭的女人用自己的方式竭力效仿这些细节。从一些人的墓葬来看，因为没钱买铜器，也没钱找匠人制作饰品，他们很可能去废弃的罗马遗址周围寻找，搜寻大号的铁勺，把柄敲掉，在勺面上打出若干个孔洞挂在腰带上，权当进口的筛网。她们还捡来古罗马钥匙、五金器具，悬挂在束腰裤的挂钩上，下面悬着替代进口水晶球的栎瘿[①]。在这里，我们可以看到高等社会阶层物质文化对人们的诱惑，看到一些女性（也许来自贫穷家庭和中等阶层的家庭）试图通过仿品和时尚来效仿和接近富人着装的努力。

是什么让这种模仿成为可能？甚至还值得全民争相效仿？答案只能是：虽然这些英格兰精英与周围人之间拉开越来越大的差距，但他们仍然和普通人住在一起，还远远没有形成一个完全排他的、无懈可击的阶层。这一点与 4 世纪早期不列颠尼亚的富庶精英

① 即栎树的果实，棕色、形圆。

迥然不同，后者在自己与他人之间打造出一道巨大的社会壁垒，他们安置区镇长官、派遣城邦税吏、建造拥有上百个房间的宫殿式别墅，成功地让自己与平民划清了界限。当然，不列颠尼亚精英偏安一隅的做法也产生了很多后果，其中之一就是几乎很少有人听到他们讲漂亮纯正的拉丁语，也几乎没有人能亲眼见到他们高雅的宴会派对。而6世纪上半叶的这些精英家庭就不一样了，他们和社会地位低下的人关系更加亲密。作为新一代的准精英家庭，他们忙着用服饰、葬礼、语言或宗教打造自己的新身份，使他们周围的人得以学习和效仿。那些崇拜或者嫉妒他们的人，可以在某次活动之后，学习他们的言谈举止、模仿他们的着装打扮。因此，通过不断地学习和模仿，这些特殊的区域物质文化和社会习俗得以进入社会底层，使得越来越多的人参与这些文化和习俗的形成过程。

在这一时期，平民遇见富家权贵的机会很多，其中之一就是大型的集体盛宴，这种宴会是在中世纪早期的经济束缚下应运而生的一种社会活动。中世纪早期的牛比现代的牛个头要小得多，那时，即使体形巨大的牛也只有450千克左右。尽管有点儿小，但是牛屠宰、剥皮和去骨之后也能得到200千克的肉。没有市场，没有冷藏手段，也没有散盐贸易，光靠一个家庭是不可能出售、保存或吃掉如此多新鲜牛肉的。因此，宰牛不但为举办公共盛宴提供了借口，而且是一个必定会邀请社会各阶层共同出席的大型盛会。比德在他关于7世纪诗人卡德蒙（Cædmon）的记述中就描述过这样一次盛宴。卡德蒙当时为一位地产管理者（或城镇长官）效力，这位地产经理又为女修道院院长效力；所以，卡德蒙肯定不是处于社会等级的顶层。而且据比德记述，卡德蒙经常和牛睡在谷仓里，因此，可以判断，卡德蒙是个不起眼的小人物。虽然如此，他却经常参加集体盛宴，和所有来宾一样，他也会为大家唱歌、弹奏竖琴。在盛宴上，他可能吃不到最好的牛肉，因为我们知道，在早期的爱尔兰，肉是按社会等级分配的，地位较低的人只能吃牛腿肉或牛头肉，社会地位较高的人才能吃到精选的上等牛肉。但是，不管卡德蒙在这些场合吃到了什么，我们都可以看到参加集体盛宴的不仅仅是权贵和他们的重要宾客。在这些时候，平民可以近距离观察权贵们，学习他们的言谈举止、精英语言和衣着打扮。这种近距离接触的机会，有助于将当地精英的生活方式转换为整个地区的生活方式。

然而，以发展社会等级为中心的独特区域文化，在整个不列颠东部并没有以相同的步伐发展开来。例如，在一些地方，具有地区特征的服饰出现较晚，典型的例子就是6世纪的剑桥郡。在伊迪克斯山（Edix Hill）发掘的一系列墓穴表明，6世纪上半叶，此地的女性居民有4种风格截然不同的服装类型，直到560年或570年，女人的衣着突然开始同质化。大概在肯特郡和诺森伯兰王国出现区域性服饰之后好几代人的时间里，剑桥郡女性的着装才开始呈现区域性特点。这反过来也表明，关于社会等级的身份定位在剑桥郡发展得很慢，这可能也解释了为什么最早的王国没有在此诞生。

此外，地域性的身份特征可能需要几代人的时间才能形成，独立农耕社区的居民可能也会不时地变换着装风格，一部分原因是贸易模式的改变，更重要的原因是随着精英的形成和权力的转变，他们所效仿的对象在一代又一代人的时间里也在不断变化。比如，在6世纪上半叶，生活在埃文河附近的女人穿得更像她们东面的人，但是到了6世纪中的某个时候，她们的服装品位、她们获得金属制品的途径、她们在文化上的联系都发生了改变，她们开始穿得越来越像泰晤士河谷上游的女人。即使是那些表现出早期相对有凝聚力的物质文化的地区，其物质文化应该也是通过血缘和贸易联系在一起的，这样的文化有时也会分崩离析。比如，亨伯河在比德所在的时代是一条重要的文化边界，但是在比德出生前一个世纪，河口两岸的居民是有很多共同点的。事实上，没有任何资料来区分 8 世纪之前的北亨伯人［诺森伯兰人（Northumbrians）］与南亨伯人［索森伯兰人（Southumbrians）］；居住在河口两岸的居民反而有时候被称作亨伯人。所以，或许约克郡东部和林肯郡的民族，可能起源于一个较早出现的区域性身份，之后分道扬镳。

西部的生活

在不列颠，西部地区与东部地区的情况迥然不同。在罗马衰落之后，西部地区的社会差异仍然存在，一直持续到 5 世纪及之后，塑造了像罗克斯特和卡德伯里康格雷斯伯里这样的社区。在西部地区，能够证明社会等级和不平等的证据与东部很不相同，因为西部保留了古典时代晚期文化的重要因素，像基督教、读写能力、使用拉丁文，甚至个人的名字，这种文化上的延续性，在证据的形成过程中扮演了重要的角色。例如，在整个威尔士和不列颠西南部，人们仍然坚持古罗马的墓葬传统，即土葬，不随葬任何物品。在研究五六世纪的不列颠东部时，金属首饰是我们主要的信息来源，现在，这种墓葬方式肯定是没有金属首饰作为线索了。在锡鲁尔拉姆－温塔（Venta Silurum，今天蒙茅斯郡的凯尔文特）古时首府的东门外正好有一片古罗马墓地，虽然墓地里有一连串的墓穴，可以从 10 世纪回溯至 4 或 5 世纪早期，但是没有任何一座坟墓陪葬有类似在东盎格利亚或肯特早期墓葬中出土的物品，从这一点上看，已属非同寻常，所以这些墓穴出土的物品无法用来体现同时代人之间的社会差异。在格拉摩根郡的兰道（Llandough）发掘出的一千来座墓穴也大致延续了这么长一段时间。这些墓穴位于一座纪念圣多克德威（St Dochdwy）的教堂的背阴面。对于圣多克德威这位 5 世纪的人物没有任何清晰的记载，对他的全部记忆都留驻在兰道这个地名上，原意为“多彻之围地”。和在凯尔文特一样，在这里，死者入葬不会陪葬任何武器或者首饰（只有两个人腰带上佩戴刀具），所以我们无法推测他们的实际生活，是否比其他人更富有、社会地位更高。不过和威尔士其他地区的早期墓穴一样，兰道的许多墓穴里有小块的白色石英石，这些石头可能是吊唁的人放置在里面的，因为《启示录》2:17 曾说：“得胜的，我必将那隐藏的吗哪赐给他，并赐他一块白石，石上写着新名，除了那领受的以外，没有人能认识。”像兰道这样的墓穴以及凯尔文特城外的那些墓穴都证明，在这里，大约有 20 代人延续相似的墓葬方式，罗马帝国衰落之后，基督教延续了下来，这些墓葬也成为人们世代朝拜的圣所。但是，这些墓地很少告诉我们任何关于社会等级或经济不平等的信息。

虽然基督教和根深蒂固的罗马传统没有给我们留下重要的陪葬品，但是留下了宝贵的文字资料。从 6 世纪不列颠教士吉尔达斯撰写的长篇巨著《哀诉不列颠的毁灭》(*The Ruin of Britain*) 及记录 7 世纪传统的《圣萨姆森传》(*Life of St Samson*) 中，我们了解到，不列颠西部的一些人，因为他们的出身、职业或者姻亲关系，享有更富裕更优越的生活。比如，吉尔达斯告诉我们，不列颠有许多国王把自己和军事盟友“歌颂成天上的星星”，他谴责那些无耻的自我陶醉和自吹自擂。《高多汀》(*Y Gododdin*) 这首诗里的故事，最早在 7 世纪为不列颠北部人们所吟唱，它讲述了故事里的人如何利用这些物质文化来彰显自己身份的优越性。我们在诗中读到对象征权力的事物的描述：多彩盾突金丝镂刻盾牌、“黑天鹅”般毛色的马匹、貂皮大衣和琥珀首饰。我们听说，国王“胸前佩戴象征尊贵身份的珠宝”，上阵杀敌的骑兵脖戴金项圈，身上的铠甲熠熠生辉。我们知道，伟人有家奴、有御用诗人，使用精美的玻璃器皿，品味醇香四溢的葡萄美酒。因此，很明显，这里和不列颠东部一样，6 世纪的精英们在衣着和生活方式上都和别人不一样，他们有机会接触到稀有甚至外来的物品，他们能够参与少数人的社会活动，比如，有组织的战争、资助吟游诗人、享用葡萄酒，这些活动只是极少数人享有的特权。

吉尔达斯记载的诸国王、《高多汀》中描述的勇士们所生活的定居点，许多位于古老的山间堡垒或者岩石岬角之上（和卡德伯里康格雷斯伯里一样）。有几个在威尔士得到了证实：比如，格拉摩根郡的迪纳斯波厄斯和亨加斯特尔（Hen Gastell）、卡马森郡（Carmarthenshire）的科伊根坎普（Coygan Camp）、卡那封郡（Caernarfonshire）的戴根威（Degannwy）和迪那斯艾姆瑞斯（Dinas Emrys）、登比郡（Denbighshire）的迪诺本（Dinorben）、彭布罗克郡（Pembrokeshire）的卡鲁城堡（Carew Castle）和盖特霍尔姆（Gateholm）。每一处遗址都发现了一系列工艺品，这些工艺品被考古学家视为高级定居点的证据，尤其是那些来自地中海或法兰克的陶器和玻璃制品，以及贵重金属的锻造残留物。像这样的定居点不时会被翻修加固，但有时也有例外。例如，达费德郡（Dyfed）的朗利班克（Longley Bank）就没有，不过那儿的铁匠会加工白银、黄铜和青铜的胸针，人们有时也会使用进口的瓷器（包括来自小亚细亚的餐具）进餐。一些定居点表明，早在 4 世纪这里就有人居住，而其他遗址却没有。

有些在 5、6 世纪管理这些地方的人，很可能是显赫的罗马不列颠家庭的后裔。有证据表明，虽然到 6 世纪时乡村庄园已经被弃用，但它们周围还有大片的房屋完好如初。比如，兰达夫最早有赠地给教堂的记录是在 6 世纪下半叶，这些赠地是以罗马单位罗寸（unciae）为计量单位，1 罗寸约等于 200 公顷。其中，有几处赠地面积多达 3 或 4 罗寸（600—800 公顷），可谓广袤无垠，最早使用赠地可追溯到古典时代晚期。此外，许多早期的赠地位于阿伯加文尼（Abergavenny）和肯切斯特（Kenchester）之间的罗马大道两侧，这进一步表明，这些庄园可能是在罗马大道作为罗马帝国的主干道时期建起来的。

还有证据表明，6 世纪时出现的新王国中，有两个得益于古典时代晚期的罗马社会体制。例如，格温特王国名字中的“温特”（went）就来源于古罗马在不列颠的首府锡鲁尔拉姆－温塔中的“温塔”。这个王国崛起于 6 世纪初，因其领导者多尔的萨姆森（St Samson of Dol）在 550—575 年间事业达到巅峰，而萨姆森的祖父曾经效忠于温塔国王。坚持把温塔放在其王国的名字里，这种做法很容易使人产生联想，或许在罗马衰败后的一个世纪里，那些至少统治过一些前罗马城镇腹地的人，他们的祖父在 4 世纪担任过地方法官，他们的子孙后来在 6 世纪可能就成了国王。往西北走，有厄尔金王国（Ergyng）的诸国王。这个王国的名字来源于一个名叫阿里康尼厄（Ariconium，位于赫里福德郡的韦斯顿）的罗马小镇。事实上，关于厄尔金王国的一段记忆仍然凝结在阿臣菲尔德（Archenfield）这个名字上。这些中世纪的政体用罗马城镇命名，气势恢宏的庄园保存完好，以及使用罗马度量单位，都表明这里的权贵十分在意罗马的过去，或许，他们还会认为能够统治这片领土或者控制这片土地，完全归功于罗马的行政传统。不过，罗马政治文化的重要组成部分还是在这一时期消失了。没有哪位不列颠统治者铸造硬币，或者授予他们的追随者腰带和十字弓胸针，而这些物品正是罗马晚期官场的标志。

在不列颠西部，此时也有人在矗立的巨石上雕刻碑文，用以铭记逝者的丰功伟绩。4 世纪末，罗马帝国盛行雕刻碑文来纪念基督教圣徒，这种做法延续了下来，并于 5—7 世纪在威尔士西北部和西南部、马恩岛、苏格兰南部和英格兰西南部流行开来。这些石碑象征着永恒的罗马精神。比如，许多碑文都不是用古典文学作品中那种精准的拉丁文写就，而是用后来罗马人习惯的通俗拉丁文。这证明，不列颠西部的一些家庭并非仅仅从书本上学习拉丁文，即使在罗马帝国衰亡以后，他们在日常生活中还在说拉丁语。此外，他们在词语上的选择也值得玩味。一处 6 世纪末雕刻的碑文用“模范公民”来赞美一位男性。另一处碑文则为了纪念一位“格温内斯的公民及马格洛斯法官的亲属”。这些例子足以证明，虽然罗马帝国衰亡了，但不列颠西部一直都在采用罗马所主张的公民身份和公共管理的理念，用来弘扬和歌颂古罗马人的荣光。有一个 5 世纪的石碑，位于邓弗里斯 - 加洛韦行政区（Dumfries and Galloway）的惠特霍恩（Whithorn），用来纪念一个名叫“拉提努斯”（注意，名字中的“拉提”发音与“拉丁”文相同）的人，其碑文以“我们赞美您，我们的主”开始。这种含有基督教内容的碑文和含有“拉丁”发音的人名都体现了逝者和官员身上的罗马精神。还有一批5、6世纪的碑文用于纪念拥有罗马名字的人，比如，崔比努斯（Tribunus）、艾特努斯（Aeternus）、潘特尼努斯（Paterninus）、弗洛伦提乌斯（Florentius）等。其中，有一个被纪念的人［保利努斯·马利诺斯（Paulinus Marinus）］甚至还有罗马风格的族名和姓氏[①]。

赞助竖立此类纪念碑的人，在罗马帝国晚期都是基督徒，有些人在脑海里还记着一些罗马词汇。他们还有亲戚使用罗马名字，有些人还在说拉丁文。虽然很多人都有读写拉丁文的能力，但那著名的北非碑文　　“此处葬有　名男孩儿，请将名字雕刻于此……”也提醒我们，并不是所有雕刻碑文的人、所有委托雕刻碑文的人都有拉丁文的读写能力。在廷塔杰尔镇有一块石板，上面刻着3个普通人的名字——帕特努斯、科里亚努斯和奥托科诺，这几个名字或许是他们3个人自己或者其中两个人刻上的，这3人的涂鸦表明，在当时的不列颠，还有一些信徒能够书写自己的名字，并且知道自己名字在拉丁文中的变形。在6世纪的不列颠西部，还有一些人不仅具有基本的拉丁文读写能力，水平还极高。例如，吉尔达斯撰写长诗《哀诉不列颠的毁灭》所使用的拉丁文，完全不同于石碑上的拉丁文，而是非常正式的书面语，这表明在6世纪早期，不列颠的西部还有人在语法和修辞方面，能够接受上乘的罗马晚期式的教育，因为，吉尔达斯采用了从5世纪以来备受如圣希多尼乌斯·阿

① 罗马人有3个名：前名（praenomen）、族名（nomen）和姓氏（cognomen），这里作者指他有nomen和cognomen，nomen是“保利努斯”，cognomen是“马利诺斯”。

波黎纳里斯等文人喜爱的文体——古典时代晚期繁复的写作风格，要掌握这一写作技巧，不仅需要博览群书，更要接受严格的罗马式教育。当然，吉尔达斯本人的确阅读广泛。著名的圣杰罗姆（St Jerome）教父的作品、高卢罗马主教萨皮薛斯·赛佛雷（Sulpicius Severus）的圣徒传记、古典时代晚期基督教历史学家鲁非努斯（Rufinus）和奥罗修斯（Orosius）的作品，以及修道主义之父约翰·卡西安（John Cassian）的作品，他都非常熟悉，可谓了然于胸。不仅如此，他还熟读古典时期著名诗人维吉尔的作品，在吉尔达斯的作品中，有很多地方都有维吉尔《埃涅阿斯纪》(*Aeneid*) 的影子。

我们有证据表明，在不列颠西部，尤其在威尔士，少数早期王国的名字来源于重要的罗马城镇；一些罗马词汇继续为人们所使用；还有很多与罗马相关的东西都保留了下来，比如，气势恢宏的建筑，能够用拉丁文读写、用拉丁语交流的社区，少数上层阶级的定居点，以及有特定物质文化标准来彰显自己社会地位的精英阶层。我们尚不清楚诸多方面是如何联系在一起的，但至少很有可能是因为当地的罗马不列颠绅士们，他们有子孙在 5 世纪时仍然掌管着家族财产，说着拉丁语，控制着与罗马有着种种联系的行政区域。而现在，他们住在非罗马的、社会等级较高的地区，享受着新型的物质文化，参与新的社会活动。

不过，不是所有在不列颠西部生活、在这里成功的人都想自诩为罗马后裔，当然，还有很多人也不具备自称罗马后裔的历史依据。除了不列颠尼亚绅士的后裔，不列颠西部还有几乎未被罗马化的不列颠农民的子孙，以及那些祖居帝国之外、曾经是罗马帝国贸易伙伴的人。此外，还有爱尔兰的移民。所有这些人，他们生活在一个文化带里，这条文化带从康沃尔郡往北延伸一直到苏格兰西部，是不列颠东部聚集在一起的不同人群和社区的镜像。只不过，不列颠西部的新移民都来自苏格兰或者爱尔兰海的另一侧，他们说的不是日耳曼语，而是古盖尔语。所以，不列颠西部看起来似乎和东部一样，大体上以不列颠人为主，但是西部的移民群体数量足够大，足以发生变革性的转变。当然，到了 6 世纪末，这里已经是各民族混居之地。

一些早期王国的名字来源于某些罗马帝国统治之前不列颠部落的名字，比如，杜姆诺尼亚（Dumnonia，“德文郡”在发音上仍然类似“杜姆”）、杜诺尼亚（达费德王国），还有高多汀（位于洛锡安）。格温内斯有一处 5 世纪的铭文，纪念一个“生活在奥陶纪的人”，他属于另一个前罗马铁器时代（pre-Roman Iron Age）在威尔士中北部定居的部落。似乎 6 世纪时仍然有人在强调自己的这些身份。另外，3 世纪时，生活在哈德良长城以北的部落也可能迁徙到了原来的罗马行省。例如，一群来自苏格兰东南部的北方古不列颠人［被统称为沃塔迪尼族（Votadini）］，可能在公元 400 年前后一代人的时间里定居在格温内斯。一位 9 世纪的历史学家坚信确有此事，当然还有微弱的证据可以佐证他的判断。其一，7 世纪的威尔士诗歌中曾颂扬来自遥远北方的不列颠英雄，这可能是因为北方的不列颠人把这些故事带到了威尔士。此外，在克卢依德（Clwyd）的坦达文（Tandderwen）发掘了一片早期墓地，墓地外围有一个方形沟渠，这种结构在早期苏格兰十分常见，很可能是由那些不列颠北部的新移民带到了威尔士。

还有大批的爱尔兰移民沿着不列颠西海岸向南或向北迁徙，与东部日耳曼人的定居点呈平行分布。在威尔士西南半岛及安格尔西岛（Anglesey），人们发现了大量爱尔兰地名。和不列颠东部的情况一样，这些地名不能用来证明是否有过大规模人口迁徙，但它们可以说明新移民讲什么语言，家乡在什么地方。还有一系列有雕刻铭文的墓碑帮助我们更好地了解这些人。除拉丁语铭文之外，许多5—6世纪的墓碑上还刻有用欧甘字母（ogham）书写的爱尔兰语。自4世纪以来，爱尔兰南部精英都采用这种欧干文字纪念逝者、确认土地所有权。在5—6世纪的不列颠西部也出现了类似的铭文，表明来自爱尔兰、有资格使用欧甘语雕刻铭文的男性已开始在不列颠的部分地区扮演重要角色。这一时期，还有其他一些墓碑碑文用拉丁语和爱尔兰语双语镌刻。欧甘语或者双语碑文以及爱尔兰地名，在彭布罗克郡北部数量最多，在彭布罗克郡的中部、锡尔迪金郡（Cardiganshire）、德文郡和康沃尔郡也比较常见。还有一小部分集中在布雷肯（Brycheniog）和威尔士北部。就像地名一样，它们代表这些地区有爱尔兰人的足迹。

同拉丁语铭文一样，欧甘语碑文和刻有双语的墓碑传递给我们一些值得注意的信息，这些信息是关于不列颠西部新兴精英阶层的名字和他们的主张的。首先，欧甘语铭文说明爱尔兰精英到达此地，声称对某块土地拥有主权。其次，这些铭文表明，社区与社区、家庭与家庭是因为财富和权力团结在一起，而非共同的祖先或者共同的语言。吉尔达斯笔下奸淫污秽无恶不作的“达费德暴君”伏提坡（Vortipor），当时的人们可能会在他的墓碑上同时用拉丁文和爱尔兰文刻上“纪念守护者伏提坡”。对于一个出身基督教环境、拥有不列颠名字，还领导了一群自称为前罗马铁器时代英格兰部落的人，如果他周围没有重要人物讲爱尔兰语，为何他的追随者们要为他冠以曾经被禁卫军首领使用过的名字？为何会在他的墓碑上刻一段欧甘语铭文？另外还有两处铭文，让我们看到了铭文所发生的变化。第一处铭文可能追溯到5世纪后半叶，为纪念“拉提姆地区的保利努斯·马利诺斯的儿子科洛特瑞格斯”。第二处铭文可能更晚些，位于十几公里以外，纪念“科洛特瑞格斯之子马格里库努斯”。由此看来，这2块石头记录了3个人的名字：祖父（保利努斯·马利诺斯）、父亲（科洛特瑞格斯）和儿子（马格里库努斯）。第一块墓碑使用拉丁语，第二块为双语，其中“马格里库努斯”这个名字有爱尔兰语版本的翻译。因此，这里有一位族名和姓氏罗马味十足的祖父，他可能出生在意大利的拉齐奥大区，他的儿子科洛特瑞格斯却使用不列颠名字，而他的孙子则应该生活在爱尔兰人聚集的环境里，所以在他死后，人们用拉丁语和爱尔兰语双语缅怀他。我们似乎正从一个或多或少有些罗马风味的世界，不可避免地走到了一个由双语甚至三语家庭组成的世界。在这里，曾经的罗马精英和爱尔兰人互相合作，共同为获取或巩固对这片领土的统治权而努力。

这种民族融合的现象在不列颠西部的铭文中屡见不鲜。有一处铭文写道：“格温内斯王国的公民、地方法官马格洛斯的亲属坎迪奥瑞克斯（Cantiorix）安息于此。”这条铭文将罗马头衔（地方法官）、公民观念、拉丁文与爱尔兰人的名字（坎迪奥瑞克斯）结合在了一起。有些地方，即使远离爱尔兰海，即使具有非常清晰的罗马不列颠文化关联，似乎也有爱尔兰人留下的痕迹。例如，5世纪时，有人在内陆什罗普郡的罗克斯特立有一块石碑，纪念一位名叫Cunorix Macus Maqui Coline的爱尔兰人，大意为“圣子辛里克国王”。尽管给石头镌刻铭文的匠人尽心尽力，也能显然看出他不懂爱尔兰语，所以才把这个来自异域的名字都设计成大写的拉丁字母。不管怎样，语言、名字和头衔的结合都给我们描绘了这样一个世界：纪念逝者的人们生活在一个双语或三语的环境里。在这个环境里，不同民族居住在一起，他们拥有不同的基因、不同的文化背景。这些证据所指向的似乎并不是泾渭分明的民族划分（本章开头的撒克逊部落、盎格鲁部落和朱特部落），不是以这 3 个民族为先头部队，设法从讲异族语言的人们那里巧取豪夺。这些证据更像是在说，来自不同民族的精英友好相处，在这里繁衍生息。他们的曾祖父母曾经生活在完全不同的世界，但在罗马衰落后的不列颠，他们现在通过婚姻与合作，共同填补罗马留下的权力空白。

第四章

精英阶层、诸王国与崭新的过去：6 世纪后期至 7 世纪

前几章我们看到，中世纪早期的人们，其墓葬所呈现的状态与他们生前的生活状况大致相当。例如，男性逝者不会穿着女装入葬，女性逝者也不会有武器陪葬，所以，生前跟性别有关的身份特征死后伴随死者进入了坟墓。同理，衣食无着的贫穷家庭根本没钱给逝者陪葬稀有抑或贵重的金属制品，所以，那些有紫水晶珠宝或石榴石胸针陪葬，死后呈现富有状态的人不大可能是穷人。当然，我们也要始终记得，死者无法埋葬自己，所以，他们所呈现的埋葬方式，更代表了那些具有身份地位的亲人或者朋友，是他们为死者操办了葬礼。而且即使同为死者，有些人的死亡相较其他人可能会造成更大的混乱和更严重的破坏。家庭里最具领导气质的丈夫因故逝去，或者他的妻子未诞下子嗣就撒手人寰，一方面会导致整个家庭在当时的社会地位岌岌可危，另一方面也可能扰乱邻近 20 个小村庄的社会秩序。在这些情况下，死者那些富有讲究的亲朋好友，有时肯定觉得有义务为逝去的亲人举办风风光光的葬礼，以彰显自己的身份和地位。因此，尤其是那些举足轻重的大人物，在他们去世时，生者会斥巨资打造铺张奢靡的葬礼，陪葬丰富精美的器皿和

物品，这些可能就是当时一些奢华墓穴的成因。同样，如果某个名门望族近来举办了一场奢侈盛大的葬礼，无论他们的仰慕者还是对手都可能会深感必要，并以同样的方式厚葬逝去的亲人。因此，在7世纪的德比郡，随处可见填满珍宝、精心安排的墓葬。很难相信这种做法的流行不是虔诚效仿与焦虑竞争共同作用的结果。到了6世纪后期和7世纪，似乎对于富庶的家庭，打造引人注目，甚至奢华到倾家荡产的墓葬越来越难以抗拒，因为在此时，这些精英家庭希望通过战胜竞争对手，诱骗追随者，保证下一代能够继承上一代的财富，提高自己在当地的社会地位。

6世纪晚期及7世纪，在奢靡墓葬和其他一系列策略的帮助下，一些家庭成功将自己的权威领土化，并使其可以世袭。在这一时期，一些地方社区中社会地位较高的成员精心塑造的社会差距也铭刻在英格兰社会，成为一种永久的象征，贵族身份开始与勇士身份融合。最后，或许最为重要的是，正是在这一时期，不列颠英语区终于诞生了国王和王国。

重塑历史 为其所用

从6世纪后期开始，英格兰社会一个普遍的特点是名门望族沉迷历史，野蛮地重构自己的过去。前面我们已经看到，在5世纪的不列颠东半部，几乎没有精英家庭或上层阶级定居点存在的证据。那些6世纪晚期生活挥霍、墓葬奢靡的人，跟各地新贵一样，似乎大都在努力宣扬（或者确信）特权天授，以此巩固他们最新取得的特权。他们为了证明自己控制他人劳动与盈余合理合法（看似这正是精英家庭现在的所作所为)，声称社会差异古来有之；因为自史前时代起，不平等就已经成为世界的一部分了，他们拥有特权是十分自然的，也是可以传承的。这一时期，在关于起源的传说中，在重写的史诗中，在宗谱的回忆里，在墓葬的风格上，在仪式的选址上，也在对野蛮、英勇、上流物质文化的吸纳上，这种将特权永久化的思想表现得淋漓尽致。6 世纪后期至 7 世纪，英国各领域都经历了对其历史全方位的文化重塑，帮助其以过去的文化为基础呈现出全新的面貌，尽管不一定符合事实，却颇具实用性。

当然，对于重塑后的历史，我们最清晰的了解来自文字记载。但问题是，书写文化直到 6、7 世纪之交才传入英格兰，因此，没有一部文献记载可以追溯到定居时期征服和殖民化的故事。例如，《编年史》中“到来篇”(*adventus*) 中的回顾年鉴于 9 世纪晚期编纂而成，里面包含了十几个由日耳曼将军指挥小规模入侵不列颠并以胜利告终的故事，这些入侵者在不列颠建立了自己的王国，开创了崭新的朝代。据《编年史》记述，公元 495 年：

> 两位首领，即彻迪克（Cerdic）和他的儿子辛里克（Cynric），率 5 艘船抵达不列颠彻迪克索拉（Cerdicesora）。当日，与古不列颠人交战。
>
> 公元 501 年，波特和他的两个儿子比达、梅拉率两艘船抵达不列颠朴次茅斯，杀死一名地位很高的不列颠人……
>
> 公元 514 年，西撒克逊人乘 3 艘船在彻迪克索拉进入不列颠；斯图夫（Stuf）和威特（Wihtgar）（二人被认为创建了怀特岛上的王朝）同古不列颠人交战，将后者驱逐。
>
> 公元 519 年，彻迪克与辛里克成功统治（西撒克逊）王国……

在每一条年鉴记录中，都提到两到三位有名有姓的勇士，率三五艘船抵达不列颠的故事，《编年史》以及其他早期英格兰的文献往往也都如此。在各个民族关于民族起源的最初记载中，往往会有一两位开疆拓土的英雄，比如，罗马神话中的英雄罗穆卢斯（Romulus）和他的孪生兄弟瑞摩斯（Remus）。我们不禁怀疑，上面读到的那些无非是一些以传奇英雄为人物原型编写的故事，其主人公并非有血有肉的真实历史人物。除了这些惯例般出现的人物以外，《编年史》中许多早期的征服者在这些“未经证实的”故事中同样也扮演着重要角色，被反复用来说明某些地点如何得名。比如，朴次茅斯（Portsmouth）得名于501年抵达此处的波特（Port）；怀特岛是以514年抵达的威特来命名的。事实上，这两个地名都源自罗马时期，所以，无论是波特，还是威特，看起来都像是运用逆向构词法，在有了朴次茅斯和怀特岛的叫法之后，再把创造出的人名运用到王朝后来领袖的回忆录中，借以证明其家族创始人非同寻常，以至于他们的名字甚至作为地名留传后世。上面提到的公元519年那条年鉴记录中，出现了两位王朝开创者，其中一位名叫彻迪克。彻迪克是一个货真价实的不列颠名字，但对于一个据称出生在萨克森的人来说，取一个不列颠的名字，这是极不可能发生的事情。英格兰其他征服者的名字也同样不大可能是真的。比如，被推测为肯特王朝开创者的亨格斯（Hengist）和霍萨（Horsa），他们的英勇事迹在比德的历史记述里有详尽的记载，在9世纪创作的《古不列颠史》中也有精心叙述，而且，作者还赋予两位主人公意思是“种马”和“马”的名字，这样刻意的联系让他们更像是神话人物，而非真实的历史人物。还有欧斯克（Oisc），在一些故事里，他是亨格斯的儿子，有时又是亨格斯的孙子，其名字本意其实是“神”。

《编年史》中对日耳曼战争领袖定居不列颠的历史做了史诗级的再塑造，似乎反映了自6世纪下半叶起，一系列思想意识开始在几十个家族中发展起来。也正是在这一时期，这些家族的首领开始视自己为当地那些重要王朝的领袖，是有权力公正支配他人生产盈余和效忠的统治者。虽然《编年史》成书于9世纪晚期，但是早在8世纪后期，就已经有写在羊皮纸上精心制作的王室族谱了。《编年史》中的很多故事，只不过沿用了家谱中出现的英雄名字罢了。因此，至少在《编年史》成书一个世纪以前，关于他们的故事就已广泛流传。仔细看一看最早的一组族谱记录，即“盎格鲁人合集”(Anglian collection)，很明显除了记载几代人的家族血统以外，剩下的都是由于基于8世纪政治需要而做的“礼貌记述”。事实上，族谱中记录的诸王国［如东盎格利亚与麦西亚（Mercia）］真实历史人物最早可以追溯到6世纪的最后25年；这可能表明王室权力正是在这一时期开始登上历史舞台。比德所处的历史时期早于“盎格鲁人合集”几十年，他详细记述了在世国王的后裔，显然，早在比德时代王室就在精心编织王室血统了。此外，比德也和《编年史》的作者一样，乐于将王朝创始人的名字铭刻在风景名胜中。例如，比德写道，在霍萨去世的地点，有一座刻有霍萨名字的纪念碑。看来，《编年史》将地点名称与王室族谱联系在一起的做法，其自身也有着悠久的历史。最后一点，比德和那些族谱记录所做的一些断言都带有一点点前基督教时代的意味，因此，这些记录应该是流传于7世纪之前的宗族起源。比如，日耳曼神话主神沃坦在大多数族谱中都被奉为始祖，这在基督教的环境下，不太可能是凭空捏造而来的。另一部稍晚的宗谱中将东撒克逊人国王的家族起源追溯到相对模糊的古撒克逊神明萨克西诺（Seaxnot)，萨克西诺可能是基督教时期的异教徒所尊奉的神。

鉴于8—9世纪各种资料（包括在不列颠流传的传说）中关于亨格斯和霍萨（肯特王朝两位名字与马相关的创建者）的故事五花八门，似乎有些假定存在的王朝创建者，在贵族圈子里流传的英雄故事中，都是有血有肉的存在。还有一些广为人知的证据，它们保留在长篇史诗《贝奥武甫》(*Beowulf*) 中，是一些神话故事的早期版本。例如，在记述8世纪一位圣徒的生平时，该诗作者称，麦西亚的诸国王和诗中所提到的一些丹麦英雄的家族同源，对东盎格利亚国王家族起源的断定也类似。这些有关征服和巩固统治的故事，这些关于国王及其勇士的故事，无疑是对精英人士的赞扬，而且听起来定要比曾祖父精明能干靠畜牧发家，或者善用伎俩剥削邻里成就祖业更加引人入胜。后来的文献资料和史前资料表明，到公元600年，一些家族幻想他们是诸神之子，先祖作为战争首领来到英格兰。总之，指导方针就是，在先祖抵达之后，很快就赢得了他们的后代所享有的许多权利和特权。

王公贵族故意夸大其王朝统治时间的同时，也会利用其他一些方法来证明其对资源的控制合理合法，尤其是通过革新墓葬习俗。一种被生者用来宣扬自己祖先的常见做法，就是将古代遗址作为自己的墓地。在这一点上，权贵家庭是在利用长期以来为其他社会群体所接受的做法。例如，在5世纪后期和6世纪，经常可以见到那些社会阶级差异不明显的社区，把死者与并非他们自己建造的纪念碑联系起来。中世纪早期的土地上遍布圆形石阵、围成圆圈的长形古坟堆、罗马时代的大道、废弃的城镇及荒凉的庄园。在罗马衰落后的两个世纪里，大批来源各异的人将死者埋在离他们很近的地方，而宣称自己与古时存在某种关系。这些做法看似心血来潮，其实并不新奇——一千年来，不列颠居民一直在重复使用古迹。在青铜器时代，有修建者在新石器时代遗址的周围改造、修缮和建造了新的坟墓和祭祀纪念碑；在苏格兰西部，铁器时代的人们重新利用和改造了新石器时代的墓葬；在威尔士和峰区（Peak District），青铜器时代的墓葬旧址有时被选作罗马统治时期的新墓葬。罗马衰落之后，不列颠各地的农业社区又开始在青铜器时代的坟冢里面或古坟周围挖掘建造他们自己的墓穴，这种做法持续了一个世纪。再利用的做法如此普遍，所以，似乎一切并非出于巧合，而是有意为之；而且，占用古代遗址用作墓地，这也是各社区为巩固其对所耕种土地的所有权而采取的一种策略。许多家族通过在古遗址旁为亲人举办葬礼，并将亲人埋葬在古遗址之内，似乎是为了以历史为由头，宣称自己与最初在这里建起坟冢的人具有某种亲缘关系，表明刚有至亲逝去的这一家人自古以来就在这片土地上耕种。

古坟冢直到 6 世纪晚期、7 世纪，甚至 8 世纪，一直被用于埋葬逝者，但是部分家庭已经开始推出新的丧葬习俗，旨在提升他们自己（而非整个社区）的地位与身份的合法性，这与贵族们改写“到来篇”故事的做法如出一辙。这些人中，有些人选择直接使用青铜器时代的坟冢，但也有人仿照古坟的大小和形状建造新冢。例如，在诺福克郡的斯邦山，有一片大型火葬墓群，在这片墓地出现多年之后，一小群人（不超过一到两个家庭）开始将逝者土葬在瓮棺墓园的最北端边缘。斯邦山墓地最早的两次挖掘都集中于两座专门修建的为圆形沟渠环绕的新坟墓。新坟的主人躺在由草皮和木材修建而成的巨大墓室里，这些墓室在建造时显然耗费了大量的人力资源。两座新坟冢四周埋葬着约 55 名死者，既有成年男女，也有儿童。这些土葬坟代表了墓葬历史上的一个截面，这种状态很可能持续了几代人的时间。火葬在这一时期的斯邦山仍在沿用，甚至在土葬者不再使用这块墓地、开始将死者葬于他处之后，火葬依然有人采用。又或者土葬者后来也摒弃了他们非主流的土葬仪式（也可能这只是他们的借口）选择了火葬。斯邦山的土葬者较早便有能力像 6 世纪时那样修建坟冢。然而，到了 7 世纪时，尤其在肯特郡，新坟冢多建在已有墓地的边缘，有些建在古坟旁边，有些没有。新坟冢被反复修建，其目的就是为了强调一个事实，即重要人物和他们的追随者不同于普通民众。

在其他地区，最突出的情况是在 7 世纪，上层阶级的家族有时会选择更加遥远偏僻的坟冢，尤其是那些位于山脊和山顶的地方作为家族墓地，与劳动供养他们的男人和女人的墓地相距甚远。比如，在德比郡的维格伯低地（Wigber Low），有一座青铜器时代早期的石冢，最初是一个举行天葬的平台，人们将死者的尸体放置在石板之上，暴露给食腐动物和自然的力量，在 7 世纪时，这里被改造成一个小家庭的墓地。地名意为“威加（Wicga）的坟冢”，一共有 7 个人埋葬在这里。其中有 2 名孩童、3 名为快要成年的青少年，还有 2 名成年人。每个人都有陪葬品，该遗址的考古人员发现了一小堆特别的陪葬品，其中包括两个镶金海狸牙吊坠、一把剑、一个钱袋，还有半头牛。

其他一些坟冢则为部分人所独有，它们被用来埋葬某些个人，这些人被独自埋葬于此，甚至远离其家人。孤坟的墓碑通常立在天际线上，位于新兴领地的边缘。比如，在威尔特郡的斯威夫克利夫，有一座青铜器时期的坟冢，当地人称“波斯（Poss）的坟冢”，就是这样一座孤坟。这座坟冢位于那白垩山丘的高坡上，即使数里之外，附近地区经过古道上的人也能一眼望到。后来，这座坟冢就成了某个庄园的边界线。它在 7 世纪的某个时候又被重新掘开，原有青铜器时期埋葬的尸骨换成了一位穿着考究的年轻女性。这位新近安葬的女性，躺在墓室里一张精美的木床上，四周饰有许多令人咋舌的陪葬品：铁边和青铜边的圆桶，一个小木匣，装满了贵重物品；一对绿色吹制小手盅；还有一个精美的小袋子，袋子上面装饰着一块图案十分复杂的铜合金圆盘，由金箔和银箔镶边。这位女性的坟墓完成封土之后，人们又对坟冢进行了改造和修缮。通过这种方式，埋葬这名女性死者的人们，不仅占用了这个辨识度极高的老地标，还对旧坟和周围环境都做了远远超出坟冢最初建造者的改造。

在其他单独埋葬的孤坟处建起了全新的坟冢。比如，在德比郡的本蒂格兰奇，有一座英格兰有史以来最为奢华的墓葬，一个男人和他的财宝躺在一个巨大的专门建造的墓室里边。葬在伯克郡洛伯里山的男子亦是如此：他的追随者将他的墓冢修建在罗马凯尔特神庙遗址的入口处。这两座坟冢，以及许多其他在此期间重新修建起来的坟冢，都能体现修建者的野心。它们见证了一小部分家庭有实力有能力，调集依附于他们的劳动力，使自己的权力象征成为不朽。这些孤冢的墓葬明显加强了权力与领土之间的关联。这是因为精英家庭明显使用墓葬来标记他们宣称主权的土地范围和领土边界。在威塞克斯，仅泰晤士河上游山谷就发现了 11 座重新修建的孤冢，都位于后来的行政区域的边界上（庄园边界或所谓“天然边界”），从主要的大道上或从遥远的地方均可眺见。因此，似乎在这些孤冢周围举办的丧葬仪式，很有可能与精英家庭势力范围的界定有重要联系，帮助那些已经爬到社会顶层的人，切实划分出属于他们自己的土地和社区范围。

坟冢墓葬恰好吻合族谱记载和神话起源。例如，一些坟冢保留了墓主人的名字——比如 Taplow 即“塔普之墓”，古英语中称之为 Tæppa's blaw；Offlow 即“奥法之墓”，古英语中称之为 Offa's blaw，blaw 在古英语中对应现代英语中的“坟冢”（barrow）一词。坟冢墓葬不仅仅彰显了某些个人及其家庭的权力，还同时在土地上铭刻了家族祖先的名字。因此，像朴次茅斯被命名的故事一样，坟冢墓葬似乎是相同的族谱话语的一部分。这些“未经证实的”传奇故事和坟冢墓葬一样，都体现了他们对祖先历史和对当今王朝相同的野心，二者最终目的都是权利的世袭，这种做法历史学家有时称其为“回溯验证”。然而，坟冢墓葬又不同于族谱和史诗，它向更大范围内的人宣告王朝统治历史悠久，有权享有他人的劳动成果，宣示自己的疆域主权。它们不仅在告知同属精英家庭的人们，更是告知行走于这片土地的所有人。

不仅仅是坟冢墓葬，围绕坟冢举行的奢靡、仿古风格的葬礼也在塑造一个使一切合理合法的过去。许多历史悠久的英格兰殡葬礼仪在 7 世纪初期急剧消失。比如，在不列颠东部的许多地方，火葬一直是一种占主导地位的殡葬方式，如今却不如土葬盛行。与此类似，在 6 世纪早期的英格兰，几近一半的男子在入葬时都有武器陪葬，但到了 7 世纪，陪葬武器的做法极为少见。但是，虽然很大一部分人放弃了原有的丧葬方式，但仍有一小部分 7 世纪死者的丧葬风格相当繁复。那些最引人注目的 7 世纪坟冢墓葬均采用了火葬，其身份地位现在由火葬的柴堆来彰显。而且，许多后来火化的骨灰没有存放在传统陶罐中，而是装在了来自地中海的精美青铜器皿里面，通常，只有最显赫的家庭才有实力使用这样的进口容器。在中世纪早期最著名的墓地“萨顿胡”（Sutton Hoo）出土了 6 个这样的墓葬：它们集火葬、坟冢墓葬和金属容器于一体；此外，还有另外十多处精心操办了当时的火葬仪式。同样，虽然武器作为陪葬品的墓穴总体上减少了，但仍有少数可追溯至 6 世纪晚期和 7 世纪的非常普通的墓葬，它们仍陪葬有武器，而且其中一些也是采用坟冢的埋葬方式。其中最壮观的就是在萨顿胡的 1 号墓发现的船葬。当然，还有其他坟墓，比如，本蒂格兰奇的坟冢，陪葬有惊艳的军事装备，这些装备从未在其前几代人的陪葬品中发现过。又比如，埋葬在本蒂格兰奇的一位男性，就戴着一顶带角铁质头盔，头盔顶部用青铜及镀金波尔卡圆点拼凑出一头野猪，这头野猪头上覆盖栩栩如生的鬃毛，石榴石做的眼睛闪闪发光。后来出现的火葬和陪葬武器的墓葬都是对兼收并蓄的古老仪式的夸张再现。乍看起来，组织这些葬礼的人们似乎在重拾古老的仪式，见证一场保守的葬礼，但实际上，他们正在以全新的方式重新塑造古老的墓葬传统。简而言之，这些新兴的仪式为墓葬的主人增添了一抹古老而传统的光环，虽然他们的祖父母从来未以这种方式被葬。

《贝奥武甫》的诗篇虽然创作于英格兰人皈信基督教至少一个半世纪之后，但其作者显然记述了这样一个过度考究、伪造传统的异教葬礼，描写之中既有火葬柴堆，也有陪葬武器的墓穴和坟冢墓葬：

海岬峭岩上，高特人垒起
一座巨大的柴堆，层层叠叠
挂满头盔、圆盾和闪亮的铠甲，
一如贝奥武甫临终的嘱托。
然后，英雄们悲叹着

把他们的领袖、他们的酋长、他们最珍爱的主人
放在柴堆正中。
于是，鲸鱼崖顶，庞大的死神之火苏醒了！
浓烟腾空，黑沉沉压着红光，烈焰嘶吼，大地呜咽。
风，停息了骚动——
火舌舔着心房，
直至那座骸骨崩溃，

他们的主公去了，
留下无限的悲伤，

……天空吞下了烟尘。
接着，风族人在崖顶
动工营造一座高高的陵墓，
让航海的人们远远就能望见。
十天，他们建成了这英雄的
纪念碑，厚厚的石墙封存了
火葬的灰烬；精雕细琢，
连最聪明的人也无从挑剔。
他们在墓内放进火炬和珠宝，
所有这些都是从敌人手里夺来的。
交还给大地保管，
黄金复归黄土，至今原封未动，
对男人来说，它们已经没有用了。
然后环绕大陵，十二位勇士

骑上骏马，他的儿子们
为国王致哀。悲歌复起，
颂扬一代英杰……

（据迈克尔·亚历山大英译版译[①]）

很难知晓这首诗是艺术对生活的模仿，还是听到那些描述者用自己的生活（以及诗里人们埋葬逝者的方式）来烘托艺术。无论灵感来自何处，坟冢墓葬、精心打造的火葬及陪葬武器的墓葬方式，都与族谱记载和祖先传说一样，指向相同的先贤、王朝和永恒的特权。所有这些都很重要，它们所展示的历史组成了审视历史的一种新视角，一名来自海外的武士精英来到不列颠，他征服了不列颠的绝大部分领土。

我们从死者尸骸得到的论点在生者身上也同样有所体现。例如，有些极显贵的个人在这段时期开始炫耀自己新颖美丽的胸针和其他金属华饰。比如，丹麦风格的一种压线交织花纹（也叫风格Ⅱ型花纹，图案上交织的节点是强壮的蜿蜒盘踞的猛兽）在6、7世纪时成为高贵的花纹图案，在斯堪的纳维亚半岛以外的精英家庭中流行开来，包括伦巴第人（一支居于意大利的蛮族）和勃艮第人（居于法国）；这两个群体此时形成了一种观念——他们的民族源于斯堪的纳维亚半岛。事实上，伦巴第和勃艮第家族采用“风格Ⅱ”饰纹的时间，恰与传教士们首次将这两个民族的起源神话记录在羊皮纸上的时间重合。因此，似乎是这两大家族为了强调自己的

① 参考生活·读书·新知三联书店版《贝奥武甫》（1992年版），冯象译，第161—163页：海岬峭岩。

斯堪的纳维亚背景，也开始佩戴雕刻“风格Ⅱ”纹饰的金属饰品，因为斯堪的纳维亚岛的丹麦精英们喜欢这种纹饰。所以，佩戴“风格Ⅱ”纹理的饰物代表上层社会地位，在伦巴第和勃艮第的宫廷圈子里流行，它是证明其神话起源的一部分。同样，在6世纪中叶，“风格Ⅱ”纹饰吸引了英格兰部分地区，尤其是肯特郡和萨福克郡贵族家庭成员的关注。带有“风格Ⅱ”纹饰的物品大约在550年首次进入英格兰，在不到一代人的时间里，制作“风格Ⅱ”纹饰的技术就已经被岛内一些技艺高超的工匠所掌握。然而，这种风格只在贵族小圈子里流行，尤其在英格兰东部，只有一些壮观而丰富的墓葬里才发现有“风格Ⅱ”纹饰的物品，比如，在林肯郡卡恩比的墓葬、萨顿胡的船葬。

在肯特郡，使用饰有“风格Ⅱ”纹饰的物品也只限于小部分人，但是不仅限于至高无上的王国最高领袖，与肯特郡国王交往密切的家庭也可以使用。在东盎格利亚和肯特，似乎和伦巴第和勃艮第的情形一样，王公贵族借此宣称其为斯堪的纳维亚战争领袖的后裔。恰于此时，东盎格利亚有一个叫乌芬加斯（Wuffingas）的王朝逐渐赢得统治地位，乌芬加斯家族声称自己有丹麦血统，所以，这个家族的崛起正是随着“风格Ⅱ”纹饰的引入而出现在萨福克的。乌芬加斯家族中，有一位成员似乎就被葬在萨顿胡的1号墓，他的墓葬里陪葬了大量带有“风格Ⅱ”纹饰的物品。因此，穿戴“风格Ⅱ”纹饰饰品有象征意味。它给人们留下这样一种印象，用这种风格精心打扮的人，完全不同于他们所统治的民众。这是那个虚构历史故事的又一部分，它讲述了岛外精英来到英格兰，征服和统治了这些完全不同的部族的往事。

不仅仅是埋葬逝者的墓地，还有生者所居住的领土，在这一时期也在被吞并、修缮，显示精英们开始使用那些十分古老的祭祀中心，希望借此提高自己在那些珍视祭祀中心的人心中的地位。苏塞克斯滨海索尔海姆（Shoreham）附近的斯朗克山（Slonk Hill）有两座青铜器时代的坟冢，可能就是这种情形的一个例证。这两座坟冢拥有一段悠久但时断时续的历史，这表明该遗址在当地社区的中心出现了几个世纪。比如，在罗马时期，这处被改造成一个规模不大的罗马—凯尔特祭祀中心，人们在此供奉献祭的动物，向神灵敬献硬币，甚至可能还会敬献公鸡造型的珐琅小别针，在此处遗址的考古挖掘中就发现了一个。很难得知在罗马衰落后当地人是否继续来到此处祭拜，但似乎在6—7世纪的某个时候，有人带着大量劳工到此，对斯朗克山又做了改造。两座坟冢四周的环形沟渠被回填，其中一条原有沟渠形成的圆形圈地用方形围墙围了起来。一位女性被埋葬在围墙沿线的一个缺口处，居于缺口的中央，这个位置很可能就是整个圈地的入口处。这位女性独自一人埋葬于此，周围没有任何亲人或朋友的坟墓，而且在她的坟墓里仅仅发现一把刀，所以她的墓葬既不是一个社会地位高者的孤冢，也不是社会中层人士的典型土葬坟，因为社会的中层人士通常葬在社区的共有墓地里。总之，她的坟墓极其反常，很有可能举行过活人献祭的仪式。斯朗克山看起来既不像一块墓地，也不像定居点，还应有第三种可能：它是一个特殊的地点，最可能的就是一个献祭中心。

类似这样的“方形围墙圈地”在英格兰其他地方也有发现，其中一些“圈地”也有反常的坟墓，埋葬形式惊人地相似。有人认为这些地方是罗马－凯尔特神庙，中世纪早期为异教精英重建。但是，像斯朗克山这样的地方，虽然历史悠久且在不同时期被用作祭祀中心，但这并不能证明在此举行的祭祀圣典一成未变，它们能够证明的是，当地一代又一代的人会去发现特殊的地方，为其赋予特殊的含义，也能证明，那些在 6 世纪晚期和 7 世纪希望赢得或展示权力的人，努力在这些特殊地点留下自己的印记。因此，这提醒我们，人们的身份特征常常会集中体现在地域的特征里，人们对土地所有权、对那些谜一般的古坟碑的臆想，可以为那些急功近利的人所利用，甚至可能被他们操纵，作为彰显自己权力的途径，并在他们希望统治的人们之间营造团结的氛围，这种氛围可为其所用。这时期的一些地名也能帮助进一步阐释斯朗克山之类的遗址现象。有些神庙的名字（含有词根 *hearg* 的名字，*hearg* 是古英语单词，意为“天堂神殿”或“圣地”）前面通常接有一个以 *ingas*（古英语中意为“某某的人”，或者“某某的隶属”）为后缀、某人姓名为词根的单词。因此，比如，位于伦敦附近米德尔塞克斯（Middlesex）的山上的哈罗（Harrow-on-the-Hill），最早出现在文字记录里被称为“*Gumeninga hergae*”，意为“古玛神庙”，萨里郡也有一处哈罗，现在已经不复存在，曾被称为“*Besingahearh*”，意为巴萨神庙。通过考古发掘我们得知，像这样被称为 *hearg* 的神庙遗址是举办重要祭祀活动的地点。例如，在苏塞克斯的哈罗山考古挖掘中，发现了大量动物头骨和腭骨，大部分为牛骨，但也有少量其他动物的遗骸。据推测，整个遗址可能有多达上千块头骨。也许像斯朗克山和哈罗山这样的地方，被诸如古玛或巴萨部族以某种方式吞并了，对于有助于这些部族宣示权威的人，毫无疑问，这些地点仍然是重要的祭祀中心。在这些地点周围，具有本地特色的地方身份得以形成，凭借这些地点，征服者的威信得以树立。

填满牛头骨的坑、方形围墙圈地、反常墓葬、古代祭祀中心，所有这些元素在诺森伯兰郡的耶韦灵遗址都有出现。这是 7 世纪早期的一个王室建筑群，诺森伯兰国王埃德温和他的子民大约于627年在此皈信基督教。根据比德的记叙，意大利传教士保利努斯在此传教36天，并在格伦河（毫无疑问在冰冷的河水里）为国王热切的扈从施洗。但比德没能提及重要的一点：耶韦灵遗址位于亨伯河以北铁器时代最大的一个山谷阴面，挤在一片非常古老且极其复杂的祭祀区域之中，这片区域有一处巨石阵，它由一个石头围成的圆圈和一座环形坟冢组成。虽然比德最著名的记述中，有一篇描述过国王坐落在耶韦灵的大殿，但他没有提到这间大殿和此地其他的主要建筑都矗立在石圈和坟冢之间的直线连线上，因此，这个7世纪“当代”建筑群的布局是由那些古老神秘的原有建筑所决定的。先是堆积如山的牛头骨，旁边一座人类坟墓，陪葬有一个山羊头（此地的名字就是“羊之山”之意），之后新建了“方形围墙圈地”，圈地围墙断点葬有一个孩童，这种做法不同寻常、令人不寒而栗，所有这些似乎都说明，诺森伯兰王国的国王们，选择了这个祭祀中心，精心修葺，将其用作一种夸张的背景，在此举行他们新近设计的祭祀活动。在5.5公里外的米尔菲尔德（Millfield），还有另外一座修建时间稍晚一些的王室大厅，比德也有记述，但是同样，比德没有提到它在米尔菲尔德祭祀区域的特殊位置。不同宗教祭祀建筑的并置，在比德的时代无疑均为异教做法，不能提及，但在皈信基督教之前，它们明显为英格兰新出现的国王利用，佐证他们所谓今日权力与历史源头之间的联系，帮助他们将自己对领土、对领土上民众的控制合理合法，因为他们宣称，他们的权力就如他们所控制的疆域，有史可依，永不过时。

社会聚集与早期诸国

在维格伯低地精美墓葬的背后，在耶韦灵祭祀遗址的重建背后，是民族与领土较大规模的聚集。有些民族聚集在一起，模糊地留在了带“ingas”后缀的地名中，它们大多可追溯到 6 世纪晚期至 7 世纪。例如，在苏塞克斯罗姆尼湿地与佩文西附近的湿地之间的地带，曾经有 15 个地点的名字里都带有“黑斯廷斯”（hæstingas）一词。这些定居点无疑定位了一个群体，他们自称是“黑斯廷人”。我们无从考证生活在苏塞克斯这一角落上的所有居民，从锦衣玉食的首领家族到穷困潦倒的养猪人，是否都认为自己是“黑斯廷人”，还是只有黑斯廷一家及其后代认为自己是“黑斯廷人”。无论是以上哪一种情况，在 6 世纪末至 7 世纪初的某个时候，当地人民以黑斯廷和他的追随者之名聚集于此，占据了一小块地盘。同样，在埃塞克斯郡还有许多带“Roding”（罗丁）一词的地名，是另一个人口或领地做早期聚集的例子，不过这次是以“霍萨人”之名。这群人宣示主权的山谷是由泰晤士河的一条小支流冲积形成，长度只有 8 公里，同黑斯廷斯一样，领土面积太过狭小，不足以尊称为“王国”。不过，比起一座小村庄周围所占农田，它仍旧要大许多。

我们不知道当时人们在古英语里将这样的地方叫作什么，但是到了 8 世纪早期，这些地方通常被称作 *“regiones”*（意为“区域”），该词由拉丁文演变而来，单数形式为 *regio*。有迹象表明，无论是在苏塞克斯、埃塞克斯，还是在二者之间的许多地方，似乎家庭和社区的聚集在 6 世纪时都是围绕着某些重要的个人组织起来的。有时，聚集在一起的人可能慢慢开始认为彼此为同一祖先的后裔，拥有相同的民族身份，这种民族身份根植于那些传说之中。不过在其他地方，精英家庭可能更会坚持认为，只有他们自己才是当地开疆拓土者的后裔。无论是何种情况，新的聚集地都是以某个人为中心形成的，这个人宣称其领土范围内的所有人都应以某种方式对其负责。

黑斯廷家族、霍萨家族成就于这个社会急速分化的世纪，他们开始像对待“三等”亲戚和身负重税的乡巴佬那样对待自己领地的居民，榨取他们的农副盈余，剥削他们的劳动。此时，社会等级制度不断发展，贫穷的家庭仍然同其祖父母辈一样，从事自给自足的农业生产活动，但是他们现在逐渐被卷入了一张义务的大网，必须生产出盈余，献给社会地位高的人。林肯郡昆宁顿的情况显然如此。可以看出，生活在这里的居民在这一时期改变了他们的畜牧业生产方式，可能就是因为要满足新增献贡义务的需要。在 6 世纪晚期或 7 世纪的某个时候，他们开始大量屠宰成猪，但屠宰后猪肉并未在本地食用。很可能是昆宁顿的农民将猪肉做成火腿和培根，献贡给比他们社会地位高的人。

昆宁顿的农民之所以需要缴纳贡品，不是因为他们是佃户，需要向领主缴纳租金，而是因为将有重要人物来统治他们，而在中世纪早期，被统治者的义务就是上缴贡物。对于自诩统治者的领主来说，收集贡物最简单的方法就是将自己的府邸打造成中心区域，作为收缴他们应得贡物、应获服务的集散地。这样的地点在对 6 世纪晚期遗址的考古发掘中开始出现。例如，在挖掘较高社会地位的遗址（如考德里斯当和耶韦灵）时，发现了一系列大肆挥霍的做法，比如，大规模的娱乐活动、修建大殿、举行极为复杂的祭祀仪式等，这在其他任何地方都没有发现过，但是它们能够说明，这样的新式定居点既是生产地，也是消费地。正是从这两处遗址，我们发现了一些证据证明，在外地饲养的牛活着牵运到此，在其他地方加工好的谷成车运往此处。大片土地及其人口在这一时期被组织起来，组成边界模糊的大块领地，不管在社会生活方式上还是经济层面，都以服务于主要家庭及其宅第为目的。不仅在英格兰的精英统治区域如此，在威尔士和苏格兰南部有证据表明情况也是如此。事实上，这样的地域安排，在我们发现它们处于英格兰文化圈内之前，似乎业已存在许久了。

纳贡点遍布领地各处，虽然领主只有在食物纳贡时才会来到这些地方，但是有一些奴隶和城镇长官会终年生活在这里，处理每季缴纳的税捐贡品、保管仓库，防止粮食受潮、虫蛀或被盗。对纳贡点作为商业场所的经营模式，我们已有一些认知，至少知道它们8世纪的样子，因为考古学家在北安普敦郡的海厄姆费勒斯（Higham Ferrers）发掘了这样一个纳贡点。这个纳贡点是某个功能复杂的多中心定居点（这个定居点比较分散，有多个中心区域）的一部分，可能是为麦西亚王国所统治。在海厄姆费勒斯发掘的这组建筑，其作用大概是收集、加工和储存贡品，服务于国王在厄斯灵伯勒的大殿。这些建筑恰好位于宁河对岸，在海厄姆费勒斯的牛圈和麦芽烘烤炉的下风区。海厄姆费勒斯的这个建筑群建有一圈围墙，像一个巨大的钥匙孔形状，围墙可能是藩篱或石阵，外面还有一条小沟渠为界。这片围场很可能当时就是一个临时饲养牲畜的圈舍，圈养当地献贡者敬献的牲畜。围栏内也有供少数长工居住的生活区，以及仓库、麦芽制造炉和磨坊。还有一些证据表明，上层社会人士特有的物品也会经过此处，如精美的陶器及其盛装的葡萄酒，但海厄姆费勒斯不是这些物品的最终消费地。这里的工人很可能只是把物品储存在此，待国王及其友朋到来之时，再运往厄斯灵伯勒的宫殿。

虽然国王和他们的密友会穿行于管辖范围内的多个纳贡点之间，但是每个纳贡点都有两类人，虽然身份地位截然不同，但都会终年在此生活、以此为家，一类是奴隶，另一类是城镇长官。奴隶被永久安排在这类私有土地上为其耕种，也就是说，他们辛勤耕作，收获为君王占有。在古英语中，奴隶（slaves）一词即“wealas”，这个词还有“外国人”的意思，这个词在这一时期开始被用来称呼威尔士人。这又是一条证据，证明征服传说的存在：重要的王朝及其家族现在开始宣称自己和被统治者之间具有历史性的差异，他们在所使用的语言中，删除了与“奴隶”和“威尔士”对应的单词，宣称根据古代征服者的权利，奴隶属于他们，并声称领主及其奴隶财产之间的差异本质上是种族差异。而城镇长官这类人与奴隶的际遇完全不同。他们是自由民，日常工作之一就是监督奴隶劳作。除此之外，他们还要在周边地区自由农上缴贡物时予以监督。这些城镇长官会努力确保在需要劳动力的时候当地人能够提供所需的劳动（亦为惯例）。在强盗或敌人威胁到王室储备物资时，城镇长官还可能会在献贡中心所在的腹地召集所有的自由民，发起反击，保卫物资。总之，城镇长官就是当地的统治者，在出现国家与政府之前，他们是英格兰最接近统治阶层的人。

每一个厄斯灵伯勒这样的地方都还保留着一二十个老式的社区，这些社区干的大多是养羊、屠宰牲畜、打谷之类的脏活累活。有些献贡者生活在偏远的农场，但大多数可能生活在村落大小的社区里，比如，在距离耶韦灵 3 公里处瑟灵斯发掘的社区。这里有许多小房屋、作坊和储备谷物的建筑。像瑟灵斯这样的小村落，大多数在此耕种纳贡的人常年生活在这里，村落里往往还有一些无规划建造的房屋，以及在房屋外搭建的附属建筑。而且，正如我们在马肯村看到的，这些村落历经数代人，老旧建筑摇摇欲坠之时，总有新房屋取而代之。结果，这些定居点往往会沿着排水良好的土壤迁移，因为那样的土壤相对容易耕作，因此为中世纪早期农民所青睐。生活在此类定居点的人们种植谷物、生产乳制品、制作培根和布料，不仅为自用，也为向那些在主路中心地带举办宴席的高贵人士纳贡。因此，像厄斯灵伯勒和耶韦灵这样重要的纳贡中心，应该处于居住区等级的顶端，在这个新式的供给系统里居于核心地位，使得中心背后的控制者能够从当地人那里收取他们生产的食物、劳动，还有原材料。

整个6—7世纪，不列颠群岛上所有类似瑟灵斯这样的地方被融合在了一起，形成新的生产单位，通过巧妙的管理制度，为核心家族提供产品。为了实现这一目的，精英家庭需要花费大量精力，将广义概念的义务转变为彻底的纳贡制度。这种制度不仅可以保证生活在他们所管辖区内的农民向他们缴纳农副产品，还能够提供他们所需的各类供给，不仅有肉和小麦，还应该有奶酪、饲料、蜂蜜等各种各样的产品。高高在上的精英家庭为了能够运转起来，还需要木材用于取暖或建筑，需要燕麦饲养马匹，需要猪肉制作火腿和培根。除此之外，他们还需要专门的生产型社区为其敬献更特殊的贡物，如盐、铁和铅。精英家庭努力的结果就是形成了“生产义务的区域划分”，在这种义务划分格局下，农民和他们所生活的社区开始有组织地从事生产，以便能够在一年中的特定时间上缴特定种类的商品，或者提供特定类型的服务。这必然会导致高度规划式的农业生产政权，而且这种农业政权在曾经与高级别中心有关的地名中仍有迹象可寻。例如“Hunatun”①，就是一个曾经为领主饲养猎犬的地方；而“Linacre”和“Flaxley”则是领主的亚麻②产区。“Laughton”和“Leckhampstead”两地的居民主要生产青葱③；“Peasenhall”和“Banstead”两地生产豆类④。“Shipton”和“Swanscombe”上贡羊和猪⑤；“Chiswick”和“Buttermere”分别上贡奶酪和黄油⑥。这样的地名通常无法追溯其使用起始时间，但是有些地名出现在早期的地契中，清楚地反映出处于统治地位的精英家庭合理化领土内农业活动所做出的努力。当然，这些地方的人们除了生产用于纳贡的物品，还会种植他们自己所需的所有作物，饲养各类动物，以满足自己整年的需求——这些社区还没有完善的市场体系，无法仅仅依靠狩猎维持生计——但是这些地点的名称表明，生产义务进行这样的区域划分是有献贡时间上的考虑的。在几代人的时间里，这种为同一个中心从事生产活动的做法将整个区域内的农民捆绑在了一起，统一协调他们的生产。反过来，这可能会促进地方发展出自己的特色，因为同一个“区域”的所有居民都为同一个领主服务，所有人也都参与到了为同一个宫廷承担义务的大事业中。这种系统化的纳贡系统同时也培育了小型的本地化经济，其管理的终极目的是产生盈余，为富贵人家及他们所谓的“家”谋取利益。

---

① 在Hunatun中，huna可能与英文中的hunt（狩猎）、hound（猎狗）同源，词尾-tun也常写作-ton，来自盎格鲁-撒克逊语，表示一块被圈起来的地方。

② 亚麻作为植物在英文中称为flax，制成亚麻布料则叫作linen。

③ 英语中leek表示大葱。

④ pea和bean都表示豆子。

⑤ sheep、swine分别指羊、猪。

⑥ 两个地名中的chis、butter分别与奶酪（cheese）、黄油（butter）谐/同音。

然而，这些早期的领地，虽以生活在领地之上的名门贵族为中心，有农民为其辛苦劳作，但并不是简单地由精英们使用暴力，将他们的意志强加给乡下居民。相反，在当地的纳贡体系下，人、林地、泉水、牧群在地理分布上往往很分散。最重要的是，从那为数不多几片现在仍能追溯踪迹的早期领地上，可以清楚地看到这些划分从生态角度看很合理，它们可能由古老的车道拼接在一起，有些古道自前罗马铁器时代就已投入使用。例如在西萨里郡，沃金加斯（Woccingas，以沃金家族为中心）和戈达尔明加斯（Godhelmingas，以戈达尔明家族为中心）两处领地的疆域边界绵延到与汉普郡和伯克郡接壤的沙质土地，追其原因很可能是那里有优质牧草，两大家族的牧群要在那里放牧。季节性迁移放牧已有千年历史，它将夏季与冬季的牧场用广袤的草场相连，现在，则促进了早期领地范围的划分，塑造了早期领地的形状。总而言之，这些领地在某种意义上是自然而然形成的，并且在很多重要的方面由农民家庭的需求决定，因为他们的生存需要依赖多种资源，这些资源只有当他们有机会获得某些特殊的，有时甚至是遥远地区的资源时才可能得到。所以，无论是攫取他人盈余的领主，还是自己寻求资源的农民，似乎都参与了领地区域的形成。精英家庭的干预与农户的自主共同作用，在6世纪晚期和7世纪汇聚交织在一起，形成了英格兰最早的纳贡领地。

一些零散的证据还表明，这一时期的自由民经常会拥有几海德（hide）[①]的土地。据比德记述，1海德大小的土地正好可以养活一个

① 古英制土地计量单位，最初是用来表示足以养家糊口的土地数量，但实际上是评估土地价值和税收的一种手段，1海德约为120英亩，也即49公顷。

家庭。到比德生活的年代，海德已经成为非常古老的计量单位，使用广泛，所以毫无疑问，领主们利用海德来计量其领土范围内每个家庭应上缴的贡物的数量，将海德从分配土地的计量单位转变成为衡量义务的计量单位。到了 7 世纪末，大块土地的税捐有时会被详细记录在册，都是以海德为计量单位小心度量的。例如，有一位早期的国王，将一块名叫“法纳姆”的土地授予一个宗教社区，这块赠地共 60 海德，其中 10 海德位于宾顿，2 海德位于丘尔特，其余部分就是教士们的土地，以他们自己的名字命名……所有这些土地，以及土地上的森林、草地、牧场、渔场、河流（和）泉水，包括这些地方所出产的东西，全部都将赐予该宗教社区。另外一个早期的赠予契约上记录了一块赠地，面积为 38 海德，其中：“12(海德) 位于利德西和奥丁博恩，10 海德位于根斯特盖特，11 海德位于芒德姆，2 海德位于东海岸，3 海德位于西海岸。”似乎这种赠予不仅仅是赠予土地本身，还有居住在那些土地上的人们所生产的农副产品。

我们还发现了一部英格兰早期国王制定的法典，里面保留了一份贡品清单，约起草于 7 世纪的最后 10 年，大致可以帮助我们了解当时坐拥数海德土地的自由民，需向领主上缴贡品的种类和数量。清单上规定，每 10 海德土地（在这一时期，英格兰的许多领地应该至少有 300 海德）应为国王敬献“10 桶蜂蜜、300 块大面包、12 桶威尔士麦芽啤酒、30 瓶无杂质的麦芽啤酒、2 头成年母牛或 10 只羯羊、10 只鹅、20 只母鸡、10 块奶酪、1 安伯[①]黄

---

① Amber，音译，一种液体计量单位，用于7—14世纪的英国，1安伯具体对应多少升尚无定论，有学者推测是7.7升，也有猜测大概22.7升，还有更多的，认为1安伯接近70升。

油、5 条鲑鱼、20 磅的饲料和 100 条鳗鱼”。倘若这份清单属实，那么一位管辖 300 海德的领主可以得到充足的食物和饲料，足以让他本人和亲朋好友不用劳作就能过上锦衣玉食的生活。还有一些珍贵资源也要敬献领主，但在这部法典中没有提及。从一位早期圣徒的生平记录中可以看到，爱尔兰修士和圣哥伦巴传教士的修道院仅从当地一名平信徒的土地上就收获了一船板条，用于修建修道院的新客房。这暗示了这样一个事实，那就是农民给领主也提供了他们需要的所有东西，只是在幸存于世的那份贡物清单里并未逐一列出。不过对于当地的农民来说，纳贡的负担却也没有那么沉重，一个村落里，可能有的家庭每年只需要上缴 2—3 桶啤酒，几只家禽、100 块面包，而 5 公里外的另一家则上缴 1 篮鳗鱼、2 块圆奶酪和 1 只羊。

到了 6 世纪晚期，这些幅员辽阔、秩序井然的领地——包括中心区域、劳动人口和纳贡体系——不断崛起，出现在不列颠的大部分地区，不仅在那些由讲英语的精英所领导的地区，而且在讲不列颠语的威尔士大部分地区和讲爱尔兰语的苏格兰西部也都出现了。当然，在这个极其松散又非常特别的纳贡体系中，各地的情况又不尽相同。例如在肯特郡，中心区域周围的领土面积比其他地方的都大。在现在剑桥郡的这片土地上，基于纳贡需求的组织生产要比其他地区落后了至少一代人的时间；而在像萨默塞特和多塞特这样的地方，纳贡区域似乎出现得非常早，由一个不列颠，甚至可能是罗马晚期的地域环境发展而来。不管它们的起源怎样，一旦形成，以海德为计量单位的小家庭和以“区域”为单位的大实体都极具活力，它们一直延续到了 11 世纪及以后，尽管这二者在很大程度上发生了转型和改变。

小乡村发展成大“区域”也会根本性地改变政治格局。那些生性好斗的“区域”领主们，凭着一点点运气的成分，加上几十个歃血为盟的朋友，“直捣腹地”，控制那些“区域”的中心地区，而采用非一次攻下一个村庄的老办法，以此控制更大疆域的领土。通过这种方法，只一次出击就能获得整片领地，包括领地上那些生产盈余的人，以及他们组织有序的纳贡。成功几次，战胜者便成为周围社区仅有的几股超级势力。一旦资源增加到原来的三四倍，他们拥有的资源就是竞争对手的三四倍，在交锋中获胜的可能性也就更大。因此，权力集中在少数人手中，贫富差距悬殊，这一现象是比德对 6 世纪末 7 世纪初的英格兰所着重描写的一部分，在该时期突然增加的上层阶级墓穴中也十分明显，但是它们并不是经过两个半世纪缓慢平稳的演变所带来的结果，相反，更像是一两代人奋力打拼的结果。除了原始野蛮的侵略，还有一些行为也可能导致资源集中到少数幸运儿手中。邻近的家族曾经因为共同利益和频繁互动，因为深谋远虑的联姻和战略部署结成亲密同盟，他们可能慢慢开始把自己的邻人看作亲族，齐心协力一致对外。当那些整合的领地较小、较贫穷，或者起步晚大约 30 年的领主受到邀请，加入一个更成功的集团之中担任管理者、地区执事或者王朝的核心骨干，他们必定会受宠若惊。因此资源、人口和领土的合并建立在冲突之上，也建立在合作之上。

到 6 世纪下半叶，在英格兰政治上成熟最早的地区，最成功的家族开始采用王室头衔，有时王权仅由家族首领独享，但更多时候，这一时期的王室称号由兄弟或者堂表兄弟分享，他们虽然居非同处，但是同等分割准王国的资源，共同拥有对准王国的统治权。这些早期的国王不再单单统治某个“区域”，而是同时控制着十几个“区域”，并把这些“区域”内的每一处纳贡中心都变成“王室村邑”。每一年，国王及其家人都会逐一巡视每一处村邑，碰到该处的纳贡时间，还会住上几个星期。

拥有王室头衔、统治地位合理化，再加之组织有序的乡村和乡村人口为其提供生活必需品，这些最成功的家族运作着一幅由若干“区域”拼合而成的政治版图，他们开始建立真正意义上的王国。《部族藏书》（*The Tribal Hidage*）成文于7世纪晚期至8世纪晚期，就给我们提供了一瞥英格兰早期风貌的机会，虽然只是个别片段，或者某一时刻的截面。《部族藏书》中列举了亨伯河以南34个独立的领地，并用海德为单位记录了每处领地的面积。大多数领地在300—600海德，而且可能在该书撰写时都已并入麦西亚王国。其中描述的一些领地可能最开始是一些行政地区，因为“区域”制度发展缓慢，由麦西亚国王从头建立起来。然而其他的领地可能一开始和霍辛加斯（Hrothingas）一样，是由小型的政治社区拼凑起来的，拼凑这些社区的家族只为爬上当地社会的顶层，为实现自己的利益而将小片领地及领地上的居民组织在了一起。我们知道还有其他一些领地在《部族藏书》中没有提及，可能被归入了其他王国。比如，比德就曾提到剑桥郡的伊利，将其描述为一个“区域”，他还提到罗伊迪斯家族（the Loidis）在约克郡的利兹及其附近定居下来，他们也控制了一个“区域”。这些地方的人在比德生活的时代分别被纳入了东盎格利亚王国和诺森伯兰王国的版图，其他更多成功的王朝每吞并一个“区域”以扩大其版图，也会同时借鉴这一“区域”最基本的纳贡制度。

不过，《部族藏书》中所记载的几个区域实体——麦西亚、威塞克斯、东盎格利亚、埃塞克斯和肯特——此时正在发展成为真正的王国。这几个王国都有自己的王室，他们正是比德在《英吉利教会史》(*Ecclesiastical History*) 一书中的主角。仔细考察其中一个王国——麦西亚王国，可以帮助我们了解到英格兰最成功的家庭如何在较短的时间内建立起一个幅员辽阔的王国。事实上，麦西亚并不是英格兰最早出现的王国，但是到了 7 世纪 50 年代，俨然已经发展成为一个超级强国。诚然，对于麦西亚王国的建国史，我们几乎一无所知，大多数现存的文字记录虽然描述了它的历史，但都是由其被征服的人们而非麦西亚的亲友撰写。比如比德，他出生在诺森伯兰王国，成长在诺森伯兰，而诺森伯兰却因为麦西亚的崛起而被削弱。因此，比德对麦西亚王国充满敌意，他在记述麦西亚历史的时候没有向任何麦西亚人了解过麦西亚历史，也没有在书中记载过任何有关麦西亚圣徒、圣女和修道士的故事。不过，比德又确实记载了麦西亚王国第一任国王的名字，即塞奥勒（Ceorl，这不免让人怀疑，这是否就是一个玩笑？因为在古英语中塞奥勒意为“最下层的自由民”)。比德在一处简短的旁白提到过他，因为他是诺森伯兰国王埃德温的岳父，而埃德温是比德故事中的一位大英雄。正因为如此，我们才知道麦西亚不但大约在公元 600 年就有了自己的国王，而且地位显赫、权倾朝野，并将自己的女儿嫁给英格兰另一个强大王国的国君。到 8 世纪早期，麦西亚的各位国王都吹嘘，说他们王朝的建立者是一个名叫埃塞尔（Icel）的人，埃塞尔在塞奥勒国王之前就已经统治王朝整整一个世纪。不过真实的情况是，有关麦西亚诸国王的资料少之又少，即使塞奥勒在位时也没有留下多少记录；塞奥勒的继任者彭达王（King Penda，卒于 655 年）在 7 世纪 20 年代掌权，之前的国王，我们对他们几乎一无所知。

塞奥勒及其继任者所统治的人民被比德称为“盎格鲁人”，事实上，在王国这个概念出现以前，居住在麦西亚腹地的人们就已经发展或采用了考古学家称为“盎格鲁式”的区域性物质文化。他们所佩戴的胸针、所穿着的服装，将麦西亚女性与南方撒克逊女性区别开来。麦西亚讲英语的精英可能也说着一口独特的方言。生活在麦西亚腹地的人们，至少是那些会给女性逝者陪葬“盎格鲁式”胸针、讲话带有麦西亚口音的人们，如果行至肯特或者诺森伯兰，定会显得格外与众不同。这种共同的“盎格鲁式”地域文化可能为早期的麦西亚国王所用，证明他们拥有共同的过去，享有共同的利益。到了约公元 600 年，这些人，或者至少是他们中的领袖，开始自称米尔斯（Mierce），意为“居于边境土地上的人民”，可能就是因为他们生活在某片土地的东部边境，那片土地为一群讲威尔士语、精于世故的军事化精英所统治。

在彭达王大肆扩张之前，麦西亚的诸国王可能就已经控制了以一大片土地为核心的区域，包括斯塔福德郡、莱斯特郡、诺丁汉郡、南德比郡和沃里克郡的北部地区。这片地区由 40—50 个“区域”组成，这些“区域”汇集了土地、各个民族和多项权利，令人赞叹不已。比德在记述 7 世纪 50 年代的麦西亚时提到，麦西亚分南麦西亚和北麦西亚——南麦西亚占地 7 000 海德，北麦西亚占地 5 000 海德——南北麦西亚以特伦特河为分界线。我们知道许多 7 世纪晚期至 8 世纪时的重要地区，位于麦西亚中心腹地，每个地区又都位于大型贡品产地的中心。其中一些地区刚开始可能只有零零散散的人群、稀稀落落的领地，以原住民家庭为纽带联系起来。但是到了 6 世纪晚期，这些地区已经在麦西亚王国的统治之下，要么武力征服，要么自愿加入，要么被甜言蜜语诱骗加入麦西亚。比如，在 8—9 世纪时，塔姆沃思（Tamworth）是一个麦西亚国王经常开庭审理案件的地区，它位于塔姆士坦（Tomsæan）的中心，塔姆士坦是麦西亚统治此地之前的领土名称，意为“沿泰晤士河定居的人”，塔姆士坦人可能早在6世纪初就聚集在这里了。9世纪时塔姆士坦人由一个重要的王室官员（郡长）管辖，所以此地不但在麦西亚崛起之前就已经形成，而且在麦西亚覆灭之后依然存在。它可能源自一种十分古老且高度地方化的身份认同，是一个早期的“区域”，为某位本地的强权人物所控制，在他的组织下从事生产。而这位强权人物统一安排泰晤士河流域的财富，只为供给家人和朋友的生活需要。8世纪时麦西亚王室管理的另一个重要王室村邑是潘克里治（Penkridge），坐落于彭克斯坦（Pencersatan）领地中心，彭克斯坦意为“沿彭克河（River Penk）定居的人”。麦西亚另一处中心雷普顿（Repton）则发展成为亨普林斯人（Hrepingas）的领地中心。在对雷普顿当地教堂进行考古挖掘时，出土了一系列木结构建筑，建筑时间早于教堂修建时间，很可能是一座贵族居所和一个储物用的仓库群，因此，它很可能是一个早期区域中心的遗址，可能在塞奥勒统治时期建成并投入使用。

随着麦西亚不断壮大，它不仅吞并单个“区域”，还向本身已经独立的王国进军。事实上，在8世纪时，前赫威赛王国（Hwicce，以伍斯特郡、格洛斯特郡和沃里克郡为中心）、前麦肯赛特王国（Magonsæte，以赫里福郡为中心）都被麦西亚王国全部吞并。和麦西亚王国一样，这两个王国在6世纪之前都还不存在；而且和麦西亚王国一样，它们都由一些小块领地拼凑而成，王国组成部分的许多小领地在其中心地带都有王室村邑，有50海德的土地供村民维持生计。全权接手统治这样的王国之后，麦西亚王国的领土版图急剧扩张。

政治联姻也会导致小国并入大国。比如，我们知道，东盎格利亚国王将自己的女儿嫁给了南格温的一位“王子”，后者领导着居住在芬斯（Fens，英格兰东部沼泽地）聚居地的人们。这场婚姻一定帮助了芬斯的领主和平融入东盎格利亚的幕僚圈。不过大多数时候，地域的整合却诉诸武力。比如，林赛王国曾一度脱离诺森伯兰国王的统治，虽然只是昙花一现，历经一位国王统治后重又归入诺森伯兰王国，但此后一代人的时间里，林赛当地的核心家族仍对诺森伯兰王朝心存厌恶，所以当麦西亚王后［逝去已久的诺森伯兰国王奥斯瓦尔德（Oswald）的侄女］将其叔叔的遗体（那时已被视为圣物）移送至位于巴德尼（Bardney）的林赛修道院时，那里的修道士们愤怒不已，因为，据比德言，尽管他们知道奥斯瓦尔德身为圣徒，“但是他属于另一个王国，他侵略过他们，即使他已死亡，林赛人对他的仇恨依然存在”。这种痛苦与憎恨，是他们对数十年不幸遭遇的愤怒宣泄。

这个世界内部充满了动荡。在这个世界里，大国吞并小国；在这个世界里，胜者为王，败者为寇，休战掺杂着失败者的积怨与悲痛，失败者饱含屈辱，侍奉从前的敌人，住进敌人的宫殿。在他们的欢迎背后，有时饱含着不情愿；在那里，获胜的国王将女儿嫁与宿敌，期望以此化干戈为玉帛。在用古英语史诗《贝奥武甫》（*Beowulf*）中，以上这些都得到完美再现。诗中，伟大的丹麦国王赫罗斯加（Hrothgar）将女儿嫁给了哈索巴德（Heathobards）国王之子，但哈索巴德国王却被赫罗斯加屠于战场：

（他试图）通过公主了结他与髯族的宿怨。

可是常常，倒下一位国王，

复仇的长矛便不肯有一刻太平，
哪怕娶进再好的新娘！
因为髯族王公和手下的众多扈从
很可能会觉得受到了侮辱，如果
新郎把新娘迎进大厅之后，
公主年轻的侍臣备受礼遇。
须知，丹麦人腰间寒光闪耀的古剑
恰恰是髯族人世代相传之宝，
饰着金环，当年他们父兄挥舞的兵器
那一次盾牌撞击，勇士们扑向毁灭，
亲爱的战友无一幸免。
于是，酒宴上，一位年迈的武士谏言。
熟悉的金环在眼前晃动，心头一幕幕浮起
当年长矛的屠杀——他的心沉下去了！
他决意试探一位年轻战士，
向他表露心底的想法，
唤醒他厮杀的渴望：
“朋友，你可否认识这支剑？
那是，你父亲最后一次戴上面盔出征，
手里拿的宝剑哪！
丹麦人杀了他，做了战场的主人，
而威折将军和英雄们一同倒下了
再没起来，好狠的丹麦人！
现在，那帮凶手中某人的儿子
得意扬扬，在大厅里走来走去，

披着一身珠宝，吹嘘那一场屠杀，
佩挂着那支理应归属于你的宝剑。”
就这样一次次，他用恶毒的话语
煽动、挑拨，直到时机成熟，
公主的侍臣为他父亲的旧债
倒在血泊中，被利刃夺去了生命。
而凶手却逃出宫去躲藏起来：
他熟悉本国的地形。
然后
首领间的誓约，将在双方之间破裂……[①]

毫无疑问，在这样一个世界里，精英们会在他们身边的重要人物死后，为其精心安排古坟墓葬，陪葬奢侈武器；他们会粉饰历史，夸大自身特权古来有之；他们寻衅对手，也会时刻全副武装。

原住民与外来人

在这个勇敢人的新世界，名门望族到底是怎样的存在呢？我们可以在比德的史记以及一些（写成于 8 世纪上半叶）有关圣徒生平的文字记载中瞥见他们匆匆的身影，因为这一时期有很多圣徒出身贵族或王室；因此，圣徒传作者描述圣徒早年生活时，通常也在

① 参考生活·读书·新知三联书店版《贝奥武甫》（1992年版），冯象译，第105—107页：妙龄公主。

展示上层阶级家庭的生活情况。比如，许多圣徒传记作者都曾暗示过大人物及其家庭会在一年中的何时入住人口密集的区域中心。其中有些来此暂住之人长伴君侧，与国王家族一同巡游：其他人则以宾客身份来访，有时甚至包括传记所记载的国王。事实上，在圣威尔弗里德（St Wilfrid）小时候（7 世纪三四十年代），诺森伯兰国王的“旅伴”及其家奴就经常拜访他父亲，“拜访”之频繁，甚至在他拜访诺森伯兰国王时，可以请国王为其担保。国王巡游入住时门庭若市，除了亲朋好友之外，还有区域村落里的农户和农场家庭，他们前来向领主贡献食物、贡献劳动、寻求正义的裁决、观看气势恢宏的场面。比如，圣古斯拉克（St Guthlac）童年时，身边到处都是普通“老百姓”“乡巴佬”和义兄义弟（有人认为是其父亲盟友和食客的儿子）。

在这样的家庭里，大人物的儿子有保姆帮助照料。比如，诺森伯兰的圣卡斯伯特（约 634—687）就十分敬爱他的保姆，称她为“妈妈”，一生之中经常看望她。这样家庭里长大的孩子，会三五成群在一起玩耍，像卡斯伯特小时候就经常和他的朋友玩侧手翻和倒立，或者像古斯拉克和他的同伴一样，每天跑跳摔跤。一位 8 世纪的作家曾记录说，孩子们狩猎野兔、从洞里掏狐狸，玩任何我们可以想到的 7 世纪孩子们能玩的游戏。等这些男孩们快要长大成人的时候，他们开始赛马，也可能会参加各种宴会、讲故事、饮酒作乐，参与到那些重要的贵族生活中。肯定有些人年轻气盛、做事鲁莽或者极易醉酒，因为他们的习俗明确规定，“在男人饮酒之地禁止携带武器”。不过，即使是生活在这样显赫的家庭中，孩子也需要工作。比如，卡斯伯特负责管理牧群，他像成年人一样，知道天气不好可以去哪里躲避，因为他熟知牧民在何处建造夏季茅屋。再如威尔弗里德，小时候是父亲客人的侍童。

贵族的妻子可能会在卧房的床上休息，但其他来访的显贵和随从，则往往住在帐篷里过夜。奥斯瓦尔德国王甚至会在出行时随身携带枕头。他们在特殊场合也会穿着特殊服装：年轻的贵族去到宫廷，则会穿上自己最为华丽的衣装。这样的家庭也会筹办精美的宴会。比如，在秋季，大人物们有时“宴请客人品尝新鲜的猪肉、食用树上的果实”和动物内脏，当然，内脏都已在扦子上烤好，绝不用大人物们亲自下厨，自然有下属帮助料理。

显赫家庭所邀请的贵客往往是天南海北齐聚于此，他们与领主同吃、同饮、并肩战斗。领主不幸故去，他们也会沉痛哀悼。比如，古斯拉克的父亲虽然是麦西亚国王的近亲，但他的府邸位于中盎格利亚，即麦西亚国王在 7 世纪中叶特意为儿子拼凑出来的一个王国。有人可能会想，古斯拉克父亲招待的不仅仅有来自麦西亚的同族和政要，还有其他土生土长的上层阶级的家庭。古斯拉克本人除了跟他一起长大的伙伴，肯定也认识形形色色的各类人物。和许多与他同时代的富家子弟一样，他的青年时期很长一段时间是在乡间度过的。他在一个不列颠人居住的地区，住在和自己家一样显赫的家庭里。在那里，他被视为家庭的一员。圣高隆的传记中提到，“客居他乡”的人往往住在他的监护家庭，被视为家族的一位朋友。诺森伯兰国王圣奥斯瓦尔德（604—642）曾客居爱尔兰，他的兄弟在客居他乡时则与皮克特人一起生活。另外一位北方国王、圣人奥斯温（Oswine，卒于 651）的扈从“来自几乎所有国家”，犹如《贝奥武甫》中所描述。这样一来，大人物的宫殿可能就成了各种语言的汇集地，有人讲英语，也有人讲爱尔兰语和不列颠语。说英语的客居者就住在说英语的家庭里。来自诺森伯兰的客居者可能会出现在麦西亚或东盎格利亚宫廷，可能正是在这样的家庭中，英语区的精英们共享的“标准”英语才有机会产生。联姻的贡献也不可忽视。肯特国王在6世纪末7世纪初迎娶了一位法兰克妻子，随妻而行的还有一位法兰克主教以及一小群法兰克女伴。诺森伯兰王国埃德温国王的第二任妻子，即肯特王埃塞尔伯特（Æthelbert）的女儿，出嫁到达夫家之时，也有肯特女子、神父以及意大利主教陪同。可以说，每一次巡防、每一次客居、每一桩婚姻、每一次养育，都在建立终生的友谊，带来终身的责任。这些巡回到此的贵族家庭里，不只有来自本地的重要人物；在这里，人们来自全国各地、说着各种语言，有来自异乡的客居人士，有远嫁此地的女了，还有来自邻国的义兄义弟。

这样的家庭不仅能接触到来自异域的人，还能接触到来自异域的物。正如我们所看到的，自罗马覆灭后，远在西部说不列颠语的精英仍然生活在社会地位较高的地区，享用着远渡重洋运送至此的异国商品。那些控制邓拉德（Dunadd，位于阿盖尔）和惠特霍恩（位于邓弗里斯和加洛韦行政区）说不列颠语和爱尔兰语的人同样也有机会获得异国珍品。例如在邓拉德有在法兰克王室庄园栽培的染料作物；6世纪有些惠特霍恩人使用迦太基陶工制作的餐具吃晚餐，偶尔也会使用地中海东部制造的松石蓝色酒杯饮酒。这些来自拜占庭帝国的奇珍异宝在英格兰的王宫大殿十分少见，但是英格兰的领主们可以从法兰西和斯堪的纳维亚半岛获得一系列极其稀有的珍品。比如，到7世纪末，那些控制弗利克斯伯勒（Flixborough，位于林肯郡）的人能够获得来自莱茵兰的抛轮精美陶器；到了8世纪，可以获得更多的异域陶器，还有来自法兰克、弗里西亚和莱茵兰的玻璃制品和硬币。显然，这些领主已经加入贵族间礼尚往来、远距离交换的开阔网络之中。

生活在核心区的核心人物也有机会接触到锻造精美的贵金属首饰。精英人质、异族新娘、不断征战、索取贡品，都使得代表上层阶级的那些国外珍品开始在整个不列颠流通。比如，在不列颠人控制的惠特霍恩出土了在英格兰广受欢迎的少数爪喙酒器，虽然在惠特霍恩更常见的是法兰克酒杯。同样，英格兰家庭开始青睐“凯尔特”风格的青铜小吊碗。在格拉摩根郡的迪纳斯波厄斯镇也发现了爱尔兰风格的金属制品和英格兰风格的爪喙酒器。所以，此时南威尔士应该正在形成一种混合式的生活品位。上层阶级的家庭熟悉其他地区精英高价获得的奢侈品，反过来又推动了本土混合风格物品的生产。例如在 7 世纪的邓拉德，工匠们制作出一种非封闭式的环形胸针，它的设计原型来自一种传统的“凯尔特”风格的首饰，但匠人们加入了诺森伯兰妇女胸针的装饰思路，在环形胸针上镶嵌大眼鹦鹉嘴似的鸟儿作为装饰。这种融合最早出现在 6 世纪晚期，到了 7 世纪晚期，可能带来不列颠全境在艺术风格上的繁荣发展，正是这些风格成就了那些有史以来最为巧夺天工的手稿。

简言之，此时在文化上呈现英格兰风格的领主家庭，最后与不列颠其他地方的不列颠精英、爱尔兰精英开始形成许多共通之处。也许，这就是为什么 7 世纪的麦西亚国王彭达，对于英格兰的异教徒扈从和他的不列颠基督教信众而言，都是一位成功的国王。到 6 世纪后期，在整个不列颠，讲英语、威尔士语、爱尔兰语的精英们，人人控制着大片大片的领地、靠收缴贡品为生。他们家家拥有军队，掌管着一个个等级差距悬殊的社会群体。说英语的精英用古代神坛作为自己统治的背景，在其掩盖下行使自己的权力，那些讲爱尔兰语、威尔士语的精英也无不如此。那些讲爱尔兰语的国王在邓拉德建起宏伟府邸，那里的石基、欧甘铭文以及岩石雕刻的王座，大概都算得上是耶韦灵遗址最为精美的设计了。除了相似之处，当然也有无数令人眼花缭乱的差异。例如，不列颠各地的精英此时住在超大型的居所里，英格兰精英则喜欢长方形的木质厅式结构，到了苏格兰，爱尔兰精英喜欢住在圆形石屋里。所有人都佩戴着华丽的首饰，但是肯特郡的女性喜欢法兰克风格的黄金首饰和石榴石配饰，而到了邓拉德，人们的口味则更倾向于环形胸针。不列颠各地的大家庭都渴望得到海外的进口物品，但只有英格兰家庭与莱茵兰、斯堪的纳维亚半岛、法兰克北部有贸易和外交关系，而威尔士人则更常通过其他来自法国西南部和爱尔兰的商人、手工业者等到访者获得进口物品。同一地区的贵族家庭在打扮上甚至在彼此看来都显得怪异，甚至野蛮。不过，像耶韦灵或考德里斯当这些地方的领主，可能更喜欢模仿达尔里阿达王国（Dál Riatan）的显贵或威尔士的勇士，他们更熟悉这些人，与他们有更多的共同点。与此相反，那些在遥远的夏季牧场放羊的衣衫褴褛的英格兰小伙子，或者像男人一样拼命工作的红脸“撒克逊”女孩，对他们来说就十分遥远了。

文化适应与文化融合通常更容易发生在那些经济、社会和文化气场相似的人群之间，所以到 6 世纪晚期，威尔士不列颠、爱尔兰不列颠和英格兰不列颠的精英社会看起来大同小异。但是，高度相似也有其“阴暗的一面”：那些气场相似的人之间也更容易产生政治上的竞争、意识形态上的分歧，以及民族之间的纷争。这些差异和纷争成为 7 世纪不列颠社会的焦点，并从此困扰不列颠群岛直到 21 世纪。

第五章

信仰与仪式：4 世纪至 7 世纪

公元 597 年，圣奥古斯丁（St Augustine）奉教皇格列高利一世之命，前往肯特王国传播福音。此时，距罗马帝国的衰落已有约 300 年的时间，再现不列颠人的宗教信仰和宗教习俗几乎不大可能，部分原因是中世纪早期的不列颠很少有文字记载，没有直接的文字佐证，我们很难确切而肯定地说，人们的信仰由哪位（些）神灵主宰，或者很难了解到人们如何依据信仰而行事。在罗马衰落后，不列颠被分割成若干个王国，各国王将权力又下放到数十个规模更小的社会，使得我们对这些问题的探索变得更加困难，因为一群爱尔兰移民，或者一个不列颠家庭，或者纯粹的英格兰邻里间，他们敬奉神灵的方式与 50 公里外完全不同。所以，即使拥有少量证据，对于历史学家和考古学家来说，研究这一时期不列颠的宗教信仰和宗教习俗的最大问题，就是研究成果所揭示的可能也仅是几个当地人异乎寻常的做法。而且，不同地区对习俗的延续程度不同，这意味着有些地区可能保留了不列颠作为不列颠尼亚行省时期的异教信仰和罗马晚期的基督教信仰，但在其他一些地区，这些信仰就和那些具有罗马情怀的事物一起逐渐消失了。在迁徙浪潮中，不同地区同样也接纳了不同数量、不同族裔的移民，由此塑造了当地的风俗习惯和宗教信仰。例如，在一些地区，古不列颠尼亚时期精英阶层的后裔仍是社会的主流，或者大批爱尔兰移民——他们的家族在移居不列颠之前就已皈依基督教——在此定居，他们共同经历着基督教洗礼。而在别的地区，当地的不列颠农民与来自日德兰半岛的移民生活在一起，前者坚持某种模糊且带有古罗马异教特征的本土化的多神主义，但后者信仰的却完全不同。在这种非常特殊的社会背景下，各种融合同时发生。因此，也会影响到旧模式的存续、新观念的诞生，以及宗教、信仰和仪式的协同发展。

不列颠西部的基督徒

宗教来源多元化、宗教活动神秘莫测，甚至到 4—6 世纪，一直信仰基督教的不列颠西部也不例外。此时的基督教是什么样的？它与不列颠尼亚时期的基督教有何联系？与欧洲大陆的宗教形式有何相似之处？这些都很难说清。但是，即使证据不那么充分，也仍能展露出这一时期不列颠的基督教与欧洲其他地区存在相似之处。

4 世纪 60 年代，基督教成为罗马帝国的国教，到 391—392 年间，公开宣扬异教的行为即为非法。在这期间的 30 年里，在不列颠任职的各罗马地方行政长官很有可能向没有教堂的社区施压，要求各社区建造教堂，那些位于不列颠尼亚城镇重要场所的教堂很可能就是这几十年建设起来的。考古学家可能已经发掘出其中一些。例如，在林肯郡、西尔切斯特郡和埃克塞特郡的古罗马城市广场旁边都发现有教堂，有人认为这些教堂就建于这一时期，尽管证明教堂建于这一时期的难度很大。很可能就在这一时期，不列颠尼亚城镇内部的异教神庙（比如，萨瑟克区发掘出的一座异教神庙）开始拆毁。在这几十年里，重要的乡村神殿似乎也已经归基督教会所有。例如，在4世纪后期，有人将位于格洛斯特郡乌雷村（Uley）异教徒的山顶神殿改为传播基督教的场所，同样还有位于萨默塞特郡拉米亚特灯塔山（Lamyatt Beacon）山顶的异教神殿和埃文河畔亨利伍德山顶的异教神殿。尽管少数罗马风格的异教神庙［例如，建在萨默塞特的巴斯异教神庙、位于牛津郡伍德伊顿的神庙和伯克郡威考克山（Weycock Hill）的神庙］和本土神殿［如位于埃塞克斯郡大邓莫（Great Dunmow）的本土神殿］设法逃脱了命运的安排，但也没有证据表明，这些幸存于世的异教场所在400年，至多420年之后仍在继续承办任何有组织的活动。总的来说，在罗马撤军不列颠之前，至少在那些受罗马官吏管辖的群体和社区中，基督教的发展和异教的衰落与罗马世界其他地区同步进行。

考虑到以上情况，4世纪晚期和5—6世纪，基督教在不列颠的活动与其他信奉基督教的地区具有诸多相似之处，就不那么令人惊讶了。在这一时期，意大利、西班牙以及高卢的基督徒追随圣徒，他们视圣徒为“灵魂之主”，能够代表他们与上帝交流。从4世纪开始，朝圣者聚集在神殿祭拜圣徒，神殿通常为圣徒的陵墓和遗址，因此在罗马晚期的城外公墓通常会发现神殿遗址。信徒来到这里，拜谒、祭奠和祈愿，因为他们相信在这里，圣徒的力量是最强大的。最早受到如此礼遇的基督徒为殉道士，但很快，传教士、主教和有名的虔诚教徒均被视为基督教的圣徒。基督徒追随圣徒，在整个地中海地区有大量的证据可寻，但不列颠地区因为存留的文字记载实在太少，只有一些模糊的迹象。我们知道，欧塞尔（Auxerre，位于罗马时期的高卢行省内）的主教杰马努斯在

429 年来到不列颠时，专程赶到不列颠殉道士圣奥尔本斯的神殿朝拜，并从神殿带走了圣奥尔本的部分圣骨回到高卢。吉尔达斯在他写于 100 年后的长诗里，曾提到了另外两位不列颠圣徒朱利叶斯（Julius）和亚伦（Aaron），称他们是“军团驻扎的城镇的市民”。这里，“军团驻扎的城镇”很可能指位于可尔里昂（蒙茅斯郡）的要塞，一份 9 世纪的宪章也提到可尔里昂有一座“朱利叶斯和亚伦的陵墓”；在 12 世纪，这座古罗马要塞的城外公墓边缘建起一座小礼拜堂，里面仍保留着对朱利叶斯和亚伦的祭礼。这都表明，从罗马晚期到中世纪的中期，这两位殉道士的墓葬一直作为可尔里昂教徒的宗教场所。所以，我们有证据表明人们对 3 位不列颠殉道士的景仰，暗示城外公墓中存在一些身份特殊的墓葬。

文字记载的稀缺可由考古发掘的物质证据来弥补。赫特福德郡圣奥尔本斯镇［当时称为维鲁拉米恩（Verulamium）］的考古证据毫无掩饰地向我们展示了圣奥尔本神殿漫长而奇异的历史。维鲁拉米恩一直有举行宗教祭典仪式的传统，这项传统在主教杰马努斯来此祭拜圣奥尔本之前就已有至少 400 年的历史。最初，城外有一座大型的罗马—凯尔特神庙，它很可能建于 1 世纪，但是精心使用了好几百年。在神庙的中心，有一座十分豪华的 1 世纪墓葬，里面堆满了罗马风格的酒器和服饰，墓主人的遗体被放置在一张象牙卧榻上。神庙建于该主人的坟墓之上，四周是用来存放祭祀用品的坑穴，坑穴里有一枚剥去皮肉的人颅骨、一些动物的头骨，还有大量饰有“被杀者”脸皮的陶罐。神庙的建筑整体与维鲁拉米恩镇内的剧院和浴场以大道连接，远远望去，城内城外融为一体。目前可以知道的是，这些公共建筑在罗马帝国晚期的可容纳人数超过该镇居民人口，因此，它们应该不仅服务于维鲁拉米恩的居民，也服务于居住在乡村的人。乡村居民可能每年来维鲁拉米恩几次，参加在神庙举行的宗教仪式。3 世纪晚期到 4 世纪早期的半个世纪里，神庙周边仪式活动逐渐减少并最终停止。但就在同一时期，仅仅一山之隔，一个新的宗教中心取代了原来的中心，新中心是用来敬奉基督教殉道士圣奥尔本的。这里原本就是罗马晚期的城外墓地，很可能是奥尔本的墓葬所在。墓地中有一块区域（这块区域内的墓葬能追溯至罗马晚期）在 4 世纪晚期用砾石封住，不再埋葬新的死者。砾石表面磨损严重，到 5 世纪一直有人修缮，甚至还翻新重铺过一次。硬币、玻璃和陶器的碎片随处可见。该遗址的考古工作者指出，在殉道士墓葬之上建起的神殿或教堂的周围就应该是这个样子，因为人们在这里摆放食物和饮料（所以有玻璃和陶片），在这里献祭（所以有硬币），成群结队来到殉道者的宴会上（所以砾石表面磨损严重）。维鲁拉米恩举行大型祭拜仪式的传统以及后来的圣奥尔本斯作为朝圣中心的传统，早在奥尔本殉道之前十几代人就有了，所以敬奉当地英雄的做法在维鲁拉米恩由来已久。还有就是奥尔本被斩首而亡，因此，他的死十分契合罗马时期维鲁拉米恩地区施行的头颅崇拜，所以，可能这种新的宗教信仰融合了旧的宗教信仰，新的朝圣中心吸纳了旧的朝圣中心。

在庞德伯里城外的罗马墓地里，也有圣徒膜拜在此活跃的证据，已经发掘出来的尸骨就是最好的证明。5 世纪前几十年间，随着附近罗马城镇多切斯特进入最后的衰落阶段，人们对城外墓地的需求不断萎缩，一个小的乡村定居点在庞德伯里的墓地中发展起来。在废弃的墓地中，出现农场和动物围栏似乎是很不协调的，4 世纪的古不列颠人面对死亡和死者内心十分不安，可以想象，对他们来说，和死人住在一起是多么惊悚的事情。但在 5 世纪，一些死者，特别是著名的基督徒死者，却成为颇受欢迎的“邻居”，死者受到精心保护往往是圣徒崇拜活跃的标志。5 世纪的庞德伯里似乎就是如此，因为墓地中一些晚期罗马的陵墓依然矗立不倒。这些陵墓决定了新定居点的布局，也成为更多墓穴的中心点。幸存的陵墓外墙进行了粉刷，上面描绘了渔民手捧鱼竿、农民怀抱麦捆的场景，如果用作装饰重要基督徒的陵墓，倒也没什么不妥；这些建筑也有不断修缮的迹象，事实上还做了规模不大的扩建。陵墓周围的地面经年日久，磨损严重，有人在罗马统治结束后，不仅大致铺就了通往各个陵墓的大路，还保留了原有的一些小道。对这些变化的一种解释是，这几座 4 世纪的陵墓，在 5 世纪甚至在 6 世纪被用作特别受尊敬的基督徒的纪念教堂：比如，本地的殉道士，极度虔诚的善男信女，还有受人爱戴的教士和主教。尽管在这些身份特殊的死者墓地旁边出现玉米烘干作坊或农场动物显得不那么协调，但是一部分陵墓仍然矗立于此并作为定居、墓葬和祭拜的中心，暗示这里是一个基督教社区（甚至可能是一个专门的宗教社区），说明在罗马城镇衰落之后，这个在罗马晚期埋葬基督徒的城外墓地成了信众的祭拜中心，并繁荣发展了三代、四代甚至五代人的时间。

奥尔本是一位重要而知名的圣徒。曾有一本早期的圣徒传记记载了他的生平。他的神殿不仅有当地人祭拜，更吸引异国朝圣者远道而来。相比之下，庞德伯里受人敬仰的两位圣徒则不为人所知，即使在对他们崇拜的全盛时期，也只有本地的信众前来朝拜。对于这种情况，我们并不感到意外，因为 5—6 世纪的不列颠支离破碎。事实上，有证据表明在不列颠西部曾有数百位早期的圣徒，都只受到本地人的朝拜。这些圣徒的存在十分模糊，对他们的祭拜有时只能从地名上得知，因为地名是在人名上添加词缀“-lann”而来，意为某人“封闭的墓地”“教堂遗址”，带有词缀“-lann”的地名还经常用来表示中世纪早期建立的远离世俗势力中心的定居点。最初，一个地方有教堂、墓地、一两栋别墅，也许还有几位神职人员或一名圣徒为当地人民提供教牧关怀，就会在其地名前面添加“-lann”作为词缀。位于安格尔西岛的兰萨德（Llansadwrn），它的字面含义是“萨德（Sadwre）的教堂或墓地所在地”，这里的教堂现在仍然祭拜圣徒萨德。有趣的是，在18世纪兰萨德的墓园里，还发现过一块刻有纪念“毕图斯·萨图尔尼努斯”（Beatus Saturninus）铭文的6世纪石头，“萨图尔尼努斯”是威尔士名字萨德的拉丁文版本。因此，可能“萨图尔尼努斯”是此墓园教堂的创建者，在为这块石头雕刻铭文的时候，他本人在当地备受敬仰，已经赢得“毕图斯”（意为“神佑的”）这样的称谓。不过，也不是所有以被视为圣徒的人命名的地名，都要在地名上加上词缀“-lann”。有些可能是普通的地方长官、神职人员或隐士，他们的名字被用来标注一片地域、一块墓地或者一座教堂，这些人因为神圣而声名远播。

教堂的献堂礼和圣井有时也保存着人们对早期圣徒的记忆。康沃尔圣恩滕宁（saint Entenin）提供了一个有趣的例子：在康沃尔有两座小教堂（米纳吉的圣安东尼教堂和罗斯兰岛上另一座圣安东尼教堂）和一口叫作芬顿缇尼（英文为Ventontinny，由圣徒恩滕宁和意为“泉水”“井”或“圣井”的康沃尔语词根“fenten”组合而来）的圣井，对恩滕宁的崇拜表现在献堂里上。“恩滕宁”（Entenin）是拉丁文“Antoninus”（安东尼斯）的康沃尔语版本，但是他的朝拜瞻礼时间与康沃尔外那些名叫“安东尼”教区的朝拜瞻礼时间不同，所以他应该是另一个安东尼，这个安东尼只在不列颠的一个小角落受到顶礼膜拜。

这些模糊名字（不仅仅是上段提到的恩滕宁，还有海德伦斯、萨德和威洛斯）所代表的不列颠圣徒群体为我们提供了一个窗口，以此窥见不列颠西部万花筒般变化的基督教信仰，一种广泛传播、欣欣向荣的基督教信仰，但同时也在去中心化、去同质化，越发具有地方特色。众多街坊邻里对圣徒的崇拜，说明当时人们积极投身基督教，不仅仅是专职的修士和地位显贵的平信徒，还有那些住在遥远村庄的农民。与此同时，来到芬顿缇尼或庞德伯里祭拜圣徒的信徒们，似乎也在践行一种根植于 4 世纪不列颠尼亚，但又十分“现代”的基督教；这种基督教并不落后于英吉利海峡周边地区公元 400 年之后的那些基督教形式，比如，两处的基督教发展都从迅速生长的圣徒祭礼开始。不列颠西部的圣徒祭礼情况虽然非常粗略，但仍然能与其他地区已知的基督教特点产生共鸣。在庞德伯里、圣奥尔本斯和兰萨德这样的地方，不论每处各自的历史如何，都能看到繁荣昌盛、充满活力的信仰，它在不列颠西部已然拥有自己独有的特征，但同时又与欧洲大陆上信徒们笃信的基督教有诸多相似之处。

不列颠西部的专职教士在不列颠社会应该非常容易辨识。5 世纪，教会发展出了精细且具有高识别度的教会等级体系，由各种宗教圣职组成：执事、神父和主教（或者世俗神职人员），各司其职；修士，居住在宗教社区，受修道院院长的管理，共同遵循修道院制定的规则；隐士、圣女，他们在俗世生活，奉行禁欲的独身主义。在不列颠西部，我们可以捕捉到所有这些人物的踪影。

比如，不列颠的主教们。对他们的真实情况我们尽管知之甚少，但很明显，不列颠的教会和其他地区的教会一样，都是由主教管理的。4 世纪和 5 世纪初期，关于罗马帝国范围内的重要宗教会议的记录中，偶尔会顺带提到这些主教。314 年，3 位不列颠的主教参加了由罗马皇帝君士坦丁召集的宗教会议。古不列颠人圣帕特里克在一个多世纪之后的一份记述中抱怨道，一群不列颠教徒，可能是不列颠主教，曾指责过他。因此，这说明至少有部分罗马晚期的主教在罗马衰落后幸存了下来；但是，我们无法知晓这些主教是谁，在哪些教会任职以及所辖教区的势力范围。在不列颠西南部的低地地区，以往的罗马城镇如凯尔文特和韦斯顿（赫里福郡的一个村庄），虽然此时已非城镇，但仍然是新生的王室权力中心，如果这些地区在 4 世纪末有主教，那么在 5、6 世纪肯定也有。如果是这样，在某些地区，主教制度的影响范围可能折射出那些新生不列颠王国的势力范围。也有一些证据表明，昔日罗马小城伍斯特曾是另一位不列颠主教的家乡。伍斯特的罗马城墙内，坐落着一座圣海伦教堂，之后有几个世纪的文字记载，说明它位于一个巨大的教区领地的中心。事实上，圣海伦教堂在 11 世纪末已成为其他 20 多座附属教堂的母教堂。这座位于伍斯特的小教堂管辖范围之广，可能实际上就表明了一位早期不列颠主教的职责范围，在约 680 年伍斯特划分出英格兰主教教区之前的几个世纪，这个职责范围就已经由罗马的不列颠主教们划分出来了。但是在其他地区，不列颠主教的管辖范围完全摆脱了以往罗马城镇的边界束缚，有些主教显然已经走出修道院，在修道院以外的地区就职。例如，有迹象表明一位主教曾住在梅文（Mynwyn），此地是后来重要的圣大卫修道院的前身。

尽管主教在罗马衰落后继续任职的例子不少，但在不列颠仍有许多地方，罗马时期的主教和他们的神职人员没有那么走运。比如，在罗马废城伦敦和约克，没有任何迹象表明在公元 500 年还有主教，但是在不列颠尼亚时期确实是有的。在这些地区，主教、主教的教会团体以及其他所有具有“罗马情怀”的东西悉数消失，而且在不列颠西部，昔日罗马的大城市似乎都没有出现过主管所有教区的主教，这一重要职位的缺失可能是由于东边较远的不列颠尼亚各省会（尤其塞伦塞特和约克）衰败造成的，因为西罗马帝国其他地区的情形也是如此，在 4 世纪晚期，大城市人口可能主要聚集在这些地方。总而言之，虽然我们对罗马衰落后不列颠主教的情况知之甚少，但总体来说，不列颠东部的主教没能免受罗马帝国衰落的影响，而西部的主教则暂时得以苟延残喘，他们的继任者继续主管教区职务直到 6 世纪末，在有些地方，他们领导的信众在古典时代晚期就已因基督教信仰而聚集在一起。

6 世纪时，修士吉尔达斯在他的血泪控诉中详细描述了“不列颠的灭亡”，这是这一时期硕果仅存的不列颠文字资料之一。诗中大量陈述了世俗神职人员（那些生活在俗人世界并与俗人存在交往的主教、神父和执事）的缺点。吉尔达斯不赞成他们的行为，谴责他们的所作所为太像一个世俗的罪人。他指责他们追求精美服饰，极尽谄媚邪恶的国王，并且令人震惊地暗示：许多不列颠的神父非但不奉行禁欲主义，竟然已经结婚。但是，尊敬的吉尔达斯，教士娶妻生子的现象绝非仅出现在不列颠，整个摇摇欲坠的西罗马帝国的教会人员都是如此。例如，在高卢，主教的妻子本身通常就是实权人物，在不列颠可能也是如此。本章提到过的一块 6 世纪纪念萨图尔尼努斯的石头，上面刻有：“这里安葬着萨图尔尼努斯和他圣洁的妻子，上帝保佑，愿主赐予（你们）安宁。”虽然石头上没有刻出萨图尔尼努斯的头衔，但我们已经论证过，他是一位主教，而他的妻子是一位女主教，女主教在当时的高卢非常常见。这进一步证明不列颠教会与前罗马帝国其他地区的教会在同步发展。根据吉尔达斯对不列颠在俗神职人员的所谓指控，我们也能大致列出一份他们预期参加的活动清单：参与教堂修建；布道、主持圣餐；分发救济；坚守节操、苦修；吟唱圣歌、精通《圣经》。这些同样是意大利、西班牙和高卢世俗神职人员的职责所在。

不列颠教会背后的发展动力，至少从6世纪开始，不是来自世俗的神职人员，而是来自修士，也就是那些遵循某种修道院规则、过集体生活并保持独身的人。这些人选择这条道路的一个重要原因，是受到生平事迹在不列颠西部广为流传的4世纪高卢罗马圣徒马丁的鼓舞。到5世纪中叶，不列颠西部出现了多个修道院社区：圣依多在格拉摩根郡的兰尼蒂修建了一座修道院，之后不久，圣皮兰（St Piran）和圣加多克（St Cadoc）也修建了修道院。在6世纪，还有几十位修士争相效仿，纷纷建起了修道院。和其他地方的创始人一样，不列颠的守护圣人在乡村地区也兴建了修道院；和大陆地区的修士（包括圣马丁）一样，不列颠的修道士并没有背弃这个世界，而是更愿意参与到向平信徒布道的活动中，为他们提供教牧关怀。因此，像在厄尔金王国和格温特王国布道的修士圣杜比克和后来的继任者们，为平信徒监督修建了几十座教堂。到7世纪(可能甚至6世纪)，这些地区形成了密集的教堂网络（在兰达夫重要修道院的早期章程，共提到大约30座教堂）。结果，几乎所有人，甚至那些生活在偏僻山区的居民，最多徒步几小时就能从住所来到附近的教堂。这一时期，许多修道院参与了传教，为生来信奉基督教的人发放圣礼；不过，更多修士可能更像传教士，在那些几乎没有宗教信仰的人中间传教——那些忘记了祖先是否曾信仰过基督教或者最初就没有选择皈依的人。比如，两位历史上记录比较少的人物，康格雷斯伯里（Congresbury）的圣康加（St Congar）和兰多凯（Lantocai，现为街道名）的圣基亚（St Kea）都建立了教堂，这些教堂用他们的名字命名传教点，作为向萨默塞特信仰异教的不列颠农民传教的大本营。欧洲大陆上的修士（包括圣马丁）也都在从事相似的工作，在信仰异教的农民间传教。

不列颠的修道院院长也和罗马世界的其他地方一样，在主教的监督下管理不列颠的修士。不列颠的修道院社区也与其他地方一样，通常受本地重要家族的控制。比如，在 6 世纪的不列颠圣萨姆森（St Samson）生活的修道院，院长的侄子们很期待轮流领导该修道院社区。我们可以从圣萨姆森的传记看到，在 6 世纪的不列颠，修道方式是多种多样的——有的倾向于苦行僧式的生活，有的则不那么清苦，各自提供了不同的宗教生活。据圣萨姆森的传记作者记述，圣萨姆森从小长大的修道院，鼓励斋戒和祈祷守夜，但圣萨姆森渴望更严格的禁欲生活。他十分仰慕一位临近海岛上的“圣人”，渴望和“圣人”在一起，以便能更彻底地实行禁欲主义。尽管圣萨姆森向往抛弃世俗的生活，但出生于精英家庭的他，对马匹有独特的鉴别力，而且游历乡村时，乘坐着一辆去爱尔兰朝圣时带回的马车。我们还听说过修士参加了丰盛的宴会，席间美味佳肴，杯盏交错。我们知道，修道院里有专门掌管蜂蜜的管理人员；我们也知道，有些修士嗜酒如命，往往喝到烂醉如泥。就连圣萨姆森敬重的修道院院长皮罗，也是因为酩酊大醉时跌跌撞撞地掉进了一个深坑，伤重不治而死。但是也有些人过严格自律的生活，比如参孙，有一段时间曾住在山洞里。据比德记述，不列颠最有名的修道院迪河畔班戈修道院（Bangor-is-y-Coed），在 7 世纪早期有两千多名修士，他们全靠自己劳动来养活自己。这里面所说的“两千”应该不是确指 2 000，可以理解为“很多”，但是很明显，在圣奥古斯丁于 597 年来到肯特王国时，不列颠西部有繁荣的修道院社区，也有简朴的修道院社区。

反过来，不列颠有苦修倾向的修士和智者也帮助不列颠开启了个人忏悔的传统，提出了“异旅”的概念，即为追寻天堂而远离故土，这是中世纪早期在不列颠发展起来的核心思想，它为大多数的修道院生活定下了基调，并在接下来的几个世纪里在欧洲各地广为流传。不列颠的教会人员在爱尔兰也很活跃：不仅有不列颠尼亚早期的传教士帕特里克来此传教，之后还有很多不列颠传教士来到这里，而且似乎正是他们教会了爱尔兰人使用拉丁语。

与这些苦行僧式的冲动捆绑在一起的还有古典时代晚期人们对于身体的态度。在整个罗马世界，在整个 3—5 世纪，身体都被视为原罪的起点。到古典时代晚期，人们对于身体的无节制，比如，暴饮暴食、同性恋、婚外性行为，甚至婚内性行为，已经被视为邪恶的，这些行为被认为阻碍了个人和社会的救赎。一个比较流行的赎罪方法就是在修士团体中，有些人实行完全的禁欲和素食主义。在这几百年间，人们也逐渐意识到，那些犯下罪行，尤其是身体罪行的人，应该向上帝忏悔乞求宽恕。从我们掌握的为数不多的信息可知，6 世纪不列颠的教会人员是塑造新道德的先锋。比如，吉尔达斯曾谴责他那个时代的神父们暴饮暴食。一份早期的吉尔达斯忏悔书（列举罪行以及相应忏悔方法的清单）里记述了忏悔修士的饮食：平日可以尽情享用面包，星期日可享用涂黄油的面包；每周都可吃到用蔬菜、脂肪、鸡蛋和奶酪做的菜，喝牛奶或者吃奶酪。这里的食物限量几乎不会让人挨饿，但是坚持素食以及适度饮食都与罗马时期其他地方的宗教饮食要求高度一致。吉尔达斯还谴责在俗神职人员贪恋性，与陌生女子发生亲昵行为。根据吉尔达斯的这份悔罪规则书，神父和执事宣誓修道之后，还与女性或男性发生关系，则应苦修忏悔 3 年，这甚至比为兽交赎罪的人还要多 2 年。可见，与人发生性行为是多么丑陋的恶行啊！一位佚名的 7 世纪作家所写的圣萨姆森传，说明不仅吉尔达斯等对待个人身体持有严苛的观念，很多不列颠的圣人也是如此。比如，圣萨姆森圣洁的证明之一是他秉持的禁欲主义：他既不吃鸡肉，也不吃其他肉食，从没有人见过他喝醉，更重要的是，他能控制自己对女人或男人的情欲。

在公元 600 年，不列颠西部应该不再需要传教士、大规模的皈依仪式，或者大型的露天洗礼活动。考虑到教皇格列高利一世（590—604）迫切希望不列颠人民信仰基督教，这一现象显得特别有趣。教皇似乎相信自己在为不列颠建立全新的教会，而不是恢复不列颠尼亚时期的旧教会传统。但正如我们所见，在不列颠西部讲英语的人中间，旧的教会还存续着，而且很兴旺。在吉尔达斯所处的年代，杜姆诺尼亚、达费德、格温内斯等不列颠王国就已出现并运转良好，在教皇格列高利的特使奥古斯丁（现被称为坎特伯里的圣奥古斯丁）到来之时，这些王国依然如此。这些王国都信仰基督教，由信仰基督教的国王统治，而王国的子民也都已经皈依基督教。与此同时，从什罗普郡一直延伸到伍斯特郡、格洛斯特郡、威尔特郡西部和多塞特郡一带的广阔领土，在吉尔达斯的时代都已属于不列颠文化带。在这条文化带上，一些地区应该曾经教堂密布，所以基督教的习俗可能在俗世社区里早已落地生根。在此以后，当英格兰文化和政治区域向西延伸至多塞特郡、萨默塞特郡和伍斯特郡等地方时，英格兰国王和传教士便完全不需要去传教或从头开始建立教会机构了。

不列颠东部的基督徒和异教徒

以上是不列颠西部的情况，东部则完全是另一番景象，因为东部从罗马时期到中世纪早期的转变并非漫长而缓慢。像东盎格利亚和约克这样的地区，因为大多数本地的不列颠人口是信奉异教的乡下人，生活在农村的偏远落后地区，在罗马快速衰亡之前还没来得及接受基督教。通过城市里的主教和罗马高卢贵族的不懈努力，高卢的异教农民在 5 世纪里逐渐皈依基督教，但是不列颠东部既没有城市社区，也没有罗马化的（因此是信奉基督教的）精英，所以，教会在不列颠东部没有经久不衰。

例如，圣奥古斯丁和他的传教团队在 597 年开始在肯特王国传教，我们知道这里曾经有过基督徒。比如，鲁灵斯通的罗马别墅里就有一个家庭教堂。家庭教堂里有古罗马晚期的壁画，壁画上绘有衣着考究、红头发的基督徒正在祷告。这一场景提醒我们，在 4 世纪的不列颠，许多精英家庭开始认真践行罗马帝国新的官方宗教。考古学家在肯特王国还发现了一个古怪的物件，上面标记有代表基督的凯乐符号（chi rho）[①]，所以基督教并不局限于乡村宽敞高

---

① 凯乐符号是一个早期的基督教符号，至今依然有一些基督教分支使用，例如天主教。该符号是由古希腊单词 Χ Ρ Ι Σ Τ Ο Σ 字前两个字母 Χ（chi）和 Ρ（rho）所组成的。

大的住宅里。那此后两个世纪基督徒的后代——不管他们祖先的社会地位如何——又是什么情况呢？离罗切斯特不远有一个叫埃克尔斯（Eccles）的定居点，这个定居点的名字来源于古威尔士语中的eglwys，这个词又来源于拉丁语的ecclesia，即“教会（堂）”。这个名字让人想起是否有一个基督教团体，罗马灭亡后在这里坚持了下来。不过，如果在埃克尔斯或者在肯特王国的其他地方，在6、7世纪之交的时候仍有人视自己为基督徒，他们具体的信仰内容以及他们践行基督教的方式就很难说了。比德曾记述，奥古斯丁想要见不列颠的传教士，他跋山涉水去往西部，一直走到格洛斯特郡的萨默塞特的边境，无疑这是能找到不列颠主教最近的地方了。这反过来说明，无论重生的基督教是什么样子，它早已脱离专业人士的监督，因为4世纪后期和5世纪的混乱时局终结了不列颠西部的教会等级制度。

在奥古斯丁前往肯特传教途中，他确实遇到过一群敬奉已故基督徒西克斯图斯（Sixtus）的人。这位西克斯图斯显然是罗马晚期当地的一位基督徒，但是他的信众对他的生平及基督教本身都不太了解。他们不知道西克斯图斯是否殉教而亡，不知道是否为西克斯图斯举行过礼拜仪式，也无法描述出西克斯图斯的任何神迹。像这种非正式的崇拜形式起源于4世纪的宗教活动，应该持续了几代人的时间，这期间既没有教会的等级制度，也没有对基督教义的正统理解。奥古斯丁本人对这一情形深感忧虑，他在一封写给教皇格列高利的信中，恳求教皇将“真”的西克斯图斯的圣骸运送至此，这样一来，这些有翔实记载的罗马主教的信徒，就能继续向他们的圣人请愿，而且是一位真正的基督教圣徒。教皇确将圣骸运送至此，但他下令关闭了西克斯图斯位于肯特的神殿。这位教皇曾热衷于鼓励奥古斯丁将异教传统融入他的传教内容中，却对潜在的异教徒持有截然相反的态度。西克斯图斯的故事说明，在罗马衰落后很长时间内，基督教信仰可能都以民间传统留存于世，但是教会本身，包括它的等级制度、神职身份、传道士的谆谆教诲都没有留存下来。可能在肯特王国，在不列颠东部的其他地方，6 世纪晚期的一些人就像今天生活在南非、说班图语（Bantu）的伦巴人（Lemba）。伦巴人一直坚信自己就是犹太人，而且脱氧核糖核酸（DNA）分析也证实他们有犹太血统。他们与其他犹太人已分离千年之久，但他们孕育出了自己独特的犹太人记忆，践行一种民间犹太教，这种信仰脱离了犹太教核心的"托拉"律法（Torah），也远离了"拉比"和其他更加正式的宗教体系。例如，伦巴人以他们自己的方式遵循犹太教规：不吃猪肉，也不吃河马肉；男性要接受割礼，女性要参加圣浴仪式。但是他们对传统宗教仪式的尊崇显然与他们的祖先相去甚远。西克斯图斯的信徒也是如此吗？

事实上，在奥古斯丁到来之前，大多数生活在不列颠东部的人对罗马帝国的宗教一无所知。但这时人们的宗教信仰和宗教礼仪，就像那些崇拜西克斯图斯的信男信女一样，已经很难复原了。虽然比德一再描述异教徒的宗教祭仪，但是比德的故事写于 8 世纪 30 年代，这离他的祖国放弃从前的异教信仰已经过去了整整一个世纪。比德自幼被送往修道院，接受宗教生活的训练，由自称是专职基督徒的人抚养长大。他成长的家庭遵从基督教日历，践行基督教仪式，学习基督教知识。因此，对于异教传统，比德是非常糟糕的观察者，在少年时代，他一直生活在严苛的正教家庭中，与大多数人相比，不太可能遇到异教的传统习俗和庆祝活动。可以肯定，比德从古代农民或老人那里收集的关于异教的第一手资料是他的人生经历中缺失的。不过，比德既不是一位人类学家，也不是一位具有普世思想的宗教学者：他是8世纪的修士，这就决定了他收集信息、提出问题和书写历史的方式。他对保留神灵崇拜的细节不感兴趣，只对摧毁神像的故事感兴趣。

比德有一段非常著名的叙述，记录了公元626年或627年诺森伯兰国王埃德温召开的一次会议，会议的核心议题就是决定诺森伯兰是否接受基督教为国教。初读比德的记述，字里行间透露的信息都显示，比德十分了解基督教成为国教之前各种宗教的仪式及人们的宗教信仰。故事中的一位主角名为科菲（Coifi），他是诺森伯兰异教徒的“第一主教”。比德为其撰写了两段很长的独白。可奇怪的是，正是比德笔下的这位异教神父首先发现了古老宗教的弱点：

> 国王陛下，请您注意，我们现在阐述的就是（基督教）教义。就我而言，坦率地说，我发现我们这里所遵从的宗教活动，既没有弘扬美德，也没有什么益处。在您的臣民中，没有人能比我更虔诚地崇拜我们的神了，但是尽管这样，许多人却从您那里得到比我所得更多的好处和更高的职务。无论做什么事，他们都比我更成功。如果诸神有本事的话，他们一定宁可帮助我，因为我比任何人都更热情周到地供奉他们。因此，只要您经过仔细考虑，认为新近向我们所宣传的这些东西更好、更有力量，我们就应毫不犹豫地加以接受……我早就知道，我们所信仰的宗教实际上一文不值，很长一段时间以来，我已经意识到，我越想在我们的宗教中寻求真理，我就求而不得……我建议陛下，我们应该立即放弃

> 异教，把神庙和祭坛献给上帝。这些神庙和祭坛曾被认为神圣的，我们却没有得到任何好处。

比德这一幕的结尾描写是：

> 他命令那位祭司长带头亵渎神庙、祭坛及其周围的栅栏。“好！遵命！”那位祭司长回答，“因为出于真正的主所给予我的智慧，由我来摧毁我出于愚蠢而崇拜的那些东西，从而给全体人民树立一个好榜样，不是比任何人都更合适吗？”他当即破除蛊惑人心的迷信，要求国王给他一套甲胄和一匹未阉割过的战马，以便让他骑上去摧毁偶像。原来，在这以前，祭司长不得穿戴铠甲，骑马也只能骑母马。他腰间佩剑，手上拿着一支梭镖，骑上国王的战马，向那些偶像飞奔而去……他刚刚靠近神庙，就把手中的梭镖投向庙宇。由于懂得敬拜真正的天主，他欣喜若狂，命令他的随从放火烧掉神庙及其所有庭院……这个曾经摆着神像的神庙，我们可以在约克以东离约克不远的德文特河那边看到，目前称为古德曼汉姆（Goodmanham）。

根据比德这部细致入微的巨著，还原各种教条的完整细节，构建英格兰异教信仰的完整图景，是极具诱惑力的。例如，因为比德将科菲称为“第一主教”，可以推测异教信仰的神父也存在等级差别；可以认为，英格兰的异教徒也有在神庙供奉神像的传统；可以说，信徒从异教的信仰中所获救赎甚微；还可以假定，异教信仰中有崇拜马的，有以矛为图腾的，还有着异性服装的祭司。有人可能还跃跃欲试，想从仅有的两篇关于日耳曼异教信仰的文字记载中挖掘信息来填补比德没有描写的部分。一篇文字记载出自古代罗马历史学家塔西佗（Tacitus），记录了1世纪大陆蛮族的宗教行为；另一篇是斯诺里·斯蒂德吕松（Snorri Sturluson）笔下13世纪斯堪的纳维亚众神的故事。但是，这两位作者的写作时间相隔逾千年，两位作者对中世纪早期的不列颠也知之甚少，用这两篇记录去填补比德文字的空白明显过于武断，且毫无意义。

有趣的是，比德描写异教情况时没有用他标志性的写作手法给出时代背景，即为证明自己的断言真实可靠，他在记录历史时一般会反复使用从几位确定的目击者那里了解到的历史，但在这里他没有这样做。再者，他对626年或627年大事的描述里，除了科菲，没有出现任何一位王室议员的名字，也没有详尽描述国王皈依基督教前的几个月里传教士保利努斯在诺森伯兰宫廷的种种活动。事实上，在传教诺森伯兰这件事情上，比德对教皇的想法甚至比保利努斯还清楚，因为他有机会读到当时流传下来的教皇书信，这些文字比他对诺森伯兰的各种模糊不清、互相矛盾的描述更加确切。若不带任何情感去读比德对这次议会的描述，可以感受到，比德事实上没有说关于异教信仰的任何实质内容，很可能因为他对这些细节本来就一无所知。

比德对英格兰异教的模糊认识也体现在《教会史》其他的记述篇章中。例如，在他的小册子《论时间的推算》（*On the Reckoning of Time*）中，比德提到“古”英格兰人用来表示一年之中各月份的名称，为此，他以一个农耕年为轮回，描写了其中最重要的，人们会庆祝和祭祀的时间节点。“新年”是一个节日，这一天在古英语中称为modranect，“所以，我（比德）猜想，这就是

‘母亲之夜’（Night of the Mothers）……依据是他们彻夜举办庆典”。虽然“母亲之夜”这一称呼很容易唤起人们的情感共鸣，但是确实很难知道“母亲之夜”到底是什么，当然，从他“所以，我猜想”的犹豫笔触判断，他自己也不清楚这一节日的详细情况，更不知道人们狂欢背后的原因。

比德对异教知之甚少，还可以从他大量故意删减的做法中得知一二。如果比德确实做了甄选，那么他所描述的经历和事件应该发生在他所生活的时代，或者某些揭示 7 世纪的异教信仰情况的资料提供者所生活的时代。例如，他没有提到古冢墓葬——墓葬在他自己生活的年代依旧是某种形式的地标；他也没有描述改宗时期王室中心（如耶韦灵和米尔菲尔德）举行仪式的情况；各国第一代基督教国王死后，异教徒吞噬王室家族的情况，比德也少有描述。他甚至拒绝围绕着抵制改宗的麦西亚国王而编造诽谤性的情节，即使麦西亚国王是他们诺森伯兰人的死敌。他的作品和其他所有伟大的历史作品一样，利用宏大的叙事服务于某个核心宗旨。比德作品的宗旨就是，英格兰人是新的神选子民，异教在这个故事里没有位置。

异教与异教仪式

然而，我们可以通过考古证据更多地了解异教徒的做法。在 6 世纪晚期和 7 世纪早期的考古遗址中，有一些是专门修建起来作为宗教活动中心的。正如我们所见，在这几个世纪，精英们开始迫切希望展示自身的地位，表现之一就是有些上层阶级的家族重新利用、改建并修缮一些古老的仪式中心，例如在第四章中提到过的斯朗克山和耶韦灵。事实上，比德在科菲故事中提到被亵渎毁坏的位于古德曼汉姆的“神庙”可能就是这样一个地方。到大约公元 600 年，有大量精心设计、奢靡豪华（因此在考古中可见）的大型祭祀仪式活动在这些翻新的中心举行。当然，在这些地点有成批屠宰活牛的迹象，有动物头颅悬刺于木桩之上，甚至可能有过活人献祭。这些考古发掘中清晰可见的仪式地址大概展现了英格兰异教发展的最后阶段，同时体现了英格兰社会分层的日益加剧。重新利用祭仪中心是新兴精英家庭用来震慑四邻的手段，使人们在他们与传统的仪式和圣地之间建立起关联。但是精英们肯定也花费了大量资源，来取悦或者诱引控制着自然世界命运与运行的神灵，因此这些精英的投资不仅仅是一种社交手段。

这些地点再次繁荣，其中一个含义就是，异教信仰和基督教一样，随着社会的演变而发生了变化。因此，认为不列颠东部的人们在约 425 年和约 625 年对神的理解以及交流方式全然相同，或是认为这个此后由精英家庭资助的仪式活动与前几代人或者组织程度不太完善、资源不太丰富的社会团体所从事的活动如出一辙，都是不合理的。因为我们没有看到人们在大约公元 500 年供奉神灵的地方，或者挣扎在边缘地区的贫困家庭祭奠神灵的地点。我们看到的只是异教信仰晚期的形式，它属于极稀有、最奢侈的表达形式，非常短暂，稍纵即逝。也有可能在利用古代遗址的过程中，文化意义上的英格兰人接受了一些长期存在的信仰、神灵和宗教仪式，可能在英格兰传教的神职人员遇到的“日耳曼异教信仰”，吸纳了不列颠或不列颠尼亚的宗教习俗和信仰的残余。最终，可能是在这种情况下，新的宗教纪念碑诞生了，部分原因是英格兰精英阶层模仿法兰克精英在这一时期修建的教堂——这些教堂一度令人艳羡，但又极难学到精髓；另一方面，也有可能是模仿斯堪的纳维亚精英修建大型坟冢和复杂仪式中心的做法。正如我们所见，在这一时期英格兰的精英显然还在其他许多方面效仿法兰克人和斯堪的纳维亚人。由地位较高的英格兰异教徒修建坟冢和修缮宗教场所，这可能是部分地效仿外国精英的做法。因此，对英格兰异教信仰最清晰的认知应该来自这些年代较晚、地位颇高的祭祀遗址。在这些地点举行的仪式可能受到了两方面的影响，一边是土生土长的不列颠仪式，一边是那些来自斯堪的纳维亚和法兰克的外来仪式。

幸运的是，许多已发掘的墓地为我们提供了一系列证据，证明这里长期存在一些十分普遍的祭祀活动。当然，并非所有与埋葬有关的事情都出自人们的信仰。例如，现在手持鲜花到墓地吊唁死者，绝非为了取悦上帝，也不是希望给死者提供植物陪伴他们去往来世。同样，有些与死亡和葬礼相关的活动，在早期英格兰也是出于社交或私人目的。然而，当死者被送进坟墓时，仍有一些信仰以物质的形式表现出来，因为这样的痕迹留存至今。以在萨顿胡发掘出的几个豪华墓葬为例，它们不仅提供了在这些墓葬发现的一批光彩夺目的陪葬品，还让我们得以窥见各种死者尊享的祭仪：动物献祭；成群的送葬者将祭祀船只从河岸拉到悬崖上，那里有燃烧的火堆和古墓建筑。对其他普通墓葬的发掘还表明，复杂的葬礼仪式并不专属于大人物。更多的普通人被埋在像诺福克的斯邦山，或者萨福克郡的斯内普村这样的墓地里，有时也是精心策划的丧葬仪式的受益者。这些墓说明，普通人的葬礼，就像 7 世纪英格兰国王葬礼的一部分，精妙非凡，风格多变。

在 5—7 世纪的不列颠东部，有两种主要的丧葬形式——土葬和火葬，土葬和火葬是两种截然不同的仪式和习俗，二者都要求丧礼的主持人为死者选择一系列有关丧葬的细节。例如，主持斯内普村和斯邦山火葬仪式的人需要决定焚烧尸体的方式和地点：是在自家附近搭起柴堆焚烧尸体之后将灰烬装入陶罐下葬，还是将尸体运送到布满坟茔的墓地里焚烧？是单独把尸体扔到火堆里，还是与陪葬的动物一起焚烧？如果焚烧动物，是选择生前陪伴死者的宠物或牲畜，如狗或马，还是把宰杀后的动物放在柴堆上？是被肢解的猪、牛、羊，还是整只的羔羊或乳猪？或者是一只未驯化的野兽，如狐狸、狍子、河狸？是把动物放在死者的旁边，还是用熊皮把死者的尸体包裹起来？此外，火葬仪式应该有谁参加？仪式可能持续 10 个小时甚至更久，邀请祭司、家人和朋友或者社区的所有成员吗？一旦柴堆冷却，死者的骨灰要直接收集起来埋入地下，还是先小心地捧入陶罐之中？如果选用黏土容器，是用瓶肩经过精心挑选的，带有极具象征意义的图案的容器，还是任何一只老旧的蒸煮罐子？如果选择图案，图案应为锻造、铸造、还是雕刻而成？骨灰瓮里要放置专用小剪子、镊子和剃刀吗？是否要克服大量麻烦把熔化后的胸针和链珠，连同骨头和灰烬塞进瓮中？送葬者是否需要在掩埋骨灰处的上方砌起一个小坟丘，还是后期建一个其他的小型建筑？

土葬面临的则是完全不同的选择。这个埋葬逝者的坟墓应该有多大，应该挖多深？是对准太阳升起的方向，还是与附近的某个坟冢对齐？是直接把尸体埋入地下呢，还是在坟墓周围砌一圈石头？死者应放在棺材或者船里，还是应该放在床上？裹尸布是用纺织品还是用动物毛皮？死者的腿是蜷曲还是伸直？墓中是否应该放些烧焦了的木炭或者蕨类？是否应该放置盛满食物或饮品的罐子？

是否应该陪葬私人物品，比如，武器或胸针？陪葬的珠宝，应该是祖传遗物，还是应该每日佩戴的物品？是要完整无损的，还是要残缺不全的？坟墓是用土堆覆盖，还是用木桩作为标记？在这些选择之中，至少有一部分应该受到送葬人（而非我们）非常熟悉的宗教意识和葬仪要求的影响（甚至可能是指导和限制）。但不论真实情况如何，一旦有人死亡，他的朋友、家人和可能甚至是专业主持殡葬仪式的人都需要为所有的这些事情做出抉择。

这种葬礼仪式背后的风俗习惯，在一些罕见的、异乎寻常的土葬里表现得最为明显。有几个这样的土葬墓，墓中不仅有人们悼念的死者的遗体，可能还有人祭的牺牲者。例如，在林肯郡的威尔贝克山（Welbeck Hill）墓地里，有一座坟墓埋葬了两具尸体。当然，在中世纪早期的墓里确实会有多人墓坑，比如，葬着母亲与她的孩子，同一时间因暴发成灾的传染病而死亡的社区成员；但是，威尔贝克山的例子不能解释为多人葬坑。在这里，一位老人小心翼翼地以仰卧的姿势被摆放其中，旁边陪葬有一把刀、一只水桶，还有一杆长矛，这杆长矛可能为某种仪式所用，因为矛头部分已经无法使用，穿孔后挂有多个铜质的圆环。这位男性的尸首上覆盖了一具被斩首的女尸，女性尸体的脚指向男性尸体头的位置。这种奇怪的墓葬方式背后的原因我们无法得知，但如此令人毛骨悚然，似乎是某种仪式的结果。同样，在沃里克郡的埃文河畔比福德（Bidford-on-Avon）墓地，有一名女子的头颅（没有身体）与陪葬品一同埋葬在一个四周砌有石灰岩的洞穴中。头颅埋葬得小心翼翼，但是她身体的其他部分去哪儿了？还有在北安普敦郡的纳辛顿（Nassington），有两位女性的墓不同于所有埋葬在此的死者，每一位都陪葬有一把破损的刀、一个银色指环和一颗孩童的头骨。在埃文河畔比福德威尔贝克山的无头女尸、埃文河畔比福德的头骨和纳辛顿的婴儿尸骸，可能都是自然死亡，但是他们的埋葬方式有些令人不安，甚至令人恐惧。有的可能是死于处罚，被指控谋杀或使用巫术。但埃文河畔比福德的头骨很可能只是陪葬品。人类学家普遍认为，用人献祭的做法不仅是为满足权贵的欲望，还为安抚神灵；他们注意到，在全世界范围内，这种杀戮行为几乎都是由专业祭司主持进行的。这些实例带有宗教信仰和宗教仪式的意味，指向那个看不见的死后世界，由那些以安抚神灵为特殊任务的专业人士主持。

不那么邪恶也更常见的丧葬习俗也暗示我们，异教的信仰体系不仅在死者中运作，还在生者中运作。在 6、7 世纪随葬有陪葬品的女性墓穴中，女墓主经常躺在各种既不美观也不实用的神秘物品堆里，送葬者有时把这些东西放在小袋子里，挂在女墓主的脖子上，有时别在她们的腰带上。这些小袋子里收藏了成堆的手工制品，在我们看来，稀奇古怪又没有什么实际用途。在牛津郡卡辛顿的普维尔农场发掘的一个女性墓就是典型的例子，她的袋子里装有一个青铜带扣，在她死时已有至少上百年的历史；两颗野猪的牙齿，一颗打过孔；一块玻璃残片，还有一堆环状的物品；一枚青铜戒指，上边有一圈铜线；三枚小圆片，分别用骨、铁和铅制成；还有一枚圆头铜质铆钉；一枚铁环；一条卷起来的铁丝。其他很多袋子中装有相同的古代杂物——动物牙齿、玻璃碎片和环状物件，但也通常有海贝、捡来的罗马货币、海胆化石及羊的膝关节骨。这些小袋子可能也曾存放过有机物，因为还有种子和草药的痕迹，以及布料和线头的残余。

像这样的东西似乎专属于女性，比如，动物牙齿。各种动物的牙齿在女性墓中都出现过，如家猪的牙齿、野猪的獠牙、马牙、狗牙、狐狸牙、河狸的牙齿，甚至牛的牙齿。在男性和儿童的墓中也偶尔出土过动物的牙齿，但主要还是在成年女性的墓中。所以，可以推断，动物牙齿被认为具有护身符的作用，佩戴和埋葬动物牙齿具有萨满教的味道，牙齿本身和携带牙齿的力量专属于女性。同样，在这些袋子里发现的各种物品似乎也是用于驱邪的，女性收集它们是为了治愈疾病、护佑安康、传递气运或者控制自然。当然，我们知道，在改信基督教之后，英格兰人仍然相信这些物品的功效。比德的记述中就提到，在7世纪后期的诺森伯兰王国，基督徒试图用咒语和护身符来抵御瘟疫。

食物在异教的葬礼中也扮演着某种角色。当然，大多数我们能够想象到陪葬死者的食物，如谷物或面包、韭菜或粥，在地下埋藏了几个世纪以后，保存下来的机会很小。但是，还有一些证据能够证明墓穴中有食物陪葬。例如，在萨福克一名孩童的墓中出土了一陶罐鸭蛋，在肯特的一些墓中也发现了带壳牡蛎。考古学家不止一次在有社会地位者的墓中发现榛果或者铜碗盛装的野苹果。陶罐有时也作为陪葬品置于死者身旁，有一些里面还有粥或者饮料的残渣。肉也不时出现在墓中，例如，在亨伯河畔巴顿镇卡斯特迪克的墓地里，很多人陪葬有鸡肉或鹅肉。在维格伯低地青铜时代的坟冢里，有一位女性的大腿上摆放有一扇牛肉，在萨顿胡有一位男性墓中陪葬有羔羊羊排。主持牛津郡明斯特洛弗尔（Minster Lovell）一个孩童的送葬人为这个孩子陪葬了两个煮熟的牛头。没有文字记录的指引，我们永远无法得知这些食物是为给死者来世享用，是为了表示对死者的尊敬，还是代表葬礼盛宴的恩惠？我们选择将这些祭品解读为一种仪式，这种仪式体现了对生命、死亡甚至来世的信念。

不过，在人类坟墓中发现的动物遗骸不能始终解读为食物祭品。因为直到中世纪早期，英格兰人都不吃狗肉，但是在同一块墓地，各类人群陪葬有各种年龄、大小、身形和性别的狗。这些狗通常为全尸埋葬，它们的骨头不像羊或猪的骨头，没有任何屠宰的痕迹，所以看起来它们是被当作尸体而不是肉块放进坟墓的。可能狗的用途是服侍，或者象征着陪伴。马偶尔也会出现在尸骨旁。在土葬的墓穴中大概出土有 36 匹马（其中有两处只有马头）。马和狗不同，几乎都是陪伴在地位显赫的成年男性身旁，有时与墓主人埋在一起，但更多单独埋在旁边另挖的坑中。在斯内普村墓地，有一位男性陪葬有一批精美的陪葬品，包括一颗年长小矮马的头颅，马嚼子仍在马口中。葬坑中只有马头的原因，可能是埋葬一整匹马需要挖的坑太大，而将一匹重达 500 千克的死马完全埋入地下也挺不容易的。但有一点值得一提，斩首本身可能是一种宗教仪式。例如，在约克郡的西赫斯勒顿，有一匹母马被完整地埋葬在墓穴之中，但是埋葬之前就已尸首分离。不管在怎样的仪式中，不同动物的陪葬都应具有不同含义。比如马，有时是地位的象征，有时又不是，就像狗陪葬一样。不过这些动物也可能依附于某种信仰，或者这些动物不仅仅是陪葬品，还代表了真正的血祭。

另一方面，在火葬仪式上使用动物的方式则完全不同。火葬墓和土葬墓通常同时存在于同一块墓地，两种墓的主人在活着的时候，可能还生活在同一个村庄、同一个家庭，这一点倒是特别有趣。斯邦山的火葬墓中发现了大约 1 500 只骨灰瓮，因为保存完好，极富研究价值，其中大约有 650 只保存有动物的骨灰。在这些装有动物骨灰的瓮中，有 250 多个存有烧焦了的马的遗骸——这不是呈零星碎块状的马肉，而是整个遗骸。这足以让我们相信，这些马是在葬礼上被杀死后，整个被拖拽到柴堆上进行焚烧的。在斯邦山，屠杀马匹的火葬占火葬总数大约 15%，足见这一做法当时非常普遍。而且，相比于男性，女性与马同时焚烧的更多。火葬柴堆还焚烧有其他多种动物，其中牛、羊和猪通常都被切成肉块焚烧。很少有鸟类、野生动物，或者鱼类与人类尸体一起火化。人和动物火化后的遗骸通常被混合在同一只骨灰瓮里，说明人、野兽和肉都在同一个柴堆上焚烧。不过，有时同一个墓穴中，同时埋有装人类骨灰的瓮和装动物骨灰的瓮。在这种情况下，送葬的人要在大火中尽可能地分类排序，并在大火之后费尽周折才能把事情处理好。在一些墓地中，比如斯邦山，人的骨灰会装入经过特别装饰的骨灰瓮，而动物的骨灰则是放在普通的家用陶罐中。

与土葬墓相比，火葬墓中更可能出现赌博用的小玩意和羊的趾关节。虽然死者的年龄对所采用的火葬仪式有影响，但是火葬墓对性别的区分相比土葬明显要少。所有这些都意味着，当时的人，即使生活在彼此距离不远的地方，他们参与的葬礼仪式也全然不同——一些是大量使用木材，火焚动物，另一些则更加注重墓葬的结构和个人饰品的选择。火葬墓和土葬墓出现在同一时期、同一地区，实际上经常在同一块墓地上，说明许多人可能两种葬礼都见过，许多人（可能大部分人）可能同时参加过土葬葬礼和火葬葬礼。反过来，这也说明，在每个人的生活里有多种仪式可供选择，这些仪式并没有一种正统的形式。仪式虽然多种多样，但是各种仪式的背后存在一系列非常清楚的规则：土葬的女性有海贝陪葬，男性则没有；火葬时成人通常有动物同焚，但是孩童通常陪葬大块肉。火葬柴堆，特别是堆有动物尸体的柴堆，需要精心搭建和维护，温度应达到 850℃。这些特殊的规则、复杂的仪式及火葬微妙的技艺，都暗示在葬礼背后有专业的殡葬仪式主持人参与。

皈依基督教后对墓葬习俗的延续

如果完全从皈依基督教后的 10—11 世纪的角度看待异教时期的丧葬习俗，后者的异教特征十分突出。在北安普敦郡的朗兹（Raunds）挖掘出了一整片墓地，这里是对后来英格兰基督徒的丧葬习俗最清楚的展示。墓地位于一座 10 世纪小教堂的周围，随着时间的推移逐渐扩展形成。在朗兹挖掘的墓都是典型的基督徒墓，这些墓位于教堂的院子里；许多死者下葬时有裹尸布，即使是穿着衣服的尸体，也在下葬之前被剥光了，包括去除掉一切私人物品或者有价值的物品，如胸针或刀具。此外，朗兹的送葬者不会给死者陪葬任何食物；他们既不会采用火葬，也不会有动物献祭。在这里，坟墓被精心布置，每个尸体的头部都指向东方，期待着耶稣再次降临。正是这样的墓葬——土葬、排列有序、无任何陪葬品，且限于教堂墓地，我们认为是“典型的”基督徒墓葬，是信徒所应采用的墓葬形式。

不过，当我们仔细考察朗兹的墓葬时，还是可以发现许多异教时期的风俗习惯在起作用。例如，社会差异在丧葬礼仪上体现出来。朗兹教堂的墓地里，有一块特殊的区域，立有一块石质十字架作为标记，这块区域安葬了几位死者，死者正上方立有由石匠精心凿刻的墓碑。在这片墓地，有 380 余人安息于比较罕见的石棺中，还有一名婴儿埋葬在教堂内邻近祭坛的地方。这些长眠于特殊标记墓葬中的人，想来在下葬时享受到了费用昂贵的葬礼和仅限于少数人的特殊丧葬权利。所以，即使考古学家没有在这里发现任何精心打造的武器或样式复杂的胸针，它们仍被视为特殊的墓葬。大多数埋葬在朗兹的死者——从事耕种、脱粒、挤奶、织布的农民——坟墓都没有特殊标记。他们的坟墓并不简陋寒酸，只是十分普通，他们大都躺在为他们精心准备的坟墓里。许多死者的头部周围摆放有石块，或者颈部直接枕在石头上。有些人的脸正上方覆盖了巨大的石板，可能用于保护免遭尘土的亵渎，也可能是给埋在地下的人提供一丝安慰。尽管墓园里所有死者都呈仰卧姿势，但仰卧的方式不尽相同：例如，有些人的手臂放在身体两侧，而有些人的手则被握紧；有些人膝盖弯曲，而有些人则双腿笔直。石头使用方式的差异及仰卧姿势的差异，都表明是家人而非神父或教堂司事将尸体置于墓穴之中，否则大部分的墓葬展现出来的应该趋于一致。大多数葬礼显然是在死亡的一两天内举行的，但也有一些死者，从他们遗骨的破坏程度来看，是在死后很多天才被安葬的，可能因为死者的村庄离墓地较远，家人需要用小推车把遗体运来下葬，也可能是因为在死后的前几天没有神父为其主持葬礼，家人花费许多时日等待神父。大部分坟墓，包括设计最为精心的坟墓，都位于教堂的南侧与东侧，这表明人们视这两块地方为最适合埋葬的地点；夭折的婴儿被安葬在教堂一侧的屋檐下，这样可以免遭恶劣天气的侵袭。有一名因患小儿麻痹症或者肺结核而严重致残的男子被安葬在墓地的最北端，和所有埋葬在朗兹的死者不同，他的嘴里含着一块石头。虽然人们皈依基督教已经几个世纪，但仍然希望在死者的墓葬中体现社会地位与年龄上的差异，墓葬之间仍然不具有统一性，似乎人们仍在规避各种正统的做法，所有这一切都表明，神父对基督徒葬礼的控制还远远没有完成。

如果这是基督教在英格兰传播近 500 年后的墓葬状况，那么在基督教在此萌芽的初期，这里的墓葬又是怎样一种情况呢？在皈依基督教前 120 年左右的时间里，也就是约 600—720 年，墓葬仪式和陪葬品经历了翻天覆地的变化；事实上，它们是如此的不同，以至于考古学家常常将这段时间的墓葬称为“最终阶段”（final-phase），以区别于早期“大迁徙时期”的墓葬。在这一时期去世的大多数人没有任何陪葬品，腰间也没有佩刀。火葬在这一时期也非常罕见。这个时期的墓穴通常呈统一的对齐分布，同一墓地的大多数尸体的头均指向同一方向。从考察朗兹墓地所获得的经验来看，这里呈现的各种墓葬方法，是将 7 世纪早期的很多方法融合在了一起，而且这种融合还有很长的路要走。但是，这些一定是基督教的习惯做法吗？当然，在考察“最终阶段”的墓穴时，人们很容易联想到它们是英格兰人皈依基督教的产物，会倾向将此时新出现的葬礼仪式归因于那个新的信仰。但是，相关性不总等于因果关系。我们在上一节已经看到，火葬在 6 世纪后期已见衰落，许多社区在皈依基督教之前很久就已经摒弃了火葬习俗。在异教时期，墓地也开始呈现有规划的排布；自从几十年前基督教传教士开始在不列颠传教以来，使用陪葬品的人越来越少。所以，在许多家庭和社区，在人们改信基督教之前，就已经有墓穴整齐排布、土葬、下葬时不放陪葬品等习俗。与此同时，在基督教重要人物的墓中（包括专职传道的基督徒）陪葬物品的习俗在 597 年之后仍然存续了很长时间，例如，诺森伯兰王国的圣徒卡斯伯特，他的遗体在第一次下葬时陪葬了一个镶石榴石的金十字架，但在之后的几个世纪里，这座坟墓多次被掘开，陆陆续续又增加了许多新的陪葬品。

对于那些在“最终阶段”仍然为同伴陪葬物品的群体来说，陪葬品的种类和性质都发生了巨大的变化。虽然享有陪葬品的人越来越少，但还是有不少送葬者在精心策划着极其奢华、令人炫目的墓葬。因此，到了7世纪初，很少有人（包括异教徒）享有陪葬品的墓葬。在“最终阶段”墓葬中找到的所有陪葬品，与一个世纪前墓葬中的陪葬品已经截然不同了。女性死者不再佩戴两到三枚超大的胸针和长串的珠链，而是单色小珠子与金银吊坠串成的短项链，有时涂有珐琅彩或者镶有石榴石；束腰裤的流苏可能是各种材质的吊坠，从海狸牙、水晶球到小筛子、小袋子，悬挂在腰带处，袋口有时（至少在肯特）用象牙圆环收紧。这一时期，女性服装通常用精致的小别针，即小型掐丝珐琅或镶石榴石的圆盘胸针在喉部固定。在“最终阶段”的墓中出现这类首饰，更有可能源于女性衣着时尚的改变，而不是仪式或信仰转变的结果。特别明显的是，需要在双肩固定的罗马式长连衣裙为直筒式连衣裙所取代。此时，精英家族的男性会陪葬小号带扣（佩于腰间）、金属鞋带束头和带有斜刀背的刀具。但是，许多在地位显赫的男性墓中发现的其他陪葬品，尤其是长矛和剑，现在已十分罕见。除此之外，在“最终阶段”的墓中，各种区域性的陪葬品和带有区域性风格的服装越来越少，新的服饰组合随之风靡整个英格兰文化区。

然而，有些“最终阶段”的墓看起来确实受到了597年之后英格兰新宗教的影响。例如，随女性入葬的首饰有时会带有基督教的特征，不过，我们无从判断，佩戴十字架装饰物品的人是否就是基督徒，还是仅仅迷恋最新的欧洲大陆风尚。即便如此，基督教的符号确实融入了7世纪一些最漂亮的金属制品中，然后，这些东西随死者一起埋入地下。比如，7 世纪中叶的克伦代尔（Crundale）搭扣为银质饰品，部分镀金，十分精美，在肯特郡一座豪华陪葬的墓中发现。墓里还有另一枚精致的搭扣、一支华丽的铁剑。这支剑的剑柄顶端还装饰有风格Ⅱ（这种装饰风格被延续了下来）样式的动物花纹，之前我们已经知道，这种样式为地位最高者所享有。和这把剑一样，克伦代尔搭扣也装饰有风格Ⅱ样式的野兽图案。然而，对我们来说，更有趣的是带扣的中央装饰：一条身形细长的金鱼，采用深浮雕工艺，并用凸面石榴石修饰鱼眼。当然，这条鱼象征着耶稣基督。而搭扣本身，与萨顿胡发现的金质带扣类似，它为中空结构，一个可能藏有基督徒遗骸的空间。在北安普敦的德斯伯勒发现的一条项链也挺有意思。这条项链的历史可以追溯到 7 世纪下半叶，它精美绝伦，串珠由细金线串起来，饰有小型金色教皇印玺吊坠和镶凸面石榴石的金质吊坠（呈圆形、方形或三角形）。原本有一大颗椭圆形的石榴石吊坠位于项链中心，两侧串珠与吊坠呈对称排布，但后来侧面有一颗三角形凸面石榴石吊坠遗失了，在遗失吊坠的位置重新补上了一枚金质十字架，原本位于中央位置的大石榴石吊坠由此失去了中心位置。项链做完以后，肯定有人花了很大工夫重新排列串珠和吊坠的位置，使得新添加的十字架居于项链中心。

我们该如何看待这些具有基督教风格的陪葬饰品呢？尽管这两件饰品都包含了基督教的象征，但并不一定意味着它们的主人就是新信仰的忠实信徒。相反，这些人很有可能只是用基督教的象征，将他们与来自欧洲大陆的高级舶来品或者“时髦”设计联系在一起。毕竟，许多人在 21 世纪听美国音乐、穿美式运动鞋，但他们既不是美国人，也不是美国迷。同理，也不能仅仅因为这两款物品都被用来陪葬就认为与它们埋葬在一起的人就是异教徒。

所有这一切与英格兰人接受基督教有什么关系吗？答案或许是“有”，但“关系不大”。虽然英格兰国王和教徒在皈依基督教之后，禁止了一系列迷信的（至少对我们而言）行为，其中不仅包括禁止占卜和携带护身符，还包括禁止吃马肉，不得做雄鹿装扮，不得用木头雕刻脚的形象，但是没有明令禁止陪葬物品。事实上，皈依时期的教会似乎对监管墓葬不感兴趣——当然，英格兰最早的法典（由基督教国王颁布，教会人员撰写）对此没有做任何规定。火葬和动物献祭是教会所不能容忍的，但是因为这两种习俗在公元600年前后已经开始衰落，也就不需要系统地立法加以禁止。尽管全国接受基督教之后，墓穴通常是东西向排布，但中世纪早期也没有任何文字记载来说明墓葬的朝向。但还是要说，许多更早的异教徒墓地就已经选择了这种朝向。实际上，我们认为典型的基督教墓葬方式——没有首饰或武器陪葬，尸体仰卧，头部朝向耶路撒冷——很可能源于更加古老的、异教晚期普遍的丧葬习俗。

在此，我们需要退一步细想一下，将我们所知的有关埋葬仪式和宗教习俗，与王国的形成等不同线索放在一起重新分析，因为它们都形成于7世纪、英格兰开始改信基督教之时。截至公元600年，不列颠各地，甚至在英格兰文化区都已建立起等级森严的阶级社会，有些家族控制了广阔的领地，能够从领地上为数众多的民众身上获得数量惊人的贡品。有一些人开始在不列颠东部称王，其中有几个是王的儿子、兄弟和侄子。令人遗憾的是，根据有限的文字材料，我们只能确认13个7世纪的英格兰王国及其统治的王朝。北方有两个王国：伯尼西亚（Bernicia）和德依勒（Deira），这两个王国最终合并成为诺森伯兰王国。在现今英格兰中部一条宽阔地带，曾经是东盎格利亚王国、林赛和麦西亚王国，还有赫威赛、麦肯赛特和中盎格利亚等王国的所在地。在南方，则集中了肯特王国、东撒克逊王国、南撒克逊王国、西撒克逊王国及怀特岛上的民族。毫无疑问，这个世纪还有其他一些群体和王国也讲英语，但是没有任何残存的文字记载，所以，对我们来说，他们的身份和历史都已经丢失了。许多不知名的实体，其规模一定较小，在 7 世纪的历史洪流中，被更大、更具竞争力的王国所吞并、征服或蚕食。只有那些更大、更具竞争力的王国，其名字和早期历史才有机会记录在羊皮纸上，流传后世。简单地说，在 6 世纪末期及 7 世纪，有些王国合并成为更大的王国，有些王国消失得无影无踪。

这一时期，英格兰王国不仅数量众多，而且处于兵荒马乱的状态。有一些地区，如肯特王国的人民和国王，早在 6 世纪中期就已经聚到了一起，而更多的，如西撒克逊，则直到 7 世纪的某个时候才合并。每一次，一位国王脱颖而出成为英格兰最有实力的国王，各王国之间的权力制衡也随之发生变化。据比德记载，大约在公元 600 年，肯特国王埃塞尔伯特（卒于 616 年）成为英格兰最强大的君王，在他之前有两位实力强大的国王，先是南撒克逊国王，之后是杰维塞（Gewisse）民族（后来成为构成西撒克逊王国的主要民族）的国王，他们和之后的埃塞尔伯特一样，拥有统领其他国王、向属国及属民收纳贡品、获得军事支援的权力。到 7 世纪 20 年代，肯特国王实力减弱，东盎格利亚国王和诺森伯兰国王相继取得霸主地位。到 7 世纪 40 年代，麦西亚成为英格兰实力最雄厚的王国；到 7 世纪 80 年代，西撒克逊王国在一段时间内脱颖而出。在这些历史沉浮的背后，往往隐藏着腥风血雨，而比德笔下的 7 世纪，随处可见因暗杀和征战沙场而死亡的国王的尸体。在这样的大背景下，王室王朝之间互相竞争、互相勾结、明争暗斗的同时，为在残酷的政治环境中生存和发展，又互相借鉴、博采众长、改革创新，也就不足为奇了。

7 世纪英格兰涌现出的王朝不胜枚举，侵略扩张的战争频繁发生，所以，顶级家族想通过建碑立墓使自己的权力永载史册，一点儿也不奇怪；实际上，这些家族野心勃勃，大兴土木，将传统的异教场所和仪式景观据为己有，举行奢侈豪华的墓葬仪式，以此作为说服他人，宣示其对领土和资源的所有权的关键手段。在 6 世纪和 7 世纪，英格兰上层阶级的家庭也和不列颠的精英阶级一样，痴迷于罗马帝国辉煌的过去，痴迷于那时的罗马人所经历的一切，包括饮用葡萄酒，包括尊崇英吉利海峡对岸热爱基督教的法兰克人。法兰克人是很多英格兰人热衷模仿的对象，他们的葡萄酒、饰品和陶器受到英格兰人的追捧和喜爱，被拿来四处炫耀。基督教毕竟是罗马人和法兰克人所信奉的宗教，到达不列颠时恰逢政治斗争非常残酷的时期，可能成了各国王抢占先机的又一种手段，这样的情况一点儿也不令人惊讶。此时，许多英格兰国王在首次遇到外国传教士时，肯定把皈依基督教当作另一项提升地位的新举措，特别是这一新宗教教会拥有令人赞叹的书写和建筑技术，并且，成为基督徒的好处之一是能够接触到来自其他古罗马地区的外国教会人员，获得他们的专业指导，他们愿意也能够帮助皈依基督教的国王更有效地管理其领土和自然资源。

因此，当奥古斯丁和同行的传教士于 597 年抵达肯特，宣称他们“来自罗马”时，肯特国王很可能对奥古斯丁等人的建议持开放态度，部分原因是肯特国王认为皈依基督教可以帮助他战胜互相竞争的其他王国。虽然皈依意味着可能要终结王室家族所认可的一些仪式，但对于国王为彰显权力和提高身份而施行的葬礼习俗，传教士并未有意阻止，所以宗教的改变并没有影响最基本的政治竞争手段。事实上，我们将在下一章了解到，基督教带来了一系列新的墓葬习俗，可以添加到争相举办的国王丧葬仪式的节目单上。同时，伴随基督教而来的石头建筑，为国王提供了一种引人瞩目的新媒介，它以一种高度可见的形式介入这场政治竞赛之中。因此，皈依基督教可以为英格兰的国王们提供许多新机会，将旧式的竞争策略用更“现代”、更“罗马”的方式全新演绎出来，帮助他们巩固统治地位。

当然，这一过程也并非一帆风顺，一些王室最初十分抵制基督教，也有的在皈依基督教一年或者10年之后又重新回归异教。但是，在下一章我们将看到，许多重要的王国都在7世纪上半叶成功皈依基督教，因为那些最初不愿意接受基督教的人，为使自己能在王国之间的博弈中幸存，除了皈依基督教之外，几乎别无选择。

第六章

传教与改宗：6 世纪晚期至 8 世纪早期

我们考察了英格兰的异教徒，和生活在遥远北方的皮克特异教徒一样，他们绝大多数在 6 世纪晚期和 7 世纪广泛的传教活动中皈依了基督教。我们对历史的解读厘清了一件事，那就是国王在宗教的发展过程中扮演着十分重要的角色，他们推动了宗教信仰的改变。因为我们一次又一次发现，一旦国王皈依基督教，他的子民也将紧随其后，例如肯特国王（埃塞尔伯特）和肯特王国人民的皈依。罗马教皇格列高利一世派来不列颠的传教士首先来到肯特传教，结果传教过程异常顺利。肯特王室长期与法兰克的基督徒［包括国王埃塞尔伯特的妻子伯莎（Bertha）］保持密切关系，毫无疑问，传教士们得到了法兰克基督徒的诸多帮助。短短几年间，肯特王国上至国王、下到平民，均已接受洗礼皈依基督教；同时，主管这次传教的奥古斯丁也因此成为坎特伯雷的大主教，他和他的同僚住进了新建的修道院，监管了若干座石砌教堂的修建。604 年，肯特王国又建起一座主教座堂，这次是在罗切斯特，并确立了新的主教。肯特王国以外的地区也在不断兴建新的教堂、确立新的主教。邻国东撒克逊王国的国王萨伯赫特（Sæberht，卒于 616 年）在埃塞尔伯特（不仅为其叔伯，且为其上级君主）的劝说下，同全国人民一道皈依了基督教，准许在伦敦的罗马废城一角再修建一座主教座堂，即圣保罗大教堂。同样，听命于肯特国王的东盎格利亚王国国王也同意皈依基督教。仅仅过了一代人的时间，埃塞尔伯特把信仰基督教的女儿嫁给了诺森伯兰王国信奉异教的国王埃德温，女儿在去往未来夫家的宫廷时还带了一位意大利传教士。和在肯特王国一样，信奉基督教的妻子带着罗马传教士，这个组合被证明是行之有效的。诺森伯兰国王和他领导的人民很快便同意接受洗礼。

英格兰从信仰异教向信仰基督教过渡，这些早期改变宗教信仰的故事看似毫不费力，但是我们的研究表明，早期的许多国王在皈依后远不是模范的基督徒。教皇格列高利叮嘱传教士，不得毁坏异教神殿，可将其直接用作基督徒的礼拜场所。格列高利还认为，传统的异教祭牛仪式可以转变为基督教的圣餐仪式。这是一种人道的皈依方式，很可能缓解了很多早期对皈依基督教的抵触心理。然而，这一政策肯定会使新皈依的基督徒困惑不已，不知道新宗教所推崇的信仰和习俗与他们曾经的传统信仰到底有何区别。最著名的例子是东盎格利亚国王雷德沃尔德（Rædwald），他在觐见肯特国王埃塞尔伯特（其上级君主）时皈依了基督教。回到家乡后，雷德沃尔德将基督教的祭坛安置在异教神殿内。雷德沃尔德及众人虽然被基督教所吸引，愿意采纳新宗教的某些元素，但总的来说，他们仍然延续着传统的异教习俗。再如，东撒克逊国王萨伯赫特的儿子们在父亲死后便拒绝接受洗礼，公开支持子民回归“神像”崇拜。不过，只要主教能提供他们很喜欢吃的基督教圣餐仪式中的“神奇面包”，他们还是很乐意让父亲的老主教留在东撒克逊王国；可是老主教拒绝了，随后被逐出东撒克逊王国。事实上，主教和传教士们不仅被驱逐出东撒克逊王国，在埃塞尔伯特死后，甚至被赶出了肯特王国。国王埃德温于633年战死沙场，诺森伯兰也一度放弃了基督教信仰。

在经历了一系列的挫折与叛教之后，在7世纪三四十年代，诺森伯兰的两位国王奥斯瓦尔德和奥斯维乌（Oswiu）在一些活跃在不列颠的爱尔兰修士和传教士的帮助下举国回归基督教信仰。在他们的影响下，实力较弱的国王纷纷效仿，比如，西撒克逊和东撒克逊国王。在7世纪五六十年代，英格兰的最后几位异教国王——麦西亚国王和南撒克逊国王——以及怀特岛的人民也纷纷皈依基督教。自此而后，再无国王及后嗣试图回归异教信仰，到7世纪末，不列颠所有民族均已皈依基督教。

虽然不列颠皈依基督教的基本情况和年代一目了然，不过各自基督教化的实际过程以及背后传教团体的真实组成都不甚清晰。与此同时，第一、二代，甚至第三代基督徒的宗教信仰和仪式习俗也同样迷雾重重。这一章要挖掘的就是传教和改宗的过程，了解新皈依的人们内在思想和外在行为都发生了什么变化，而非仅仅关注他们最初的热情，而是传教士到来5年、20年或50年后的具体情况。在7世纪晚期，外国传教士和虔诚的本地人都建立了大量宗教社区，拉丁语中称为monasteria，英语中为mynstres，现代历史学家称之为修道院或大教堂，在这一时期，大教堂成为核心知识机构和财力强大的集团。我们必须了解这些社区的生活状况，明白这些机构如何塑造平信徒的生活，这不仅仅是国王及王室成员的生活，还有更多普通人的生活。为探讨这些问题，以下不仅会考虑文字证据，还会考察实物证据。

修士塑造基督教

6 世纪晚期至 7 世纪，修士从欧洲大陆跨洋而来，努力向不列颠的异教徒传教。每一队传教士都有各自笃信的圣徒和礼拜仪式、独特的修道生活规定和宗教日历，各自都有一套自己的文化习俗。每一支传教队伍的特殊性反过来又塑造了不同的皈依方式，他们既为宗教的内在化而来，也为新宗教的生存而来。所以，多股传教势力的存在在不列颠皈依基督教的过程中产生了深远影响。

首先，著名的传教士主要是意大利人。意大利人的传教事业始于教皇格列高利一世，并为“尊者”比德所推崇。这些人信仰古典时代晚期西地中海地区的基督教。虽然此时罗马和其他意大利城市只不过是昔日帝国的影子，但仍是充满活力的地方。这里有喧闹的市场、密集的工业区，还有第九、第十代基督徒聚居于此。在这样的地方，职业教会的日常生活建立在货币经济和成文的规章制度之上，而且无一例外，都以一座晚期的罗马教堂、一片践行神迹的圣徒之墓、一群行政官员为中心展开。意大利主教不仅为城镇居民服务，还为住在城外的乡下人服务，他们把大部分时间都花在管理复杂的牧养服务和慈善事业上。除了（也许因为）俗世义务，这一时期的意大利主教越来越倾向于践行苦修主义。到 6 世纪晚期，包括教皇格列高利本人在内的许多主教都是修士，居住在主教堂的附属修道院里。格列高利在他的修道院里将奥古斯丁和他的传教士同伴发展成为修士，这些人在不列颠东部践行和发展基督教的方式受到他们在罗马的成长历程的深刻影响。

爱尔兰修士在不列颠地区也很活跃。这些修士并非受到教皇或者爱尔兰主教（地位低于意大利主教）的派遣，之所以来到不列颠，是因为他们认同游学和朝圣（拉丁语 peregrinatio）的观念，对于他们来说，远离家庭和爱尔兰的生活是苦行生活的重要组成部分。这些修士既在说英语的异教徒中，也在苏格兰的皮克特人中间辛苦传教。事实上，在意大利传教士到来之时，爱尔兰传教士已经在不列颠北部传教了几代人的时间：最有名的爱尔兰传教士（同时也是修士）圣高隆（521—597）于 563 年在内赫布里底群岛的爱奥那岛（Iona）修建了他自己的修道院。圣高隆以爱尔兰家乡的修道院定居点为蓝本设计了这里的修道院社区：带有壁垒和边界围墙、圆形小屋，还有公共教堂。6 世纪晚期，高隆修道院的修士在爱尔兰、苏格兰、爱尔兰人统治的达尔里阿达王国以及皮克特人统治的皮克兰（Pictland）建立了一批修道院社区，其中一些在为不列颠北部地区布讲福音的过程中扮演了主要角色。到 6 世纪 80 年代，皮克兰很多上层家族在当地修道院社区修士的布道之下皈依了基督教。在圣高隆去世的时候，爱奥那岛和其他高隆风格修道院里的修士，不仅仅有爱尔兰文化的传承人，还有皮克特人；甚至还有少量英格兰修士也住在这些社区里，这些都表明，至少有一些讲英语的爱尔兰人和皮克特人在奥古斯丁到来几十年之前就已皈依了基督教。

在之后的一代人时间里，少数说英语、来自异教王国的政治难民在流亡皮克兰期间皈依了基督教，比如伯尼西亚北部王朝的王嗣恩弗里斯（Eanfrith，在位时间 633—634 年），只不过恩弗里斯皈信基督教的时间极为短暂，之后不久便又放弃了基督信仰。其他流亡者，比如，后来的诺森伯兰国王奥斯瓦尔德（在位时间 634—642 年）和奥斯维乌（在位时间 642—670 年）在流亡爱尔兰人统治的达尔里阿达王国时不仅在那里接受了洗礼，回国后仍然是虔诚的基督徒。到 7 世纪 30 年代，在奥斯瓦尔德和奥斯维乌的支持下，高隆修道院的修士以及从爱尔兰专程赶来的传教士们在英格兰文化区修建修道院、传播福音。635 年，爱奥那岛的一位修士艾丹（Aidan，卒于 651 年）在林迪斯法恩（Lindisfarne）修建了一座圣高隆风格的修道院，在诺森伯兰王国和英格兰中部地区皈依基督教的过程中，这座修道院扮演了至关重要的角色。再往南、往东的地区也有爱尔兰传教士定居的身影。一个名叫福西（Fursa）的人领导的团队于 7 世纪 30 年代在东盎格利亚修建了一座修道院，他们受到了两位刚刚皈依基督教的国王的支持，修道院的具体位置大概在一座废弃了的罗马古堡博克城堡内。在古堡曾经的土葬墓地中，最早的一批坟墓沿东西方向排列，墓中没有任何陪葬品。根据放射性碳元素的年代测定，至少有一小部分应该是 7—8 世纪早期传教士的坟墓。另一个叫谭高吕（Dícuill）的爱尔兰人，连同他的五六个同伴，在苏塞克斯郡的博斯汉姆（Bosham）定居下来。由于当地南撒克逊的国王信仰异教，谭高吕一行没有受到国王的任何支持，所以在当地人中传教不太成功。还有一位爱尔兰传教士叫马尔都伯（Maelduibh），威尔特郡的马姆斯伯里以他的名字命名，还在那里建有一座重要的早期修道院。毫无疑问，还有其他爱尔兰传教士与英格兰人一起生活，在英格兰人中传教布道，只是没有任何文字记录流传下来。达勒姆郡埃斯克姆有一座石砌的教堂，可以追溯到 7 世纪末或 8 世纪，教堂空间狭窄，墙壁高高垒起，具有当时爱尔兰教堂的遗风。两个日晷镶嵌在教堂的墙壁上，说明居住在这里的人遵从严格的礼拜时间。或许在埃斯克姆建造修道院的修士就是爱尔兰人，而且，有几位早期为英格兰君主服务的主教就是爱尔兰人，所以，当这些皈依基督教的国王开始为教会配备神职人员时，爱尔兰神父在当地已经是人们熟知的人物了。

除了意大利人和爱尔兰人，还有两群基督徒在 6—7 世纪时也站在英格兰异教徒的对立面：一群是不列颠人，一群是法兰克人。比德严厉谴责不列颠人的桥段十分著名，因为他认为不列颠人拒绝向英格兰人介绍基督教，但是事实可能与比德的想法恰恰相反，越来越多的英格兰人聚集到中部地区，许多英格兰家庭皈依基督教不能归功于外国传教士，反而是他们的不列颠邻居的功劳。值得注意的是，许多在 7 世纪上半叶由麦西亚统治的、文化上属于不列颠的民族（尤其是赫威赛）都信仰基督教，至少有几座位于赫威塞的教堂建于比德笔下该地区皈依基督教的 7 世纪中期之前。例如，在十分靠近伍斯特大教堂的地点发现了两具骸骨，二者都沿东西方向掩埋，墓中都没有任何英格兰送葬者喜欢的金属随葬品。其中一具骸骨身着长袍，残存部分可以看出长袍上镶有金线编织的条形包边，这应该是一件神职人员做礼拜时穿的法衣。通过放射性碳年代检测发现，两具尸骨都形成于 6 世纪末或 7 世纪（一具在 429—643 年间；另一具在 483—687 年间），所以几乎可以肯定，伍斯特郡最早的教堂建于英格兰主教教区（大约是在公元 680 年）建立之前。同样，在格洛斯特郡的圣玛丽德洛德教堂（St Mary de Lode）之下也发掘出 3 处 5—6 世纪的墓葬，它们最初是在一座 5 世纪的木结构建筑（可能建在罗马浴场的废墟之上）的地板下被挖掘出来的。木结构建筑后来被一座 10—11 世纪修建的石砌教堂所取代，新教堂建在了同一个位置上，不但地点相同，整体朝向也相同。这说明石头教堂处之前的那个建筑应该也是一座教堂。因此，伍斯特郡和格洛斯特郡可能曾经都有教堂，起初服务于在古典时期第一次聚集在一起的不列颠基督徒，并且在不列颠尼亚的衰落中幸运地保存下来。

罗马晚期，基督教在西部各郡的部分社区一直存在，一直延续到中世纪早期。萨默塞特郡坎宁顿（Cannington）有一片超大型墓地，一度拥有多达约 2 000 座坟墓，可能就是一个真实的见证。从古典时代晚期开始有人就将死者埋在坎宁顿，直到半个世纪之后，虽然这一地区的人们已经开始使用英语并接纳了英格兰的物质文化，但他们仍将死者埋葬在这里。整个墓地从启用到弃用经历了漫长历史，在这个过程中，绝大多数死者在埋葬时东西朝向，没有任何陪葬品。即使在罗马帝国时期，当地人也避开了陪葬钉靴、首级或者“卡戎的欧宝”。当然，这些事实并不能证明生活在坎宁顿的人都是基督徒，但至少可以有所暗示。此外，居住在附近的不列颠精英家族，在 5—6 世纪时至少与远在西部的上流基督教社区有接触，很有可能还有当地的不列颠修道院社区为他们提供牧养服务。因此可以认为，将死者埋葬在坎宁顿的许多家庭在罗马衰落之后依旧坚持他们的基督教信仰，依然采用某种古典时代晚期的葬礼仪式。若事实果真如此，那么这些人就能使说英语的新移民皈依基督教，从而融入新的社区，完全不需要爱尔兰或者意大利修士。

不列颠还有一群重要的基督徒是法兰克人。尽管在罗马教皇格列高利一世开始传教活动之前，法兰克的神父曾拒绝在英格兰人中传讲福音，但在肯特郡一直都有法兰克基督徒存在。其中，最著名的当数未成年的法兰克公主伯莎（嫁给了信奉异教的肯特国王埃塞尔伯特）以及随伯莎前往肯特王国的主教利尤德哈德(Liudhard)。在伯莎来到肯特之前，肯特王国的精英家庭至少 3 代人都一直在亲人的墓里陪葬大量的法兰克日用品，从镶石榴石的鸟形金胸针到葡萄酒瓶应有尽有。因此，在肯特国内和周边地区，一定经常有法兰克商人（也都是基督徒）出没。可能也有一些英格兰船长和商人来回穿梭于英吉利海峡之间，在长期与更精明的法兰克贸易伙伴打交道和亲密接触的过程中，有的肯特人可能就皈依了基督教，在时间上甚至比国王埃塞尔伯特皈依基督教还早几十年。奥古斯丁后来将更多法兰克人带到了英格兰：他们随行奥古斯丁，最初只是担任翻译。再往后看 7 世纪，我们会发现英格兰国王有时会在法兰克王国度过流亡的时光，到了 7 世纪晚期，还经常能见到宗教信仰坚定的英格兰王室女性前往法兰克寻求真正的修道院生活或者进行宗教学习。一些刚刚皈依基督教的英格兰国王也会任命法兰克人担任主教，所以有时英格兰王室家族与个别的法兰克神父关系十分密切。很难为法兰克人在不列颠东部的传教活动建立一个确切的时间表，但是奥古斯丁在他写给教皇格列高利的信中曾提到罗马和法兰克修士主持弥撒的仪式存在差别，他很忧虑，或许因为法兰克人开始担任英格兰的神职人员时这些不正统的做法开始显现出来。

尽管不列颠的基督教传教士来自欧洲各地，但他们仍然拥有很多相似之处。在 4 世纪和 5 世纪，不列颠的基督徒帮助爱尔兰人皈依基督教，因此在不列颠西部、爱尔兰和苏格兰的西南部地区（这里聚居了很多爱尔兰人），人们崇拜的圣人很多都相同，他们从共享的文化传统中获益，帮助开辟了一套重要的礼拜仪式，包括朝圣和个人的忏悔。再晚一些，法兰克王国的人民深受一位名为高隆邦（Columbanus，540—615）的爱尔兰修士的影响，他极具个人魅力，将爱尔兰的隐修制度和虔诚介绍给法兰克人，受到了许多法兰克人的热情欢迎。事实上，许多在英格兰传教的法兰克人都曾进入受圣高隆邦影响的修道院学习，或者就在爱尔兰学习过。此时，法兰克和意大利传教士在法兰克和意大利的修道院通常都是精美的石砌建筑，教堂和墓室里布满珍宝，修士的房间有玻璃窗，十分舒适。法兰克和意大利传教士以及受他们影响的最早几代修士和修女，尽他们所能在不列颠复制出这样的修道院建筑。然而，不列颠不同的传教士群体虽然都在教会长大，却沿袭不同的礼拜仪式和宗教日历，不同的修道规矩、救世原则，甚至不同的削发礼仪；不同群体对于主教及修道院院长的权利和义务有着不同的观点，对于什么才是“真正”的修道院生活也各持己见。有时，观点的差别导致修士群体之间关系紧张，甚至发生纷争。不过，不管哪个群体，同样重要的都是将自己独特的宗教传统和仪式传给他们布道的个人和社区。所以，6—8 世纪在不列颠生根发芽的基督教绝不是统一的整体，部分因为基督教在不列颠的传播过程中，有不同民族参与其中。

重塑信仰

基督教信仰确立之后，平信徒间对于基督教的信奉方式也呈现出相当大的差别，因为不同性别之间、不同代人之间、不同的世俗环境、与外国人接触程度的差别，以及与王室的亲密程度，都会影响个人对新神灵的理解以及对新神灵的敬奉方式。首先，第一代、第二代甚至第三代的皈依者延续了他们异教祖先的许多传统习俗。仅存的几篇文字记录表明，一直到 8 世纪，受过良好教育的修士都会遇到与其宗教观念相悖的礼仪。塔尔苏斯的西奥多（Theodore of Tarsus）是一位被罗马教皇派往坎特伯雷教堂担任大主教（668—690）的希腊人，他在悔罪规则书中明确规定了承认吃过异教徒献祭食物的基督徒应该受到什么样的惩罚，但是规则书中接下来也对神父提出建议，具体惩罚应“考虑忏悔者的年龄、成长环境和当时的情况”。规则书还区分了向旧神敬献少量祭品和祭献量“达到相当程度”的人。从中我们可以得到一些暗示，即使到 7 世纪结束，体贴的教会人员仍会体谅那些老人、那些困惑的第一代基督徒，还有那些来自边远偏僻地区的人，这些人认为自己就是基督徒，但是他们对新宗教的要求和禁令仍有许多困惑。

毫不奇怪，不同的平信徒群体对新宗教的要求以及他们祖父母辈所践行的宗教习俗是否合适，他们各自的理解方式完全不同。正如我们所见，此时的英格兰社会等级分明。例如在这些年间，虽然大多数国王目不识丁，但因为传教士和主教通常住在国王的家里，所以国王身边往往有神职人员伴随左右。正因如此，国王和国王的亲信能够直接获得有关基督教教义与基督教礼仪等重要信息。事实上，相当一部分上层阶级家族的成员（甚至许多国王）在 7—8 世纪早期都选择过虔诚的宗教生活。少数人，比如诺森伯兰国王奥尔德弗里思（Aldfrith，在位时间为 685—705 年）甚至学习读写拉丁文。不过对于普通家庭的人，内化新宗教知识的机会很少，因为他们与传教士、主教和神父的接触太少。例如，据说在 7 世纪的最后 10 年间，肯特国王惠特布雷德（Wihtræd，在位时间为 690—725 年）颁布法令，规定信奉魔鬼的自由民和奴隶应该受到何种惩罚，但是惩罚不包括社会显贵，这就意味着，可能他们所谓的乡巴佬还会在信仰上有所倒退，但有身份地位的家庭根本不会考虑参与这种下等社会阶层的人才会参与的仪式。

生活在中等阶级家庭的人们在理解和实践“正统”宗教礼仪时可能会保留更多的异教色彩，因为他们通常只是接受了洗礼，要理解基督教教义和礼仪则只能完全靠自己。比德在他记述一位圣徒的生平中也承认了这一点。他提道，诺森伯兰的许多乡巴佬抱怨，虽然基督教传教士终结了他们古老的宗教仪式和宗教习俗，但“没人知道新的礼拜该如何进行”。当然，也有为这些人提供教育和牧养服务的各种努力。例如在 7 世纪后期，一名贵族将莱斯特郡丘上布利登（Breedon-on-the-Hill）的一块土地赠予一群修士，知道他们会在此建造一座教堂，并在那里安置一位神父向当地居民施洗和传教。尽管有许多这样的举措，在奥古斯丁开始传教 150 年之后，仍有神父要竭尽全力为地位低下的平信徒提供教牧服务，因为他们的住所距离提供牧养服务（如布道、其他的宗教教育、洗礼、忏悔等一些基本服务）的教堂较远。在奥古斯丁抵达英格兰 150 年后（747 年）召集的克洛费肖议会（Council of Clofesho）规定，“每位主教每年都要仔细考察他的教区及周围地区。考察期间，不应忽视各种生活条件、性别不同的人，且在方便的地点将这些人召集起来，采用简单平实的方式教导信众，尤其对于极少听过上帝话语的人”。因此，肯定有很多地方即使到了 8 世纪中期也少有人在此传教布道，一定有许多人需要最基本的宗教指导。

尽管从教皇格列高利派遣传教士开始就有传教士在英格兰传教，但他们仍然经常要以非同寻常的同理心去面对平信徒不明所以的指控，但无论如何，有一些传统做法他们不愿容忍，可是平信徒又显然不知道这些传统做法正是被基督教所禁止的。比如，英格兰女人为治愈发烧，有时会将孩子放在屋顶上或者炉灶里，这种做法在大主教西奥多（也可能是他的一位同僚）看来令人惊悚，他命令对那些承认自己这样做过的母亲长期忏悔以赎罪。但原文记载不够翔实，无法了解在治疗发热的过程中到底发生了什么，或者记录该忏悔规则书的神父为何要记录此事。字里行间的描述也十分模糊：是女儿发烧，还是其他人通过这种方法来治疗？炉灶是否烧热？女孩和她们的母亲念了什么特别的咒语吗？或者，这里的问题是育龄妇女而非独身男子在仪式上扮演特殊的角色吗？不论答案如何，尤其是考虑到同一规则的温和性，即使惩罚向魔鬼敬献小祭品的人都比较人性化，对违反规则者处以严厉的多年苦修惩罚，暗示了该特殊行为有踩踏红线之嫌。对于那些在尸体旁焚烧谷物以祈求“生者健康和房屋安全”的做法，规则也是不能容忍的。修士对于这些行为（比如，前面提到的为治愈发热症状而举行各种仪式）的态度表明，传教神父心中有一条明确的界线，区分什么是无伤大雅的传统，什么是彻头彻尾的异教主义，前者可以忽略，甚至并入基督教仪式，后者则必须予以取缔。

对于那些社会地位较高的人，他们显然不太可能在皈依基督教后还向“魔鬼”献祭，或者把自己的女儿放在炉灶里，但是也会沿袭某些源自异教的传统习俗。因此，即使许多普通家庭在传教士到来的几十年前就已经摒弃了有陪葬品的墓葬方式，但仍有地位颇高的家庭在皈依基督教之后仍然会为家庭成员陪葬各式物品，从而给了外来传教士可乘之机。地位高的人在墓葬里仍会陪葬比如半头牛、整鹅、鸡蛋、盛满野苹果的铜碗，以及精美的珠宝和武器。事实上，我们在第四章已经谈到过，一些古墓就与罗马传教的最初几代人处于同一时期，这些古墓所具有的一大显著特点就是它们传递出宗教混杂的信号。墓穴和古坟里的武器和食物似乎就是异教徒的陪葬品，但是在 7 世纪上半叶，死者陪葬的其他物品，如洗礼时用的汤匙、刻有十字架的木杯、精致的十字架吊坠，又应该是基督徒的物品。这样混杂的陪葬品可能并不代表死者对信仰摇摆不定，而是负责他们葬礼的家人中可能既有虔诚的基督徒，也有坚定的异教徒。例如著名的“普里特韦尔王子”（Prittlewell Prince）墓葬。“普里特韦尔王子”墓葬出土于埃塞克斯郡的绍森德，信仰基督教的家仆和亲属可能坚持在死者身上放置镀金十字架或者将十字架缝在衣服上，但是更守旧的侍从可能会确保墓里陪葬赌博用的小物件和骰子。前面也提到过，在这段时间，皈依基督教的国王有些儿子性情暴躁，他们在决定自身宗教信仰时站到了父王的对立面。有些显然拒绝洗礼，很多在父王死后举国回归异教信仰。因此，如果一位虔诚的老基督徒去世时他活着的兄弟、儿子和侄子仍未皈依基督教的话，他的葬礼肯定会就依据何种信仰而引发激烈的争论。

在各王国正式并最终举国皈依基督教（已经是进入8世纪的几十年）之后很长时间内，户主是纯粹的基督徒的那些家庭仍然会为一些死者，特别是女性死者，陪葬带有法兰克风格的基督教吊坠的奢华金饰。在这一时期，重要家庭的女性在日常生活中也会佩戴这样的首饰，一方面为了展示家族的富有，另一方面也为宣扬家族新的宗教信仰，这和她们的曾祖母曾经穿戴金质碟片吊坠来表明自己信奉某些异教之神的做法可谓异曲同工。只不过此时女性基督徒死者的首饰不是戴在身上作为殓衣的一部分，而是放在小袋子或者小盒子里，放置在女性死者的身旁或者身上。我们没有理由认为这些珠宝不是陪葬品。如我们所见，陪葬品一直都是重要家族社会地位的体现，即使在皈依基督教之后几代人的时间里，陪葬品也在发挥着相同的作用。

历史上第一次，拥有陪葬品的女性在腰带上还挂着具有炫耀性质的铜合金圆柱筒（所谓“工具箱”）。这样的圆柱筒在不列颠大约发现了50个，它们很可能与在法兰克和西班牙王国这两个基督教国家出土的类似物品密切相关。事实上，许多在英格兰出土的圆柱筒上都装饰有由打孔圆点组成的十字架图案，可能拥有某种奇特或者护身的功能，许多圆柱筒里还发现装有线和碎布，可以算作间接遗物。这些“工具箱”的使用时间相对较晚，大约在675—720年，将它们挂在腰带上的女性更可能是基督徒。所以，上层阶级的平信徒肯定认为陪葬圆柱筒以及圆柱筒里面的物品完全符合基督教的正统做法。不过，这些做法还是能让人想起佩戴护身符、彰显身份地位等曾经的习俗和做法。

事实上，这一时期颁布了一系列禁令，说明神父们已经开始了一场长达百年的反护身符运动，可惜最后可能多以失败告终。英格兰教会理事会一再要求主教布道反对护身符。甚至到了8、9世纪之交，诺森伯兰王国的智者阿尔琴（Alcuin，约735—804）还在谴责英格兰那些“佩戴护身符、认为护身符为圣物的人”。他认为，“与其将圣徒的骨头放在小袋子里随身携带，不如用心效仿圣人的行为；与其把写在羊皮纸碎片上的福音书挂在脖子上，不如把福音的教诲铭记于心”。阿尔琴显然对已接受洗礼的基督徒表示不满，他认为他们使用基督教护身符的做法是对上帝的不尊重。但是并非所有不列颠神父都赞同阿尔琴的看法。一份写于8世纪的祈祷文中曾记述了以下内容：“我发誓，要放弃你，撒旦、魔鬼、精灵。以永生和真主的名义，以圣父、圣子和圣灵的名义，如若随身携带这篇祷文，在可怕的审判日来临之际，将避开与魔鬼同行。”

英格兰的悔罪规则书和教会会议则有暗示，神父们还忧虑在传统宗教仪式场所（如泉眼、水井、立石、小树林）发生的活动。英格兰悔罪规则书里有条款规定（大概可以追溯到8世纪）不得对树许愿或者还愿；在一段9世纪对一块私有财产边界的描述中出现过一棵白蜡树，“无知者称之为神树”，描述颇耐人寻味。圣高隆曾毁掉了一口皮克特人定居点的水井，他的传记作者告诉我们，因为“愚蠢的人奉这口井为神灵”。甚至英格兰的传教士圣波尼法爵（St Boniface）于 8 世纪中叶在欧洲为异教徒传教的过程中，也认为有必要惩罚那些在“错误”的地点敬奉圣徒的人。虽然有这些谴责，但时至今日，教堂墓园的圣井和紫杉树仍被用来标记不列颠的基督教的景观。

在很多场合，我们都可以看到专职的神职人员和世俗精英努力将古老的异教祭祀场所改造为基督教的礼拜场所。发生在林肯郡巴德尼的改造事件值得一提。巴德尼可能有一处重要的定居点为麦西亚国王所管辖，麦西亚王室在这里建了一座教堂作为家族的陵墓。新教堂位于一处更古老的仪式景观之中，它以威特姆河的一段为中心。从青铜时代起，人们就开始对这里的山水景观进行重大干预，他们沿河建筑堤防，挖掘坟冢。数千年来，当地人一直在河堤公路的尽头处向河里投掷祈愿的祭品（通常都是武器），这种做法从青铜时代延续到前罗马铁器时代，从罗马帝国时期一直持续到中世纪。所以，最初修建这座修道院［沿威特姆河（River Witham）支流还建有许多教堂，数目可谓惊人，几乎所有的教堂都紧邻某段河堤公路，这座修道院只是其中的一座］可能是将重要的异教场所基督教化行动的一部分。其次，威特姆河谷的力量可能也吸引麦西亚国王在巴德尼修建一座修道院，这样他们就能够利用河谷的魔力。

麦西亚的一位国王和他来自诺森伯兰的妻子奥斯特里斯（Osthryth，殉道士诺森伯兰国王奥斯瓦尔德的侄女）在 7 世纪 80 或 90 年代成为巴德尼地区基督教的特别赞助人。当时，奥斯特里斯将她叔父的部分遗骸［不是手和手臂，因为它们留在了她父亲奥斯维乌位于班堡（Bamburgh）的教堂；也不是头，头埋在了林迪斯法恩的一座重要教堂里］移送到了巴德尼的教堂。奥斯特里斯和她丈夫都将巴德尼教堂作为自己最终的安息之所，而且和许多同时代的人一样，他们渴望能被葬在圣徒的旁边。但是至少在最初一段时间，巴德尼的修士对移送至此的奥斯瓦尔德的遗骸充满敌意。据比德记述：

> 虽然他们知道（奥斯瓦尔德）是一位圣人，但他不属于这个王国，他曾征服过他们，尽管他死了，带着以前的仇恨，他们仍不肯放过他。因此，遗骸运送到此，在当晚停放在教堂之外，只在安放遗骸的马车上搭了一顶大帐篷。但是，天现神迹，它告诉人们，所有信徒都应怀着崇敬的心情恭迎奥斯瓦尔德的遗骸……他们将遗骸洗刷一番，摆放在专门准备的圣骨盒里，带着崇敬和荣耀安放在教堂之内。为了让人们永远记住他作为君王的显赫身份，他们还在他的墓上摆放一面象征奥斯瓦尔德的旗帜，旗帜由紫色与金色组成。洗涤他遗骸的水被倒在墓地的一个角落里。从此以后，泼了圣水的土壤便有了神力，可以驱赶缠身的魔鬼。

或许，洗涤过这位国王的遗骸之后，这条强大的异教河流被改造成神圣之河。但不管怎样，尽管（或者正是因为）这条河被基督教化，威特姆河谷不仅被用来敬奉圣奥斯瓦尔德，还一直被用作重要的仪式场所。一直到 14 世纪，人们还会向河中投掷武器和其他金属物品。巴德尼的历史说明，传统仪式和遗址既可以被基督教所吸纳，也可以为基督教国王所选择。

相比麦西亚王室，那些地位较低的家庭想用他们的仪式来达到什么目的呢？没有人清楚。有迹象表明，更多的普通人，除了给孩子洗礼、偶尔参加圣餐仪式和忏悔之外，他们日常生活的点点滴滴也逐渐为基督教所改变，这样一来，基督教也具有了他们个人的特点。例如，圣高隆教当地的挤奶工在挤奶之前在胸前画十字，以免魔鬼躲进牛奶桶里；而在肯特的坎姆辛，甚至到宗教改革前夕仍然有一种根深蒂固的传统在延续：当地农民会将玉米种子敬献给某位原本不知名的圣徒（名字为古英语）的神殿，来保护它免受霉菌的侵害。英格兰北部的农场家庭则会去拜祭圣奥斯瓦尔德，但他们无所谓是去班堡或林迪斯法恩的圣奥斯瓦尔德官方祭祀中心，还是去圣奥斯瓦尔德殉难的空地，或者奥斯瓦尔德竖立巨大十字架的海文斯菲尔德（Heavensfield）战场，因为他们不是去见证圣奥斯瓦尔德的遗骸显示奇迹，不是去瞻仰他的头与手臂挂在柱桩上的战亡之地，他们对这些都不感兴趣。农民们来到这些地方，是为生病的牲畜寻找神奇的治疗方法。所以，基督教逐渐融入这一时期的农业活动中，这些例子也大致说明了普通人如何将新宗教融入他们的日常生活。

被放在炉灶里的小姑娘、针线盒、具有神力的白蜡树、圣徒国王、头颅悬于木桩，以及圣井和河流中的神水，这些都说明，人们在延续旧式的思考方式来看待这个世界，同时它们也提醒我们，在不列颠皈依基督教之后的几代人时间里，不列颠的平信徒也逐渐改变了意大利人、不列颠人、爱尔兰人和法兰克人所信奉的基督教，将其转变成为一种完全不同的宗教形式。虽然精英家族所践行的基督教版本可能十分接近于基督教教义，但是他们也有一些信仰和实践与基督教教义不符；农民与修士所信奉的基督教差异就更大了。所以，专业的修士从《圣经》中学习基督教教诲，在修道院社区遵守严格的修行规定，接触着真正的基督教教义，往往感觉平信徒的行为有辱上帝，也就不足为奇了。

社会结构与基督教的传播

文化意义上的英格兰人接受基督教，应该归功于来自欧洲的几代传教士的努力，但这只是一部分原因，决定不列颠地区人民生活的社会结构也促进了基督教的传播。6 世纪晚期至 7 世纪，不列颠政局动荡，在此期间，那些野心勃勃的家族争相建立王朝，征服邻国领地。这就意味着有许多信仰异教的幼君在逃亡中度过一段年少时光，他们经常会流亡到信奉基督教的达尔里阿达、皮克兰和法兰克国王的宫廷寻求庇佑，或者逃到新近皈依基督教的英格兰邻国。比德笔下的历史就记录了很多这样的逃亡例子（前面已经见到许多），而且经常有人在外国流亡期间皈依了基督教。有时候可能是避难者出于对恩人的感激，当然也可能是内心发生了真正的转变。不过可能也有些人转向基督是因为他们目睹了王权的力量得到帝国宗教的巩固，并获得勤奋而有学识的独身主义者的支持——他们长期主持震撼人心的神秘仪式。无论他们皈依基督教的动机是什么，流亡与回归的经历帮助重要家庭的许多异教徒成员接触到了基督教。

比德和其他早期的圣徒传作者的著作也清楚地表明，国王本身在基督教的传播过程中扮演了至关重要的角色。首先，一个国王在征询了他的谋士之后显然是有权决定他国民的宗教归属的，而国王皈依基督教经常会引发长达数周的大规模洗礼活动，贵族的家仆、自由农民和奴隶都会参与，因此，他们有机会接触传教士，也很可能成为基督徒。例如，据比德记述，肯特国王埃塞尔伯特

> 和其他一些人一样，相信并受到洗礼，为圣人的纯洁生活所吸引，为圣人许下的美好诺言（通过验证，确实创造了很多奇迹）所吸引。每天，有越来越多的人（埃塞尔伯特的子民）拥来听道，放弃他们的异教信仰，从而把他们和神圣的基督教联为一体。

虽然比德紧接着补充道，国王埃塞尔伯特没有逼迫任何人皈依基督教，但他确实提到这位国王更喜欢信徒，或许这算不上胁迫，但是国王的喜好应该是非常强大的诱导因素。此外，埃塞尔伯特作为最高统治者同时管辖着许多小王国，他坚持东撒克逊和东盎格鲁的国王也要接受奥古斯丁的传教。类似的情况在诺森伯兰国王皈依基督教之后也曾发生。其他势力较弱的国王为表感激大都欢迎传教士来到自己的王国。

在国王及其子民大规模皈依基督教之后，基督教开始传播得更广、渗透得更深，至少在精英家族中是这样，因为有一定社会关系的家庭会把家中未成年的儿子送到国王家中供职，这样就将王国里重要家庭的命运与国王联系在了一起，同时也为出身贵族家庭的男孩子们提供了机会：通过成为战士或谋士为自己建立声望。因此，随着王室皈依基督教，王国中显赫家族的男性后裔也可以经常在宫廷里接触到圣徒、修士和主教。在圣徒、修士和主教供职期间，这些 7 世纪权威家族的孩子可以亲耳聆听日常布道，参加宗教

宴会和斋戒，与深受国王青睐的圣徒结缘。在他们 20 多岁或 30 多岁的时候，国王会给予他们之中最成功的人足够的资源建立自己的家庭。获得重赏的家臣离开国王的宫殿后，他们在自己家中践行的宗教习俗很可能就反映了宫廷所学。因此，作为传播英格兰物质文化和语言十分重要的一种方式，现在的社会仿效促进了基督教在非王室家庭中的传播。除了这些不可预测的内心因素，传统的政治格局、社会习俗及野心勃勃的行为鼓励贵族们采用他们在国王家中了解到的基督教教义与宗教仪式。

基督教的种种习俗便从这些精英家族扩散至他们周围的领地。虽然这种层次的接触算不上亲密，但每年都有一些特定的时间，大人物携家带眷来到一个中心地区，这个时间恰与当地人赶着牛车前来纳贡的时间相重合。之后会有一些时日，地位高的人会接触地位低的人，为他们解决纠纷、裁决案件、巩固领主权、肯定下人的忠诚。他们甚至可能一起设宴用餐。在这些时候，在领主家供职的神父也会讲经布道，尤其当大人物的逗留时间恰好遇上重要节日或斋戒。如此高水平的宗教活动也可能会鼓励当地家庭接受他们领主的某些宗教仪式和宗教习俗。

在英格兰任何一个皈依基督教的王国，主教不仅在传播基督教上扮演着核心角色，在确保基督教的延续上也发挥着重要作用，因为主教任命神职人员，为新教堂主持祝圣礼，并负责洗礼。那些严格遵守修道规则的大教堂社区，如比德在《英吉利教会史》里赞颂的那些社区与平信徒间也有一定的交往，对在俗基督教教义具有深远的影响。比如，我们知道，按照教会年历，每年中有一些特殊的日子，平信徒会成群结队来到比德自己的雅罗（Jarrow）修道院，在这里聆听布道，并在一座修道院所属的教堂内见证弥撒仪式的全过程。在这样的节日里，在俗的基督教资助人、修士、修女和神父的亲属会加深他们的宗教信仰，修道院的传教士可以教导他们了解自身的宗教义务。关于在小祈祷日（开始于复活节后的第五个礼拜日）时举行的宗教仪式，我们也找到了这样一些描述。在这个节日里，平信徒有时会参加教会人员的礼拜仪式，但这也使得这一宗教节日的庆祝仪式更加世俗化。比如，会令某些宗教人士感到厌恶的是，一些平信徒和教会人士一起举行赛马和宴会来宣告节日的结束。对于那些成年时才过上宗教生活的人来说，让他们放弃这些习俗肯定十分困难。正因为如此，从小献身于修道院生活的人可能最容易被塑造成“真正的”基督徒。他们与成年时期皈依基督教的人不同，对于宗教习俗和宗教信仰没有先天烙印，可以在年幼时期将宗教典籍和礼拜仪式熟记于心。至于他们的父母，他们知道的宗教经典就只有《主祷文》和《使徒信经》(至少在最初几年是这样)，但是,《主祷文》和《使徒信经》的内容不够全面，不能提供基督教生活方式的蓝图，所以那些在普通家庭中长大的信徒与那些由修士或修女带大的信徒对“真正的”基督教庆典应包含哪些内容，肯定持有巨大的分歧。

有些大教堂也为社会地位低下的人提供牧养服务。许多社区生活着修士和修女，同时还任命了神父，神父的主要工作就是提供牧养服务。因此，生活在大教堂附近的平信徒很容易获得布道和洗礼。而对于那些住得比较偏远的居民，有些大教堂的教会人员会去往修道院管辖范围内的小礼拜堂，或者有名的露天集会场所布道、洗礼、帮助病患，比如，在《圣卡斯伯特传记》(作者无从考证）里曾记载有一位生活在奥辛顿镇（很可能是林迪斯法恩的一座小教堂的所在地）附近的牧羊人，他虽然只是一位牧羊人，但是人们称他“修士兄长”（frater），在一首弥撒曲里还出现了他的名字。在7—8世纪，许多修道院社区都建起了小的修道院社区，形成社区网络（这种做法既有爱尔兰人的影响，也有罗马人的影响），为生活在偏远地区的平信徒提供牧养服务。但是显然，住所离修道院越近，受到的牧养服务越好。而且，这种做法不只在不列颠东部才有：在不列颠语语言带上，修道院社区一直以来都在提供牧养服务，许多不列颠的社区不但住有修行人士，而且有在俗的神职人员可以扮演神父的角色，满足平信徒的信仰需求。

但是，并不是所有的大教堂都对普通的基督徒感兴趣。那些在王室教堂供职的神父可能更愿意为国王的家族服务，将王室最为神圣之人奉为圣徒（为众多王室家族所接受，认为是提高社会地位的新举措），他们不愿为当地农民提供牧养服务。例如，国王奥斯维乌在班堡的军事堡垒中有一座教堂，那里供奉着他被谋杀的兄长奥斯瓦尔德的手和手臂，如今被尊为圣物，这座教堂最后可能成为他家族的葬礼祈祷室。这是一所私人教堂，它的神父肯定专注于王室家族的需求以及王室特殊的祭祀仪式。在班堡还有另一座教堂，距离堡垒大约500米，它是著名圣徒、林迪斯法恩主教艾丹居住过的地方。艾丹建起这座教堂，显然是因为奥斯维乌教堂的神职人员认为自己没有义务照顾周围乡村居民的精神诉求。有人可能会想除了这几家修道院，是否还有其他王室资助的修道院社区对于教猪倌《主祷文》或者为他们的孩子施洗丝毫不感兴趣。

除了国王，很多贵族在这一时期也在修建宗教社区。比德钟爱的韦尔茅斯（Wearmouth）的雅罗修道院就是由一位诺森伯兰的贵族所建，在他的领导下，这座修道院后来发展成为一座兼有学校与教会性质的场所。然而，即使是在比德所谓的“黄金时代”，即使世袭制的统治可能会削弱社区的修道热情，修道院的创始家族通常也会统治他们所资助的修道院几代人的时间。此外，到了比德晚年时候，贵族开始建立其家族能够更好地掌控的修道院，有时这些贵族可能就是修道院的在俗院长，修道院的修士有时还会娶妻。在这些相对松散的社区里，凭修士的举止很难将他们与普通家庭区分开来。例如，比德曾抱怨："有传言说，有些主教就是这样侍奉基督的，他们没有宗教信仰，没有节制，这是一群被人嘲笑、喜欢讲故事、说笑话、贪图盛宴、酩酊酗酒的人……他们只顾填饱肚子，根本不顾灵魂的滋养。"比德等人担心世俗价值会动摇修士特殊的生活方式，害怕修道院社区会沉迷于酒精。比德憎恨这些他所谓的"假"修道院，但在他看来，他最担心的他们的主要罪行之一，不是他们喜欢参加宴会，而是对提供牧养服务毫无兴趣。他在评价一段《以斯拉记》中的记载（"且派祭司和利未人，按着班次在耶路撒冷侍奉神……"）时尖锐地指出：

> 在教堂建造完成并奉献给主以后，应直接指定神父和利未人出任教堂职务：因为如果教堂内没有神父服务上帝，就没有必要建起一座如此宏伟的建筑。有些人也修建了富丽堂皇的修道院，但从不委派教士来唤醒百姓，使他们遵循神的教诲，而只是为了满足自己的享乐和欲望服务的人。

所以，如果当地的大教堂属于后一类性质，如果建造者的初衷只不过是利用石头建筑的宏伟和私人崇拜的神秘来巩固自己在社会上的地位，那么当地人肯定很少有机会获得牧养服务。

在 7 世纪晚期至 8 世纪，一定有数以万计的普通人一年到头都根本见不到神父。当然，很多所谓的神父也根本不能胜任其职。比德在其晚年就曾对没受过拉丁文训练的神父深感失望，教他们《使徒信经》和《主祷文》只能用英文版！比德去世几年之后召开的一次教会会议要求不懂拉丁文的神父不仅要背诵两本祷文的英文版本，还应知晓其具体内涵。这只能说明，8 世纪时有很多在平信徒中布道的神父根本不理解其信仰的真谛，他们对基督教的基本内容以及自己的基本职责都不甚清晰。

两个基督教社区

在英格兰这些新建的大教堂社区里，具体的生活是什么样子？其周边人们的生活又是什么样子的？首先要指出，各地情况差异很大。有些早期的大教堂是由女修道院院长领导的由修女和教士组成的社区；有些则是由主教领导的由遵从严格修道制度的修士组成的社区；当然还有一些由教士组成的社区，他们与妻子和孩子一起住在自己的房子里。基督教社区里大多数人都遵照某些修道制度管理自己的生活，但是这一时期还没有人像 10 世纪的修士和修女那样严格遵循《本笃会规》(*Benedictine Rule*)。相比之下，早期的修士和修女将不列颠海内外众多基督教家庭里实行的修道规则拼凑起来制定了一套“杂糅规则”来管理自己的基督教社区。和在俗的上层阶级家庭一样，教会家庭也依靠他人供养，而且，从一系列地契（大部分可追溯到 7 世纪最后的 30 年）可以清楚地得知，国王以及其他富有的赞助者拨款给他们修建一座大教堂时，除了教堂本身应该还包括多栋房产，辐射周边广阔的领地，并有大量早已习惯向上层家庭缴纳贡品的劳动人口居住。在俗的统治者如此慷慨，不禁让人感叹，在7世纪三四代人的时间里，那十几个王朝通过征服兼并竟获得了如此巨大的资源和财富！7世纪晚期，当许多家庭开始建造大教堂时，他们对教会的慷慨说明他们有大片的土地可供分享。当然，这样的馈赠也解放了修道院社区的居民，他们不必再辛苦劳作，修士、修女和神父都能像上层阶级的在俗人士一样，过上同样尊贵悠闲的生活。通过比德的《英吉利教会史》和一系列圣徒传记的描述，加上许多早期大教堂留存下来的手稿、金属器具和石刻雕像，我们能够重现某些基督教社区非凡的智慧和艺术方面的成就，窥见基督教社区居民对宗教发展所做出的贡献。

但是，这些地方日常生活的实际情况如何？居民与当地供养他们的家庭如何交往？这些却没有详细的记录。幸运的是，考古学家对许多大教堂已经进行了考古发掘，它们的物质遗存为这一时期的宗教生活、世俗与宗教社区的关系提供了很多有趣的发现。在诺森伯兰王国哈特尔浦（Hartlepool）墓地和埃塞克斯王国的纳兹恩伯里（Nazeingbury）墓地有两处部分挖掘的社区，利用挖掘出来的证据，我们可以再现基督教皈依时期神父的日常生活以及与他们往来的平信徒的一些情况。

《英吉利教会史》中记录了一些关于哈特尔浦的信息：来自爱奥那岛的爱尔兰修士艾丹时任林迪斯法恩第一主教，在他的指导下，英格兰贵族妇人黑乌（Heiu）于公元640年前后在哈特尔浦建造了一座分别接收修士和修女的双殿修道院。哈特尔浦坐落在一个半岛上，被一片湿地与诺森伯兰海岸的其他地区隔开，所以实际上，就像艾丹自己的爱奥那和林迪斯法恩修道院一样，哈特尔浦是一座岛屿大教堂。哈特尔浦这个名字实际上就是“雄鹿之岛”的意思，它的选址反映了这个社区与其他爱尔兰人在不列颠建立的基督教社区有着密切的关联。但是，哈特尔浦大教堂又和其他大教堂一样，主建筑坐落在可以鸟瞰航行水域的高地上，作为一个地标性建筑，它不仅是教堂位置的标志，还是高级的世俗场所，为该地域的管理者们提供了极为醒目的定居点，方便与更遥远的地方通信。因此，认为选址哈特尔浦是为了保证与其他社区隔绝是完全错误的。在不列颠各地传教的爱尔兰修士在世界范围内也很活跃，虽然他们经常会在距离传教中心较远的岛屿建立特殊的隐修院，但是他们建立起来的社区绝非要与世隔绝，相反，这里与世俗世界融合得很好。这似乎就是哈特尔浦的情况。据比德记载，在希尔德（约614—680，为哈特尔浦最有名望的院长）担任修道院院长时，许多重要的人物都曾到访哈特尔浦修道院。

从考古发掘中我们发现，哈特尔浦的布局设计也受到了爱尔兰修道院的启发。哈特尔浦以仪式活动区为中心，向外扩张出若干同心圆，区域之间由边界相隔，最外围区域从事普通的日常活动。考古学家在这里发现了男性工作区、女性工作区、手工业工作区、上层社会人群的墓葬区和下层社会人群的墓葬区。这种布局很有不列颠北部地区以及爱尔兰地区发现的早期修道院的遗风，这些早期修道院包括爱尔兰的克朗麦克诺伊斯（Clonmacnoise）修道院、皮克特的波特马霍默克（Portmahomack）修道院和不列颠惠特霍恩修道院。哈特尔浦的居民大概也像爱尔兰地区基督教社区的居民一样，住单人房间，只不过建筑外形和风格不以爱尔兰的传统圆屋为主，而以不列颠的英语文化带以及海峡对面的佛兰德斯领地和法兰克王国北部的方形建筑更为常见。这些小房屋为木板结构，干石地基，可能有斜脊的屋顶。房屋的尺寸通常为长 4.1 米、宽 2.3 米，面积比非基督教遗址发现的民用住宅要小，甚至比下层阶级的民宅都小，因此应该不是给一家人住的。这么小的空间，更有可能每个房间只住一个人。虽然面积小，但令人印象深刻。它们比许多大一些的建筑耗费的木材更多，房屋的装饰也极其精致。有些房屋的内墙明显经过精心粉刷；门柱上装饰着一连串的石刻元素；外墙则装有厚厚的石膏，有些地方还特意制成拱廊，看上去更像是石砌建筑。换句话说，似乎负责修建哈特尔浦的人，尽管并不具备相应的施工技术和建筑材料，但他们更希望打造出一系列石头建筑。希尔德院长的姐姐是东盎格利亚国王的母亲，同时也曾是一位修女，她曾在法兰克的修道院接受过训练，希尔德是从她姐姐那里学习的基督教生活方式，所以，希尔德修建石头建筑的愿望虽然来自东盎格利亚，但应该可以追溯到法兰克王国。比德还告诉我们，爱尔兰主教艾丹修士经常来哈特尔浦“指导”希尔德，所以这座修道院可能受到方方面面的影响。

在哈特尔浦（部分）发掘出三块墓地。第一块主要埋葬两类人口：修道院中的男性教士以及富有的平信徒家庭成员。坟墓的四周装饰有镶嵌着鹅卵石的圆圈。这块墓地还埋葬了一些小孩，但在一片单独的区域，这些孩子的坟墓可能集中在一个神殿的周围。第二块墓地距离哈特尔浦的核心区最远，靠近一口叫作“圣海伦之井”的水井，埋葬有男人、女人和孩童。埋葬在这块墓地的人和大多数在达勒姆郡发现的人一样被葬在刻有纹理的石棺中（虽然第一处墓地的上层阶级死者没有采取这种墓葬方式），这种丧葬习俗甚至可以追溯到罗马衰落之前。这些人很可能是当地农民，在哈特尔浦属地的核心区耕耘劳作，他们相比较那些社会地位更高的人，更难放弃不列颠的传统习俗，比如，依然用石棺埋葬死者。

第三块墓地位于修道院的中心区，主要埋葬女性，有些坟墓用刻有十字架和死者姓名的斜立石头加以标示。这样的石头在诺森伯兰王国的其他几座教堂也发现过，更有趣的是，在爱尔兰的克朗麦克诺伊斯修道院也发现了这样的石头。这可能反映出爱尔兰的基督教团体与哈特尔浦及其他位于英格兰北部的大教堂居民之间有普遍的联系和交流。这块墓地中女性尸骨占多数，许多还标有篆刻姓名的石头，虽然这里也埋葬了几名男性，但似乎应该主要是修女的埋葬地点。有 5 块石头上篆刻了女性的名字，一块石头上既有男性名字，也有女性名字，还有一块石头上只有一位男性的名字。哈特尔浦的修女中，有很多在接受修道生活之前可能都在俗世生活，有些还与王室有关系。所以，有些修女最重要或关系最近的亲人有幸埋在这里，也很容易理解。

刻有名字的石头上面文字的许多字体在诺森伯兰的手稿中也有使用，这说明至少有些哈特尔浦居民拥有很强的书写能力，精于手稿创作。比德提到过一位名叫奥法的男性，他住在哈特尔浦，据比德描述，“他专心研读《圣经》，严格遵守《圣经》规定”。所以听起来，这里好像曾经还有过一所学校。

第二处大教堂社区纳兹恩伯里没有留下任何书面或者文化活动的证据。事实上，我们对该地的了解几乎都来自该处墓地发掘的物质证据。纳兹恩伯里的教堂社区当时并不在诺森伯兰王国境内，而是位于东撒克逊王国的埃塞克斯境内。东撒克逊王国和许多早期的王国一样，信仰基督教的历史时断时续：在 6、7 世纪之交，东撒克逊国王是肯特国王的外甥，他欢迎传教主教来伦敦传教。但是他的儿子们都不太热衷于基督教，因此在父王去世之后，东撒克逊王国回归了异教信仰。不过，7 世纪 50 年代，埃塞克斯地区的国王又是一名基督徒，他和许多 7 世纪中叶的国王一样，乐于资助修士和修建大教堂。因此我们看到，有位东撒克逊国王将位于滨海布拉德韦尔（Bradwell-on-Sea）的一座废弃的罗马古堡赠予林迪斯法恩修士爱尔兰人切德，允许他在此修建大教堂。7、8 世纪之交，又有一位东撒克逊国王与他的一位（很可能是）女性亲戚合作，在纳兹恩伯里建造了一座修女院。我们拥有的关于这个基督教社区的唯一文字证据是中世纪晚期对两块赠地的描述，这两块土地在 693—709 年间由埃塞克斯国王赠予一位名叫费弥（Fymme）的女性作为礼物。根据上面的记录，国王捐赠土地，是为了在此修建一座“上帝居所”。虽然记录十分简洁，但幸运的是，考古学家不仅找到了这处“居所”，还发掘出异常珍贵的证据，这些物质证据能够帮助我们洞悉在皈依基督教之后的最初几代人时间里，英格兰人的生活和信仰是什么样的。

在 8 世纪和 9 世纪两个世纪里，有 190 多人被葬在纳兹恩伯里墓地，其中约 120 人于 700—800 年间安葬于此。这批最早的死者被埋进坟墓里时，小心地与一座小型的长方形木质建筑对齐。这座建筑位于墓地的中心，所以很可能是这里的社区教堂或者葬礼祈祷室：7 世纪时，许多来自东盎格利亚的善男信女会去法兰克接受基督教的修道训练，而在法兰克，葬礼祈祷室为长方形，通常就位于修道院墓地的中心。

在纳兹恩伯里墓地这座建筑正东角的地板下，挖出了 4 座 8 世纪的坟墓，那里很可能是神坛的位置。最早的两座坟墓（一处经放射性碳测定葬于 660—720 年之间）埋葬的都是女性，她们去世的时候至少达到 50 岁高龄。这两个人可能是该社区的创始人，或者最早的女修道院院长；其中一个很可能就是赠地特许状里提到的费弥。紧挨着这两个女人坟墓的是两座挖得更深的坟墓，埋葬了另外一个女人和一个强壮的男人，这个男人死于 30 多岁或 40 多岁。从其他一些关于王室修女院更翔实的记录中我们得知，7 世纪最后 25 年到 8 世纪初，国王的遗孀和女儿如果接受了修道生活，往往会成为该王室家族的宗教专家和王室崇拜的推动者；同时，这些人所在的教堂即为她们自己、男性亲属及家族圣徒尸骸的安置之所。纳兹恩伯里墓地可能就是类似的情况。所以，埋葬在纳兹恩伯里墓地里的某个人或者很多人可能都曾被敬奉为圣徒：通常为教堂的创始人、资助人和早期的修道院院长。

8 世纪末 9 世纪初，这个教会群体在墓地兴建了一座规模更大的木结构建筑，可能是另一座教堂，新教堂兴建之时之前的教堂可能已被拆除。尽管发生了这些变化，人们仍然将死者葬在原建筑正东角的墓葬旁边。有一名男性的坟墓埋在早期教堂（我们姑且称之为“1 号教堂”）的墙壁处，紧挨着那名强壮的男子。这第二个男人年龄在 50 岁上下。考古学家在他的墓穴里发现了一枚简单的骨针，可能是裹尸布上的别针，这个不起眼的物件及其出现的背景，证明在此处皈依基督教之后，上层阶级开始采用一种新式埋葬仪式。正如我们所看到的，尽管有些富有的人仍然会为死者陪葬贵重物品，有些还装饰有基督教的象征符号，但很多人都选择土葬在享有盛名的基督教墓地，不穿衣服，只穿裹尸布，也没有陪葬品，他们特别钟爱修道院的墓地，最好是埋在大教堂墓地里身份最特殊的死者附近。这给人的感觉（不仅在纳兹恩伯里墓地考古发掘时，在其他大教堂遗址的发掘也是如此）是，葬在大教堂墓地的人死后仍然是那个宗教家庭的重要成员，他们的救赎对于社区来说依然至关重要。通过对桑德兰修道院、雅罗修道院和惠特比大教堂的考古发现我们可知，在这里，信仰基督教的居民要经常在教堂墓地间穿行，因为这些人要穿过社区教堂去生活区和手工作坊。有时，正如我们在哈特尔浦看到的那样，修道院的坟墓上还斜立着石头纪念碑，有些碑文还请路人为其祈祷。英格兰的修道院最早从 7 世纪末开始纪念死者，他们会将死者的名字记录下来，在礼拜仪式上为他们祈祷。因为这种死者与祈祷之间的联系是在教堂墓地中建立起来的，所以埋葬在教堂墓地的显然应该是富人和寻求救赎的在俗信徒，他们相信生者的祷告可以帮助死者实现救赎。考古学家还从纳兹恩伯里墓地那名有裹尸布男子的墓葬中发掘出一枚罗马硬币。可能这只是一枚古典时期丢失的硬币，出于意外落在了这座墓葬里；但也有可能是有人故意放在这个墓地之中，因为彻底改掉旧的传统往往很难。虽然在英格兰的修道院墓地中极少见到陪葬品，但也不是没有：桑德兰的修道院墓地的 3 个早期墓葬也出土了硬币，还有一个墓葬里陪葬了一枚野猪獠牙。

纳兹恩伯里墓地里那个有裹尸布别针的男子旁边还葬有一个女人，所以这个女人墓穴的位置非常接近“1 号教堂”的墓葬。她死于第二座教堂建成之后，却又被葬在这个特殊的位置，可以判断她是一名拥有特殊地位的基督徒。但是，她下葬的时候脖子上却戴着一颗马齿吊坠，这件戴旧了的吊坠应该是护身符而非饰品，但前面已经看到，这种东西正是神父极力反对的。从纳兹恩伯里墓地这两座墓葬的时间和社会背景看，这些物件不能被看作人们回归异教的证据，但它们确实说明了皈依基督教并不意味着人们不再相信魔法和神力，或者人们已经完全放弃他们在成长过程中习得的那些小习俗。他们延续这些习俗的时候肯定也认为，这种做法与他们的基督教信仰是完全一致的。而且，所有的墓葬，包括那些没有陪葬品的墓葬，都没有随着人们皈依基督教而不再作为展示社会地位的舞台。

不过，纳兹恩伯里墓地的其他所有人都没有陪葬品，并且都被葬于户外。墓地出土的绝大多数尸骨都属于成年女性，其中很多寿命都超过了 45 岁，这个比例高得惊人。这说明，许多安息于此的女性没有经历过怀孕和分娩对身体造成的伤害。此外，也没有人患有任何因儿童时期的严重疾病或营养不良造成的骨质病变。这些女性的牙齿没有明显磨损，表明她们食用的谷物经过精细加工。和前面提到赠地及墓地中心的葬礼祈祷室一样，这里的发现也表明，纳兹恩伯里墓地大教堂的主要人员是独身且社会地位较高的女性。

纳兹恩伯里墓地的所有成年死者中还有极小部分是男性。其中大部分男性的尸骨讲述了不同的故事。大多数男人的骨头都有因艰苦劳作而造成的磨损和扭伤的痕迹。他们的牙齿磨损也很严重，所以他们与那些女性吃的食物不一样，他们的食物更粗糙。有一些女人的骨骼也呈现出类似的受繁重劳动和粗糙饮食影响的迹象，她们可能为这里的修女服务，是修女的仆人、奴隶、搬运工或者城镇长官，很可能是她们（而非那些修女）在这里耕种、纳贡，从事繁重的劳作，维持着纳兹恩伯里修道院社区的正常运行。当然，这些人既然也被葬在了教堂墓地，在某种意义上一定也被认为是社区的一员，其墓葬方式也与教会女性的坟墓一致。因此，修女们的奴隶和仆人似乎也采用了基督徒的一系列丧葬习俗。葬在纳兹恩伯里墓地的体力劳动者可能也采用了修女所坚持但考古上不太明显的宗教习俗，比如，斋戒和守安息日。我们知道，早期国王曾颁布法律，要求平信徒遵守这两项规定，但最初接受这些习俗的普通人很可能是那些为大教堂社区服务且在大教堂社区附近生活的人。当然对于大多数人，葬在教堂墓地还是以后的事情，他们可能需要花更长的时间来接受或者践行更多的宗教责任。

考古学家在纳兹恩伯里墓地还发掘出十几个死于 8 世纪的孩童尸骨。令人惊讶的是，她们之中有 3/4 介于 5—7 岁，正是献身修道院生活的孩子通常进入修道院的年龄。难道是这些小姑娘不适应从出生家庭到修道院生活的过渡吗？是纳兹恩伯里修女院的修女们在照顾小孩的时候表现出令人震惊的无能吗？再或者，这些孩子患有疾病，父母将她们带到女修道院是因为她们没有达到婚嫁的年龄或者急需医疗奇迹。她们的尸骨说明情况确实如此：有些长期遭受疾病折磨，全都反映出患有严重的儿童疾病或者贫血的迹象。其他早期的修道院遗址也出现了类似情况。在附属于惠特霍恩修道院的一片墓地中发现了大量生活在中世纪早期的非常不健康的孩子，有一个孩子在一次可怕的事故中侥幸活了下来，但他到死都没有从大腿的粉碎性骨折中恢复过来。惠特霍恩修道院的许多其他儿童都长期患有严重的贫血。阿当南的《圣高隆传》中记述了爱奥那岛和周边地区的病人如何被治愈，有些被圣高隆“伸出的手”治愈，有些洒上了圣高隆祈福过的水，还有一些因为摸到了他斗篷的边缘或者是因为用了圣人祝圣过的盐水、吃了圣人祝圣过的面包而被治愈。纳兹恩伯里和惠特霍恩的社区也许和爱奥那岛的情况一样，也有在世的圣徒或者显现神迹的神殿。在那几十年间，惠特霍恩修道院的孩子一直被葬在墓地单独的一块区域，他们死后的丧葬仪式可能与成年人的也不一样。成年人一般仰卧在坟墓里，但是发掘出来的孩子姿势各异，可能因为人们认为可以对孩子僵硬的尸体随意摆布，但这种做法对于成年人就不太合适。纳兹恩伯里墓地的孩子，在姿势上则与墓地中成年人的姿势相同，他们被葬在成年人中间，在一片男人、女人和儿童混合埋葬的区域里。

在纳兹恩伯里修道院，生病的孩子不是唯一需要特殊照顾的群体。有几个葬在那里的男人，看起来不像是工人，而是终身残疾的患者。比如，那个有裹尸布别针和罗马钱币的男人，患有严重的膝内翻，臀部很可能先天性脱臼。他虽然腿有残疾，但肩膀强壮，可能因为一生都拄着拐杖。另外一个纳兹恩伯里墓地的男人患有脑积水，很可能智力受损：他只活到 20 多岁。第三个男人大概 25 岁，患有唐氏综合征。因此，纳兹恩伯里修道院似乎不仅仅聚居了独身者、贵族女性、患病儿童和地位低下的劳工，似乎还容留贵族亲属中的一部分成员，他们无法参与高地位世俗家庭生活的一些核心活动，如战争、狩猎、巡回传教、婚配等。其他修道院可能也有类似的服务。雅罗修道院埋葬着一位女性，25 岁左右，身材十分矮小，可能患有先天性侏儒症，还有一位老人，因患佩吉特病而严重毁容；在布利登修道院附属的墓地里，考古学家也发掘出一名患有唐氏综合征的 9 岁儿童。也许所有这些人都是宗教社区特殊照顾的对象。

哈特尔浦和纳兹恩伯里修道院有趣的一点，是它们的混杂性以及与不列颠、爱尔兰和法兰克西北部各宗教团体之间的密切联系。这只能表明这些修道院的选址初衷并不是与世隔绝，而是为了方便与周围世界的往来。这提醒我们，修道主义不但与沉思、祈祷有关，还需要积极地融入世界。通过考察这些社区我们还可以得知，这些地方打造了什么样的崇高事业；那些可能被“沙漠之父”① 的隐士生活所吸引，但其出生家庭又专门通过建筑和葬礼来彰显社会地位的

① 沙漠之父指早期的基督徒隐士、修道者和僧侣。这些人主要生活在约公元3世纪埃及的沙漠地区。

人为何在这里定居；同样清楚的是，平信徒——不仅是贵族亲属，还有劳工和附近的农民——与这些社区的成员进行了互动，而且迥然不同的平信徒群体之间的社会关系既调节了大教堂内的生活，又对那些接触到大教堂社区的平民的基督教信仰产生了重大影响。

这两座修道院还有其他方面值得我们留意。与那些世俗的上流村落不同，在这些地方拥有支配地位的家庭不需要巡回视察，他们整年都生活在同一个地方，这也是修道生活所要求的。反过来，这应该也会要求大教堂社区彻底改变其供应体系。前面看到，许多大教堂在建立之初都被赋予对某一供奉中心的管辖权，享有中心的所有贡品。不过，修道院可能需要更直接地干涉人们献供的物品品种，并且认真仔细地监管劳动资源；若不如此，就没有办法获得足够的生活贡品。教堂社区其实很可能不靠贡品维持生活，它们有自己的奴隶，教区大部分的劳动者实际上都在耕种土地，他们可能直接用修道院土地上生产出来的东西供养自己的社区。大教堂有时也需要高度专业化的生产。例如，制作手稿需要大量的牛犊皮：据一位学者估计，一本福音书使用的皮纸需要 400 公顷牧场养的牛。这也要求修道院的管理者深谋远虑，甚至直接干预教区农民的生产生活。

因此，随着修道院生活的到来，不列颠出现了两种性质不同的上层阶级家族，这样，上层家族的数量可能增长到基督教到来之前的 2 倍，所以现在有更多的人需要有盈余供他们生活。此时，不管在俗家族还是教会家族，都对进口物品和奢侈品感兴趣。考古发掘发现显示，许多早期的大教堂社区也居住着工匠和商人，许多大教堂在贸易过程中十分活跃。通过这种方式，宗教信仰的改变带来了意义深远的经济转型，这应该是不列颠东部城市社区复兴的一个重要因素。

第七章

贸易社区的复兴：7世纪至9世纪中叶

在公元400年之后的一两代人时间里，不列颠尼亚的所有城镇逐渐丧失它们原本作为城镇的功能。工匠和商人背井离乡，地方的管理机构也不复存在。接下来的200年间，不列颠以往的小城镇逐渐走向衰败，到公元600年前后，几乎全部消失。不过，以前的公共城镇则完全不同，虽然它们最终也都走向衰亡，但那些高耸的防御工事、不朽的石头建筑、宏伟的港口设施，都让不列颠尼亚的这些大城市依然是一道亮丽的风景线；这些历史的痕迹没有被牧场、灌木丛所吞噬，那些摇摇欲坠的断壁残垣与绵延数亩的碎石就是它们破败但又恢宏的形态。杂草、灌木、高大树木占领了这些破败的城镇，它们疯长、死亡，和那些废弃房屋中的木材、篱笆、茅草屋顶一起，腐烂成泥。厚厚的黑土逐渐覆盖了断壁残垣，蔓延的沼泽地慢慢吞噬了所有已然破碎的街区。一首晚期盎格鲁－撒克逊诗歌悲恸地描述了这样的一座大城市：

> 命运粉碎了石头装点的华丽石墙
> 城市的瑰宝摇摇欲坠
> 伟人的作品破败腐烂。

屋顶陷落，塔楼倾塌……

大地紧紧抓住那神一般的建造者，

［建造者在］冷酷无情的土地上腐败、消失，

世世代代生息于此的人类也随之消逝……

［曾经］明亮的城市建筑，

浴室、华丽三角屋顶

万众之喧嚣，

会议厅内，人们欢宴，

直到所有，为命运改变……

一切沦为废墟，化为堆堆遗迹……

［这些］石头的建筑坍塌……

一切沦为废墟，化为堆堆遗迹……

［这曾经］完美的城市啊……

（废墟，S.J. 布拉德利译为英文）

这种 6 世纪末 7 世纪初的城镇遗址，对于那些游历过罗马废城、行走过罗马大路、划船穿行于曾经灌溉并连接沿线城镇的河道的人来说，都再熟悉不过。曾经充满活力的城市社区（如鲁拉米恩、坎特伯雷和伦敦等地）虽已破败不堪，但仍然拥有某种吸引力，在废墟之中保留着罗马时代的荣光与它消亡的历史。

没有城镇的时代

不列颠许多国王都非常痴迷于罗马的文化与传统，他们也善

于利用别人的过去，在摇摇欲坠的城墙内寻找残留下来的角落，在废墟之上建立起自己的帝国；或许，这里仍然屹立的纪念碑本身就是极好的背景墙，宣示了王权的荣光。在这里，权贵们有时会建有宫殿，每年巡游时来到此地，款待当地的盟友、收缴贡品，在他们皈依基督教之后，在此修建教堂供养自己的主教。虽然他们如此利用古建筑，但并不能就此认为，不列颠在罗马撤军之后仍旧延续罗马式的城市生活，也不能因为这些人的不时造访就认为罗马式的城市生活在不列颠开始复苏。

比如，后罗马时代的维鲁拉米恩城留下了一些考古遗迹。一直到公元 7 世纪，维鲁拉米恩城都是不列颠精英控制的领地内一座非常重要的公共城市。从艰苦的考古挖掘中我们发现，在不列颠尼亚衰落之后的几代人时间里，有些个人或者团体有能力统筹其他人的劳动，监督人们在衰败的城市里建造玉米烘干作坊、面包炉、谷仓及罗马式的输水管道。这些站在施工活动背后的监工与晚期罗马的管理者不同，他们做这些工作并非出于公共服务的目的：他们建造面包炉和谷仓，不是因为有食品需要在市场上加工出售，建造输水管道亦非因为名门望族需要自来水。恰恰相反，这些工作更像是私人项目，即权贵家族为了定期拜访维鲁拉米恩神殿所做。权贵家族来此有的是为了祈求神迹，有的甚至是为了将家族的逝者埋葬在圣奥尔本的遗骸旁。因为任何形式的市场经济早已随着罗马的灭亡而消失，所以这样的造访需要与当地居民的纳贡时间协调一致。反过来，这些纳贡人又要求控制家庭的代理人拥有烘干、加工、储存谷物的手段。每当纳贡人带着牲畜前来献供的时候，在牲畜没有被屠宰之前，应该有地方饮水。有关考古证据证明，维鲁拉米恩城没有一直衰败下去，它充分利用自己腐败退化的基础设施、可重复使用的建筑材料，还有这座后罗马时期建造的大教堂，摇身一变，转型成为一座献祭中心。不管维鲁拉米恩在后罗马时期是什么，总之，它已不再是一座城市。

一些英格兰家庭也同样在废墟般的城镇里安顿下来。例如，公元 597 年奥古斯丁来到肯特郡时，埃塞尔伯特国王对坎提康拉姆要塞拥有管辖权，因为他有权将罗马城墙（仍屹立于此）内外的土地赐予奥古斯丁作为传教之地。在 597 年之前，埃塞尔伯特国王可能就已经开始利用这些权利了。虽然考古学家在坎特伯雷还没有发现早期的庄园，但是他们已经在罗马露天竞技场的残垣断壁下发掘出了 30 多个凹式特色建筑群（简称凹建群），其中一些可以追溯到大约公元 450 年，但好像这些凹建群在其他建筑群于 6 世纪中期建成之前就已经弃用了。凹建群具有多种用途，比如，用作各种手工制品生产和工人工作的场所。不过，对我们来说最重要的是，凹建群的地板悬挂于地窖之上，这意味着当时人们已经可以提供干燥的环境来储存粮食，这是任何献祭中心必备的核心特征。除此之外，坎特伯雷还有一些凹建群遭到了破坏，但后来又被有组织地重建，这都表明，这背后有一位控制全局的人物。这个地区还有一些其他的发现（漂亮陶罐的残片、冶炼金饰的痕迹、盾牌的碎片）暗示着曾出现过一位伟大的人物。

总的来说，这些证据表明，到 6 世纪末，一位重量级人物曾在坎特伯雷城墙内有所建树。根据比德的记录推测，这个人可能就是肯特国王埃塞尔伯特。从比德所记录的历史来看，整个国王家族在此度过了相当长一段时间。因为在奥古斯丁到来之前大约 15 年的时间里，埃塞尔伯特国王的妻子、一位信仰基督教的法兰克女子一直在位于城墙东边 500 米的圣马丁教堂做礼拜。很明显，这座教堂是在一座破败的罗马建筑上加固、翻修，最后改建成现在这座法兰克风格的教堂的。时至今日圣马丁教堂仍然矗立在那里，它可能是罗马衰落后第一座授意于英格兰统治者被重建且再利用的石质建筑。因为石结构的建造技术在英格兰已经失传，若要修复或重建，必须引进法兰克的石匠，除非他们打算将教堂做常规使用，否则没有人愿意如此大费周章。当然，以往的肯特国王在米尔顿里吉斯（Milton Regis）、法弗舍姆（Faversham）、伊斯特里（Eastry）和斯塔里（Sturry）这些主要的纳贡中心也有居所，但是没有一处的早晨像圣马丁教堂的早晨那样令人心情愉悦，漫步在圣马丁教堂外的小路，遥看圣马丁教堂处子般静立于圆形露天剧场的晨影中。而且，当埃塞尔伯特国王在坎特伯雷热情款待奥古斯丁时，除了奥古斯丁，他的 40 名随从、法兰克王国各阶层的帮手都需要招待，日复一日，一下子就是好几个月。恐怕只有一个设施完善的贡品中心才能如此奢华地展示埃塞尔伯特的盛情。

尽管坎特伯雷可能有王室成员居住，但从前城墙内的城镇中大部分地区仍空寂无人。整个城镇的西部地区已沦为湿草地，国王后来赠予奥古斯丁的东北角也无人居住。我们之所以知道这一点，是因为考古学家对奥古斯丁主持修建的大教堂进行了部分发掘，并且发现，教堂的地基建在一层从 5 世纪中期开始累积起来的厚厚的黑土之上。此外，教堂并不对齐罗马街道的布局，很可能当时古罗马街道已经不可见，只有少数破败的建筑还保留在那里，所以修建大教堂的石匠以此作为修建教堂的石料。

奥古斯丁和他的追随者最初几年花费了大量时间与精力在坎特伯雷城墙内、东门之外修建教堂，用来纪念罗马家乡的圣安德鲁修道院中敬奉的圣徒。比如，坎特伯雷新建的大教堂和罗马的拉特兰教堂一样，都敬奉基督。坎特伯雷另一座早期的城内教堂则极其罕见地敬奉“四圣殉道者”，这一点与圣安德鲁修道院附近的一座罗马教堂相同。坎特伯雷现在被称为圣奥古斯丁修道院的城外修道院最初是为敬奉圣彼得和圣保罗两位圣徒，这两位圣徒也是罗马城外一座巴西利卡结构建筑中所敬奉的圣徒。正如修建罗马圣彼得教堂的主要目的是为了安放罗马教皇的遗体，坎特伯雷城外敬奉圣彼得与圣保罗的教堂也是英格兰大主教的停尸教堂。还有一座在坎特伯雷修建的早期教堂，可能是敬奉4世纪早期在罗马被斩首的殉教士圣潘克拉斯的，再次与圣安德鲁修道院附近的一座教堂不谋而合。外来的法兰克或意大利石匠修建起这些教堂，整个修建过程必定需要消耗大量的资源。这场声势浩大的工程，要么出于传教士持有的极端乐观心理，意欲通过一砖一瓦重建罗马圣地，要么就是一群思乡的意大利人意欲在这个前罗马城镇破乱的外壳下，模拟他们心中所爱的城市，虽然这个过程时常令人压抑而沮丧。无论出于何种目的，他们的努力、肯特国王的努力，都意味着坎特伯雷将重新焕发生机。只不过在最初的时候，人们重新定居并没有使坎特伯雷变得比维鲁拉米恩更像一座城市。无论坎特伯雷还是维鲁拉米恩，两个后罗马时期重建的建筑都很像在耶韦灵发现的宫殿和举办宗教仪式的建筑群，而非罗马时期真正的城市风格；除此之外，坎特伯雷和维鲁拉米恩选择修缮的，是那些能引起人们情感共鸣的、已经破败的城镇景观，而非那些富有含义的乡村景观。

在6世纪晚期的不列颠，城市生活没有得到延续，城镇也没有因为基督教的传入而立即得以重建。不过，即使没有城镇，大量奢侈商品仍然流入不列颠境内及其周边地区。例如，在肯特，在罗马传教开始前夕，上等阶层的墓葬中就陪葬有大量外来的物品。许多商品来自莱茵兰和法兰克，还有一些甚至来自更遥远的滨海王国，比如，北方工匠制作英格兰女性串在胸针间的漂亮串珠使用的玻璃原料来自埃及；有些女性挂于腰间的象牙环来自埃塞俄比亚；英格兰工匠视为珍宝的红宝石和琥珀则源自印度和波罗的海。此时，尽管不列颠西部没有城镇，但那里的精英阶层也有机会获得外来商品。比如，苏格兰西南部的王室以及修道院家庭都与外来商人形成了固定的联系。在6世纪中期，就有法国西部的商人带着大宗做工精美的黑陶餐具、玻璃制品、彩染制品、盐、葡萄酒造访邓拉德和惠特霍恩。

在不列颠的英语文化区，有一些舶来品可能是循环式移民用背包带过来的，这些移民经常往返于欧洲大陆上曾经居住过的社区和新近定居的不列颠社区，因此把英吉利海峡两岸的东西带到对岸，带给盟友、亲属或者领主。不过，这类物品能随处可见，职业商人必定也参与其中。到了6世纪后期，商人会从海峡对岸运送一整船的商品，与已经赚了钱的英格兰代理商进行交换。此时的英格兰由一群急需证明自己社会地位且拥有大量资源的家族主导，对他们来说，外国商人和本国代理商应该都是非常重要的。考古学家在肯特郡和泰晤士河上游山谷发现了几座墓葬，时间上可以追溯到6世纪中叶到7世纪之间，这几座墓葬可能就是商人和代理商的墓葬。墓中埋葬有在法兰克边境进行黄金交易时使用的天平与砝码。这些天平的尺寸较小，表明它们被用于需要称量贵重黄金的交易，而且，英格兰墓葬中与天平匹配的砝码是专门用来校准称量两种金币（拜占庭金币或者法兰克金币）中的一种的，所以使用这些天平的人可能是商人，他们需要在交易中计算拜占庭金币或者法兰克金币能换取多少法兰克金币或拜占庭金币；或者是交易另一方的英格兰代理商，他们受领主的委托，用领主拥有的生产盈余交换进口商品或贵重金属。其他证据也证明黄金交易和外国商人的存在。在 6 世纪的 100 年间，大量来自欧洲大陆的钱币涌入不列颠。19 世纪时人们在萨里郡泰晤士河畔的金斯敦发现了一个宝藏（现已丢失），里面有大约 10 枚法兰克硬币，年代可以追溯到大约公元 530 年。在普特尼还出土了一枚 6 世纪晚期拜占庭帝国港口税收所用的铅质印章。这些硬币和印章，都说明当时有外国商人、外来商品，英格兰人也有值得他们进行贸易的物品。

在城镇出现之前，英格兰工匠和他们制造的商品就已经遍布不列颠各地。他们生产工艺品的残渣（金属边角料、大块玻璃、废弃的铅和汞的珠子）在不列颠各地高地位人群的遗址中都能找到。在这个没有城镇的阶段，在各地游历的工匠也生产出更多的日常物品。例如，许多火葬墓中的骨灰瓮，经鉴定都出于某些特定的陶工群体之手，因为罐身的印花是由同一套鹿角模具印成的。其中一组由被称为桑克顿陶工或巴斯顿陶工制造的陶罐，在从约克郡东区一直到林肯郡南部的火葬墓中均有发现。虽然同一群工匠使用同一套印花模具在这些骨灰瓮上完成印花装饰，但每块墓地的罐子所使用的黏土不尽相同。这表明，陶工的活动范围很广，他们在一个地方塑制泥坯之后，在临时搭建的窑里烧制一两周，之后再前往下一个地点。总而言之，外来商品和本地的工艺品、商人和工匠，在没有城镇的情况下，可以并且确实在各地辗转和谋生。

此外，前面我们也看到，到了 6 世纪末，在纳贡时间，当地农民家庭和贵族家庭聚集在知名纳贡中心是很常见的。每年或每季，这些中心的拥有者会在他们特殊的朋友和至亲的陪伴下，巡游至此，住上一些时日，巩固友谊、宣称对当地人劳动成果的所有权、解决各种纠纷。这应该是工匠和商人来此做生意的最佳时间。6世纪时，社会分化加剧，伴随着领土和王国的形成，纳贡体系互相关联发展，所有这些因素都促使贸易在6世纪没有城镇的环境下发展起来（甚至可能使贸易的发展成为必然的结果）。

不过，虽然有这些不需要依托城镇的活动，但真正意义上的城镇，在消失一个半世纪之后的公元600年前后又开始萌芽。有4处非常著名的此类考古地点：伦敦［位于罗马伦敦正西部的一处遗址，罗马伦敦中的“伦敦”（Londinium）有时在文学作品中称为“伦蒂威奇”（Lundenwic）］、南安普敦［通常称为哈姆威奇（Hamwic）］、伊普斯威奇（Ipswich）和约克。在整个7世纪，这些定居点演变成了真正的城镇，全年都有大量人口主要从事手工业生产和贸易活动（而非农耕活动）。考古学家和历史学家有时将这些地方称为“威奇”（wics）或“贸易站”（emporia）[①]，在这一时期，这类地方不仅在不列颠的南部和东部取得发展，在斯堪的纳维亚和波罗的海的北部全境、英吉利海峡和北海两岸、莱茵河以及默兹河沿岸也都在萌芽发展。每个威奇都在自己独特的环境下以独有的方式产生和发展，这意味着有一些地区最终与王权更加紧密地联系在了一起，有些地区更多地参与到了国际贸易网络中，还有一些则发展成为专门手工制品的生产场所。同时，所有这些新生的城镇又具有某些共同的特征，形成了一个松散的经济网络，人口、商品和思想在这张网络间流动。

① 拉丁文中称为wics或者emporia。

伊普斯威奇以及英格兰其他的早期城镇

伊普斯威奇是这些新兴城市社区中的一个，以下我们将更详细地探究它的发展起源。公元 600 年前后，商人和工匠在萨福克郡吉平河河岸一片空置的荒地上开始做生意。这些人本可以选择上游 18 公里处的前罗马小镇科德纳姆（Combretovium）的废墟，但他们没有，反而选择了靠近奥威尔河（Orwell）河口的一处隐蔽空地，这处空地位于奥威尔河北岸的一片浅滩上。伊普斯威奇发展的最初几年，当地农民和贡吏可能会定期聚集在这里，有的赶着四轮马车或者载着牲畜跋涉至此，有的则乘坐独木舟通过水路到达这里，希望用盈余食物或者自家制造的工艺品换取自己无法生产的东西。外国商人每年会来好几次，可能也促成了这种聚会，并最终使其固定下来。外国商人驾驶体积庞大的木板船，带来成船的法国葡萄酒、玻璃碗和时髦纺织品，这些能够提升社会地位的新奇玩意儿正是当地富裕人家所渴望的。萨福克郡南部的本地人到底用什么物品进行了交易我们很难查证。也许在战争中打了胜仗的部队会将他们不幸的俘虏赶到河边，卖给岸边弗里西亚的奴隶贩子：至少从比德的记录里可知，麦西亚人当时在伦敦就这么做过；抑或是买卖木材，因为在弗里西亚，木材极度稀缺，而商人们又要依赖木船谋生，所以木材可能也是交易的一部分。但是不管交易了什么，看起来这种临时搭建的、不定期的海外贸易开始变得有组织、正式化，大约在 600 年，伊普斯威奇已经发展成为全年式的交易地点。到 9 世纪初，伊普斯威奇的地域面积扩张到大约 50 公顷，但在 7 世纪的大部分时间里，它还是一个很小的地方，面积差不多只有 6 公顷。不过，哪怕只有 6 公顷，在当时还是算得上一个相当大的交易点，比同时期高地位的中心聚落，比如，萨福克郡的布兰登或诺森伯兰郡的耶韦灵都大。此外，伊普斯威奇不需要很多的基础设施就可以开展大规模的贸易。码头、仓库以及店铺均非必要，因为商人们所做的就是将船拖到岸上，直接在船上的货舱里做生意。

伊普斯威奇最初的居民和大多数农村居民一样，将死者葬在定居点边界外的墓地里。其中有一座坟墓位于今天伊普斯威奇中心的黄油市场所在的位置，里面的墓葬透露出伊普斯威奇早期的社会构成。我们在死者中还发现了女性和儿童，因此这里不仅仅是商人和工匠们的季节性营地。从黄油市场的坟墓中我们还知道，早期的伊普斯威奇并不单纯是一个工匠的集合地。和 7 世纪的很多其他地方一样，这是一个有等级的社区，社区的成员利用葬仪展现社会地位、年龄和性别的差异。大部分死者很少或者根本没有陪葬品，但也有少数人的墓葬有进口的手持玻璃杯、令人惊叹的珠宝及武器等随葬物品。例如，黄油市场最精美的墓葬中，有一个可以追溯到公元 7 世纪中期，墓主人是一位男性，他的陪葬品和服装配件在莱茵兰墓葬中应该也可以找到。所以，他应该是一个外国人，客死他乡之后，和他一起从故乡而来的同伴将其埋葬，他们很清楚在莱茵兰，高地位人群的坟墓应该陪葬哪些物品。在这座墓葬里还发现了一件来自莱茵兰的法兰克式“黑色器皿”，年代可追溯到伊普斯威奇建立之初，还有一口手工制作的弗里西亚煮锅，这口锅不是交易用的，而是日常使用的，这也表明居住在伊普斯威奇的一些人远渡重洋来到这里，用他们从故乡带来的东西装备自己的新家。而且，好像从一开始，就有一些居住在伊普斯威奇及其周边地区的人要么与住在肯特郡东部的人有密切的联系，要么来自肯特郡。在伊普斯威奇河对岸的哈德利路附近有一块同时代的墓地，埋葬在那里的人陪葬有肯特胸针和玻璃制品。在附近的另一座墓地里［位于博斯霍尔（Boss Hall）］，一名死于公元 700 年前后的女性陪葬有一枚十分精美的肯特胸针，还有一系列肯特风格的吊坠。在伊普斯威奇，除了肯特商人，可能还活跃着来自英格兰其他地方的商人。哈德利路的墓地里，有许多女性都陪葬有方头胸针和琥珀珠子，这在伊普斯威奇所在的萨福克郡的东南部十分罕见，但在更远的北部地区以及今天的伯里圣埃德蒙兹（Bury St Edmunds）周围的内陆社区却很常见。因此，生活在伊普斯威奇的前 3 代人中，最值得注意的一点就是，周边生活的富人中很可能都非本地出生。

考古学家在英格兰其他早期的商贸社区找到了类似的证据。在南安普敦和伦敦发掘出的几座墓葬里，陪葬有异域的服饰和手工制品，表明至少曾有一些外来者在此安家落户。在南安普敦，考古学家不仅发掘出日常使用的外来陶器，还发掘出兔肉食用后的残渣，而在诺曼征服之前，不管是兔子还是兔肉，对于英格兰人来说都很陌生。巴黎圣丹尼（Saint-Denis）大教堂的档案中还有一份文件（虽然公认有一些问题）称，有法兰克人姓名的两兄弟将土地遗赠给伦蒂威奇的修道院；这可能可以进一步证明，伦敦早期存在不少公认的属于外来商人的飞地。无论如何，看起来似乎有一小群富裕的外地人，在英格兰最早的商贸社区生活，直至死亡。

在其他地方发现的物品也证明，伊普斯威奇、南安普敦和伦敦有来自法兰克、弗里西亚和肯特的商人，不管他们是否常年生活在这些商贸社区，这些物品都足以证明他们的存在。就像英格兰其他的早期城镇一样，在伊普斯威奇也发掘出了大量的进口陶器碎片。这些陶瓷中，有些可能本身就是贸易商品，但大部分可能是作为盛装葡萄酒、盐、染料等货物的容器。伊普斯威奇进口的陶器尽管有一些可能产于法国北部，但大部分都出于莱茵兰和弗里西亚的陶工之手。这些陶瓷不仅说明了伊普斯威奇最初几代人贩卖货物的情况，还透露了伊普斯威奇外来商人来自不同的地区：法兰克和弗里西亚的商人很可能来自荷兰多勒斯塔德和法国加来附近的昆托维奇贸易中心，他们与来自肯特的商人竞争东盎格利亚的商品和贸易机会。因此，外来商人，更确切地说，来自各地的外来商人（包括来自肯特王国的商人）在英格兰所有的早期商贸社区中似乎都是重要的组成元素。事实上，各地的外来商人以及他们之间可能存在的竞争，似乎成了这一地区城镇重获新生的原动力。

尽管国际贸易是伊普斯威奇实现繁荣的基础，但当地出生的工匠和他们的家人可能占了该镇常住人口的绝大多数，他们制作的大部分物品既没有外来特色，也不是针对外国人所迎合的国外消费者。从他们生产的废料可以判断，伊普斯威奇的工匠从业范围很广：铁器锻造，生产织布机配重、鹿角制品、铺路用的鹅卵石，纺织，等等。他们生产的许多产品最终为其他的伊普斯威奇工匠所用，因为后者大部分时间都在制作其他有用的物品；也可能卖给了居住在此的商人，因为他们太忙或者太富有，没有时间，也没有必要为自己制作梳子或鞋子。因此，工匠们为商人和其他城镇居民生产所需的物品、提供所需的服务，而他们所在的这部分市场在很大程度上是为了满足内需的。有些伊普斯威奇工匠可能还把他们的产品卖给当地的农民，但伊普斯威奇早期生产的商品种类并不多，总的来说，使用起来也并不比同一时期许多乡村制作的物品更好用。

似乎最初生活在伊普斯威奇的几代人也从事农业生产。在第一个定居点以东 200 米处发现了耕地的边界，这表明，早年许多工匠每天不但会去作坊做工，而且会去往田间劳作。公元 7 世纪，城乡之间的界限可能是模糊的，有人会在农村生产工艺品，而城镇居民也会自己种植一些粮食。7 世纪的伊普斯威奇除了更加重视手工制造业、人口更多、有外国定居者、能够获得更多外来商品之外，与较大的农村定居点，尤其是那些权势家庭或者宗教社区在其中拥有宅邸建筑的农村定居点有很多相似之处，因为这些定居点通常有自己的工匠，也有途径可以获得外来商品。

在最初的几年里，伊普斯威奇可能和整个英吉利海峡地区同时间形成的许多贸易社区一样，也是一个“多焦点”的定居点；这可能是英格兰最早城镇的又一典型特征。伊普斯威奇作为一个多焦点的社区，可能一开始只是一系列离散市场的集散地，这表明它是在不止一个本地群体或者家庭的支持下运作的。此外，在伊普斯威奇及其周边发掘出了 3 块墓地，并且在现在伊普斯威奇城的榆树街附近可能还有第四块墓地，每块墓地对应着伊普斯威奇早期的一个墓葬群体。每块墓地里至少有几名死者陪葬有武器、法兰克或肯特的玻璃制品和金属制品，哈德利路墓地里有一座墓葬还有来自不列颠西部的“吊碗”。这些墓葬社区的人们都能获得外国人带到伊普斯威奇的物品，很可能因为他们在定居点拥有重要的地位或权威。但在这一时期，没有任何迹象能够表明在伊普斯威奇有一种单一的主宰力量。

南安普敦和伦敦的情况与 7 世纪的伊普斯威奇大致相当。也有证据表明：这些地方从 7 世纪初开始也是多中心的定居点，它们沿着河岸分布，周围有多座墓地环绕，葬在这些墓地的人，有些可能来自国外，可能有机会获得外来货物；这里有少量常住人口，其中包含男人、女人和小孩；这里也有包括肯特郡在内的各地富有的外国商人划分出来的飞地；同时还拥有获得外来商品的极佳渠道。

公元 720 年前后，伊普斯威奇、伦敦、南安普敦，可能还有约克都迅速扩张。伊普斯威奇急剧增长的一个重要证据就是在黄油市场的墓地中发现的。在这个时期，伊普斯威奇的居民不再将死者埋葬在黄油市场，而原有的墓地被重新开发了，但在开发过程中几乎没有考虑到死者。考古学家在进行考古发掘时发现了大量“锡特”（sceatta）小银币，铸造时间是 710—760 年间。似乎在 8 世纪初的某个时候，迫于人口迅速膨胀的压力，黄油市场从墓地转变成了一个自由市场，一个讨价还价、用硬币交易的场所。到了 8 世纪中叶，这片区域进一步发展。碎石铺就的道路纵横交错在被遗忘的墓葬之上，人们朝着临街方向建造起房屋和作坊。有证据表明，从此时开始，整个定居点的手工业生产日益密集，而且越来越依赖农村供应的食物和原材料。南安普敦和伦敦在 7 世纪也经历了墓地的再度开发利用，见证了城镇的快速发展。这些社区周边曾经的墓地只使用了一次便都消失了，说明城市人口、贸易和经济本身在 8 世纪上半叶迅速扩张。事实上，在 720 年之后的几十年里，这些城镇的规模发展到了巅峰，每个城镇的面积都在 40—60 公顷。据我们所知，在此期间，这 3 个城镇的人口都翻了一到两番，伊普斯威奇和南安普敦可能有 2 000—3 000 户居民，而伦敦则在 5 000—10 000 户。换句话说，伦敦在 8 世纪早期可能就已经有多达 2 000 个作坊，伊普斯威奇也大概有 500 或 600 个。

从 8 世纪初开始，陶工成为伊普斯威奇最有组织、生产力最强的工人群体，他们开始大规模生产陶罐。考古学家发现了一片小的工业飞地，这里取水方便，靠近伦敦黏土的采掘点，位于伊普斯威奇最早的定居点东北方向约 300 米处。这里的陶器制作可以追溯到大约公元 720 年，但从 8 世纪下半叶起生产规模快速扩张，一直到 850 年之后才停止。事实上，陶器生产必定推动了伊普斯威奇在 8 世纪和 9 世纪初的繁荣发展。在英格兰的其他地方，陶工先手工塑形，然后在篝火中焚烧。但在伊普斯威奇，制陶工人先用泥片塑成罐形，然后使用慢轮或转盘进行修整，最后将陶坯放入真正的窑中焙烧。他们的技术不仅适用于工业规模的生产，伊普斯威奇的陶工还生产出有把手的大水罐，这种陶罐非常实用、很受欢迎，但英格兰其他地方都无法生产。伊普斯威奇制造的万千陶罐虽不精美，但并不影响人们对它们的喜爱和接受程度。

伊普斯威奇的陶器比镇上生产的任何物品销得都要远。伊普斯威奇陶工制造的陶罐几乎成为东盎格利亚王国每户居民家中的日用必需品：富人在用，穷人也在用。这些陶罐的广泛分布告诉我们，各种各样的人，无论他们生活在什么样的定居点，都与伊普斯威奇之间存在某种经济联系，因为如果没有这种联系，伊普斯威奇生产的陶罐就不可能如此彻底地渗透东盎格利亚的内陆地区。伊普斯威奇的陶罐也会穿过国境销往其他王国，南到肯特，北到约克郡，只不过在东盎格利亚以外的地区，只有在地位较高的定居点或其他贸易点才有伊普斯威奇的陶器。例如，在 750—850 年间，伦敦大部分的陶器都是伊普斯威奇陶工制造的；伊普斯威奇陶器普及到似乎绝大多数伦敦人都在使用它。偏远城镇和大型庄园的日常生活中一定也少不了伊普斯威奇陶罐，因为为富有的肯特或约克郡的受贡人（包括修道士、修女以及来自伦敦和约克的商人）工作的代理人，会定期到伊普斯威奇与当地工匠直接进行交易，把那里的陶器和其他考古上不太可见的商品带回来。在公元 720 年之后的一代人时间里，伊普斯威奇陶罐的使用越来越广泛，这一时期的伊普斯威奇城镇中遗失硬币的数量也越来越庞大，无疑是因为硬币的使用愈加频繁。很可能在这一时期，全面覆盖的贸易网络将伊普斯威奇与其他内陆的贸易点、将城镇与城镇连接了起来，而且正是在这一时期，这 4 个重要的贸易社区真正进入了繁盛时期。

相比 7 世纪中期，8 世纪中叶的伊普斯威奇、南安普敦、约克和伦敦具有更为明显的城市特征，但它们与后期的城镇仍然有所不同。一方面，与后期的城镇相比，这几个地方的生活节奏受季节变化的影响更大。例如，每年天气最好的几个月里，伊普斯威奇的人口就会如雨后春笋般突然增加。正是在这几个月，船长们跨越英吉利海峡，驾驶着装满货物的船只，停靠在伊普斯威奇的滩头进行贸易。不论是商人还是船上的水手，在买卖交易的几天或几周里，必然需要住宿和补给，修道院和贵族家庭的代理们也必然如此。比如，那些批量购买欧洲产葡萄酒的代理人，他们需要集结马车夫或上岸的船长和船员，而这些人和他们的牲畜也需要食物、饲料、烧火做饭的木柴和睡觉的场所。正是在夏季繁忙的几个月里，城市工匠（鞋匠、陶工、骨制品匠人）所制造物品的数量也达到一年中需求量的最大值。一旦天气变了，适航的船只不再出海。其他的季节性贸易模式也会出现，那就是，晚秋季节，农民为了过冬开始屠宰作为贡品的牲畜，以满足领主供养城镇家属的需要，也最有可能在这个时候，牲畜被成批赶到城里。这几个月可能是制革工人最繁忙的时候，木材和柴草贩子大概也在忙着挑选树木，砍伐树木，并为下一个夏季的交易做好准备。伊普斯威奇一年之中人口数量的涨落以及人们生计的季节性变化，正是不列颠早期城镇及其经济模式区别于后期城镇的两大方面。

比起后期的城镇，这些社区的布局发展更加随意，部分原因在于它的季节性变化。例如，从事特定工艺生产的人明显不像后来的工匠那样严格地组织聚集在相邻的某些街区，而且有些家庭确实还依靠不止一种手艺谋生。这可能是因为像从事制革和骨器加工的工匠，在冬去春来几乎没牛出栏的几个月里，也需要淡季的谋生手段。与此同时，城镇当局也一定不像经过几百年摸索实践的后人那样精通管理。例如，在城镇发展的后期，为了安全起见，官员会全力规范最有毒有害的交易，确保像皮革工匠和会用到明火的陶工群体在单独的生产区域作业，或者远离城市中心区域。但是，在 8 世纪的城镇中，许多相邻的街区充斥着各行各业，这种行业布局习惯的后果之一就是毁灭性的火灾频频发生。在此期间，个别房屋，有时是整个街区都被大火吞噬，因为城镇居民习惯将他们的壁炉建在离墙很近的地方，或者很危险地靠近低矮的屋檐，而这恰好说明在城镇建设方面几乎没有监管。不过，此时有的城镇也有一些初步的分区。伊普斯威奇的骨器工匠和陶器工匠集中在小镇的郊区，靠近水源和黏土的一块区域；并且在黄油市场发现的大量硬币，说明黄油市场所在的位置曾经是一片商业区。在南安普敦，我们也在城镇外围发现了骨器工匠的聚集区，在河边的一个地区聚集了那些有更多机会接触到外来货物的人：也许这是商业机构或精英住宅聚集的一小片区域。此外在伦敦，从事兽角制作的商铺都离屠夫的院子不远。所有这些例子中，似乎促进早期区域划分的因素都是个人职业的紧迫需求（因此，也就是个人因素），而非强制的行政命令，但是可能有些也是在权威控制下形成的区域划分，例如，为了方便收取通行费、维持销售秩序，市场区域越来越多地受到国王及其地方长官的强制管控。

其他证据也表明，一些权威人物开始对城镇施加影响。城镇内河道和道路的建设和维护，有时需要在各家各户以及邻近街区组织协调大量的原材料和劳动力。例如，在伦敦，在7世纪七八十年代，有人监督砍伐了一大批橡树、收集了大量灌木和碎石，用于在泰晤士河沿岸建造一段重要的堤防。建造这段堤坝属于公共基础设施的建设，而非单个家庭的修缮项目，必须有一个足够有权威的人出面，才能调配大量的劳动力、木材和石料。伦敦早期几条道路的修建也说明了类似情况。其中一条道路，从斯特兰德大街（The Strand）一直延伸至古罗马大道（现在的牛津街），就是在7世纪时铺成的。道路及两旁的排水沟都经过了精心的建造和维护，路面由坚固的碎石铺成，在之后的几十年间一直没有垃圾，也没有出现坑坑洼洼。这条大道的建设和保养与其间蜿蜒迂回的小巷形成鲜明对比。那些次要道路上的废物很少有人清理，经常散落着生活垃圾、工业废料，甚至还有腐烂的动物尸体。似乎在7世纪末，在伦敦出现了一位强权人物，他有能力组织大型基础设施项目的建设和日常的维护工作，但却没有一个有足够权威的人坚持要求全城都达到像公共道路那样的高标准。铺满垃圾、肮脏不堪的小巷和空地，缺少安全管控、毫无规划的分区，建筑设计充满隐患，道路坑坑洼洼，这些均非英格兰所独有：同一时期的意大利城镇，尽管有长期从未中断的历史，也受到类似问题的困扰。

除了这些偶尔进行的“公共工程”项目，还有其他原因促使我们推测，城镇的日常生活生产中有一些有影响力的领主（可能是在俗人士、教会人员或者二者皆有）也参与其中，并在城镇的发展中处于某种核心地位。证据之一是考古发现的动物骨头。这些伊普斯威奇居民的晚餐食物残渣告诉我们，他们吃到的动物种类相当有限。这些骨头也告诉我们，伊普斯威奇居民吃掉的动物大部分都是活着运至城内的（尽管无法放养的猪似乎都是被屠宰或腌制后运到城内的）。其中大部分动物是由于长时间犁地拉车而患有关节炎的牛，以及产过多年羊毛、年老体弱的羯羊。鉴于这些动物的年龄，它们很可能是被贡吏作为贡品带回城内的：毕竟，如果农民需要缴纳贡品牛或羊，他们很自然地就会选择交出不能再用的动物。这些干嚼不烂的老牛（羊）肉并不是理想的食物，而这反过来说明，至少在 7 世纪的伊普斯威奇，大多数城镇居民餐桌上的肉不是买来的。因为，如果人们能够在露天市场上购买食物，那么经济实力允许的人至少会选择肉质更鲜美的幼畜，或者与乡下来的小伙子讨价还价购买鹿肉野禽。而食用那些令人厌烦的老动物肉，反过来说明，大领主每年都会将从农村获得的动物分给城镇居民，而作为回报，这些人有义务为领主提供手工制造或贸易服务。尽管如此，随着时间的推移，肉类资源的种类仍在增加，来源也在不断扩大。例如，在 8 世纪时的伦敦，似乎在某些特殊场合能够买到更鲜嫩味美的肉，因为城镇市场上出售的商品更多了，而且有些城镇居民在经济上更加独立，生活上过得更加舒适，这些都要得益于他们从制造业、贸易过程中积累的财富。

在尝试描述英格兰新城镇的经济特征时，务必牢记这些动物骨头。在许多方面，城镇及其工匠似乎是农村再分配体系的组成部分，他们与小村庄的农民一样，也要向领主提交实物贡品，履行应尽义务。特别是在 7 世纪，能够证明市场存在的证据要少得多，所以义务和互惠体系似乎是推动城镇经济发展的重要力量。然而，并非所有的城镇都存在这种义务体系，农村贡吏和城镇居民之间的关系随着时间的推移发生着变化。例如，南安普敦的动物骨头暗示我们，即使到了 8 世纪，城镇居民几乎完全依赖来自农村的肉类缴纳，这使我们相信，他们仍然依赖西撒克逊精英阶级的供养，后者提供给他们什么，他们就吃什么。与此同时，在伦敦，从供应到市场都发生了重要转变，这也推动了7—8世纪时伦敦居民在饮食和城市生活上的改变。

没有形成城镇的其他地点

最后终于形成“真正意义上的”城镇，并不意味着这一时期只有这样一种贸易中心和手工制品的生产中心。此时还形成了各种类型的定居点，它们不那么乡村化，也不那么城镇化，有些甚至没有人常年居住，但它们和城镇一样，也是新经济体系的核心元素。而且，许多这样的地方一直存在了好几个世纪，它们甚至可以在新的经济体系中占据主导地位，尽管最终没有。

伍斯特郡的德罗伊特威奇（Droitwich）就是这样一个地方。德罗伊特威奇周围遍布富含盐卤的矿泉，在6世纪下半叶，德罗伊特威奇的制盐者用石头建造了10座加热炉，这些石头可能是从3公里外废弃的罗马别墅捡来的。每座加热炉长约2米，用枝条编织的篱笆围起来。人们在盐炉上生火，在上面放上大铅壶蒸发盐水。40升的盐水煮沸蒸发大约能产出13千克的盐，所以，他们显然会缴纳大部分的盐作为贡品或者用盐换取其他的东西。在6世纪的萧条时期，德罗伊特威奇这10座盐炉的成功运作需要一套复杂的物质交换体系和相应的经济活动予以支持。首先，盐工需要大量稳定的木柴供应作为燃料。铅也需要采购，并且很可能有一群人专门从事铅矿开采，还有一群人将其制成煮锅。有些陶工住在20公里以外，他们需要开采黏土、塑造成型、经过烧结，最后用马车运到德罗伊特威奇。德罗伊特威奇的盐工会用陶罐从盐井中采集富含盐分的卤水，或者用它们储存和船运食盐。当地农民需要饲养额外的牲畜供盐商和城镇长官使用，因为领主会派这些地方长官定期到德罗伊特威奇取盐。还有其他农民需提供以牛羊为主的活畜，供盐商及其家人食用。这样，我们可以看到这个地区的大致轮廓，在这里，各种专业或半专业的生产者互相合作、协调生产、交换所需，尽管如此，他们依旧分散生活在乡村，而没有把自己聚集在某一个定居点。想一想他们的大事记，这些发展便显得尤其有趣。当德罗伊特威奇周边地区的控制力量从说不列颠语的精英阶层变为说英语的精英阶层时，德罗伊特威奇的历史提醒我们，关键性的经济转型独立于政治统治，甚至与政治统治无关。8 世纪，德罗伊特威奇以“萨尔特威奇”（Saltwich）这个名字而著称，其意思就是“盐镇”。此时，在德罗伊特威奇可以看见一些可能由麦西亚国王监管的公共活动：和伦敦一样，这里的居民修建了一段宏伟的护堤，在灌木林中开辟了人行道，这些项目都需要整个地区的协调、合作及资源供应。

德罗伊特威奇并非独一无二：有迹象表明也有地方专门从事铁、锡、铅等的生产；这些地区的生产模式可能更接近德罗伊特威奇，而非伊普斯威奇和伦敦，因为德罗伊特威奇与伊普斯威奇和伦敦这两个地方相比更不像城镇，它只专注于单一产品的制造，许多需求都由来自其他地区的工匠满足，同时也很少从事国外贸易。

这一时期发展起来的另一种重要的定居点类型是季节性的集市和生产场所，其中人们了解最详细的是一个叫沙镇（Sandtun）的定居点。这个定居点形成于 7 世纪末或 8 世纪初，位于肯特郡西海斯（West Hythe）附近随风吹形成的沙丘中间，一个面向法国隐蔽的海湾上。人们每年会在天气好的时节来到沙镇，大概在鲱鱼洄游的秋季离开。沙镇的土壤十分贫瘠，不适合谷物种植，所以，在沙镇度过夏天的人们得从其他地方的农民那里获取家畜和谷物。沙镇的夏季居民中，有些人捕鱼，有些人忙于制盐，还有一些人会从事贸易活动。有些商船沿海岸穿行于萨福克、埃塞克斯和肯特，停靠在沙镇交易伊普斯威奇独特的陶瓷，考古发掘时在此发现了大量伊普斯威奇生产的陶器的碎片。欧洲大陆的货物也会抵达沙镇，考古发现了欧洲大陆相当数量的陶器证明了这一点。因此，这些货物要么是法兰克商人载着成船的货物带来的，要么就是沙镇的一些夏季居民自己出海带回来的。也或者早期的沙镇受利明奇和坎特伯雷的大教堂社区（我们知道这些社区后期确实对这块地方和某些盐业拥有管辖权）控制，城镇长官受命在沙丘之间与法兰克商人会面，用当地人生产的盐换取法国葡萄酒。在沙镇停留的中间商可能会将来自异域的物品供货给坎特伯雷城外的福特维奇贸易社区，在用富余的毛皮、盐、布料和奴隶换取白银的交易中，这些人无疑起到了关键作用。类似的季节性社区在肯特南部和东部海岸、河口，以及英格兰南部和东部海岸地区和河口可能都有分布。虽然沙镇的居民每年只在部分时节来这里捕鱼、开展贸易或者制盐，但这些活动年复一年，经过一代人又一代人，一直持续到 9 世纪 50 或 60 年代。之后，和许多沿海地区一样，沙镇沦为维京人袭击的对象，在随之而来的经济混乱中日渐萧条。

其他在 6 世纪末到 8 世纪发展起来的地方，可能不仅是季节性的市场或集市，还是高级手工制品的半永久性集散点。在同样的几十年里，伊普斯威奇发展成了一个永久性的繁华社区，距其不到 10 公里的地方建起了另外两个定居点，一个在巴勒姆，另一个在科德纳姆。这两处定居点都生产了大量的金属制品，有些属于英格兰风格，有些属于法兰克风格，还有一些甚至有不列颠西部的风格。在科德纳姆出土的金属工艺品中，有不少是精美的黄金首饰的碎片，将它们拼凑在一起，看起来很像是金匠加工后遗弃的边角料。这意味着高级金属制品加工不在伊普斯威奇，而是在这里进行的。同样明显的是，科德纳姆的居民经常会去罗马遗址寻找金属残片，用来装饰日常用品，比如，衣服的扣件、腰带扣等，这表明，这里的铁匠有两个完全不同的客户和市场。这里还发掘出一些硬币，其中两枚是金币，一枚来自伦敦，另一枚来自肯特，分别铸造于公元 660 年和 670 年；其他 23 枚是银币，于 675—700 年间铸造于肯特、伦敦、东盎格利亚和弗里西亚。看起来，这些硬币要么是法兰克、弗里西亚、肯特、伦敦和不列颠西部的商人定期在科德纳姆做生意时带来的，要么是在那些地方有贸易往来，拥有大量金银币的伊普斯威奇常客带来的。两枚金币中，一枚被切断，这是硬币用于交易的明显标志；金属探测器还发现了一台可折叠的天平，可能是交易时称量贵金属用的。在附近的巴勒姆也发现了一定数量的英格兰、弗里西亚和法兰克的硬币和金属制品，还有来自不列颠西部的金属制品。从这些硬币的年代范围来看，从 7 世纪中叶到 8 世纪中叶，巴勒姆会坚持定期举行贸易活动。

科德纳姆和巴勒姆也都提供了相关证据，证明这里有控制当地的精英存在。在科德纳姆北部的山脊上，有一块 7—8 世纪的墓地，在众多坟墓中，有两处带有墓室。其中一座墓室装有一位女性的尸体，她脚穿华丽的法兰克风格的鞋子，躺在一张精心打造的铁架床上。她还陪葬有一枚纯金吊坠，由 7 世纪 30 年代的法兰克硬币制成，她的墓室里还有一枚锡特银币，年代可追溯至 7 世纪晚期。第二座墓室埋葬着一位男性，同样也穿着法兰克风格的鞋子，同时陪葬有一个法兰克铜合金碗、一只木桶，一杆长矛，一把斧头和一张盾牌。这位男性的武器很有意思，因为盾和矛明显都是装饰性的，不具备实用功能。与其说他是一名东盎格利亚王国的战士，倒不如说是为给人留下深刻印象而故意打扮成这样的。考古学家还在附近发掘出一间长达10米的木质大厅。在巴勒姆附近也发现了一块墓地，里面一些死者也陪葬有令人印象深刻的一系列精美的进口商品。把这些发现放在一起表明，在正在发展的伊普斯威奇贸易点附近，有些家庭鼓励、建立或控制了几个在经济上与伊普斯威奇有某种联系的市场和手工艺场所。

也许，伊普斯威奇核心地区的其他精英家庭也在鼓励当地农民、贡吏和工匠集中生活在他们的住所附近，并向伊普斯威奇、肯特、弗里西亚和法兰克的商人伸出了橄榄枝。因为这些地方在伊普斯威奇走向城镇化的进程中也在同步发展，所以它们可能是在这一时期发展起来的经济体系中的重要节点，将伊普斯威奇的外来商品吸引到内陆地区，同时，将乡村地区攫取的财富带回到伊普斯威奇的市场。如果地名中的词缀“威奇”也能说明一些问题的话，泰晤士河沿岸那些名字里带有“威奇”的地方则说明，在伦敦附近也发展起来了类似伊普斯威奇的定居点，在南安普敦海域周围也有类似的定居点产生。许多住在伊普斯威奇附近的农民肯定也利用了它靠近城镇的地理优势，或是利用了在伊普斯威奇城镇角落冒出来的小市场，用自己的生产盈余交换一些高质量的磨石或者伊普斯威奇的陶器。到了8世纪初，这些东西在东盎格利亚的穷乡僻壤可能随处可见，因此居住在这些地方的人必然也与伊普斯威奇的商人，或一些与伊普斯威奇有联系的内陆市场有过交易。

因此，似乎在伊普斯威奇、伦敦和南安普敦，外来商人所聚集的永久飞地激活了周边内陆地区的经济活动，在这些飞地背后，那些野心勃勃的重要家庭通过监管各地的季节性交易以及在更远的内陆地区进行的生产活动，推动了英格兰的经济转变，这样一来，这些家庭也可以插手外国商品的贸易，从中获利并提升自己的社会地位。这些地方反过来，也鼓励当地的领主和农民交换他们的生产盈余，甚至逐渐迎合市场的需求组织自己的生产。

此外，自公元 7 世纪开始，各类家族（王室、修道士、贵族）都开始要求领地内的居民从事更加专业化的生产，满足像伊普斯威奇、南安普敦或伦敦等地的需求。事实上，在 7 世纪和 8 世纪，农村定居点的模式开始发生变化，部分原因是为了让精英们能够合理分配他们应得的贡品，以满足城镇和城镇居民的需求，同时也方便他们用自己不需要的东西换取奢侈品和硬币。我们知道，至少在 8 世纪中叶，重要的在俗家庭和教会家庭肯定有代理人直接与城镇商人交易，因为依据考古发现，这一时期知名度高的定居点已经融入地区间和国际间的贸易网络。而只有那些高地位人群控制的定居点与城镇的贸易商和供货商有定期交易，才有可能发生这样的情况。

城镇和新型国王

历史学家和考古学家以往都将不列颠东部城镇的再次崛起归功于国王，有的甚至认为国王为了保证自己获得提高自身地位物品的机会，或者为了确保对这些物品的垄断，才创造了这些地方。然而，我们现在已经知道，虽然英格兰国王最后都控制管理着这些地方，但他们并不是这些城镇的创始人。相反，似乎这里每一个个体、每一个家庭在城镇的形成过程中都绘有浓墨重彩的一笔，这其中有来自弗里西亚，希望用欧洲大陆的奢侈品交换人力的奴隶贩子；有拥有大量牛群，对法国葡萄酒趋之若鹜的贡吏；也有拥有几头乳猪和一艘独木舟的农民；有愿意冒险放弃全职的农业生产，兼职从事陶器制造的普通家庭；也有调派马车夫将大宗货物从城镇的海滩运至乡郊大厅的城镇长官。当国王和其他领主所控制的盈余越来越多，多到超出其家庭可以使用的数量；当精英家庭的成员开始尝试修道生活时，所有这些人就已经形成了一个有机的整体。这些团体和个人在 7 世纪和 8 世纪时积极投身贸易活动，因为通过这种活动他们可以把羊或小麦换成奢侈品、银币甚至城镇制造的陶器。

虽然国王们明显不是英格兰早期城镇的创始人，但有一点毋庸置疑，城镇与国王的命运休戚相关，因为，虽然国王没有创建城镇，但在后来的 7—8 世纪，城镇却塑造了英格兰最强大的国王。要了解这段历史，我们需要回过头来看一看在 7 世纪中叶来到这里，统治人口最多、领土面积最大的英格兰地区的那些国王。此时，诺森伯兰、东盎格利亚、肯特、苏塞克斯和威塞克斯等都是领土面积相对较大、实力较强的王国，但这些王国都发现自己正与同一个强大的敌人进行着越来越危险的竞争，这个强敌就是麦西亚王国。

麦西亚王国的统治者和所有成功的 7 世纪国王一样，都有诉诸武力的天赋。我们第一次注意到麦西亚国王是公元 600 年前后，他统领着一块以特伦特河流中段为中心的小领地。然而到了 7 世纪中期，麦西亚国王和他的勇士们冷酷无情地扩张他们的领土版图，特别是王国最后一位异教徒国王彭达（卒于 655 年，野蛮残暴、骁勇善战）在位期间。虽然彭达在与邻国和竞争对手的军事斗争中屡屡获胜，但他并不总是将战败的统治者驱逐出境，只要他臣服麦西亚王国，保证进献贡品，并承诺至少要参加某些战争，有时就获准保留王位。彭达将他的敌人和潜在对手转化为下属的这种胜利情形到底出现得多频繁，在比德对一位参加过彭达最后一场致命战役的男子的描述中有所体现。这位史学家说，彭达的军队中有 30 名“王室领袖”。这些人显然都是已经屈服于麦西亚王国的国王或者王室子孙，此时与麦西亚的敌人并肩作战。不列颠的国王们有时承认与彭达的主仆关系，所以这些国王及其子民每年肯定也为麦西亚进献贡品、选拔战士。

在这里，我们看到一种跨越区域、跨越种族的王权正在形成。彭达控制了多个领地，但这些领地上说不列颠语和说英语的民族还没有形成一个有机的整体，所以他当然还算不上一个“英格兰的国王”。相反，他对众多为其进献贡品、选拔战士的政治实体拥有权威。诺森伯兰似乎也有类似霸权性质的王权。在诺森伯兰王国，国王是皮克特民族、北部不列颠民族以及阿盖尔地区的苏格兰人的大领主。在 8 世纪，杰出的皮克特国王安格斯（Onuist，在位时间 729—761 年）征服了不列颠北部的所有国王。这种形式的集中统治在 7、8 世纪的不列颠和爱尔兰地区十分普遍，但又极不稳定，经常会有一个王国下属的民族和附属国被别的霸主国王抢走，或者下属的民族和王朝伺机摆脱所属王国的统治。不过，我们的证据暗示，彭达在其统治的后期，开始尝试将部分从属的民族和领土合并形成新王国，任命他的儿子或者其他值得信赖的亲属作为附属国的国王，以此稳定原本难以控制的诸王国。通过这种方式，彭达在他与数十名本土精英、地方领袖之间安插了他精心挑选的统治者。这种革新帮助他成功地处理了需要面对面解决的人际关系，而这种关系对各霸主及其地位较高的下属至关重要。比如说，在中盎格利亚新成立的王国中，那些重要的地方领主即使从未亲眼见过国王本人，也至少和他的儿子同桌共饮过，因为国王的儿子已成为这里的新国王；这些人应该也明白，如果他们密谋反对麦西亚国王的统治，新来的国王定会为麦西亚国王报仇雪恨。不过，彭达没有做的，是将所有隶属于他的民族和领土整合起来，形成一个独立的王国。令全不列颠各地领袖纷纷觊觎的，不是彭达是一个大王国的唯一领袖，而是他拥有对数十位国王、数十个民族的统治权。

在各部讲不同语言、关系不那么紧密的情形下，像彭达这样拥有巨额财富的超级霸主通过发起战争可以获得什么呢？2009 年夏天在斯塔福德郡发现了一堆中世纪早期的战利品宝藏：5 千克多重精心锻造的金器和 1 千克多重的银器。在藏匿的珍宝中，有一条长金带，可能之前被挂在盾牌、剑柄或剑带上，上面用不太完美的拉丁文铭刻着带有《圣经》风格的释义文字："主啊，展现你的威力吧，让你的敌人碎尸万段，让那些憎恨你的人远离你的视线。"从字母的雕刻情况判断，这件作品创作于 8 世纪。但是，宝藏里还包含了 6 世纪晚期和 7 世纪制造的几十件物品。与刻有铭文的金带一样，大部分藏匿在此的宝物都是从军队的武器上取下来的，尽管现在那些曾经混在其中的刀剑大部分已经找不到了。似乎在战斗之后，战胜方收缴战败方武器、盾牌和头盔上的贵金属装饰品已经成为一种习俗。可能剥离的饰物会作为礼物送给国王的追随者。不过，这一宝藏似乎是个人刻意留存的战利品，这是一堆从战败部队装备上掠夺下来的最珍贵的饰物，由主人小心保存、保管，并在随后五六代人的时间里不断扩充。鉴于这一宝藏的贵重程度、藏品的年代范围，以及它们处于麦西亚王国中心地带，它们很可能是麦西亚国王的藏品。这些战利品被收集并保存了几代人的时间，而不是被熔化制成华丽的新物件，因此它们可能具有某种仪式性的功能。人们完全可以想象，这些宝藏是如何在重要场合展示的，每件物品背后的故事会被再次说起，从而加强那些组成“更伟大的麦西亚王国”的各个民族之间，麦西亚人与盟友、与附属国之间的凝聚力。回忆这些故事可以向王国的成员强调他们拥有共同的历史与荣耀，尽管在现实生活中，他们民族不同、亲缘相殊。从斯塔福德郡贮藏的宝藏可以看出，战争显然可以为胜利者带来巨大的财富，但有时也是各个霸主不得不参与的活动。彭达从其他民族获得的财富越多，他能够给他追随者的就越多；他能够给的越多，他拥有的追随者就越多，他从其他民族中获取的东西也就越多。当然，战争无论如何都是艰险的，有时甚至是致命的。此外，胜利者获得的那些闪闪发光的战利品也有其局限性，它并不能使国王更好地管理利用武力获得的一切。然而，在彭达死后的一个半世纪里，麦西亚的国王们继续发动战争，扩大他们的帝国，到 8 世纪中期，控制了亨伯河和泰晤士河之间以及现代威尔士边界与芬斯区西部边界之间的大部分土地和人民。他们甚至有几次还征服了英格兰王国中一些最大、最成功的王国，如肯特王国和东盎格利亚王国。因此，在彭达统治时期，这些宝藏的缺陷几乎没人注意到，在 7 世纪末到 9 世纪初，战争、掠夺和臣服已经无法满足国王的需要。幸运的是，这一个多世纪里，麦西亚由 3 位长寿且有才干的国王所统治：国王埃塞尔博尔德（King Æthelbald，在位时间 716—757 年），国王奥法（在位时间 757—796 年）和国王琴伍尔夫（King Ceonwulf，在位时间 796—821 年）。此外，同样幸运的是，正是在这些年间，麦西亚的城市社区得到快速发展，因为在这3位国王的统治下，尽管战争和暴力仍是麦西亚权力的主要支柱，但是他们看到了新城镇带来的更多可能，在这个过程中，王权发生了变化。

3位国王共同面临的一个问题是，如何充分利用从属人民每年给予的巨额贡品。根据比德的记载，有些贡品是以“王室珍宝和礼品”的形式出现的，但大部分肯定还是农产品的盈余。尤其是成群的牛群，但也包括羊毛、火腿、啤酒、鹰和蜂蜜。简而言之，他们获得的贡品与领主们获得的贡品一样，都来自当地的农民家庭，只是规模和数量更大。因为这种贡品的属性，麦西亚国王肯定获得了大量的食物和牲畜供应，其数量远远超出他及其盟友的消耗。此外，这些财富中大多数贮存周期很短，最多几年就会变质或者死亡。因此，在这一时期，麦西亚国王面对数量巨大的盈余物品应该做的，是许多收集盈余的领主们此时都开始做的：将他们家族不需要的贡品用于交换，交换能提升社会地位的商品，或者，最好是换些银币，从而将食物、饲料和牲畜以更易于长久保存、更易于运输、更灵活的财富形式保存下来。麦西亚的国王需要市场、贸易商、外国商人和硬币。简而言之，他们需要城镇；但麦西亚的核心地带处于商业繁荣的东南沿海地区的西面，没有自己的大型贸易集散地。

因此，我们发现，即使在埃塞尔博尔德奋力夺取王位之前，所有麦西亚内陆王国的国王们都在企图夺取并保持对伦敦的控制权，就不是什么令人惊讶的事情了。虽然从7世纪末到9世纪初，伦敦偶尔会被其他王朝控制，但这一期间的大部分时间里控制伦敦的还是麦西亚国王。对麦西亚国王来说，伦敦不仅是一个广阔而繁荣的交易贡品的市场，还给了他们进入国际市场的机会，在那里可以出售每年在德罗伊特威奇出产的大量盐，而在德罗伊特威奇，生产商、监管机构和征税人的数量也在不断增加。还有一些证据表明，铅、羊毛和奴隶都是从麦西亚的内陆地区运往伦敦进行交换，毫无疑问，还有许多其他麦西亚的产品，包括皮革、谷物和牲畜，也正在泰晤士河沿岸寻找买家。

然而，伦敦的作用不仅仅是售出盈余那么简单。对于麦西亚王国来说，伦敦还是一个创造了惊人财富的王室金库，不是因为它帮助麦西亚国王在战争中获胜或者帮助国王从邻国榨取贡品，而是通过伦敦的运行，麦西亚国王学会如何管理一个地方；而一旦控制了伦敦，便获得了对那里的市场和市场收费业务的控制权。正是伦敦收取的巨额通行费使得麦西亚的国王们成了不列颠最富有的人。

麦西亚国王绝不是掌控市场、收取通行费的创始人，到国王埃塞尔博尔德开始在伦敦收费获利之时，这一收费体系就已经运行了几代人的时间。事实上，最初建立收费体系的可能是不列颠东南部的英格兰国王。他们生活的地区市场繁荣，早在 7 世纪就接受传教了，最早受外来传教士和外国商人开始收取通行费。外来传教士和外国商人在这个时期人数越来越多，他们很乐意向英格兰的统治者解释在其他政治和经济更加发达的世界，君主如何治理它们的统治区域；而这些国王最初可能正是在与他们的接触中，受到了指导和启发。在早期，商人和神职人员很可能都会鼓励国王直接参与贸易和市场的治理。例如，想在英格兰做生意的弗里西亚和法兰克商人，可能会敦促国王干预贸易以保证其货物的安全。商人通过向英格兰国王解释其他地方的贸易如何运作，让国王认识到自己可以从贸易中获利，因为商人和神职人员们会将一部分贸易的利益切分给信奉基督教的国王，换取贸易的安全保障。外国商人不仅在国内已经习惯了这种制度，而且与不受管控的危险市场所带来的损失相比，要缴纳的费用要少得多，因为面对当地人的敲诈或者强盗的洗劫，外国商人常常束手无策。神父可能同样也可以指导王室如何收取通行费，因为他们也亲历过多勒斯塔德（Dorestad）、图尔、罗马和安条克（Antioch）等城市的贸易，知道这些城市的管理者如何通过征收过路费致富，因为他们自己的社区也需要安全的贸易场所。

到了 7 世纪最后的 30 多年，无论英格兰国王的“老师”是谁，他们都明显已经将这些课程内在化了，并且着手践行这些建议。收取通行费的一个优点就是，它几乎不需要基础设施或行政支持；只需控制市场的入口、一个收费员，也许还需要一小队武装执法者。这些收费业务的间接费用很低，但利润却是十分巨大的。对在英格兰出售商品的外国商人，可能会征收商品价值的 10% 作为通行费，这是中世纪早期法兰克、拜占庭和阿拉伯世界的收费标准。由于各地均采用“十分之一”的征收额，所以，对于这些给英格兰国王提供建议的意大利、法兰克和希腊的神父来说，对于与他们做生意的弗里西斯和法兰克的商人来说，征收这一比例是十分“自然的”。在这段时间内，有些人用硬币支付国王通行费，但有些商人则是将手里最上等的商品拿出一部分上缴国王，作为在这个由国王管控的贸易场所做生意的通行券。

到了 7 世纪 60 年代，英格兰国王想必已经很清楚通行费所具有的巨大潜力。这一时期留下的一段文字中记载，肯特国王现在坚持，肯特居民在伦敦购买商品时必须在几位可信赖的见证人或国王在当地安插的官员面前交易，这些官员都被贴上了“威奇长官”和“收费官”的标签。依据这名官员的头衔判断，他不仅要负责维持伦敦的安全（他头衔中的那个“威奇”所体现的），保证贸易的正常运行，还代表国王收取一定的费用作为提供服务的回报。

对于一位本身就很强大的国王来说，这样的通行费本质上就是天上掉下来的馅饼，他只需发出命令，带来的财富就多到近乎无法想象，而且这笔意外之财是通过治理而非战争掠夺获得的。伦敦在受麦西亚王国统治时，数百个工匠铺、外国商人云集于此，泰晤士河谷产出的大量盈余物品在市场上进行着贸易交换，麦西亚国王的收费官每年为国王征收的通行费大概多到货物装满几仓库、白银成袋装，恐怕连斯塔福德郡聚藏的战利品也会相形见绌。

在国王埃塞尔博尔德的统治下，麦西亚的诸国王似乎也开始铸造自己的银币。埃塞尔博尔德有意铸造硬币是因为如此他便可以将收集的部分贡品（无论来自他自己的领地，还是来自从属民族和王国）换成银币，用来支付教堂、神职人员和行政管理的费用，与外国商人进行商品贸易。虽然在埃塞尔博尔德统治期间铸造的锡特币上没有刻上国王的名字（之后的硬币上都刻有国王的名字），但管理造币过程的很可能就是埃塞尔博尔德本人。埃塞尔博尔德的继任者奥法不会引发这种猜疑，因为他不仅有效地管控了铸币，还下令将他的名字，有时甚至还将他的面孔刻在一种更薄更平的新款硬币上。新款硬币就是“便士”，从而使英格兰货币的面值与法兰克的银币保持一致。通过对奥法统治时期生产便士的模具研究发现，在他漫长的统治时期里铸造有数百万枚硬币。这些硬币制造于麦西亚东南沿海地区，而非内陆核心地带，因为沿海地区的贸易社区非常发达，外国商人会用外国银币购买英格兰商品，而国王奥法作为亨伯河以南地区的主宰，将进入王国的外国硬币都变成了英格兰便士，从而控制着整个市场机制的运作。似乎不但在伦敦和坎特伯雷，而且在东盎格利亚的某个地方，都有铸币工人为国王铸币。奥法硬币的重量随时间变化得很大，临近他统治末期时，奥法硬币的重量已极其接近法兰克货币的重量。那些把外币转换成英格兰便士的人，会从外币中抽取一小部分作为重铸货币的回报，这显然符合奥法的一贯做法。那么，不管这笔费用给了谁，国王抑或铸币工，毫无疑问，国王都找到了另一个极佳的财富来源，因为即使铸币厂厂长获取了铸币的贵金属抽成，他们也要花钱在国王那里购买硬币制造权。这种新的财富来源和收取通行费一样，所需的基础设施或者行政管理很少。确切地说，城镇驯服了英格兰骁勇善战的勇士，因为只要他懂得城镇所具有的无限潜力，城镇便会为其提供通过战争无法获得的巨大财富。事实上，城镇是这一时期不断发展的机构之一，并且它也开始使国王相信，管理比掠夺更能获利；征税和收费比战争更稳妥、更有利可图。

第八章

北欧人与本土人：8 世纪末期至 9 世纪末期

8 世纪中叶，在养成打劫富裕的基督教欧洲社区的习惯之前，人多数北欧人都以农业和农耕为生。在丹麦，考古学家曾经发掘出大量中世纪早期的定居点，我们知道，这些维京时代早期的村落通常由六七个农场组成。农场与农场之间由栅栏隔开，每个农场大概有 6 栋或者更多栋房屋。这些房屋，有的可能是铁匠炉或者制陶铺，其他的可能住有地位低下的工人。早期，每户人家通常都有一栋长屋，被一堵坚固的墙一分为二，一边是装有中央壁炉的房间，供人居住；另一边是为牛过冬而设的牲口棚子。在瑞典，现已出土的定居点不多，但足以说明瑞典的定居点规模较小，一个村落不过由两三个农场组成，远没有六七个那么多。在挪威，除了松恩（Sogn）的伊特莫阿（Ytre Moa）一个与世隔绝，但在 9、10 世纪盛极一时的农场，其他定居点仍然难以到达。这个农场里房屋的规模都比较小，墙体由木板镶石头和草皮墙组成，这种建造技术与欧洲南部地区完全不同。因此，斯堪的纳维亚半岛在定居规模、房屋建造技术与农场布局方面都呈现出相当的多样性。那些居住在丹麦和瑞典的人，比那些住在挪威沿海山地的居民，农场更多，生产力水平更高，种植的粮食作物通常也更多，不过，即使在斯堪的纳维亚北部，人们也种植大麦、燕麦和黑麦。考古学家通过复原古代花粉发现，该地区大多数人还生产用于编织和染色的亚麻、大麻和菘蓝，以及用以烹饪的卷心菜、洋葱和豆类。不过，无论北欧人在哪里耕种，他们都会花费时间照料他们所饲养的牲畜。通常，农民饲养耕牛和马匹既是为了拉车犁地，也是为了宰杀吃肉；他们饲养山羊和绵羊则为获取羊奶、羊毛和羊肉。在许多地方，因为重视畜牧业，所以牲畜棚舍，或者高地牧场位于全年农事活动的中心位置。初夏伊始，农户将家畜赶往远处的乡村牧场，有些家人也会随行，趁着天气暖和放牧、挤奶、将奶制作成奶酪，以备在漫长的冬日享用。

和欧洲西北部居民不同，北欧人还捕鱼、狩猎、用陷阱捕获野兽，尤其在那些种植谷物吃力不讨好的地区，情况尤其如此。考古学家在北欧发现了数百个诱捕猎物的陷阱，都是在新石器时代至维京时代末期挖凿而成，陷阱绵延分布于驯鹿和驼鹿的迁徙路线，用于捕捉迷路或者被驱赶入内的倒霉猎物。在瑞典和挪威的部分地区，农民们还会开采皂石，将其打磨成织布机用的配重和煮饭用的锅；他们会把板岩和砂岩进行切割，制成粗磨石或细磨石。所有这些物品都是家庭生活的必需品，当然他们也可以多制作一些用来交易，比如，用海象皮做的绳子或者驯鹿的毛皮如有富余，则可以用来换取自己无法制造的其他生活必需品。简而言之，对这一时期定居点的考古挖掘表明，在斯堪的纳维亚天气寒冷、土壤贫瘠、耕地稀缺的残酷现实下，人们普遍实现了自给自足，且物产十分丰富。

许多北欧人还拥有一项特殊技能：造船。在斯堪的纳维亚半岛，捕鱼、捕海豹或者沿着海岸航行，船是生活必需品，不是奢侈品。幸运的是，斯堪的纳维亚半岛拥有丰富的造船原材料。例如，大多数农民都可以轻松获得硬质木材、在本地就可以获得大量黑铁[1]，从农场随处可见的黑铁可以判断，许多人熟练掌握冶炼技术，将黑铁制作成木工工具、钉子、垫圈和铆钉。需要船只出海，又拥有充足的造船原材料，这意味着许多沿海农民都建造了自己的船只；到8世纪中叶，已经有人建造出构造极其复杂、适合远洋航海的船只。这些船只外壳坚硬，禁得住北大西洋巨浪的考验；而且因为吃水浅，它们在河流中航行就像在深海中一样稳妥可靠。斯堪的纳维亚的船很容易靠岸，可以经陆地把船从一条河拖到另一条河，以此来避开急流和瀑布。船的速度和机动能力由桨来操控，到8世纪中叶，斯堪的纳维亚人向弗里西亚和法兰克的商人学习，在船上添加了桅杆和单帆。而以往一直在波罗的海撒网捕鱼的这些弗里西亚商人和法兰克商人在最近的几十年里开始四处搜寻海象牙、毛皮和琥珀，因为这些东西可以在法兰克和英格兰的精英阶层卖到好价钱。

基督徒商人对流通在波罗的海周边的原材料的兴趣帮助改变了当地居民的生活。他们无意间引进的航海技术使得相对贫穷人家的男人第一次有机会参与到航海事业，因为现在不再需要召集三十来名或者更多的船员划桨，只要有四五名水手就够了。这样，他们可以航行到7世纪末至8世纪在斯堪的纳维亚沿海地区非常常见的一些非正式的海滩市场。与普遍信仰基督教的欧洲大陆之间的贸易活动日益紧密，在某些方面改变了波罗的海地区及该地区人民的生活。整个8世纪，斯堪的纳维亚半岛出现了大量季节性和少量全年性的手工业社区和贸易社区。在这些社区定居点，富裕的农民可以

① 黑铁即低碳钢。

用他们的劳动盈余来换取那些用来炫耀、馈赠亲友或者陪葬逝者的东西，比如，加洛林葡萄酒或者精美的银质首饰等。可能正是在这些交易中心，许多北欧人第一次遇到只有在信奉基督教的欧洲地区才能买到的奢侈品。

随着商业活动的加速，随着斯堪的纳维亚半岛发展成为整个波罗的海地区贸易网络的中心，一些具有商业头脑的企业家开始利用新的经济机遇。例如，有些人以征收贡品为生，专门征收北部与东部地区那些与自己语言、物质文化和生活方式不同的民族的贡品。到公元 750 年前后，北欧的“企业家”在俄罗斯的旧拉多加（Staraja Ladoga）建立了一个贸易点，在这里出现的动物皮毛显然来自北欧酋长，酋长们从他们讲芬兰语、萨米语（Saami）或者斯拉夫语的纳贡点那里收集来再转手卖给弗里西或者法兰克的商人。有一位北欧酋长名叫奥塔尔（Ottar），他在 9 世纪后期曾拜访过阿尔弗雷德国王的宫廷，在那里，他向国王描述了每年如何向萨米人收集贡品以及收集的形式：

> 野兽（驯鹿）皮、鸟类羽毛和鲸骨，以及用鲸鱼皮和海豹皮制成的船用绳索。每个人按照自身的等级上贡。身份最高贵的要上缴 15 张貂皮、5 张鲸鱼皮、1 张熊皮、10 个测量单位的羽毛，1 件熊皮或水獭皮大衣、2 条船用绳索（2 条绳均应长 60 埃尔[①]，一条由鲸鱼皮制成，另一条由海豹皮制成）。

奥塔尔之类的酋长从贸易中发财，不管他们在自己的土地上

① 旧时量布的长度单位，1埃尔相当于115厘米。

向南或者向西，都能遇到富有白银、渴望奢侈品的商人和国王。

其余的斯堪的纳维亚半岛人在 7 世纪到 9 世纪期间则努力为当地市场生产用来交易的商品。例如，在西兰岛的内斯，考古学家发现一处在 8—9 世纪时繁荣的定居点。这里的考古遗址不仅有几处当时颇为繁荣的长屋，还有几十个编织棚、50 多个用精心编织的柳条撑起的水井。这些水井专门为亚麻加工而修建，看起来，这个定居点就是一个亚麻布的生产中心，他们生产的亚麻布远远超出了村落居民的需求，因此，这些长屋的居民一定从亚麻贸易中获取了利润。

考古学家还在西兰岛西部的齐斯湖岸边发掘出另一处更加宏伟的遗址。主建筑的北侧是一座宫殿，6—7 世纪时曾住有一位伟人，这里还有市场交易与手工业活动的迹象。在 7 世纪下半叶的某个时候，整个定居点向南迁移。此时，一栋巨大的长屋建成了，并且一直到 11 世纪初，经历了多次重建。在这处遗址附近发现了近百件武器，还有马刺、马嚼子、猎犬的骨头，以及高头大马的骨头。考古学家挖掘出来的进口手工制品差不多都是在长屋周围发现的：来自斯堪的纳维亚半岛的长钉子和来自法兰克的金属制品都可以追溯到 8—9 世纪，这可能标志着双方有贸易往来，当然同样也可能是侵略的证据。在这里，还发现了 9—10 世纪的阿拉伯硬币，这同样表明，那些来到这里的人参与到了巨大的交易网络中，这个交易网络连接了中东和波罗的海的大片地区。显然，这是一座上层社会的综合建筑，它的主人有机会获得来自世界各地的财富。但是，与这一时期大部分最豪华的遗址不同，在这里几乎找不到农业生产的证据。相反，在长屋北部与南部的许多地方，遍布各种作坊。那里还有摊位的遗迹，贸易商贩会在特定季节占用这些地方进行贸易。在这些地方发现了许多用于称银的砝码、切割过的硬币，这些都表明，这里曾经发生过交易活动。

考古学家在此还挖掘出一处特殊的围栏，他们认为是一处异教场所，相信在某种程度上，与此时作为祭品埋葬于附近齐斯湖的大量武器有关。这些武器可能是献给提尔神（God Try）的礼物，而且，齐斯湖（Tissø）的名字就是“提尔之湖”的含义。整个遗址似乎是季节性的居所，因为缺少最普通的农业建筑和永久性的市井住宅。好像每年都有人在这里生活几个月，他们的到达和离开是根据一些周期性的市场活动进行安排的，或许还会同时庆祝重要的宗教节日，一如我们熟知的乌普萨拉集会（被称为“欲望女神”的节日或集会）会在冬至之后第一个新月之日举行一样。齐斯湖遗址受斯堪的纳维亚半岛以外地区变化的影响很大。这证明的确存在斯堪的纳维亚的精英家庭，他们有资源为自己建造奢华的宅邸，并资助，甚至可能合建重要的祭祀场所、有利可图的市场与生产制造中心。该遗址的一位挖掘者甚至认为，这个地方无论从外观上还是从感觉上，在 9 或 10 世纪时都很像斯堪的纳维亚版本的法兰克宫殿，因为这里配有豪华的客房、礼拜中心（虽然是异教徒的礼拜中心），以及专门用于商业活动的区域。

斯堪的纳维亚半岛有些季节性的交易场所［如丹麦的里伯（Ribe）和海德比、瑞典的比尔卡］在当地国王和酋长的监管下迅速发展成为真正意义上的全年性的定居点，这些国王和酋长也通过对这些地方的控制在一定程度上巩固了自己的地位。这些人试图垄断其领地范围内奢侈品的制造与贸易，希望通过模仿更有经济头脑的法兰克和英格兰邻居，对外贸征收通行费和外贸税。而且，从里伯、海德比和比尔卡这 3 个地名的构词上看，很明显有强权人物的影子。这些地方城市布局工整，街道呈网格状，有精心标记的属地边界，还有由政府资助、建造和维护的公共木板路。早在 8 世纪时，似乎就有那么几个人高瞻远瞩，预见到了这些社区的光明未来，由此开始积极采取行动，筹建、资助、管理或者占有这些社区。

与信奉基督教的欧洲地区频繁来往，尤其与丹麦（部分地区毗邻查理曼统治时期的法兰克帝国）频繁交往，也改变了斯堪的纳维亚半岛的政治文化。在这里，当地领袖变得越来越加洛林王朝化。一位名叫古德弗雷德的丹麦人袭击了作为加洛林家族客户的 Abrodites 人，强迫他们缴纳贡品。在这场袭击事件之中，古德弗雷德还将一个由加洛林人控制的贸易点雷里克［Reric，可能位于今天的格罗斯河村（Gross Strömendorf）］夷为平地。他绑架了居住在那里的商贩，并将他们转移到位于自己领地上的海德比。古德弗雷德把商贩转移到海德比，很明显是希望像法兰克国王和英格兰国王一样通过从他们的贸易通行费中获益，并轻松获得在欧洲生产的奢侈品。古德弗雷德这个人很有研究价值。根据《法兰克皇家年鉴》(*Frankish Royal Annals*）记载，古德弗雷德手下有骑兵部队任其调遣。他深谙商人和通行费的价值，并且有能力施行自己绝妙的计划，将一个完整的新兴贸易社区搬迁到了自己的领地。他不仅搬来了这个社区，还下令在社区周围建造一个巨大的防御工事，保护它免受法兰克人的袭击，因此，他是一个能够承担公共工程并动员劳工团队执行这样任务的领袖型人物。从某种意义上说，他更像一个加洛林王朝的附属人物。他可以像法兰克人一样上马厮杀、收缴贡品、监管贸易、完成雄心勃勃的公共工程并自立为王。他无疑是直接跟法兰克人学习如何行事的，因为在法兰克帝国主义思想的指导下，丹麦人和法兰克人现在都是自己的邻居，两族之间不再有缓冲区。所以，古德弗雷德通过观察、学习和仿效法兰克伟大的国王查理曼的行事方式，现在反过来在与法兰克人的角逐中，成功地击败了他们。不过身为北欧人，古德弗雷德还拥有一样法兰克人没有的东西：舰队。公元 810 年，古德弗雷德率领 200 艘船与弗里西人开战，一举击败弗里西人召集的抵抗力量，从此向弗里西人征缴贡品。这对法兰克来说是奇耻大辱，查理曼怒不可遏，因为弗里西亚人应该向法兰克缴纳贡品，怎可以被丹麦人抢走？他召集了一支庞大的军队与古德弗雷德作战，但还没有动手，古德弗雷德就被自己的一个下属杀死了。在古德弗雷德有生之年，这个暴发户成功挑战了法兰克人的统治，不过在他死后，古德弗雷德的王国分崩离析。但不管怎样，古德弗雷德许多手下因此品尝到地位与财富的味道，既然再也无法通过追随已经死去的古德弗雷德而获取财富，他们就不得不做出自己的选择。所以，为什么不去弄条船，与两个朋友组成团伙偷袭法兰克的海岸线，或者攻击弗里西人的贸易社区，再或者，抢劫不列颠或爱尔兰的修道院呢？

不管他们的真实想法是什么样的，都有证据证明，到 8 世纪末，北欧社会已经实现了社会分层；有些人投身到距离遥远且有利可图的贸易交易网络中，很多人对信奉基督教的欧洲地区的财富十分熟悉。与此同时，境遇一般的人，尤其是斯堪的纳维亚半岛的自由农，也都格外多才多艺：他们既是不错的饲养员、优秀的猎手，也是热情的商人和家用工艺品的制作大师。在农事不那么繁重的几个月里，或者在当地市集结束后的几个月里，北欧人便开始下海。他们带着毛皮、磨石，甚至鸭绒航行到日德兰西海岸的里伯或瑞典的比尔卡等市场去交易；或者去打劫波罗的海的弗里西亚商人，偷袭法兰克人的定居点。他们也可能向西航行，寻找有前景的新土地，在那里建立家庭、饲养牲畜，或者为了逃离地方精英的管辖，这些人以牺牲社区其他人的利益为代价来巩固自己的权力地位。每一种选择，都会为他们带来一个崭新而光明的未来。

重新审视维京人带来的灾难

最早有记载的一次维京人（“维京人”常被用来描述以海上劫掠或侵略他人为生的斯堪的纳维亚人）入侵不列颠事件发生在8世纪末。据称，789年，有3艘来自北欧霍达兰郡的船只，沿英格兰南部海岸抵达多塞特郡一个叫波特兰（Portland）的地方。Port是古英语单词，意为“市场”，所以波特兰有可能是一个市场遗址，应该是某位国王庇护下的一个季节性海滩市场。国王的地方行政长官误把这些陌生人当成商人，要求他们同他一同觐见国王，这样做无疑是为了让国王也可以从贸易中分得一杯羹，这是在管理市场时一种常见的做法。然而，要么就是这些来自北欧的船员不明白事情的原委，要么就是因为自己没有获得任何利益，北欧船员杀了地方长官和他的手下。编年史家（考虑到他们来自北欧，他们的后见之明可能不太准确）略带抱歉地哀叹道：“这些北欧人是在英格兰登陆的第一支丹麦船队。”到了8世纪90年代，北欧人开始劫掠不列颠北部沿海的修道院。教会作家对此有详细记述，他们对异教徒竟敢如此亵渎欧洲最神圣的场所感到震惊，担心上帝会因为子民的罪恶降下灾难性的惩罚。爱尔兰的修道院在8世纪90年代也成了维京人劫掠的目标，在步入 9 世纪之后，即使最南端的宗教社区，如沿海的肯特修道院，也向更加安全的内陆地区寻求避难，以求在维京偷袭的季节可以有安全的避难所。

早期的劫掠活动是抢了就跑，北欧人往往带来灾难性的后果。后来，事情变得更加不可收拾，他们在祭坛上屠杀修士、绑架农家的女孩子卖作奴隶。到了 9 世纪中叶，越来越多的北欧人加入海盗的行列，他们的野心越发膨胀。许多人原本只打算通过抢劫快速致富，但是逐渐演变成为一场延续数年的有组织的运动，一为占据领土，二为政治征服。公元 865 年，异教徒大军抵达英格兰，这次侵袭旷日持久、极具毁灭性。仅仅一年时间，北欧侵略军攻占了约克，消灭了诺森伯兰王室的两支敌对派系，还扶植了一个听命于他们的傀儡国王。两年后，他们杀死了东盎格利亚国王。威塞克斯王国与麦西亚王国负隅顽抗，坚持了更长的时间，他们在与丹麦人的交战中也取得了巨大的成功。但有时候，他们觉得更好的做法是收买敌军避免交战。所以最后，麦西亚王国和西撒克逊王国的胜利只是昙花一现。在接下来 5 年，这个掠夺成性的军队控制了麦西亚王国，重新扶植了一位傀儡国王。878 年的圣诞节，他们发起突袭，将英格兰的上一任君主威塞克斯王国的阿尔弗雷德大帝驱赶到了萨默塞特郡的沼泽地。在 867—878 这可怕的 11 年里，英格兰的 5 个大王国纷纷倒下，全部被异教徒大军征服。

当然，英国的孩子都学过，不列颠的故事没有在 878 年的冬天结束。阿尔弗雷德大帝从沼泽地又杀了回去，最终出其不意，取得了对丹麦人的决定性胜利。尽管之后又进行了半个世纪的艰苦斗争，但是经过阿尔弗雷德大帝、他的长子爱德华（在位时间 899—

924 年)、女儿“麦西亚人民的女领主”埃塞尔弗莱德（Æthelflæd，卒于 918 年），以及孙子埃塞尔斯坦（Athelstan，在位时间 924—939 年）的努力，最终将维京统治者赶出了英格兰，并安抚了已在此定居的北欧人。更重要的是，阿尔弗雷德的王朝统治了囊括整个英格兰文化区的不列颠王国，而且开始像 Angelcynn（古英语，意为“英格兰人”）的国王那样，做所有“英格兰民众”的国王，而不是威塞克斯、麦西亚那样的霸主式国王。阿尔弗雷德大帝及其后人的英勇事迹，在过去 1 000 年里成为整个不列颠人共同的历史，常被当作所有不列颠人的共同经历。但是，用一个故事代表所有人的历史，不免有将历史扁平化、同质化的嫌疑。无论是西撒克逊诸国王的事迹，还是他们取得的看起来毫无悬念的胜利，都无法解释因北欧人侵袭、掠夺和定居而生活发生改变的人们，以及这些人截然不同的生活经历。整个不列颠地区在 8 世纪晚期和 9 世纪，即使是在说英语的地区，都是非常多元的。地理位置、财富状况以及与权贵的亲疏程度都决定了某些特定的本地人群以及地方政体所要面对的北欧人口数量。不过，即使是在维京人很少冒险的地区，这段时期也是重要的变革期。

对于许多不列颠国王和贵族来说，8—9 世纪宛如一把双刃剑，可怕的危险与巨大的机遇并存。在 9 世纪北欧海盗入侵之前，不列颠全境各国王对麦西亚国王的霸权地位觊觎已久，但是那个时期的政治被北欧人的入侵搞得一团糟，只有少数几个王朝——威塞克斯诸国、由威尔士王国格温内斯延伸出来的王国，以及苏格兰的亚尔宾王朝（macAlpin dynasty）——最终成功联合起来，形成尽管脆弱但很庞大的政体。到了 10 世纪下半叶，威塞克斯王国吞并了东盎格利亚王国、肯特王国、麦西亚王国和诺森伯兰王国；与此同时，格温内斯可能在奥法堤（奥法国王在威尔士马奇山脉的很长一段上建造的土方工程）以西的威尔士大部分地区取得统治权。这两个王国不仅仅在维京人的侵略中得以存活，还巧妙地利用了维京侵略者造成的危害和异教徒大军与其他王朝和王国的军事冲突。尽管这些新型的政体会沿旧政体的边界发生周期性的分裂，尤其是在年幼储君的继位纠纷期间，但是，那几个独裁家庭还是设法继承并重申了这些世代传承的王权。

如果我们首先知道这个故事最终如何结束，再回顾 9 世纪上述历史，似乎出现最后的结果不可避免。但是同样的结果也可能来自一段完全不同的故事。如果再有一个英格兰王国在异教徒大军的进犯中幸存下来，那么西撒克逊国王统一抵抗维京入侵的英勇斗争将可能演变成互相竞争的两个王国之间一场毁灭性的战争，致使侵略者坐收渔翁之利。或者，如果皮克特人成功阻止了北欧入侵者在苏格兰北部最后定居下来，那么他们可能就会先发制人，先北欧人一步占领设得兰群岛和奥克尼群岛，如此一来，可能反过来阻碍了北欧人进入爱尔兰海。我们应该提醒自己，历史具有偶然性，历史事件的真实情况经常会出人意料、让人始料未及。所以在审视这一时期的不列颠时，是否可以换一个视角，不从赢家的角度，而是从最终失败的王国和民族的角度来思考？所以，让我们暂时不看在温彻斯特安然定居的阿尔弗雷德王廷，也将其家族成员的文字记录放在一边，让我们从疆域狭小的威尔士内陆王国布雷切尼奥格（Brycheiniog），从雷普顿德高望重（又不堪一击的）的麦西亚修道院，从奥克尼群岛上皮克特人的定居点出发，换一个角度，去探究这一时期不列颠的真实情况。

一个威尔士王国的灭亡

至少从 8 世纪开始，布雷切尼奥格历代国王就已经控制了布雷肯附近以兰戈斯（Llangorse）为中心的领地，他们不仅资助这里一个重要的修道院社区，这个社区里的教堂可能还用作该王室家族的墓地。到了 9 世纪后期，布雷切尼奥格王国的国王埃利斯·阿普·蒂尤杜尔（Elisedd ap Tewdwr）耗费大量资源为兰戈斯王室谋福利。公元 889 年（或之后不久），似乎埃利斯·阿普·蒂尤杜尔国王开始在南威尔士最大的兰戈斯湖建造一处宏伟的新住所。关于这处住所开始建造的时间，我们有比较具体的日期，因为建造所用的橡木砍伐于 889—893 年的 5 个夏天。这处王室新居采用人工岛技术，由巨石、灌木、橡木板，外加荆棘做护坡精心搭建而成。人工岛坐落在离岸边约 40 米处，可能有一条高高凸起的人行通道与河岸连接。人工岛完成以后，作为住宅建筑的基础，承载一栋最重要的木质巨屋。

国王在兰戈斯建造岛上住所的决定一经宣布，举国震惊。因为据我们所知，在威尔士，此举史无前例。然而，同时期爱尔兰的许多伟人都是在人工岛上居住的；事实上，在爱尔兰曾发现大约 1 200 个人工岛的遗迹。这样的岛在爱尔兰十分普遍，所以埃利斯国王很可能十分熟悉爱尔兰以及爱尔兰的精英阶层，并且他开始相信，拥有自己的人工岛会提高他在威尔士的地位。不过人工岛也不是那么容易修建的，它要求建造者有专门的技术和技能。这说明，埃利斯国王要实现他的梦想，至少要从爱尔兰引进一些有经验的工匠。

为何一位 9 世纪后期的威尔士国王，会在人工岛工程上耗费这么大的精力？根据后来的族谱记载，布雷切尼奥格国王的祖先可以追溯到爱尔兰，因此，可能是埃利斯借助修建人工岛来强调自己的爱尔兰血统，为家人和子民塑造一个独一无二的身份，将他们与布雷切尼奥格王国内外与其竞争的其他群体区分开来。这样一座精致独特的人工岛，可以说是由当地劳工的汗水浇灌而成的，在某种程度上，也是国王向臣民展示他的力量和能力的一种方式。事实上，修建人工岛和岛上住宅时，人们一共用船或筏运送了超过 13 吨的石头。

这项工程也是为了给国王的贵族下属和竞争对手留下深刻印象。首先，建造人工岛本身就已十分奢侈，但有迹象表明，一旦建成，它就成了奢华生活的场所。这方面最重要的物证是一块纺织品残片，当考古学家第一次发现它的时候，它只是长期浸在水里、水渍丛生、焦黑的一团残片。这团残片可能曾经是某位女性裙装上的一条袖子，可以追溯到 9 世纪末至 10 世纪初，布料是精纺的亚麻布，所绣花纹针脚细密，使用了两种不同的进口丝线。布料和绣纹十分精巧，这表明，这件衣服应该是由专业裁缝在制衣作坊里完成的。尽管它显然是一件岛内作品，但工匠们模仿了来自中亚和拜占庭提花丝绸的图案：长颈鸟栖息于葡萄藤、凶猛的三脚幼狮尾巴竖起。此外，该遗址中还出土了一条精美的釉状多色铰链，这是一个圣骨匣唯一留存下来的部分。这样的圣骨匣在爱尔兰人居住的人工岛上也发现过，在威尔士兰戈斯出土的这一个就采用了爱尔兰工艺。此外，兰戈斯还出土了一款爱尔兰式的环形胸针，这也说明，居住在岛上的人无时无刻不在努力强调他们与爱尔兰之间的关系。兰戈斯的岛上住所可能不仅供养手工业工匠，还供养了一批诗人。有些从事文学研究的学者认为，威尔士四大吟游诗人之一利瓦尔赫·亨（Llywarch Hen）的诗歌就是在此完成的。他的诗里包括很多有关布雷奇（Brychan，以布雷切尼奥格王国名字命名的王国创始人）的故事。虽然故事背景发生在遥远的过去，但是这些故事所描述的世界可能就是9世纪晚期的威尔士，一个被外国掠夺者和自相残杀的战争所困扰的世界。兰戈斯还发现了一个小的铜合金凸台，很可能是一个书架，这进一步证明兰戈斯人拥有读写能力。考古学家还发掘出一个铸铜合金饮酒角器的一部分，旁边是一堆家畜骨头，还有赤鹿和野猪的骨头，证明这里曾经有过狩猎、宴会以及以食物纳贡的行为。最后，极为有趣的一点是，考古学家在此还发现了体形类似灰狗的细腰狩猎犬和柯基犬大小的宠物犬的骨头。对于这个历史上昙花一现的小威尔士王国，这就是曾经辉煌的证据；一座奢侈豪华的王室住宅，充满了异域风情和基督教艺术色彩；妇女穿着奢华，彰显出精致复杂的宫廷文化。如此高水准的生活，作为提升名誉地位的一种策略，长久以来被有壮志雄心的大人物所接受。

9世纪最后的几十年实为多事之秋，建造人工岛这样无法到达的定居点，一定有它的实用价值。从852年开始一直到大约919年，来自都柏林和东盎格利亚地区的维京人，时不时地偷袭威尔士北部，尤其是安格尔西岛。不过他们偶尔也会偷袭离他们家乡较近的地方，比如，他们878年在达费德越冬，896年偷袭了布雷切尼奥格王国和格温特王国。903、914和918年又三次偷袭了威尔士。事实上，兰戈斯人工岛的建造时间，几乎与威尔士－英格兰联军在巴廷顿［Buttington，靠近蒙哥马利的韦尔什普尔（Welshpool）］战役中成功打败维京人的时间相同，看起来可能不是巧合。

布雷切尼奥格王国的国王们恐怕也不得不担心他们熟悉的宿敌。建造人工岛有一部分原因可能是抵御其他有野心的霸主——

格温内斯国王罗德里大帝（Rhodri the Great，在位时间 844—878 年）的儿子们。罗德里巧妙地利用了北欧海盗制造的混乱，灭掉不那么幸运的威尔士小国，把它们并入更大的格温内斯王国。到 872 年，罗德里控制了威尔士北方全境。因此，与老对手麦西亚王国相比，格温内斯王国现在对布雷切尼奥格王国的威胁更大。虽然英格兰的王国这些年间也会周期性地蹂躏威尔士的领土，但是埃利斯还是发现与英格兰人和解最为有利，这样可以同时钳制格温内斯王国。罗德里死后，在公元 881 年，罗德里的一个儿子与定居于约克的维京人结盟，之后，埃利斯也与阿尔弗雷德大帝结成盟友，但埃利斯在结盟关系处于弱势的一方。威尔士其他国王，包括达费德、格利维西格（Glywysing）和格温特三国的国王，也分别与阿尔弗雷德大帝结盟。不过最终，罗德里的儿子们抛弃了他们的维京盟友，与阿尔弗雷德大帝结盟。现在还不完全清楚，这种新的伙伴关系如何影响阿尔弗雷德在布雷切尼奥格的那些威尔士小盟友，但是显然阿尔弗雷德此后抛弃了布雷切尼奥格王国的邻居格利维西格王国和特威河河谷（YstradTywi）。不管真实情况如何，除了协议、臣服、联合军事行动，南威尔士人和英格兰人之间的长久友谊仍然难以实现。到了 916 年，埃利斯的儿子蒂尤杜尔与其英格兰邻居的关系恶化，以至于英格兰人认为麦西亚修道院院长被谋杀与蒂尤杜尔有关。院长被杀 3 天后，阿尔弗雷德大帝的女儿，“麦西亚人民的女领主”埃塞尔弗莱德命令出兵兰戈斯，据《盎格鲁 – 撒克逊编年史》记载，他们“摧毁了”兰戈斯（无论“摧毁”二字在这里意味着什么）并俘虏了国王的妻子和她的 33 名同伴。

虽然从考古挖掘得知，兰戈斯人工岛毁于火灾，但是我们不能说它就是在埃塞尔弗莱德出兵时被烧毁的。我们知道，国王于

925年在兰戈斯修道院提起了一起诉讼，所以，布雷切尼奥格王室可能仍然生活在那附近。然而，934年之后，有关布雷切尼奥格王国及国王的蛛丝马迹便全部消失了。作为一个独立的国家，布雷切尼奥格王国可能又存续了一二十年，或者，也可能已经被罗德里大帝的孙子哈维尔达（Hywel Dda，在位时间约920—950年）占领。无论是哪一种情况，布雷切尼奥格王朝的族谱终结于埃利斯的孙子。因此，虽然布雷切尼奥格王国的国王竭尽全力，但兰戈斯的人工岛十分短命，布雷切尼奥格王国也没有得以幸存。布雷切尼奥格王国消失于维京时代，但不是因为维京人的入侵，而是因为它沦为威尔士与英格兰各竞争对手的牺牲品，因为后者更善于从经年的战乱之中获利。

所以，基于几行文字记录，更重要的，基于兰戈斯出土的大量物证，我们可以看到一种战略手段的大致轮廓，这种策略制定于危难时代，它是乐观地展望未来与极度恐惧同时存在的产物，也是国王尽全力将自己与臣民区分开并震慑邻国侵略者的手段。如果情况需要，国王可以与宿敌结盟，但是情势需要也可以随时改变他的友谊。困难时期需要具有吸引力的，有时甚至是夸张的创新。布雷切尼奥格的统治者希望利用新方法为自己创造机会，而尝试新方法的人并不知道自己的王朝时日无多。它还表明，在9世纪的不列颠，阿尔弗雷德大帝并不是那一时期唯一的创新者。布雷切尼奥格王国也有一位了不起的国王，他同阿尔弗雷德大帝一样既有趣又富有创造力，但是这位威尔士国王和他的战略手段没有记录在不列颠的历史之中。布雷切尼奥格王国及其国王从英国的历史中全然消失，不是因为证据匮乏，而是那些能够证明其历史存在的证据都是物质资料，而非文献资料，所以历史学家忽略了它们的存在。

麦西亚之冬

虽然“异教徒大军”这个名字听起来声势浩大，但其实865年抵达英格兰的“异教徒大军”不是一支统一的军队。这支军队起初仅有几十名从不同社会群体和不同地区招募的半独立船员。在特殊的情况下，这样的大船队还会分头行动。例如，在861年的冬天，一支维京船队抵达法兰西塞纳河河口，随后分成几个小组，根据船员间的关系亲疏，分别被派往从海岸到巴黎的不同港口。这些小组可能并且也确实是在一些“国王”的领导下行动的，往往还取得了惊人的成功，但走近他们的冬季营地就会发现，组成这支打家劫舍的伟大船队的成员，也会时常惊异于某些同伴的陌生，因为不像私家船只那样，船员来自家乡的同一个生活圈子，这群人鱼龙混杂，社会和文化习俗大不相同。

以873—874年在德比郡雷普顿的“异教徒大军”为例。《盎格鲁-撒克逊编年史》这样写道：

> “异教徒大军”从林赛出发到达雷普顿，在那里度过了整个冬天。他们将（麦西亚）国王伯格瑞德赶到了海外……之后，“异教徒大军”征服了麦西亚全境……伯格瑞德国王逃到罗马，并在那里定居下来……同年，异教徒指定了一个愚蠢的乡绅切奥尔乌尔夫（Ceolwulf）为国王，统治麦西亚王国；这位国王向“异教徒大军”宣誓尽忠、交出人质，这样，无论异教徒大军想要什么样的生活，这位国王都会为他们随时准备好，国王本人以及所有跟随他的人都愿意为敌人效劳……

“异教徒大军”选择将冬季营地设在雷普顿绝非偶然。雷普顿是麦西亚其中一个最古老的宗教社区的所在地，这是一座由麦西亚王室支持、在八九代人之前建造的双殿大教堂。也正是在雷普顿，在7世纪最后几年，英格兰最负盛名的一位圣人圣古斯拉克（他本人也是麦西亚王国宗亲），在皈依宗教生活之后领悟了修道之法。还有，雷普顿可能还是修士费利克斯（Felix）写下《圣古斯拉克传》的地方，《圣古斯拉克传》是一部宣传古斯拉克异教信仰的书。若果真如此，那么这个社区肯定拥有一个不错的图书馆和一座优秀的学校。此外，麦西亚的国王一直都被安葬在雷普顿的教堂。埋葬在这里的著名人物包括：伟大的埃塞尔博尔德国王（757年被其保镖杀害）、威格拉夫国王（卒于840年）和威格拉夫国王之孙威格斯坦（或名威斯坦，849年被王朝对手暗杀）。在该教堂的圣坛下，有一处精心修建的王室墓室，可能专为国王埃塞尔博尔德修建，在维京人到来的时候用来安置王室成员的遗体。另外还有一栋两室石头建筑，坐落在教堂以西的60米处，它于7世纪建成并投入使用，有可能在墓室建成之前就已经成为王室陵墓了。在维京侵略者抵达之时，尽管这座石头建筑已经年久失修，但仍然巍然挺立。

几个世纪以来，雷普顿的这座教堂从王室资助和朝圣贸易中受益良多。被谋杀的威格斯坦成了圣徒崇拜的中心，他的受欢迎程度使得伸入墓室的台阶需要扩建才能满足大批朝圣者的需要。经过改建的新教堂气势恢宏：其螺旋状雕花粗圆柱（表面刻有大麦-蜜糖花纹）模仿的是朝圣者在罗马圣彼得大教堂可以欣赏到的圆柱。得益于朝圣者和王室资助者，雷普顿变得富有起来。教堂换上了彩色玻璃窗和铅皮屋顶，墓地里有了雕刻精美的石质十字架和墓盖。这里的土地经过精心安排，住在这里的农户可以为社区提供大部分每年所需的食物、饲料、建筑材料和劳动力。雷普顿在 873 年是一个举足轻重、物产丰富、供应充足的地方。雷普顿已故的国王与圣徒，家境殷实的教会成员，加上小镇悠久的历史，使它在宗教和政治上也十分重要。因此，维京人共同选择这个地方，必须被视为一种政治行为，其目的是让麦西亚这个部分的人们意识到，新人已经接过了古老的权力。当然，拿下雷普顿也有实用主义的考虑，因为维京军队可以利用教会原有的供给系统来养活自己。

“异教徒大军”于 873 年秋季抵达雷普顿。这是一支饱尝胜利的军队，之前他们在 867 年征服了诺森伯兰王国，在 869 年征服了东盎格利亚王国。维京人刚刚安营扎寨，麦西亚国王夫妇便逃往意大利，在那里他们将以流亡者的身份死去。此外，正如我们在《编年史》的引文中所见，异教徒大军同切奥尔乌尔夫之间达成了某些协议，虽然《编年史》的作者称切奥尔乌尔夫为“愚蠢的乡绅国王”，但切奥尔乌尔夫很可能是麦西亚王室的一员，到大约 879 年才结束对麦西亚的统治。

驻扎在雷普顿的几个月里，维京人毁掉了这个地方。他们离开时，教堂的窗户、屋顶和顶壁均遭到了严重破坏。那座单独的停尸教堂已经遭到破坏，墓地有部分被掘开，图书馆和档案馆也悉数被毁。尽管该教堂在 10 世纪上半叶得以修复，但古老的修道院社区早已遣散。

维京人第一次大规模的破坏性行为是通过挖掘沟渠围建字母 D 形状的围墙，雷普顿教堂就在这条围墙防御线上。围墙完成之后，似乎教堂中殿的南北两扇门是进入教堂辖区的坚固入口。“D”形围墙的顶部和底部都在特伦特河岸的悬崖处终止，这既为占领修道院的维京人提供了天然的屏障，又为其长船提供了港口。在挖凿这条沟渠的时候，维京人径直挖穿了教堂的古墓地；雷普顿的考古发掘人员在那里发现了一些人的骨头残片和棺材配件，这些东西破坏得很严重。因此，在维京人最初占领雷普顿的时候，“异教徒大军”对教堂、教堂墓地及葬于墓园的基督徒施以了暴力。

其他的暴行也紧随其后。维京人当然也有死者要埋葬。在教堂的正东北方发现了两具遗骨，是此处众多尸骨最先发现的两具：对牙齿的同位素分析表明，这些人可能来自丹麦。两座墓葬，最令人震撼的是一名惨死的男性，或许他是在保卫雷普顿的小规模战斗中牺牲的。一支剑或者长矛刺穿他的眼睛，深深地插进了他的头骨，倒地之后，他的腿上又挨了一记重击，这一击差点切断他的髋关节，甚至砸碎了他的生殖器。这两处伤口都是致命的。尽管受到如此重创，他的脊柱仍显示出严重的创伤，不是在身体表面，而是在身体里面——死者曾被开膛破肚。在他惨死以后，人们将他精心安葬在教堂旁边一个从未埋葬过逝者的地方。他入葬时脖颈上戴一柄银质雷神之锤，陪葬有一把带鞘的剑和两把刀。他的墓葬里还有一只寒鸦的翅膀，在坟墓封盖之前，有人将公猪的獠牙放在他的大腿之间，也许是为了代替他失踪的阴茎。另外一具尸体是一名年轻男子，紧挨着第一名男子埋葬，两个人的墓穴上面都铺有一块矩形石板，在某种程度上，这块石板来源于破碎的立石十字架。带有武器、寒鸦（可能是奥丁神的象征）、雷神锤和公猪獠牙，这些都说明此墓葬一定不是基督徒的。实际上，基督徒会将此种墓葬以及那些奇奇怪怪的陪葬品都视为亵渎神明的做法，即使这些行为没有发生在只有一臂之遥的教堂圣坛。后面还有其他的墓葬。不远处，一名 20 多岁或者 30 岁刚出头的男子陪葬有一枚金戒指，还有一捧可以追溯到 9 世纪 70 年代中期的便士硬币。对他的牙釉质分析说明，他不是丹麦人，而是来自瑞典东南部，这一点提醒我们，虽然异教徒大军中有许多丹麦人，但是并非所有人都来自丹麦。

还有一座更加宏伟的古墓葬，位于教堂西侧一栋独立的建筑。在“异教徒大军”搭起营地之后，这座陵墓被划在了D形围墙以外。这里主葬是一个男人，他的遗骨和他奇怪的坟墓在17世纪晚期遭到了严重的破坏。不过，据我们判断，死者是在这座建筑的墙被废弃之后放进一副石棺或石柜里的，墓葬里陪葬有武器、硬币（都是870—875年间的硬币），还有一些现代对其重新挖掘时发现的其他陪葬品。在他的遗体周围，分门别类整齐排列着至少264人的遗骨。这些放置于死者周围的遗骨，都是一些脱臼的骨头，而非一具具完整的尸体或骨架，因此这些遗骨应该早已长眠于地下。虽然这些尸骨绝大多数是成年人的遗骨，而且超过80%都是男性，但是也有一些女性的尸骨。利用放射性碳元素技术检测这些骨头的年代发现，这里有些人生活在7世纪末或者8世纪初，剩下的则生活在9世纪。因此，这里可能有麦西亚国王的遗骨，但更多可能来自修建沟渠被破坏的墓葬，所以，可能是早期双殿教堂里修士和修女的遗骨，可能也有当地社区偏爱教堂墓葬的名人。在新近逝去的维京人周围，堆砌了早已死去的麦西亚人的尸骨，之后，这座建筑的矮墙被封了顶，上面还建了一个坟冢。此后，在这座坟墓的西南角，送葬的人挖了另一座坟墓，里面葬有4个孩子。其中一个年龄8—12岁，仰卧在坟墓里。另外3个中的2个年龄介于8—11岁，另一个年龄在17岁左右，都是蜷缩身体侧躺着的，都被摆放在第一个孩子的上面。他们的坟墓里陪葬有一只羊的下颚骨。这些是那场神秘莫测的仪式留下的全部东西。人们不禁在想，他们是谁的孩子？人们不禁担心，他们人生的最后时刻是多么恐惧？

沿着大路走 4 公里会来到一处欧石南丛生的荒野，这里还有一处墓地［位于英格尔比附近的希思伍德（Heath Wood）］。这个地方还有大约 60 座高高的坟堆。但这里的死者不是土葬，而是都采取了火葬。火葬时，还有动物被扔进火堆，牺牲献祭。当地惊恐于神灵的基督徒看到马羊狗和人的尸体一起堆在火堆上的时候，一定又会大惊失色，并被头发和尸体焚烧的气味弄得恶心不已。

有两个截然不同的群体，“异教徒大军”的成员和依然生活在附近的英格兰人，一定目睹了这些特别的葬礼。后者肯定仍然生活在那里。毕竟，切奥尔乌尔夫这个“愚蠢的乡绅国王”和他的随从会定期与“异教徒大军”的首领会晤。宗教社区雇用的城镇长官可能会继续收取应上缴修道院的税捐，用来养活这里可怕的新主人。而且农民家庭不同于他们的前国王，他们没有足够的资金逃亡罗马，在那里过上体面的逃亡生活，他们别无选择，只能留在家里养畜放牧。毋庸置疑，农民仍需上缴实物税。否则，一支军队怎么可能会在一个地方逗留好几个月？对于所有当地人来说，亵渎雷普顿的教堂和墓地，在教堂的阴影下、在希思伍德举行叛道者的异教葬礼，都是十分令人厌恶的行为。所有虔诚的基督徒都相信的末日审判，在当时似乎已经拉开序幕。

其他参加葬礼的人可能就是“异教徒大军”的成员了。从雷普顿和希思伍德两地数量异常多的墓葬可以判断，“异教徒大军”在此驻扎的这几个月，他们的处境异常艰难。到这个时候，许多人已经参加了长达 8 年之久的侵略战争，有些人肯定已经厌倦了这种生活。军队内部各派系之间的紧张关系也可能在加剧。当然，教堂附近那些非同寻常的土葬和希思伍德的60处火葬墓说明，幸存者认为有必要以独特的方式，强调他们死去的亲人和朋友的重要地位。在普雷顿和希思伍德埋葬的死者之间存在竞争，在希思伍德的各个火葬墓之间也存在着竞争，每当有人死去，异教徒们都在竞相焚毁财富。我们还不禁生疑，他们是否想通过这样的行为向当地人说明什么？修建坟冢时，实际搬运沙子、泥土和石头的人都是谁？是“异教徒大军”的士兵？还是附近被奴役的基督徒农民？有什么更好的方法弄清楚当时的负责人是谁？最新出现的习俗，无论是新创造的（如雷普顿的土葬），还是慢慢发展起来的（如希思伍德的火葬），都表明了背后隐藏的不安和竞争。

到874年的秋天，“异教徒大军”离开雷普顿，他们离开时兵分两路。一半人马追随他们的一位领袖回到了诺森伯兰，不到两年，他们就占领了诺森伯兰并在那里安顿下来。而另一半人马则前往东盎格利亚，修建军事基地，准备再次向阿尔弗雷德大帝发动战争。不过，还有一部分“异教徒大军”必须继续留守雷普顿，或者逐渐撤退。在雷普顿的教堂墓园还发现了一块山脊形状的石雕纪念碑，通常是北欧人在英格兰皈依基督教后用来标记坟墓的；还有一位女子，她在873年或874年的事件（维京异教徒军队袭击了麦西亚并占领了雷普顿）发生之后，又过了一代人 的时间才死去，她的墓葬里有陪葬品。在之后的几代人里，很多人选择将死者埋葬在老陵墓的坟堆周围，但是随着“异教徒大军”的儿孙们都在这里皈依基督教，逐渐同化为英格兰人，陪葬品和其他异常的物品（标志墓主人是北欧入侵者，甚至是第二代北欧殖民者的东西）逐渐消失了。

奥克尼与殖民社会的形成

似乎有理由假设，在维京人对富有的修道院社区（如林迪斯法恩和爱奥那岛的修道院社区）开启摧毁式破坏之前，在那几年间，来自北欧的探险家和贸易商就已经在奥克尼群岛附近打探消息，熟悉那里的岬角、洋流及皮克特居民。奥克尼群岛和设得兰群岛共同形成了一个大约由170个岛屿组成的岛群，距离北欧仅有几天的航程，而且，因为这些群岛自北向南绵延200多公里，因此向西航行的北欧人不太容易错过它们。然而，向西航行最危险。因为船员们要在一望无际、不见陆地的大海上航行，而且在海上待了一整天之后，也无法将船只停靠在舒适的海滩上休息，等待他们的是在露天、没有甲板的船上飘来荡去，挨过可怕的漫漫长夜。不过，一旦过了奥克尼，航行就没那么艰难了，因为从这里开始，水手们都可以看着陆地一路航行。因此，奥克尼既是斯堪的纳维亚航行者必不可少的停泊地，又为他们提供了可靠的物资保障。一旦到了那里，水手们就可以修正航向，稍事休息，补充水和食物。他们也可以在奥克尼等待顺风、其他船只或者有个适宜航行的好天气再开始下一段的航行。因此，极有可能北欧人在向西探险的初期就开始了解奥克尼群岛，而且北欧的船长和船员出于需要会在那里与当地人培养感情、建立贸易关系。早期有些人如果错过了返乡季节，甚至可能直接在北方群岛上过冬。

即使在北欧的船员成为海盗之后，奥克尼群岛的本土居民可能仍然保持与斯堪的纳维亚来访者的友好关系，因为奥克尼保持中立符合每个人的利益：毕竟，如果维京人摧毁了这个地方，那么无论是奥克尼当地人还是北欧的船员就都没有现成的生活物资了。9

世纪晚期创作的爱尔兰人圣芬丹（St Findan）的传记给我们描述了二者和平共处的画面。诗中描述了在爱尔兰活动的北欧奴隶贩子在9世纪40年代如何在归家途中习惯性地在奥克尼中途停留，他们在此“上岸，疗养，在岛上四处游逛，等候顺风”。芬丹在爱尔兰被俘，一次，在中途停留奥克尼时，他戏剧性地从绑架他的人手中逃脱，几个本地人（应该是皮克特基督徒）把他引荐给了一位仍然居住在奥克尼岛上在爱尔兰接受基督教教育的主教，芬丹“沐浴在主教的善良与慷慨之下”，与这位主教一起度过了之后的两年时间。芬丹最终离开了奥克尼群岛，因为芬丹十分渴望亲赴罗马。圣芬丹在奥克尼群岛的停留表明，北欧海盗出海整整两代人之后，在圣徒传记作者描述奥克尼为“紧邻皮克特人的土地”(换句话说，奥克尼不再受皮克特人的政治控制）时，一些当地人仍在那里过着平静的生活。

因此，有理由认为，至少有一些皮克特人和北欧人在维京时代初期选择了合作，皮克特人的家庭、社区机构和定居点一直持续到了9世纪。但到了大约825年，维京人在整个不列颠群岛和爱尔兰活动的性质发生了改变。在825—850年间，维京武士设法对爱尔兰发起持续而有组织的袭击，最初主要从苏格兰北部的基地展开。总之，大约就在芬丹停留奥克兰的同一时间，尽管仍有皮克特人生活在北方群岛，但是相当数量的北欧人也在此安营扎寨。在接下来的几百年里，皮克特语言、皮克特地名和皮克特的物质文化，不仅会为北欧的语言、地名和物质文化所取代并最终消失，奥克尼也将变成一个小北欧。与奥克尼的早期居民不同，10世纪中叶的奥克尼人住北欧风格的长屋，在北欧风格的牛圈里饲养家畜。他们研磨谷物使用的是北欧风格的水平磨，维持生计靠的是北欧式的船只，吃的也是以鱼为主的北欧饮食。他们使用北欧传统的皂石容器而非本地的陶罐，一部分房屋用木材建造而不是用石头，尽管皂石和木材也都需要进口。总之，在芬丹短暂停留奥克尼群岛 100 年后，生活在奥克尼的人在考古学上与生活在北大西洋其他地方的北欧人很难区分。但是，如此大规模引进北欧文化，北方群岛做得比不列颠任何地方都更彻底。因此，可以认为（与人们曾经认为的英格兰东部的罗马不列颠人口对英格兰人的影响差不多）北欧移民把奥克尼最后的皮克特人给赶尽杀绝了。

当然，我们还有《圣芬丹传》，有里面描述的基督徒和皮克特人。还有遗传学家的工作也表明，虽然确实有许多北欧人定居在奥克尼群岛，但仍有相当数量的皮克特人留了下来。现代奥克尼人的线粒体 DNA 显示，当今的奥克尼女性大约有 1/3 祖籍是斯堪的纳维亚半岛，这是一个相当庞大的数字，尽管另外 2/3 女性可以追溯到该地区的原住民。奥克尼岛居民的 Y 染色体显示，他们的男性祖先是凯尔特人和北欧人基因的混血儿，但是原住民比北欧人的遗传贡献更大。毫无疑问，这种基因的影响是由一系列单独的、改变生命轨迹的事件（更不用说维京时代之后人们的活动了）造成的。有时，男性侵略者划船抵岸，最终将当地女孩俘虏为奴或者娶为妻妾。在其他时候，正如基因所示，整个家庭从北欧迁徙而来，包括妇女和女孩，她们别着标志性的巨龟胸针，穿着带护胸的连衣裙。这再次提醒我们，移民和同化是一个过程而非一次事件，它要经历几代人的改变，但从一开始就会展现出不同的表现形式，而绝不是直到最后才显现差别的。

尽管存在移民大量涌入的情况，但仍有其他证据证明皮克特人在此生存下来，并且适应了这里的文化。奥克尼群岛许多北欧人的定居点都在皮克特人定居点的旁边或者直接横跨皮克特人的定居点。9 世纪桑迪岛的普尔就是这种情况。在这里，前北欧人定居点的中心处有一座皮克特人的环形干石建筑，一直沿用到 9—10 世纪。最终，生活在普尔的人改造了这栋建筑，把它建成了一座北欧风格的弓形大厅。在普尔人居住和维护这座建筑的几代人时间里，他们仍然继续制作和使用皮克特风格的陶器和骨针。不过，与此同时，他们也会使用皂石器皿准备食物，有些人会使用特定类型的鹿角梳子梳头发，捉虱子：这些生活用品都来自北欧。普尔本地物品和北欧物品的混用以及建筑风格的改变，暂时无法告诉我们在普尔定居下来的北欧人是与本地人结婚，还是奴役了本地人。不过，该遗址出土的手工制品表明，并非所有在公元 1000 年居住在这里的人——无论说何种语言或使用何种煮锅——他们的祖先都可以追溯到北欧。

奥克尼这一时期的墓葬也揭示了许多有趣的信息，比如，北欧定居点的性质、分布密度，以及这些定居点随时间变化的情况。这个时期的葬礼中，最引人注目的一个就是斯加（Scar）船葬，这是一艘来自北欧的熟料船，被送葬者当作 3 名死者的墓室，分别是：一名 10 岁左右的孩子、一名 30 岁左右的男性和一名大约 70 岁的老妇人。这名男性有一双终生摇桨的大手；而这位女性一生中大多数时间都是盘腿坐着，两个人明显都是有钱人。那些监督葬礼的人在男人身边放置了一把折断或被“斩断”的剑，这把剑置于特制的剑鞘之内，还有大量的箭、一把梳子、一套鲸骨游戏棋子，可能还有一面盾牌。这位老太太佩戴着一枚漂亮的胸针，这种胸针只有北欧最北方的贵妇才会佩戴，她还陪葬了一把梳子、缝纫和编织设备，以及编织时压亚麻布的雕花鲸骨。船葬里的所有东西（包括船只）几乎都来自斯堪的纳维亚半岛，而且许多物品（比如，胸针、鲸骨饰板和梳子）的制作年代都可以追溯到9世纪。因此，乍一看，斯加船葬似乎是与圣芬丹同时来到奥克尼的早期北欧定居者的墓葬。然而，这些骨骼的放射性碳检测却讲述了另外一个故事：这3个人死于第一代移民在此定居很久后的10或11世纪。无论是谁埋葬了这3名死者，他们都选择了精美而又非常古老的陪葬品，或许他们意识到自己祖上是北欧人。鲸鱼骨的饰板和这艘船也是祭奠仪式的物品，尽管有证据表明奥克尼群岛的许多北欧定居者在此时均已皈依基督教，但这些物品说明，在3个墓室封闭之前，很有可能举行了一场庄严的异教仪式。

在其他墓葬的衬托下，斯加船葬显得尤为有趣。因为在苏格兰群岛发掘的最早一批北欧坟墓，看起来都不如斯加船葬那么具有异教传统和北欧风格。例如，在刘易斯岛的尼普，考古学家从一处小型的家庭墓地里挖掘出7具遗骨。尼普最早的北欧风格的墓葬几乎没有陪葬品。一个6岁的孩子和一个婴儿只是佩戴着简单的项链入葬，这是北欧人而非皮克特人的葬俗。在尼普，只有一处成年女性的墓葬陪葬有精美的物品：一对乌龟胸针、一串玻璃珠项链、一枚环形别针、一条精心搭配带扣和尾斩的腰带、一把刀、一块磨石、一个针线包、一把镰刀和一只鹿角梳。虽然这些东西都是北欧社会地位很高的女性才会陪葬的，甚至有些确实来自斯堪的纳维亚半岛，但是通过锶同位素检测该女性的牙釉质发现，她早期的童年时光是在刘易斯岛度过的。此外，利用放射性碳检测女性的骨骼发现，这名女性入葬的时间要比那些几乎或根本没有陪葬品的人晚好几代。尼普其他遗骨牙齿中的锶同位素检测结果显示，不仅这位女性，另外一位成年人和所有3个孩子都在附近出生。但是剩下的2

个成年人，他们的童年不是在刘易斯岛度过的。一名男子可能来自内赫布里底群岛或北爱尔兰，另外一名女性死于有精美陪葬品的女性一两代人之前，她在英格兰地区长大，可能是在南部丘陵，或者更有可能是在约克郡的丘陵地带。因此，尼普的这些“维京人”中最像北欧人的那名女性不仅出生在刘易斯岛，还出生较晚，那两名出生较早的很可能一名是爱尔兰男性、一名是英格兰女性。因此，似乎赫布里底群岛和奥克尼群岛的人，无论他们的基因来源如何，都认为有必要强调自己的北欧身份，这种需求在最初定居的北欧人中并不强烈，反而是定居百年之后越发强烈。

事实证明，奥克尼群岛最精致的“维京”墓葬可以追溯到850—950年间，而且大部分可能建于这一时期的后50年。这反过来表明，奥克尼的北欧幸存者想要表明、炫耀或者标识他们北欧身份（至少在他们丧葬仪式上）的愿望，在他们到达奥克尼的前半个世纪里并没有十分强烈，大约850年前后，奥克尼的北欧伯爵身份确立，在此之后，人们想要表明北欧身份的愿望越发强烈。这可能是因为早期没有必要在本土的皮克特人面前直接展示肆意挥霍的丧葬仪式，可能因为潜在的皮克特竞争者已被驱逐，或者因为北欧人已与新邻居协同合作。墓葬证据表明，只有在相当数量的北欧家庭站稳脚跟，在北欧文化主导奥克尼之后，北欧的幸存者才认为有必要在葬礼上举行带有竞争性质的随葬品展示礼；可能到了那个时候，葬礼的策划者开始指导各个自认为有北欧血统、互相之间存在竞争关系的家庭或者群体如何安排他们的丧葬仪式。

之后的100年（10世纪30年代至11世纪30年代）间，苏格兰北部藏匿了二十几个维京宝藏，包括在苏格兰发现的最大一个宝藏——埋在奥克尼群岛斯凯勒的8千克银制品。这堆宝藏里面有颈环、胸针、来自爱尔兰海周围的切割银币和硬币，硬币中有一枚铸造于遥远的巴格达。像这样的大型宝藏可能属于某个大人物，他利用丰富的宝藏来保证有大量的追随者。和墓葬一样，宝藏的证据也表明，只有在北欧人定居很久以后，奥克尼岛上才开始有多个互相竞争的派系，他们首领的愿望往往通过季节性的海盗活动来实现。根据12世纪的《奥克尼传奇》，有一位这样的首领名叫斯韦恩（Svein），他利用奥克尼肥沃的农田和优良的地理位置（位于广阔的北大西洋北欧的中心）发家致富：

> 斯韦恩以前的生活如此这般。冬天，他在盖尔塞岛（Gairsay）的家中度过，自掏腰包款待80余名男子。他的饮酒大厅非常宽敞，整个奥克尼就没有一个能和它相比。春天是他最忙碌的季节，有大片土地需要耕种，而且要亲自细心照料。播种之后，他会前往赫布里底群岛和爱尔兰打劫，他称之为“春游”，仲夏一过便回到家中，一直待到玉米收割完，安全归仓。之后，再去劫掠，直到冬天的第一个月末。他称之为“秋游”。

要是我们知道斯韦恩那80多位客人的祖父母说什么样的语言，或者帮助斯韦恩收割粮食的人们的祖先都佩戴什么样式的别针，那该有多好啊！

奥克尼群岛的韦斯特尼斯（Westness）有一个北欧海盗时期的定居点，看起来好像最早种植了黑麦和亚麻。黑麦一直在北欧南部种植，可能是北欧定居者将其引至这里。亚麻在皮克特晚期被引进奥克尼群岛的部分地方，但在其他地方，直到北欧人到来才开始栽培，所以，这种作物也可能是由北欧人带到韦斯特尼斯的。亚麻的种植以及亚麻布的加工过程都十分复杂，总的来看，在整个奥克尼群岛，直到北欧定居者到来之后亚麻才得以广泛种植，大麦和燕麦种植得更多，乳制品业也得到了加强。简而言之，虽然许多农业制度在皮克特晚期已经建立，但在北欧人来之后都得到了加强。北欧人并没有完全改变农场、羊群或田地的组织结构，但是在北欧人在此定居之后，当地人吃的东西都不一样了。埋葬在韦斯特尼斯的皮克特人在维京时代之前，虽然生活在这座 10 公里长的岛上，但很少吃海产品，也不会给牲畜喂食海藻。但是，从墓地中发现的维京时代的遗骨显示他们属于大量吃鱼的人。向大海和种植亚麻方向发展会改变（半）皮克特人的生活。他们的职业、工作节奏、饮食和服装风格都发生了巨大的变化。他们开始给牛建造棚舍，进口木材制造船只及室内使用的地板和长凳。当然，当地人的技能和技巧也会改变北欧移民的生活。奥克尼几乎没有树，传统北欧风格的宫殿不能仅靠木材来建造，所以大部分的建筑材料还是干石和草皮，当地人对干石和草皮的了解有助于北欧人建造风格的转型。奥克尼也比北欧更适宜种植谷物，所以，奥克尼群岛的北欧人比他们家乡的亲戚更加依赖谷物种植。

因此，有迹象表明，皮克特人与有皮克特血统的人依旧生活在奥克尼群岛上，但在 9—10 世纪，他们开始与北欧人彼此吸纳对方的物质文化、语言和着装方式，这样做的结果就是，至少从考古学上来看，他们跟新来者都很难区分开来，不管这些人是邻居、主人还是亲戚。在爱尔兰，当时有文本资料保留下来，从中可以得知，到 850 年，来自爱尔兰境内北欧殖民飞地那些以爱尔兰语为母语的人，开始被称为“盖尔–维京之族”。一套早期编年史这样解读他们:“(这些)盖尔人,维京人的孩子……他们放弃了洗礼仪式,他们被称为维京人,因为他们像维京人一样行事,而且由维京人抚养长大。”奥克尼的皮克特人是否也发生了类似的转变呢?

最终,也许这样一个事实解释了皮克特人为何几乎完全改变了其物质文化:奥克尼岛上的有些人可能对自治特权渴望已久,尽管奥克尼人在北欧人到来之前一直与苏格兰大陆的皮克特人保持着语言、政治和文化方面的联系。根据《阿尔斯特年鉴》中一条7世纪晚期的公告,奥克尼在某次带有惩罚性意味的远征中,被皮克特至高无上的国王布鲁德(Bridei,比利之子)“摧毁”了,这表明奥克尼群岛上与苏格兰人陆上的皮克特人之间存在周期性的紧张关系。到9世纪中叶,位于大陆上的皮克特王国失败了,苏格兰的肯尼思一世将皮克特王国吞并。此时,奥克尼的皮克特人可能更愿意与讲北欧语的人,而非讲盖尔语的人共谋大业。

当然,奥克尼并不是这一时期北欧殖民者选择定居的唯一地方。在设得兰群岛、赫布里底群岛、法罗群岛、冰岛和格陵兰岛,横跨整个北大西洋的那些自认为是北欧人的人(而从基因上,他们其实是斯堪的纳维亚人或者爱尔兰人或者皮克特人),他们住的是极其相似的房子,使用特殊类型的磨石来磨碎谷粒,喜欢黑褐色的臂环和特定种类的指圈型别针,制作小六角形的青铜铃铛。这些东西与斯堪的纳维亚半岛制作的同类物品略有不同,为北大西洋上北欧殖民地的人们广泛使用。北大西洋的北欧人甚至会使用在斯堪的纳维亚半岛上从未有人用过的北欧名字,从奥克尼群岛到赫布里底群岛、冰岛、马恩岛,都能找到这样的名字。因此,在整个维京时代,奥克尼人从其他的皮克特社区中分离出来,包括与他们一直保持联系的苏格兰人和诺森伯兰人。现在,他们不但与斯堪的纳维亚关系密切，而且与其他北大西洋的北欧人尤其亲密。这是一次重大的文化重整。

以上 3 节讨论互相关联不大，仅依据时间顺序排列。3 节讨论提供了不同的侧面，使我们得以窥见 9—10 世纪不列颠的本地人与从北欧新到此地的人所面对的各种现实，这些情况与阿尔弗雷德大帝及其盟友的故事截然不同。这 3 段叙述没有呈现出同一个故事，它们所做的，是说明整个不列颠在维京时代经历了巨大的戏剧性改变，同时揭示每个人、每个社区以及整个民族的转变。小王国消失，变成更大更新的王国。维京战士不仅抢劫和掠夺，还会在冬季营地里忐忑度日，许多人最终定居下来成为英格兰人。在其他地方，当地人把自己的命运与北欧新人联系在一起，最终把自己变成了北欧人。事实上，这些年来人们的生活经历如此多样的变化，以至于没有一种主流的论述可以涵盖所有，无论这种论述多么令人信服，都不能充分说明人们所亲历的生活。

第九章

新城镇：9 世纪至 11 世纪

虽然 8 世纪的英格兰孕育了许多重要的全年性贸易社区、季节性市场，以及作物与手工制品的生产地，但那时英格兰的城镇化程度并不高，当然无法和它作为不列颠尼亚行省时期相提并论。到了 9 世纪，英格兰虽然城镇化程度仍然不够高，却已经开始经历去城镇化的过程，因为其商业、贸易社区及平静的生活遭遇维京人偶然南下的侵袭之后，又沦为维京大军掠夺进程中的牺牲品。实际上，英格兰一些最像城镇的地区，例如盛极一时的伦敦，都经历了几近毁灭式的经济衰退。9 世纪的其他一些地方，例如在第七章中提到的沙镇的季节性贸易点，情况更糟，甚至遭到了废弃。也许结局最令人想象不到的还是约克。约克在诺森伯兰王国曾经是首屈一指的商业中心，而它不仅在 867 年时被维京人攻占，还在接下来的 87 年里几乎一直受维京人控制。那些长期依靠贸易和手艺维持生活的家庭、习惯于勒令市场纳贡的在俗精英，以及通过征收捐税得以锦衣玉食的国王，得知维京人攻陷的消息后如闻晴天霹雳，惊恐万分。然而，让人不可思议的是，虽然城镇与准城镇的定居点在 850 年前后还是一片萧条，但仅仅 200 年之后，又有 100 多个城镇在英格兰发展并繁荣起来，并且集中了整个王国 1/10 的人口。不仅如此，11 世纪中叶的城镇，不但成为人口、生产、商业和需求中心，而且成为英格兰城邦至关重要的组成部分。是什么原因使得城镇生活实现显著的复苏，同时使得这些社区显得越发重要？而这一转变应该归功于谁？谁又是这一发展的受益者？

基于已知的证据，我们就不会讶异于这些问题的部分答案是英格兰国王和维京侵袭者二者共同构成了城镇生活复苏的大背景。在所有英格兰国王中，阿尔弗雷德大帝（在位时间 871—899 年）功绩最大。阿尔弗雷德大帝在他儿子“长者”爱德华（Edward the Elder）、女儿“麦西亚的女领主”埃塞尔弗莱德和女婿埃塞尔雷德（在位时间大约 883—911 年）的辅助下，在其定居点建起了防御工事网络，即“巴罗”（burh），巴罗既能保卫英格兰的领土，又能保护英格兰人免遭维京人的侵袭。阿尔弗雷德大帝用来建造和加固巴罗所需的资源由土地所有者提供，每人承担的份额根据其持有土地的海德数计算。虽然阿尔弗雷德在其物资供应上采用了加固定居点网络和土地所有者按土地多寡分担赋税的体系，但这二者都不是由他本人创立的。阿尔弗雷德借鉴了麦西亚国王，特别是埃塞尔博尔德国王和奥法国王开创的行政和军事改革做法。他们坚持土地所有者应分担王国防御的开销，因此要求他们出资构筑防御工事保卫麦西亚王国的要塞。阿尔弗雷德大帝建造的第一座巴罗位于他自己的威塞克斯王国境内；但到了 9 世纪后期，他和他的支持者开始在受英格兰控制的麦西亚部分地区建造巴罗，其中有些巴罗直接扩建自麦西亚国王 8 世纪时修建的防御工事。阿尔弗雷德去世后，其儿子、女儿还有孙子埃塞尔斯坦国王从维京人手里夺回了英格兰中部地区的东部和英格兰的北部领土，并将防御工事网络进一步扩大。阿尔弗雷德大帝及其继任者还在巴罗内设立造币厂，要求巴罗内部组织起受监管的市场。其中一些巴罗还规划出直线街道，以提供秩序井然的网格街道，方便工匠和商贩安家落户。

发展这枚硬币的另一面是维京人入侵带来的影响。维京人抢劫掠夺，一个直接的经济后果就是造成白银大量外流，而在他们到来之前，这些白银大多是囤积在王室和教会的金库之中的。维京人除了抢劫白银为阿尔弗雷德大帝提供了修建巴罗的理由，还为英格兰的城镇化之路带来了其他积极影响。许多北欧人在定居英格兰之前，都走过斯堪的纳维亚人开创的最佳贸易路线，这条线路使得波罗的海商人有机会通过俄罗斯河道进入拜占庭和阿拉伯世界的市场。这些人在不列颠群岛的贸易点定居下来之后，开始引进大批丝绸、香料和其他种类的奢侈品，将它们卖给精英家庭（既包括本地人，也包括来自斯堪的纳维亚半岛的移民），因为他们手中有可以用来购买商品的白银。一些在不列颠生活并开展贸易的北欧人还拥有更先进、体形更大的北海货轮，这让他们倍感自豪，因为与 8 世纪的货轮相比，北海货轮能装运更多的商品，这对于扩大贸易规模至关重要。最后，许多不依靠长途贸易，不那么富裕的北欧移民开始安心地过着城镇的生活。他们在英格兰定居下来之后，把一些定居点，如林肯、史丹佛和塞特福德，发展成了繁华的商品生产地，他们自己也成了全职的鞋匠、陶工或者铁匠。

人们往往认为城镇在这一时期的历史与历史大背景背道而驰，正因为如此，在更多的情况下，城镇都被视作一个机构，是王权中心和行政中心，抑或是对抗丹麦人的堡垒，而非人们居住和生活的社区。因此，国王和维京人在这些城镇发展中发挥的作用也就不言而喻。还有一些群体和个人也集中参与了城镇生活的复兴和繁荣。为了探究这些人到底是谁，他们扮演了怎样的角色，我们将仔细考察两座城镇的悠久历史——伍斯特和伦敦。我们不仅要总结出两座城镇的历史共性，探究英格兰国王和维京入侵者在两座城镇形成过程中所扮演的角色，还要了解这两座城镇在维京时代以及维京时代之前各自独特的历史，以及最终定居在这两座城市的居民是如何塑造出这两座城镇后来的样子。

主教之城

伍斯特自 7 世纪末以来就一直由主教掌管，是一座名副其实的主教城镇。然而，在皈信基督教之前，伍斯特曾经也只是一个罗马小镇，居民主要从事又脏又累且单调乏味的熔铁、炼铁及大规模饲养家畜等工作。和大多数小城镇一样，罗马时期的伍斯特不算宏伟，不过，仍然有一处土木筑造的，可能始建于铁器时代的椭圆形防御工事，占地约 10.5 公顷。正是这些不列颠尼亚衰落之后保留下来的防御工事，解释了为什么伍斯特会在中世纪早期重新兴起并成为一个核心区域。大约在 680 年，大主教西奥多为赫威赛（Hwicce）王国建立起一个主教辖区，其中的新教堂敬奉的是圣彼得，并且建在了伍斯特当时依然屹立的防御墙内。防御工事与教堂并存的现象在 7 世纪比比皆是，而且在整个不列颠低地，教会社区都建在废弃城镇或者废弃堡垒的角落，究其原因，不仅因为这些地方为教会社区提供了现成的防御设施与石料原料，还因为这些地方遗留有罗马时期曾经的辉煌，无论它们如何支离破碎，都仍然传递着声明与威望。

虽然伍斯特在主教辖区建立之初已不是城镇，但这里可能已经有一个定居下来的不列颠的宗教社区，这个宗教社区刚好位于防御工事之内，主要是圣海伦斯教堂的神职人员，因为圣海伦斯教堂在主教社区成立之后的很长一段时间里一直是这里更大区域的母教堂。到 8 世纪末，除圣海伦斯大教堂和圣彼得大教堂，可能这里又建立了两座教堂，分别是圣玛格丽特教堂和圣奥尔本教堂，因此伍斯特在维京人到来之前是一个宗教气息十分浓厚的地区。这段时期内，伍斯特的人口数量也远远超过同时期大多数的定居点，因为伍斯特每一座教堂里都有大量神职人员（或许还有他们的家人），而且大多数教会成员，和那些高地位的在俗领主不同，他们常驻于此，不用在纳贡点之间巡回往返。因此，伍斯特教会社区的成员全年都需要食物、木柴和住所，这些就是居住在此的地位低下的劳工需要组织、储存和准备的。伍斯特的专职宗教人员以及为他们劳作的劳动力还需要仓储建筑、动物圈棚和居住的房屋，因此伍斯特应该算是一个实实在在的定居点。

想要弄清楚伍斯特各个教会之间、同一教会的不同神职人员之间是如何互动交往的不太可能，但很明显主教是定居点以及周边乡村最重要的人物，他在这些地区积聚了大片土地；他有权获得在这些土地上劳作的人们的部分产出，这不仅保证他的社区能够安逸生活，还能够获得金钱。例如，我们知道，主教偶尔会将当地农场家庭上缴的实物贡品（根据 8 世纪末和 9 世纪中叶的两份文本资料的记载，上缴的实物包括麦芽酒、蜂蜜酒、谷物、面包、牲畜、火腿、奶酪和蜡烛）换成钱币。有时候，主教可能还会卖掉仓库里堆积如山的富余贡品。主教还控制着 11 公里以外德罗伊特威奇的一些产盐量极高的盐场，在保证自己社区所需的盐量之后，他肯定是把用不掉的盐卖掉换取钱币。一个证据就是，在 9 世纪后期，郡长埃塞尔雷德为国王向进入伍斯特的盐商征收马车和拉货的通行费，这说明，这些盐商时常进出这里的市场，可能因为停靠在塞文河河滩的船只在这个定居点方便装盐上船并将盐运输到河流下游和海岸。在这里还发现了2枚8世纪早期遗落的锡特币，也证明了该定居点有货币流通：一枚发现于罗马防御工事北边的出入口；另一枚发现于塞文河和罗马主干道之间，这条主干道从北面一直延伸到一块围地，说明沿塞文河分布并且靠近围地入口处的土地曾经是集市所在地。在艾塞克斯的巴金（Barking）有一座中世纪早期的大教堂，大教堂外面则发现了奢侈品的遗迹，如饮酒用的玻璃器皿的碎片、精美纺织品的金线，以及来自伊普斯威奇的陶器。这里还发现了贸易和手工艺生产的证据，包括硬币和玻璃生产的废料。这些物品的出土地点和这些手工制品本身都表明，在8世纪初的巴金，已经发展起了一小片河滨商业与手工业区。我们知道，伍斯特的主教在9世纪中期拥有类似在巴金出土的物品。例如，有一次他赠送给麦西亚国王3只饮酒器皿（据推测应该是玻璃杯）以换取他对土地的控制权。因此，也许沿着塞文河也可以找到一个类似在巴金发现的区域。伍斯特的主教在遥远的伦敦也有商业利益。到8世纪时，他在伦敦拥有2艘船，而且麦西亚国王埃塞尔博尔德对他十分慷慨，免收他的通行费；9世纪时，他在伦敦既获得了贸易特权，也获得了土地。主教的这些优势使得伍斯特的居民可以获得外国商人运往伦敦的诱人商品。所以有迹象表明，主教的家庭在整个8—9世纪都参与了贸易，他们利用船只、盈余和硬币获得类似于在巴金沿河地区发掘的物品。

伍斯特是一处建在防御工事里面的高地位人群的定居点。它历史悠久，并且神职人员和他们的助手久居于此，商贩和工匠也定期来此开展贸易。正是这样一个定居点，在 9 世纪 90 年代晚期经历了一次深刻的变革。在这一时期，麦西亚郡长埃塞尔雷德即阿尔弗雷德大帝的女婿兼盟友在伍斯特建造了一座巴罗，这是他和岳父阿尔弗雷德一个更大规模的计划的一部分，他们想要把西撒克逊的防御工事扩展到英格兰控制下的麦西亚地区。埃塞尔雷德选中伍斯特并不是一个令人惊讶的决定，这里有数十座旧建筑，他直接予以改造、加固，或再次加固，其中包括大教堂、早期贸易点、铁器时代的山地小屋、王室宫殿，甚至一些拥有罗马防御工事却杳无人烟的地方，改造加固的建筑范围很广，他将它们联结在一起，形成了一个大的网络，以便在维京人入侵之时为当地人提供避难场所，同时也可以保护和管控贸易场所。

埃塞尔雷德获得了主教的全力配合，因为他将原本属于私人教会的定居点转变成了一个公共化程度更高的地点。首先，郡主向主教承诺，改造之后，巴罗所获得的市场通行费和司法罚金均分给主教一半。当时记载这一做法的文本资料在提及郡长将一半的收益分享给主教时评价郡长出手慷慨，因为事实上这一半收益的价值甚至足够给一个人换取主的救赎；但是伍斯特的主教家族可能并不这样认为。毕竟，在伍斯特建成巴罗之前，主教是这里无可争议的主人。此外，几年时间里，主教又将伍斯特河畔的一个黄金地段——位于巴罗主道和塞文河之间一片新开发的区域，很可能在巴罗建成之前是靠河市场的所在地——租给了郡长一家。因此本质上讲，主教将巴罗 50%的收入以及一些最上等土地的所有权让给了郡长，说明他把维京人的威胁看得多么可怕。实际上，主教与郡长间达成的交易只是这一时期的众多交易之一，它们揭露了那些古老且相对独立的社区（无论在俗的还是教会的社区）为换取安全，将自己的资源和自治权交与国王或其他强者。后面我们还会看到其他重要的在俗领主在巴罗内部获得房屋的证据。同样，在更加和平的时期，这种权利的侵占可能会遭到抵抗，但在危机四伏的年月里，主教们肯定很希望一旦维京人兵临城下，城里有武装的在俗领主。

埃塞尔雷德用于伍斯特巴罗防御工事的高墙，大部分是伍斯特仍旧矗立于此的罗马城墙，但是在古墙的北端也用泥土和木材进行了扩建，将原来一片占地 7 公顷的牧场也围进其中。然而，即使进行了扩建，与许多其他巴罗相比，伍斯特面积仍旧较小，而由于其主教社区和其他宗教社区早已占据了原来罗马围墙内的众多空间，所以尽管出现了郡长和更多的当地在俗领主，10 世纪初期的定居点一定还是充满了教会的特征。

在这个周围新建有防御工事地区的东半部分，埃塞尔雷德或者他的助手修建了规则的网格街道。沿着今天的“高街”两侧划出了 8 个地段，也称之为“海格”（hagae），两旁各 4 块，每块大约占地 1/3 公顷。其他巴罗也出现了这样的大型“海格”，可能是作为该地区最重要的土地所有者的城镇庄园。给予巴罗内重要的在俗信徒一些奖励可能会使他们更努力地修建、维护和保卫巴罗。不过在早期，给予奖励的在俗人士可能只有在陪同主教或者参加郡法庭的会议时才会短期住在城里，因此只要这些大型“海格”仍然完整，伍斯特的人口就会相对比较稀少。然而，在整个 10 世纪，对于那些租用大主教的乡村土地的人来说，标准的做法是将“海格”也纳入租用协议；所以要么修建更多的“海格”，要么将一些面积比较大的原有房产再做细分。

今天该地的“高街”在当时是巴罗的主干道，这条街和其他巴罗中的街道一样，可能也有市场的功能。在 9 世纪末期至 10 世纪初这种布局非常明智，因为当时巴罗内的人口数量非常少，街道可以建得非常宽阔，为组织市场提供充足的空间，而且巴罗也没有郊区。在当时，没有郊区就意味着城墙外有足够的空地容纳更大的季节性市场，比如，家畜市场。因此，随着巴罗内贸易的不断发展，地方领主不仅需要在城镇居住，还需要在当地市场有一定的销路，售卖自家土地上生产的盈余。

埃塞尔雷德扩展城墙、铺设街道、切分“海格”给当地带来了巨大变化，但伍斯特至少经过两代人的时间才发展成为一个真正意义上的城镇，才有了熙熙攘攘的街道，生活着数量庞大的各色工匠和商贩。在修建巴罗的过程中，尽管主教和郡长很重要，但正是几百个决定移民到此的普通家庭和那几十名需要利用伍斯特市场的当地领主将伍斯特塑造成了一座真正的城市。到 10 世纪中叶，伍斯特的城镇特点日益突出，西德伯里（Sidbury）郊区的崛起见证了这一变化。西德伯里是一块手工业者的飞地，位于城墙之外，沿着从城镇向南延伸的主干道发展起来。在许多 10、11 世纪的城镇也有类似的郊区，和西德伯里一样，它们通常也是沿着重要的引道发展起来的，这些道路本身往往就是城外市场的所在地。伍斯特越来越像城镇的另一个标志是，到了 10 世纪中期，“高街”上的一些大块“海格”的所有者开始分割“海格”，而且在接下来的几代人的时间里又经历了多次再分。事实上，到了 11 世纪中叶，这些曾经的大块土地已被细分成一堆不规则的小块租地出租给贸易商贩和手工业者，如此细分可能是土地的所有者发现通过租赁赚钱原来如此轻松。例如，我们知道就在诺曼征服之后，伍斯特臭名昭著的郡长乌尔斯·达贝特（Urse d' Abetot）在当地的市场上出租了 25 所房屋，年租金高达 1 200 个银币。这些地块的地理位置非常好，所以租用此处赚钱更容易，但是乌尔斯也算是极尽剥削之能事了，因为在伍斯特城的其他地方，每年的租金似乎都在 13 便士左右。即使 13 便士，对于那些有幸控制一两个“海格”的乡村地主来说也不失为一个很好的收入来源。因此，看起来伍斯特的城镇特点随着时间的推移而发生变化，因为它已经从最初的一个或多或少属于教会的圈地发展成了一个许多主教最重要的客户在出庭镇或郡法庭，或拜访主教的时候会拜访之地，最初时，主教可能也会将自己土地生产的盈余带到这里的市场售卖。最终，这里发展成了一个熙熙攘攘、繁华兴盛的城镇，聚集着工匠和商人，这些人有的生活在城墙之外，但所有人都需要向他们的土地所有者缴纳租金。

现存的证据中只有少量能够告诉我们生活在伍斯特街道两侧、生活在伍斯特郊区的人们从事什么样的交易。伍斯特这座城镇里肯定有铁匠或磨刀匠，也有制铁犁头的匠人，还有制革匠。肯定还有人生产石灰，这是制革匠和石匠都需要用到的一种材料。作为一座罗马老城，伍斯特的石灰来源颇为有趣：生产石灰的匠人会在定居点内以及周围的罗马建筑废墟里寻找石灰岩，然后烧制成石灰。伍斯特的居民无疑还会生产其他商品。例如，尽管考古学家在发掘过程中并没有发现大规模纺织品生产所用的工具，但城镇里可能还有羊毛工或织布工，因为附近（诺曼征服前）的格洛斯特已经出土了一些使用直立踏板织布机的证据，这种机器在 12 世纪时的城镇纺织作坊中十分常见。此外，与生活在英格兰北部城镇的居民相比，伍斯特人吃的羊肉更多，或许是因为有经商头脑的领主在周围乡村地区牧养了大量羊群。因此，这些证据表明，该时期该地区的羊毛和布料产量有所增长，所以伍斯特有一些贸易商贩和工匠依靠纺织、染色或售卖布料为生也就不足为奇了。

当然，伍斯特人不能只靠羊群来维持生计：在伍斯特城发掘出了大量家禽家畜的骨头，依此可知，许多人还在自家后院饲养猪、鹅和鸡。从这里的几个粪池我们还可得知，伍斯特人吃苹果，甚至还吃梨，这可能说明附近农村地区的小农或者领主培植果园，专门为伍斯特的市场供给水果。在 11 世纪，许多其他城镇也有类似的市场供给模式，当地农民可能也会为伍斯特的绳索和麻袋制造商种植亚麻和大麻等经济作物。随着 10 世纪和 11 世纪后期伍斯特人口的不断增长，城内空地和大块“海格”都住满了居民，因此肉类、谷物和其他主食的食品销售市场的规模也随之扩大，市场的重要性日益凸显。随着这些食品市场的扩大，为伍斯特提供供给的牧场和耕地面积也急剧增加，吸引了越来越多的乡村生产者进入伍斯特城的市场。他们从市场中赚取利润，再用赚取的货币支付租金、上缴税费，或者购买伍斯特工匠制作的商品。

伍斯特的城镇居民不仅彼此进行交易、与生活在城中贸易区的人们进行交易，还会与来自其他地区的生产者进行买卖交易。他们使用的陶器基本都是本地生产，由科茨沃尔德（Cotswolds）经营窑炉生产的工匠完成塑形，但是他们偶尔也会使用南边或东边更远的地区生产的储物罐和煮锅。伍斯特工匠打磨铁制工具的粗磨石是奔宁山脉出产的砂岩，研磨粮食的细磨石来自什罗普郡，但是，这里几乎没有任何外国商人或外国商品的痕迹。这里有一座纪念圣古华（St Gudwal，布列塔尼的一位圣人，其遗骸存放于根特的一座修道院）的教堂，对于伍斯特这座内陆小镇来说是十分罕见的异域建筑，但它很可能并不是一群思乡的佛兰德斯商人建的，而是受到伍斯特最著名的主教圣邓斯坦（St Dunstan，曾流亡根特）敬奉圣古华的影响。事实上，在伍斯特做生意的外地人可能主要来自附近的区域贸易中心和制造中心，如格洛斯特和德罗伊特威奇，有些可能甚至来自威尔士。不过，这个时期其他的英格兰城镇与外地人也有大量的贸易。例如，在规模更大的牛津城，人们有机会买到来自法国北部、比利时和莱茵兰的各种陶器，以及来自挪威的磨石，这些在伍斯特都见不到。之所以会出现这种差异，可能是因为牛津位于伦敦泰晤士河上游，而伍斯特却坐落于贸易不那么发达的塞文河畔。

伍斯特的宗教特征也在这一时期有了转变。10 世纪的某个时候，主教区的北部和东部边缘地带被重建，具体的重建时间可能是在 10 世纪 60 年代，当时英格兰最伟大的修道院改革者之一圣奥斯瓦尔德打算将伍斯特的主教社区转变成本笃会修士的社区。此时，罗马防御工事最北端那些在 9 世纪晚期被划在埃塞尔雷德扩建范围之外的多余部分都被推倒了，并且教堂附近建起了新的边界。与此同时，在巴罗建立之后可能贯穿新圈地并穿过教堂区域的“高街”现在停在了修道院区的前面，如此一来，世俗的交通将不再随意穿行于大教堂区域。在温彻斯特，当地 3 个改革后的修道院社区也用类似的围墙或篱笆围起来了，为了方便修士“平静地服务上帝，免受城镇居民的喧嚣嘈杂之扰”。伍斯特修道院区域如此封闭重建有许多好处，不仅可以在改革后使修士免遭城镇居民的有害影响，还可以将曾经被主教区占有的一部分土地开放为商业区，从而规划出一个全新的街区，对主教来说，这些无疑是十分有利的。因此，这一雄心勃勃的重建计划似乎是由改革后的修道院的狂热分子和城镇的投机商共同推动的。

伍斯特的大教堂长期以来一直垄断着墓葬权，并且奥斯瓦尔德于 10 世纪新建的两座主教会堂（先建的圣玛丽教堂和后建的圣彼得教堂）之间规划了一片墓地。虽然对这片墓地只有很小一部分被发掘，但已发掘部分埋葬了一层又一层的尸骨，墓穴交错，足以表明这是一片被频繁使用的墓地。即使是在伍斯特发展成一个城镇之前的阶段，也有证据表明重要的当地家庭在大教堂的阴面埋葬死者，他们还会在墓地里为死者竖立纪念碑。

10—11 世纪，伍斯特及其周边修建了许多教堂，但是没有一座教堂拥有自己的墓地，加上伍斯特城的粪坑数量急剧增多，二者都标志着伍斯特人口数量迅速增长。例如，万圣教堂最开始可能只是一座建在城门外的教堂；在诺曼征服之后，教堂前出现一个城外的家畜市场，当然也可能诺曼征服之前已是如此。在伍斯特城南门外郊区发展起来的西德伯里村落在这一时期也出现了两座教堂。总而言之，到 11 世纪末，伍斯特总共有大约 10 座教堂。生活在伍斯特城里的大多数人也就是平民有很多小教堂可以选择，所以有了这些教堂，城镇居民就像后来的城镇居民一样，可能开始在自己所信仰的教区里形成了高度区域化的身份认同。伍斯特城的居民似乎也正在形成一种城镇居民的身份和公共权利的意识；事实上，在 1041 年，伍斯特居民就已经有很强的组织性和自我意识，他们组织起反对哈德克努特国王（King Harthacnut，卒于 1042 年）的税收起义，为维护自身利益反抗国王强大的王室军队，最终不仅在一场血腥屠杀中幸存了下来，还赢得了免于处罚、重返家园的权利。

根据《末日审判书》[①]中对伍斯特的普查结果，到 1086 年，伍斯特大约有 2 000 居民，圣洁的主教沃夫斯坦（Wulfstan）不仅将其社区的修士数量从 12 个增加到 50 个，还破土动工修建了一座

① 《末日审判书》又称《土地赋税调查书》。

新的大教堂。这座教堂在 20 世纪之前一直是该城最高的建筑，虽然如此，这个城镇不能再像 300 年前那样说成是一处教会飞地。许多城镇家庭虽然现在还是主教或修士的租户，但是现在他们与主教的关系完全不像 8 世纪早期大教堂社区的奴隶和仆人与主教间的关系。无论在城内中心区域密密麻麻的街道上，还是在伍斯特 9 世纪 90 年代修建的防御工事之外，都能找到城镇住宅，这证明伍斯特的教会特征已被大大稀释，也证明这时候工匠和商贩家庭的数量远远超过了比他们社会地位更高的神职人员的数量。到了这个时候，国王和地方伯爵从司法费用里收取的金钱比主教收取的更多，标志着 10—11 世纪时在俗权贵在主教出资建造的社区里拥有巨大的权力。此外，推动伍斯特城繁荣发展的更多的是生产力日益提高的农村家庭，而非因为主教社区的需求。农业集约化和集中化也使得农村经济不断发生转变，除此之外，那些渴望市场、金钱和消费品的拥有土地的精英也推动了伍斯特城的发展。

因此，与 8 世纪相比，10 世纪末和 11 世纪时的伍斯特地域更辽阔、经济更发达、生产力更强；至少在某些小的方面，它所带来的繁荣不但为教会人员和当地地主共享，而且为石灰匠和铁匠共享，这在 800 年时是完全不可能的。事实上，一些城镇居民已经富裕到需要担心他们的利益、工具和存货的安全性，因为考古学家在伍斯特发掘出许多 11 世纪的钥匙和挂锁。简而言之，伍斯特已经从一个赫威赛的主教区变成了麦西亚王国的中心地带，最终成为英格兰王国的一个城镇。但是到 11 世纪末，伍斯特的经济活动主要还是在当地进行的。

巨城的崛起

伍斯特是这一时期许多区域性小城镇的突出代表。但那些更加都市化的大型城镇在这一时期是如何发展的？伦敦的历史可以帮助我们回答这个问题。第七章已经提到，在7世纪到9世纪初期，在斯特兰德与伦蒂尼恩（Roman Londinium，建有防御墙且大部分已荒废，并且除去伦敦主教附近的宗教社区）相距仅仅几公里的上游地区，一直都有伦敦商贩和工匠的影子。斯特兰德定居点经过7、8世纪的发展，成了不列颠群岛规模最大且最重要的商业社区。但不幸的是，如此繁荣的斯特兰德在9世纪时不可避免地成了野心勃勃的维京人的目标。维京人第一次侵袭斯特兰德是在842年，9年后他们又一次洗劫了这里。到了9世纪60年代中期，泰晤士河河谷、英格兰东南海岸和东盎格利亚都成了维京人不断侵袭的目标，许多试图在斯特兰德做生意的商贩和工匠遭受了毁灭性的打击。公元871年，要想在伦敦进行正常的商业活动几乎是不可能的，因为异教徒大军在雷丁驻扎几个月之后攻占了下游的伦敦并且在此越冬。当时的麦西亚国王（伦敦当时全境位于麦西亚领土之内）可能买通了维京人才使他们撤离伦敦。我们知道，伍斯特的主教不得不匆忙筹集资金，“因为在维京的异教军队待在伦敦的同一年，这些野蛮之辈给他们造成了巨大的痛苦，还要求他们上缴巨额资金”。在伦敦及周边地区发掘出了几处藏匿宝藏的地方，这些宝藏大概埋藏于871年，并且大部分都是麦西亚时期的硬币。这些硬币可能是伦敦人的血汗钱，他们在逃离或试图逃离维京军队之前将其埋藏于此。此外还有另外一处大型宝藏埋藏于约872年，位于伦敦以南11公里的克罗伊登，里面不仅有当地的英格兰便士，还有其他地方的钱币。这些来自法兰克、巴格达和许多刚刚覆灭的英格兰王国的硬币，加上几乎没有锭块和散碎银块，都说明这些是丹麦人洗劫的赃物。把英格兰人的宝藏和维京人的宝藏放在一起来看，二者都说明此时贸易活动已经中断，人口开始迁移。其他类似的证据同样也表明伦敦周围陷入了严重的混乱状态。例如，伦敦中心有一些定居点在这些年间，牲畜被抢、工人被掳走，其他定居点则被暂时废弃。事实上，维京人占领伦敦是断断续续的，就像他们占领附近的富勒姆（Fulham）和本弗利特（Benfleet）一样，而且可能在9世纪70年代或80年代时，这里甚至连一名主教都没有。总而言之，对于那些生来就在伦敦斯特兰德生活的人来说，这一定是令人沮丧痛苦的几十年。

实际上，伦敦在遭到维京人第一次侵袭之前就已经陷入了历时几十年的危机之中。斯特兰德在800年前后遭遇了一系列毁灭性的火灾事故，但9世纪初期几乎没有重建的迹象，这说明当时经济惨淡萧条，人口数量下降。在9世纪初的几十年里，维京人对伦敦许多依靠大教堂社区交易的客户和大陆贸易社区伙伴进行了破坏性袭击，而伟大的法兰克国王查理曼统治的帝国内部也出现了政局动乱。伦敦是一个国际性的贸易中心，因此外部世界大范围的混乱造成了欧洲西北部大部分地区的经济出现急剧衰退，并且在城镇居民真正遭到维京人侵袭之前就已经困扰了伦敦许多年。除此之外，很明显，早在9世纪前25年，在肯特郡沿海岸生活的维京人就已从滋扰生事之辈转变成了真正的威胁。到9世纪80年代末，伦敦的问题变得越发严重，据国王阿尔弗雷德的传记作者阿塞尔（Asser）的记载，阿尔弗雷德大帝来此“重建”伦敦，“使伦敦重新成为一座宜居之城”，这显然需要仍然生活在脆弱不堪的（那时几乎被抛弃的）斯特兰德的那些少得可怜的人搬到伦敦城内。之后，阿尔弗雷德大帝将这座城市及其防御工事的修建任务交给了郡长埃塞尔雷德。

尽管阿塞尔坚持认为是阿尔弗雷德大帝对伦敦进行了重建，但似乎在此之前就已经有人搬进了罗马的防御工事之内，特别是今天魁阴海泽（Queenhithe）靠近泰晤士河的一片区域内。9 世纪晚期人们为了纪念郡长埃塞尔雷德，称这片区域为“埃塞尔雷德海斯”，但是很显然人们在阿尔弗雷德“重建”这里之前就已经在此生活。

为什么可以如此确定他们在“重建”之前就一直生活在这里？因为我们发现了两名女性的遗骨，这是我们最早发现的，也是最令人困惑的证据。其中一名女性埋葬在河岸涨潮水位线最高的位置：鉴于她的墓穴很偏僻且位置十分特殊，我们认为这处墓葬属于异常墓葬。第二位女性，其头骨被一次可怕的重击砸碎，要么是被谋杀，要么是被处决。在她去世之后，为她下葬的人先是在河岸上铺了一层树皮，然后又铺了一层芦苇，最后才将她的遗体放在上面。紧接着，他们用苔藓覆盖了这位女性的脸庞、生殖器和膝盖，并且又用一层树皮将其遗体遮盖住。完成这一系列葬俗之后，他们将她的身体和身体上的包裹物绑到木桩上固定在前滩，然后可能又在坟墓上垒了一个碎石堆，作为沿河下行者的地标，虽然这可能会让人不寒而栗。利用放射性碳测年法测树皮的年代，可大致推测该女性的死亡时间在 670—880 年间，也就是在阿尔弗雷德“重建”伦敦之前。不过，这里还发生了许多其他更常见的活动。在这里还发现了两枚诺森伯兰的硬币，说明贸易商贩早在 9 世纪 40 年代(这些硬币被铸造出来的那个 10 年）就在泰晤士河前滩一带做起了生意。

在伦敦的罗马城墙内，也有迹象表明城市在正式“重建”之前就已有人搬进来居住。9 世纪中叶前后的文本资料中都将伦敦称为“伦敦巴罗”（Lundenburh）而非“伦蒂威奇”（Lundenwic），这表明在这个时候，罗马城内必定发生了什么事情，导致其更名。857 年时，伍斯特的主教在“距离西面入口不远处”获得了土地和经商权，“距离西面入口不远处”这一表述就说明他的住宅位于罗马城墙内，而不是在防御工事几公里之外原先的斯特兰德定居点。889 年之前，王室铸币者可能也是在罗马城墙内铸币。阿尔弗雷德国王一开始与麦西亚国王合作在伦敦铸造了一批硬币，而在麦西亚王国的大部分地区被维京人占领之后，他以自己的名义发行货币。这些后来制造的硬币背面很多都刻着“London”（伦敦）字样的字母组合，这些硬币可能铸造于伦敦“重建”之前的八九年。然而在公元 880 年，很难想象铸币者在当时极其危险的鬼城斯特兰德是如何铸币的，尤其维京入侵者如此频繁地出现在泰晤士河上。

不过，埃塞尔雷德接管伦敦之后，他迅速开始改造“埃塞尔雷德海斯”（Æthelred's Hythe）周围的区域。有两份文献资料详细说明了该地区的土地赠予活动，第一份的年代为 889 年，第二份为 899 年，两份资料都同时记录了两处毗邻的“海格”的详细信息。在第一份资料中，埃塞尔雷德和阿尔弗雷德国王赐予了伍斯特的主教一处位于“哈克蒙德斯塔恩”（Hwætmunde Stane）的房产，该文献后面将“哈克蒙德斯塔恩”房产描述为“古老的石头建筑”，这片房产可能是罗马浴场在哈金山的遗迹，而且主教有权在这里建造免通行费的市场。埃塞尔雷德和阿尔弗雷德国王又将另一个“海格”赐予了坎特伯雷大主教。等到第二次授予“海格”的时候，两位主教都有权将船只停泊在“海格”之外；尽管如此，阿尔弗雷德大帝还是向在河岸的市场上进行交易的所有商品征收通行费。郡长埃塞尔雷德、伍斯特主教和坎特伯雷大主教都是麦西亚人，而且都是阿尔弗雷德大帝的忠实盟友。此外，也就是在这时，伍斯特的郡长和主教正共同合作将伍斯特转变为巴罗。看到他们通力合作，致力于实现共同的目标，即在伦敦的罗马城墙内恢复稳定的经济、重建居所，确实是件有趣的事情。

同样有趣的是，河流的这一段历史痕迹浓重，埃塞尔雷德为什么会选择支持发展这一段？相比在伍斯特，罗马的过去在 9 世纪的伦敦留存得更加完整，因为伦敦作为不列颠尼亚最重要的城市，曾经拥有几十座纪念碑式的建筑。在 9 世纪后期，这些建筑的断壁残垣有时严重阻碍了新建筑的修建。例如，伦敦的河畔是一堆破烂不堪的罗马桥墩和码头，还有隐约可见的罗马晚期的滨河墙，用于防御来自泰晤士河的威胁。埃塞尔雷德之所以将修建的主要精力都集中在“埃塞尔雷德海斯”的周边地区，原因之一（事实上，这也是它早些年有可能成为商业活动场所的一个原因）是自罗马时代晚期以来，这里的大多数护岸都被拆除了，只有这一段特殊的河岸几乎没有受到废弃的罗马堑壕的阻断。附近的河岸墙可能也设有大门，这样就可以从城墙内的新聚居地直接进入河滩市场。

在 9 世纪晚期和 10 世纪，两位主教将自己的“海德”发展成为贸易场所。观察从这里出土的一根木材上的年轮我们可以判断出，他们最初发展这两个“海德”约在公元 890 年。接着，似乎在第一次得到土地之后不久，两位主教开始监督普通基础设施的修建，为海滩市场提供更好的设施。考古学家还发现了上下船时用于支撑踏板的支架、系船柱和脚踏板的残迹，这些可能是普通大小的船只的停靠地点。该贸易海岸的发展不仅得益于着力发展商业的目标，似乎还因为有商人在此做生意，其中不乏漂洋过海而来的外国人。考古学家已经在河边发掘了3枚在伦敦铸造且只印有阿尔弗雷德大帝名字的罕见硬币，他们还发现了法兰克式胸针和一个北欧风格的带扣，所有这些东西都可以追溯到9世纪末。

之后一个世纪，这些最初的小改造都被一系列规划眼光更长远的码头所取代。这些码头的建造使用了大量木材，并且这些木材大部分都是回收再利用的。码头修建者回收利用了一艘10世纪中期弗里西亚海岸货船上的部分木材，而其他木材则来自一艘破损的、北欧风格的熟料船，所有这些都说明在新伦敦活跃着一大批外国人。更值得一提的是一座10世纪中期的3层高架廊厅的遗迹。它在被拆除并且所用橡木被回收之前，要么是一座精美的木结构教堂，要么是上流社会人士的府邸。建造这栋建筑的部分技术与造船工使用的技术相同，这告诉了我们一些关于受委托在伦敦等港口城镇修建重要建筑的人的趣事。在这栋建筑被拆除之前，它一定就坐落于附近，因为当建筑物的各个零部件被搬运到前滩时，主要的框架都连接在一起。伍斯特主教和坎特伯雷大主教的“海德”邻近码头，所以这栋建筑最有可能为这二者中的一位所有。11世纪时，这处堤岸再次被修葺翻新，这次的更加宏伟，新堤坝由枝丫、树枝和薪木级别的木材建成，再由板条和柱子固定。根据检测出来的树木年代，这个堤岸始建于约1021年，并大约于1045年修复并加长。

在“埃塞尔雷德海斯”附近新加固的码头与罗马时期的木结构码头形成了有趣的对比。公元1世纪时，罗马工程师利用200—300年树龄的橡树建造了这座码头。而中世纪最早的河岸码头却是由树龄小得多，甚至是回收回来的木材拼凑而成的。在一个没有锯子的年代，所有的木板都只能依靠斧头砍削，毫无疑问，人们会回收利用任何可以利用的木材。此外，建造中世纪第一个码头所使用的技术都非常基础，特别是与罗马码头工人采用的技术相比起来。因此，中世纪早期的河岸建设不同于罗马时期，称不上什么工程壮举或者土地征用的奇迹，只不过是在缺少专业建造知识、缺乏资源的情况下，没有强制组织起来干活的奴隶在面积更小的王国里仓促翻新。中世纪早期水岸工程的每次重建几乎都用尽了所有的木材，从树龄大概 10 年的矮木到树龄 20—90 年不等的橡树。就像罗马码头的重建一样，每两次重新修建之间，都间隔了大约 30 年。因此，10—11 世纪泰晤士河堤岸定期翻新所用的树木都有充足的时间再生长，但是对于使用百年树木的 1 世纪罗马建造者来说，这是完全不可能实现的。因此，中世纪早期滨水区域的维护是可持续的，这一点 1 世纪的码头也做不到。与罗马时期的码头相比，中世纪早期滨水区域的建设是许多财产拥有者共同努力的结果，而非一个由王国赞助的单独的项目，这说明 9 世纪晚期至 11 世纪时的富人辛勤工作、满怀壮志、积极主动，在英格兰城镇的重生之路上扮演着重要的角色。

阿尔弗雷德国王在维京战争巅峰时划分出来用以复兴和保护伦敦的两处“海格”显然获得了巨大的成功。“埃塞尔雷德海斯”选址在伦敦城的西边，这对于想要为英格兰中部沿泰晤士河而来的船只和商人提供住宿的城镇居民来说尤其方便。这表明在最初重建之时，虽然仍有少量外国人来此做生意，但伦敦主要还是英格兰的，而非国际性的贸易中心。这种推断可以从伦敦出土的 10 世纪陶器得到证实。10 世纪的陶器绝大部分产自泰晤士河河谷。但是伦敦与其他邦国之间的贸易水平逐渐提高，尤其是在千禧年之交，伦敦的铸币工人任意一次铸造的硬币数量都相当于在英格兰流通总量的 1/4。外来商贩这时将大量的外国银币汇集到伦敦港口，这些银币就成了熔化铸造英格兰便士的原料来源。

在诺曼征服之前一两代人的时间里，伦敦的人们也开始建造带木质地窖的建筑，这表明他们的生意蒸蒸日上，需要更多的储藏空间。能证明贸易量不断增长的另一个证据是北海周边的商人开始使用体积更大的船只，并且随着越来越多的商人来到伦敦，他们最青睐的目的地——比林斯盖特（Billingsgate）的周边地区也迅速发展。这个地方在 9 世纪晚期或 10 世纪初期一直是商业活动的中心地点（可能因为人们早期曾经希望在此重建伦敦的罗马桥），但是这个地区并没有像伦敦西部河岸那样繁荣起来。即便这样，到大约公元 1000 年，由于比林斯盖特的码头位于伦敦城的东半部，所以这个区域对于前来泰晤士河运货的人来说更加便利，尤其是伦敦桥最终重建之后。事实上，有文献资料详细记载了千禧年前后商人给国王上缴的通行费，从这些文献中我们知道，来自诺曼底、法兰西、佛兰德斯、蓬蒂厄、默兹及莱茵河沿岸的商贩，向国王在比林斯盖特安排的城镇长官缴纳大量昂贵的产品，如木材、鱼类、鲸脂、葡萄酒和醋；还有轻便的奢侈商品，如手套、细麻、丝绸和胡椒。有趣的是，考古学家从比林斯盖特出土了许多物品，看起来像盎格鲁-撒克逊人使用的硬币（确实是用官方硬币模具铸造而成），但是这些硬币是用铅而非银制造的。似乎这些铅币是由王室官员在商贩交完了登岸费和海关费之后赠予的，等到商贩离开港口抑或带着商品在出入受限的通行口或市场活动时，再将铅币出示给别的王室官员作为支付证明。

罗马防御工事的内部区域面积广阔，阿尔弗雷德国王“复兴”

伦敦之时，他花了一个世纪，甚至更长的时间建设了整个临河区域，而且还将伦敦的繁华区域发展扩大到防御墙的里面。9、10 世纪之交时，河岸市场和沿着齐普赛街的内陆市场是人口密集区。但是伦敦大约从 1000 年开始，方方面面都迅速发展壮大，从人口到建筑密度，到街道、教堂和粪池的数量，皆是如此。例如，到 11 世纪初，弗雷士码头（Fresh Wharf）的临河地区被划分为至少 4 个更小的“海德”，这些划分不禁让人想起伍斯特那些大面积土地的细分。“埃塞尔雷德海斯”的周围地区也进行了类似的细分，每个新分的小块土地上都有采用不同建造技术和建筑风格建造的建筑，这可能反映了这座城镇的英格兰和外籍人口不同的建筑技能和建造传统。

到 11 世纪，城内距离河滨有一段距离且靠近齐普赛街北部的不发达区域也开始城镇化。例如，大约在这个时候，有一片街区开始在靠近罗马圆形露天竞技场的旧址处发展起来，并且在 12 世纪，这个地方还修建了伦敦市政厅。很显然，伦敦的这一部分（罗马墙的南侧，位于 9 世纪末 10 世纪初规划区域的北侧）最初像伍斯特一样被细分成许多大块“海格”作为大人物乡村庄园的属地。这里有 3 个地方的名字还保留着那段记忆。第一块叫奥德曼伯里（Aldermanbury），意为“郡长的圈地”；第二块叫斯坦宁海加（Staeninghaga），意为“斯坦尼斯庄园人的海格”；第三块是贝辛格霍尔街（Basinghall Street），意为“贝辛斯托克的海格”。在伦敦的其他地方（不仅“埃塞尔雷德海斯”）也可以找到类似的大型“海格”的痕迹。例如，大约在公元 1000 年时，一名富有的男性为赎弑母之罪将伦敦的伊利赠给了修士，该地后来被称为“阿伯特斯海”（Abboteshai），意为“修道院长的海格”。

我们知道，在 10 世纪末或 11 世纪初，人们开始在圆形露天竞技场旧址的正南侧生活，因为考古学家在那里发现了他们丢弃的废物。花哨刀鞘、精心刺绣的鞋子和马具，这些东西在用破之后就被扔掉了。从餐桌上的垃圾可以知道，至少生活在附近的人之中有一些会在特殊场合吃鹿肉、鹤肉或鲱鱼，并且会使用上等的进口陶瓷餐具装盛。显然，至少有几个在此丢弃废物的人生活条件很好。在废物坑里还找到一些可以认为专属上流社会的食物，比如，无花果和葡萄，但是这些东西在伦敦可能比在其他地方更容易获得，因此不能算是很好的证据。这里有些人也佩戴（并最终扔掉）精美绝伦的铜合金胸针，但也有人佩戴铅和锡制成的首饰，后者可能没有前者家境殷实。我们知道这种用普通金属打造的低廉装饰就是在伦敦本地制作的，因为 19 世纪在齐普赛街发现了一堆类似的锡制品(可能是制作工匠的库存)。在该地区靠近伦敦市中心的地方，考古学家还发现了一堆废物，来自一个戒指工匠的工匠铺。这名工匠没有钱买车床，所以使用石片和骨头等廉价材料手工磨制戒指。这些都是非常简陋的首饰，说明在当时的伦敦社会即使穷人也有能力满足自己小小的虚荣心。

在圆形露天竞技场的废物堆中也发现了大量高档金属加工的废料，所以附近居民中肯定有一些是从事金属加工的工匠。虽然丢弃废物的人住的那些房屋我们还没有找到，但是我们发掘出了若干个家畜围栏和棚屋。总而言之，对于一个扩张中的城镇，这些都是在它的城乡接合部可以找到的屋外建筑。与沿河而居、街区拥挤的伦敦人不同，这里的人饲养了大量动物，不仅有在院子里就可以养的鸡和猪，还有牛、马、绵羊和山羊等大型家畜，很多在冬天会圈养在牲口棚里。养鸡养猪主要为了自己吃，养牛和羊是为了获得牛奶和羊奶。但是从该地小马驹的数量来看，有些生活在这里的人可能以驯马为生。从一份当时记载伦敦通行费的文本资料中我们了解到，有人前往比林斯盖特河流附近的市场，为商人供应家猪以及成篮的母鸡跟鸡蛋，还有女人在市场里卖黄油和奶酪，所以有可能住在圆形露天竞技场附近的一些家庭不仅生产食物自给自足，还拿到城镇市场售卖。然而，不管他们实际上如何利用自己饲养的动物，这里的妇女公鸡一打鸣就起床挤奶；而一家之主们，无论自己的主要职业是什么，每周都会花一部分时间来清理动物的圈栏和谷仓，看管家畜，保证家畜白天出栏，傍晚回栏。这个地区和城里的其他地方都建造了数量惊人的篱笆围墙，从这一点我们可以判断出，伦敦城有很多人会搜集大量的树条还有小树卖到伦敦市场；他们有时肯定也会将刚剪好的树条和木板运到这个地方来卖。

有几个生活在圆形露天竞技场附近的家庭将亲人埋在当地圣劳伦斯教堂附近的一块小墓地里，虽然圣劳伦斯教堂在诺曼征服后不久被重新用石头进行了翻修，但是在 11 世纪初它可能还是一座以木结构为主的建筑。许多埋在这块墓地的成年人和小孩都躺在木箱里，木箱都是用有七八十年树龄的橡树木板小心钉起来的。制作棺材的人能够给死者打棺材，可能也会为活人制作木盒子或者其他木制品。埋葬在圣劳伦斯墓地的许多墓葬里还陪葬有榛树枝或者柳树枝，可能象征复活或者象征《诗篇》第 23 篇“耶和华是我的牧者”（“我虽然行过死荫的幽谷，也不怕遭害，因为你与我同在；你的杖，你的竿，都安慰我。”）。不过，这一做法本身且不说它的宗教象征和背景，最初的起源是斯堪的纳维亚半岛。事实上，在隆德（Lund）一座 11 世纪的墓地里出土的墓葬中有一半陪葬了这样的树枝。这种墓葬仪式反过来表明，伦敦不仅有外国人居住，还孕育了有自己特色的生动有趣的大都市文化，这一文化是由英格兰乡村地区、斯堪的纳维亚半岛、法兰西、德意志和其他地方的人所带来的传统文化交织而成的。

虽然圣劳伦斯教堂墓地的棺材做工精良，在这里参加弥撒的一些人相当富裕，但是整个墓地看上去肮脏不堪。一眼望去尽是牛圈和垃圾场；从在附近废物堆中发现的各种昆虫来看，墓地十分潮湿，恶臭无比，到处是携带病菌传播疾病的苍蝇。

其他城镇和商贸地点

在前面两节中我们看到，伦敦与伍斯特在人口规模、同外界联系的广度以及内部的经济活动等方面都存在巨大差异。这两个地方是独立的，有各自独特的历史、单独的商贸活动、各自的居民。不过，中世纪早期的伦敦和伍斯特也有相似的历史，也发生过类似的大事件。例如，即使在 10 或 11 世纪，伦敦和伍斯特的外观和布局也在一定程度上受制于之前罗马时期的格局；而且，它们在变成巴罗之前的很长一段时间里，都是非常重要的城镇，有些早期的居民已经开始积攒和消耗盈余物品，并参与到贸易交换之中。对于这两座城镇而言，阿尔弗雷德对它们的重建标志着一个新的起点；阿尔弗雷德在 9 世纪 80 年代和 90 年代的决定影响了它们在 10 世纪上半叶的发展方式。此外，伍斯特和伦敦都是直到 10 世纪中叶才彻底成为真正意义上的城镇，直到 11 世纪经济才开始腾飞。伍斯特和伦敦的发展壮大、繁荣兴盛，也因为国王将铸币厂修建在了城里，坚持让人们来到这两座城镇做生意。然而，即使伦敦和伍斯特被建成了巴罗，主导二者发展的也不单单是国王一个人。在俗精英与教会精英为这两地的发展也投入了大量的精力和财富资源。与此同时，到了10世纪中叶，在英格兰各地，土地所有者产出的盈余相当可观，他们利用城镇将自家土地上生产出来的物品换成制成品和现金。我们将在接下来的两章中看到，这些商贸活动在解释英格兰城镇的繁荣上起到了非常重要的作用。

英格兰的其他城镇，不论规模大小、不论地理位置，也都呈现出伦敦与伍斯特所共有的这些特点。具有相似发展轨迹的城镇不仅在未受维京人侵袭的地区、即便在大量维京人定居的地区也能找到。在英格兰中部内陆的东部有5个典型的这样的“镇区”：在异教徒大军中征战的士兵（包括一些在雷普顿越冬的士兵）占领并“分割”了这里的土地，把这片区域划分为5块不连续的区域，分别是德比、莱斯特、林肯、诺丁汉和斯坦福（Stamford）。每块区域在可通航的河流上和靠近重要交通干道的部分都建有一个防御工事，被统称为“五镇区”（five boroughs）。在维京人到来之前，每一个镇区都曾是一个重要的宗教社区或者是那块土地的中心。这5个镇区外加伍斯特和伦敦在西撒克逊诸国王及其帮手夺回这里之后，都被并入同一个“巴罗”网络的建设。到大约公元950年，5个镇区都开始发展成为真正意义上的城镇。简而言之，这些社区及其居民与那些从未有维京人定居的城镇、从未受到维京人侵袭的居民有着相似的历史。

林肯是5个镇区中最大的一个。与伦敦和伍斯特一样，林肯也是罗马人建起来的。在罗马统治后期，它还是罗马的行政中心，这意味着在维京人来袭之时，它仍然拥有固若金汤的防御工事，是发达的道路系统的枢纽。自然，这些古老的基础建筑对于林肯在

10 世纪和 11 世纪的城镇发展之路具有很大影响。与伦敦和伍斯特一样，最开始的时候，林肯城墙内的大部分区域都荒无人烟，到 9 世纪末，这里的居民还不到 100 人。然而，到了诺曼征服之时，林肯的人口总数已经为 6 000—10 000 人，大约等同于公元 350 年时的人口数量。因此，虽然林肯位于丹麦法区[①]，还曾经沦为维京人的大本营，但是它在几个世纪间以与伦敦和伍斯特类似的方式发展了起来。

与伦敦和伍斯特一样，林肯在约公元 1000 年时也是通过交换和贸易的网络与更广阔的世界相连，而且贸易网络的范围和规模更接近伦敦，因为在林肯，工匠的细磨石采自奔宁山脉，玉石采自约克郡北部，兽角则来自肯特和格洛斯特郡，人们使用的陶器则产自塞特福德、格里姆斯顿（Grimston）、圣尼茨（St Neots）、伊普斯威奇、斯坦福德和托克西（Torksey）等地区，偶尔也有来自约克和温彻斯特的盛水容器。和一些伦敦人一样，林肯也有一些居民深度参与到国际贸易之中。在这里可以买到斯堪的纳维亚以及更远地区出产的海象牙和琥珀、波罗的海的小陶器、莱茵兰的陶瓷和手推磨、法兰西和欧洲西北沿海低地的釉瓷器，甚至还有来自巴格达或拜占庭的丝绸，以及来自遥远的叙利亚和中国的器皿。

同伍斯特和伦敦一样，这 5 个镇区也拥有繁荣的食品市场。英格兰各个城镇里，富人显然渴望获得只有农村的土地所有者才能享有的、象征高身份地位的食物。林肯居民偶尔会吃野鸡，在塞特福德还发现了食用孔雀的证据。他们还会食用鳕鱼、鲱鱼和黑

① 丹麦法区是指一块盎格鲁-撒克逊英格兰时期英格兰被丹麦日耳曼人控制并施行丹麦律法的地区，在《盎格鲁-撒克逊编年史》中有记载。

线鳕，这些鱼类是从 50 公里以外的海岸运来的。到了 11 世纪下半叶，林肯的富人甚至吃上了小牛肉和羔羊肉，所以丹麦法区的城镇核心区一定有人居住，像在伦敦和伍斯特一样，这些人以为城镇居民提供物资为生。同样，丹麦法区的城镇中心也和伍斯特和伦敦的一样，有地位的家庭（无疑，主要是商人、重要的农村土地所有者，以及专职的神职人员）不仅吃得起珍馐美味，还有足够的闲暇时间驯养苍鹰和雀鹰捕获野禽。在北部和东部的许多城镇都出土了这些鸟类。

除了伦敦和伍斯特，其他城镇在此期间也以越发组织有序的方式从事生产，且商品产量不断增加。例如，林肯出土的证据表明，纺织生产开始使用新的、效率更高的织机；城镇里生产的纺锤螺旋环是通过打磨石头制成的，取代了以黏土为原料手工制造的螺旋环，这说明工匠可以生产出质量更高的纺织设备而且效率更高。除伦敦以外，其他城镇也在生产普通质量的装饰品。例如，在约克发现了大量生产的做工不那么精良的铅质胸针和吊坠，上面装饰着随意绘画的动物图案和假的符文。这些饰品模仿的是有钱人佩戴的精美银饰品。因此，在 11 世纪时，似乎英格兰城镇中很多身份地位低的居民已经能够为自己或妻子甚至他们心爱的孩子买到一点点奢侈物品。

不仅伍斯特和伦敦，英格兰许多城镇的郊区也都迅速扩张。在林肯同样发现了这样的证据。林肯最早的郊区之一布特韦克（Butwerk）位于林肯城防御工事（地势较低）的正东侧。在 10 世纪，生活在布特韦克的居民生产了大量陶器，人们很明智地将这样一个使用明火的行业布局在城镇中心之外。布特韦克和伍斯特的郊区一样，也是一个城外的贸易点，这段记忆凝结在了当地一个古老的北欧地名上——“巴格霍尔梅加特”（Bagerholmegate），意思是“小商贩的水草甸”。威格福德（Wigford）是林肯另一个早期的郊区。它只有一条长长的街道，从城镇地势较低的部分开始一路向南延伸，所有房屋建在街道两旁。这显然是一个繁荣的商贸区，教堂墓地里立有精心雕刻的墓碑，说明教徒之间存在的竞争关系，他们都争相让自己显得高出他人一等。人们接受基督教的墓葬方式并以这种方式展开竞争，这很有趣，因为有些购买墓碑的人应该是刚刚皈信基督教的移民。但是在 10 世纪后期至 11 世纪，林肯居民显然在修建教堂上展现出了与伦敦人和伍斯特人一样的热情，所以到了 11 世纪末，这里建起了大概 30 座教堂。

由于斯堪的纳维亚人大量定居下来，不仅林肯，丹麦法区的许多其他城镇在民族构成上可能与南部或西部的城镇也出现很大不同，但可惜的是，这种民族的多样性很难加以证实。例如，林肯有许多铸币者从名字上看（吉尔芬、斯坦比特、乌贝恩、科格瑞姆、苏马利西、德朗）很明显都是北欧人，但是命名是一件十分复杂的事情，来自斯堪的纳维亚的移民的孩子有时也会取一个英文名字，而取北欧人名字的那些孩子，其祖父母也可能是英格兰人。比如，在没有斯堪的纳维亚人定居的伍斯特，在诺曼征服之前就有一名铸币者取了维京人的名字。同样，在约克落入维京人统治之后，城里制作金属制品的人有时会加入斯堪的纳维亚因素，穿着金属饰品的人也会时而穿戴斯堪的纳维亚风格的饰品；但仔细研究这些物品的材质可以发现，它们实际上是在英格兰制作的，与在斯堪的纳维亚半岛制作的同类饰品看起来完全不同。实际上，这些饰品深受起源于（维京人到来前的）约克和同时代英格兰南部的工艺风格的影响。因此，喜欢这样的东西并不能直接说明一个人一定是斯堪的纳维亚人。再者，丹麦法区东部的城镇居民比南部和西部的更喜欢食用鹅肉，这可能反映了移民的饮食喜好。但还有一种情况，可能英格兰的沼泽地盛产鹅，东部城镇有经商头脑的人深知野禽在城镇食品市场上可以卖出好价钱，所以鹅在这里的餐桌较为常见。不过，还是存在一些细小但更具说服力的迹象能够证明，在丹麦法区，英格兰和北欧祖先的城镇居民之间存在差异。其中一个是约克皮革工人制造的鞋子。从 9 世纪后期开始，在约克制造的那些表面看起来一模一样的鞋子实际上采用了两套工艺和两种缝纫技术。这两种工艺都没有使鞋子更独特或者更漂亮，也没有更加物美价廉，所以约克鞋背后可能是两个不同的鞋匠群体，每个群体都有自己完全不同的工艺传统。也许使用一种工艺的鞋匠是移民或其后代，而使用另一种工艺的是这里土生土长的鞋匠及其后代，或者后代的后代。

因此，英格兰各地的城镇，无论民族构成如何、位于哪个区域，都有很多共通之处。每一个城镇又都有自己独特的历史，所以它不代表一类城镇，恰好相反，它是一个与其他城镇截然不同的独特的存在。每个城镇社区的特殊性都可能给生活在其中的家庭带来一种自豪感和身份认同，这在 12 世纪的文献资料中十分明显。

虽然 10—11 世纪期间英格兰大部分地区的城镇都在发展壮大、日渐繁荣，但是在英格兰西北部地区、威尔士、苏格兰（除了切斯特），没有任何城镇发展起来。虽然如此，这些地区仍然会生产物品之后进行交换；季节性的贸易点也逐渐形成并发展壮大，促进了整个爱尔兰海域的贸易发展。一个典型的例子是安格尔西岛的兰伯德哥克（Llanbedrgoch）。兰伯德哥克在维京人到来之前是一个高地位人群的定居点。从这里出土的手工制品表明，在维京人入侵之前的几代人里，它曾是一片“大块土地”的核心区域，控制它的人要么通过贸易、要么通过礼物交换与更广阔的世界产生来往。例如，兰伯德哥克人佩戴的金属首饰同时受到爱尔兰和诺森伯兰工艺传统的影响。然而，在 9 世纪末至 10 世纪，该定居点进行了大规模的扩建。定居点里修建了一条道路、一栋石基建筑，还有一面石墙。石墙标识了一块面积约为 1 公顷的土地。这些改变如此野心勃勃，因此该遗址的考古工作者认为这些改变很可能是威尔士国王罗德里大帝或其子孙后代所为。在扩建阶段，兰伯德哥克的部分居民仍然以谷物种植为生，其他人则开始将大部分时间用来开展贸易、从事手工制品的生产，尤其是金属制品的生产。他们开始在贸易中使用散碎银块和天平，因此他们与爱尔兰海和斯堪的纳维亚半岛周围的居民一样也采用了一种以金银为流通货币的经济发展模式。金属制品的设计也深受斯堪的纳维亚图案的影响。散碎银块加上金属制品说明很可能有斯堪的纳维亚人在此生活、从事生产，或者，至少这里有人拥有北欧品味或者这里有北欧顾客。显然这是开展物品交易的迹象；但是，考虑到这片圈地的大小和体量，这里也可能是一个受监管的交易点，其所有者会利用它赚取通行费。

还有一些地方，比如，在维拉尔半岛的梅奥斯附近，也出土了大量维京时代的金属制品。在梅奥斯同样也发现了商人使用的天平，所以这里似乎曾经是一个市场。在这里交易的物品或多或少都受到北欧的影响，但仍然属于混合风格；在威塞克斯和英格兰麦西亚发现的衣服配饰在这里也有交易。然而，与兰伯德哥克相比，梅奥斯不太像一个受到严格监管的贸易区，可能是由居住在此的北欧人经营，类似于跳蚤市场。相比不远处位于英格兰切斯特巴罗内的市场，它不受王室严格管制，收不了什么通行费。

本章开始提到的英格兰国王和维京人在 9 世纪后期至 11 世纪

的城镇及城镇生活的复兴中发挥了重要的作用。英格兰的主教、工匠和商贩也是如此。但是，在每个巴罗周围广阔的农村地区，土地所有权、耕作方式、定居点和统治权都在发生至关重要的转变。这些发展对城镇的腾飞和繁盛至关重要，因为它们生产的盈余越来越多，有了盈余，才有贸易和市场；有了盈余，城镇居民餐桌上才有充足的食物。其中有些变化集中在农村，主要是在经济上和文化上，而有些变化是西撒克逊国王为了打击维京人、重新夺回领土、统治一个疆域不断扩张的王国制定的一系列政策所产生的出乎意料的结果。下面就让我们来看一看具体发生了哪些变化。

第十章

国王与生产盈余：9 世纪至 11 世纪

9 世纪 80 年代初，维京领袖古瑟罗姆（Guthrum）战败，阿尔弗雷德大帝与之签订条约，明确了英格兰与维京领土的边界。惠特灵大道以北和以东的领土为丹麦人所有（因而被称为“丹麦法区”），惠特灵大道以南及以西归阿尔弗雷德大帝。因此，阿尔弗雷德不仅仍然持有对威塞克斯王国（由阿尔弗雷德家族长期统治）的控制权，现在也成为麦西亚南部和肯特的霸主，麦西亚与肯特王国仅仅几代人之前还是威塞克斯的竞争对手，但其政权现在已经土崩瓦解。和约缔结之后，阿尔弗雷德视国土安全为第一要务，不仅要保护新扩张的国土免受维京掠夺者和维京定居者的破坏，更要提防包括自己亲戚在内的英格兰的其他竞争对手。

对于阿尔弗雷德王朝，对于西撒克逊地区的人们来说，幸运的是阿尔弗雷德大帝和他的子孙都是明君。公元 899 年，阿尔弗雷德大帝驾崩，其子“长者”爱德华继位；爱德华崩逝后，其子埃塞尔斯坦·埃德蒙一世（在位时间 939—946 年）和埃德雷德（Eadred，在位时间 946—955 年）相继继位。埃德雷德之后，王国经历了短暂的王位空缺期，之后由埃德蒙的儿子埃德加一世即“和平者”埃德加（在位时间 959—975 年）继承王位。这 4 位国王在阿尔弗雷德大帝奠定的基础上与重要的世俗领主及教会人员（包括有影响力的麦西亚人）通力合作，将曾经饱受维京人蹂躏的英格兰南部地区发展成了一个国土面积更大、更加安定的王国。到 975 年埃德加国王去世之时，这个王国可能已经跃居欧洲管理最好、最富有的国家之一。阿尔弗雷德的儿孙追随他的脚步，虽然统治的民族不断增多，领土面积日益扩大，但他们没有把自己当作聚敛贡品的霸主，而是同一民族的国王，所有人都要肩负同样的责任和重担。

西撒克逊王朝获得成功的关键是它有能力筹集必要的资源维持长达数十年的扩张战争。截至 920 年年底，阿尔弗雷德大帝的儿子“长者”爱德华所统治的王国，其北方边界已经从惠特灵大道扩张至亨伯河南岸。在接下来的 30 年间，爱德华王朝进一步扩大领土范围，最终国境线从康沃尔郡西南角一直延伸至约克郡甚至更北。不用说，在这个过程中，有失败，有挫折，还有胜利。在公元 920 年之前的几十年里，来自挪威的挪威人以及来自爱尔兰境内一些爱尔兰 – 北欧人定居点的挪威人开始袭击和殖民英格兰的西北海岸线。919 年，一位挪威首领控制了诺森伯兰，继而以都柏林和约克为中心穿越爱尔兰海建立了一个王国。北欧人对此王国统治了 30 多年，但是王国的国民并不像历史传说的那样，因为此地归为丹麦法区之前二三十年间就有异教徒大军在此安家落户并开始皈信基督教，所以他们的后代天生就是北欧人的盟友。比起北欧裔的爱尔兰国王，这些人更愿意受英格兰国王的统治，而且许多人最后选择了与西撒克逊王国同呼吸共命运。10 世纪 20 年代末，埃塞尔斯坦国王便设法从爱尔兰 – 北欧人手中夺回对约克的临时控制权，到 954 年的几十年间，约克的控制权一直在西撒克逊国王和北欧人之间更迭。直到 10 世纪 50 年代后 5 年，威塞克斯家族才最终获得对约克及其内陆地区的永久控制。自此以后，西撒克逊王朝的成员作为真正意义上的英格兰国王统治所有英格兰人。在这一时期广泛定义的英格兰民族，也包括维京人的后裔。

西撒克逊王朝取得的成就无与伦比。事实上，他们的成就如此不同寻常，有必要追问一下阿尔弗雷德大帝及其后人究竟是如何完成他们所做的一切。一个重要因素就是上一章仔细讨论过的“巴罗”。“巴罗”不仅是西撒克逊国王击败维京人战略的重要组成部分，还是行使王权的中心，以及臣民们用来向国王纳贡的地方。不仅如此，在10—11世纪，有数十个“巴罗”演变成完善的城镇，它们既促进了货币的使用和流通，又有助于创造新的财富，这些发展为阿尔弗雷德的后人所用并转换为自身的优势。

前面已经看到，阿尔弗雷德大帝为保护王国免遭维京人的入侵，沿威塞克斯边境修建了军事堡垒。这并非创新之举，只是借鉴早期麦西亚国王的做法。麦西亚国王确立了最重要的原则：土地所有者有义务通过向国王提供资源来保卫他们的王国，即提供修建和维护桥梁、防御工事所需的资源，如果是驻扎军队保卫的话，则提供国王所需要的战斗人员。这些“修筑防御墙”“建桥”和“服兵役”的义务通常被历史学家称为“共同义务”。在这一时期，依据王室宪章，凡拥有可征税土地（哪怕只有1海德）的人都需要履行该义务。在英格兰，我们第一次见到对共同义务的记录是在8世纪40年代末麦西亚国王埃塞尔博尔德授予个人的几份地契中，但埃塞尔博尔德和他的继任者奥法尽力将这些针对某些特定人物的强加义务转变为所有土地所有者都应承担的普遍义务。奥法堤、麦西亚在赫里福德、塔姆沃思和温什科姆（Winchcombe）的王室中心提供了很好的物证，证明麦西亚国王在8世纪时成功分配了“修筑防御墙”的义务。考古学家在这些地方发现了可以追溯到 8 世纪的一系列防御工事。在奥法国王的统治末期，他甚至强制肯特地区拥有土地的大教堂也要履行共同义务，到了 9 世纪 40 年代，西撒克逊国王开始要求土地所有者在他们所在的王国里同样承担共同义务。抵抗维京人的袭击迫在眉睫，这足以解释为什么共同义务得以广泛施行，而且多数土地所有者都愿意承担这份义务。在阿尔弗雷德大帝及其继任者发起的长达一个世纪的战争中，不仅政府实现了扩张和常规化，许多领主在长期的战备状态下也已习惯了军事征税。与此同时，英格兰的国王和他们的党羽越来越精于执政。比如，西撒克逊国王在危机不断的这些年向臣民征收了数量巨大的劳力、金钱和兵役等形式的资源，而且，相较维京入侵，神职人员和在俗的土地所有者们一般都很乐意接受这些形式的税赋。结果，维京人成了绝好的公敌，尤其作为异教徒，他们可以很轻易地被魔鬼化。

正如前文所述，阿尔弗雷德、他的儿子以及他麦西亚的女婿埃塞尔雷德利用通过共同义务所获得的资源，沿威塞克斯和英格兰一侧的麦西亚王国修建了大批防御工事，到 10 世纪初，已有 30 多个“巴罗”落成。虽然有些巴罗直接将古罗马或麦西亚的防御工事作为其一部分在其基础之上进行了扩展和延伸，但是 10 世纪早期建成的整个巴罗网络已然极其壮观，从侧面证明了西撒克逊国王能够说服其他人参与进来保护共同的领土，抵御共同的敌人。建筑防御工事的高昂花费不仅由威塞克斯和英格兰麦西亚的土地所有者来承担，随着阿尔弗雷德的后人开始征服惠特灵大道以北及以东的土地，丹麦法区的民族也开始承担着同样的义务。到 921 年，埃塞尔弗莱德和“长者”爱德华夺回了亨伯河以南落入丹麦人手中的全部领土，并按照惯例在此新建了一系列巴罗，纳入王国已有的防御体系，其中包括第九章提到的 5 个镇区，为西撒克逊国王在之前从未统治过的地方提供了立足点。有了这几十个巴罗，西撒克逊王朝在王国境内就有了几十个直接管理的核心区。事实证明，这些核心区比几代人之前采用的纳贡中心更适合作为王权的中心，不仅因为这些地方有坚固的防御工事，还因为其中许多都有网格街道、市场和不断增长的人口。在这一时期，许多住在巴罗里面的居民开始利用当地的市场出售盈余产品，购买制成品和奢侈品。市场功能在这些地方尤为重要。几个在维京人入侵最活跃的时期修建的巴罗因为位置不便在 10 世纪初遭到弃用，被附近更便于开展贸易的地方所取代。因此，无论统治者还是被统治者，巴罗都成了便利的集会场所。

不过，巴罗并不是唯一促进王室管理和王权迅速发展的机构。设置郡这种行政单位，是国王在此期间将其统治延伸至地方的另一个最重要的举措。西撒克逊王国本身长久以来就下分为若干个郡。起初，每一个西撒克逊郡可能都以一个重要的王室纳贡点为中心。而且在早几个世纪威塞克斯王国最初扩张时，它吞并的一些古代王国（如苏塞克斯和萨里）在并入威塞克斯王国时也被划为一个郡。每一个郡由一位郡长管理，郡长既是重要的王室官员，也是贵族，是帮助国王开拓疆土和管理郡县的人。在整个 10 世纪，受英格兰统治的麦西亚以及刚刚收回的惠特灵大道以北和以东的地区也被划分成郡，均由各郡郡长监管。北方有些郡是基于固有的行政区域划分，有些郡是新设立的。总而言之，无论在西撒克逊还是麦西亚，英格兰南部还是丹麦法区，到了 10 世纪，每一个郡的中心地区都有一座巴罗；郡内所有的土地持有者都被组织起来建造、维护和保卫他们的巴罗。

在 10—11 世纪，巴罗不断发展，周围乡村的人也会来这里解决最重要的法律纠纷，因为国王的代表会在这里定期举行庭审。到 10 世纪中期，对于王国内的多数人来说，最多步行一天就可以到达附近的巴罗，这使得英格兰国王能够以 8 世纪时前几任国王所不能采用的方式来统治地方区域。慢慢地，每个郡里最重要的土地所有者每年会举行两次大型庭审会议，一年两次庭审会议也成了标准做法。会议由当地的主教和郡长主持，他们共同出任国王的代表。在郡法庭上，国王代表会听取诉讼、颁布法律、宣布征税或公布重要的任命通知等。到了 11 世纪，国王越来越依赖郡地方官或治安官来照管他在当地的利益，所以就是这个官员在每个郡成为国王的首席代表。

我们也有证据表明，到了 10 世纪中叶，郡被进一步划分为更小的行政单位，在英格兰南部被称为“百区”，在北部被称为“邑”(wapentake)。“郡”和“百区”的想法可能都起源于威塞克斯；而且和郡一样，百区也被用于划分王国新吞并的领地。原则上，每个百区占地 100 海德，在理想情况下，每个百区拥有一座重要的王室庄园、一座大教堂、一个市场和一个处决死刑犯的刑场。不过，在很多地方，百区要么不止 100 海德，要么不到 100 海德，还有一些百区根本没有王室庄园或大教堂。即使是这样，百区依然随处可见。和郡一样，每个百区也有一个法庭，但它每 4 周开庭一次，远比郡法庭开庭频繁；而且可能在百区法庭上，王国里绝大部分民众都有机会直接参与地方事宜的裁决。百区法庭最主要负责处理的是与盗窃和妨碍治安有关的犯罪案件。

郡及郡下属的百区都是至关重要的行政机构，不仅有助于维护国家和平，还能够协助监管各地履行“共同义务”。只举一个例子，如果国王下令每拥有5海德土地要派出1名士兵（我们知道这是1066年的习俗），那么组成伍斯特郡的12个百区（为方便计算，每百区按100海德计算）可以为国王挑选240名士兵保卫伍斯特的巴罗。同理，国王也可以按百区的每海德为单位征税；因此，还以伍斯特郡为例，如果国王对每海德的土地征收2先令税，那么伍斯特郡的每个百区就要向国王的郡治安官缴纳2 400便士税，由郡治安官转交国王。因此，在由巴罗、郡和百区组成的行政框架内，国王不仅能够获得大量的资源，还会亲自征收这些资源。

因为很多巴罗后来发展成了城镇，国王因此可以对经济获得相当程度的控制。10世纪的国王在规范商业活动方面下了很大功夫，他们坚持要求某些商业交易必须在王室治安官的见证下在城镇里进行。这样不仅减少了偷盗行为的发生，还保证国王能够收取通行费。国王也花费了大量精力完善英格兰的货币体系。从埃塞尔斯坦国王统治时期开始，在且只在巴罗铸造硬币，其他地区一律不得私自制造，这在几个世纪以前也是不曾有过的。

10—11世纪英格兰伟大的铸币制度要归功于奥法国王的一系列创新。奥法坚持将外国货币重铸成英格兰硬币，所有在英格兰铸造的硬币必须刻有他的名字。阿尔弗雷德的后人沿袭了奥法的做法。到10世纪初，尽管王国内不同地区铸造的硬币差别相当大，但硬币的铸造权牢牢掌握在王室手中，而且似乎国王将这一时期的铸币监督工作委托给了直接对国王负责的王室官员。不过大约在973年，埃德加国王彻查了英格兰硬币的外观以及整个铸造体系。从这时起，60多个铸币厂（每个铸币厂位于一个巴罗）开始使用统一的模具铸造高度统一的硬币。在埃德加改革之后，每一枚硬币不仅正面印刻国王的名字和肖像，背面还刻有生产该枚硬币的巴罗的名字以及铸币者的名字。通过这种方式，国王可以监管造币的质量。当然，王国的硬币质量越可靠，人们就越愿意使用它。

从埃德加改革开始，钱币的重铸周期变得惊人地短暂，最初大约每 6 年重铸一次，但从 1036 年开始变成每 3 年一次。每个周期内，王国内流通的所有硬币都被召回并被铸成新的硬币。每次人们把旧币拿到地方铸币厂重新铸造，都会被收取硬币价值的约 15% 作为铸造费用。但是每次重铸之后，每枚硬币的重量也会减少一点儿，因此，用旧币换铸新币的人虽然缴了高昂的重铸费用，但是得到的新币数量却跟之前一样。到最后，国家会发行一系列的新币，重新公布标准重量，再重新开始整个流通周期。这一系列操作体现了对钱币的深刻理解，也说明王室行政人员制定这些财政政策可以让国王在定期重新铸造硬币的过程中谋取最大利益。

当然，国王为了将白银据为己用，十分乐意对一套统一且值得信赖的货币体系进行监管。但他们也想鼓励人们使用硬币，因为使用硬币更方便征税。当维京人在 10 世纪末 11 世纪初再次来袭时，拥有硬币的土地所有者对国王尤为重要。他们在此期间缴纳了大量硬币，有些年份可能多达上百万便士，这些钱再被移交给维京人，换取他们离开王国的承诺。在斯堪的纳维亚的一些宝藏中已经出土了数万枚可以追溯到该时期的英格兰硬币。此外，英格兰王国在 11 世纪初期开始按照海德征收一种被称为“军役税”的税赋。国家利用军役税的收入豢养雇佣兵和雇用舰队，雇佣军不仅受雇抵抗外国入侵者，同时还被派去强征税款。总的来说，造币体系越健全，货币越容易获得，人们越发发现货币交易更便利且更值得信赖，因此，人们就越有可能将生产盈余换成硬币，国王也就越容易征收军役税。

一套人们信赖且普遍施行的造币体系，如果由国家控制且高度标准化，会对经济产生十分有益的影响。与此同时，在巴罗和每个百区中熟知的地点都有安全的受严格监管的市场。所有这些都促进了经济发展，促使那些需要有足够白银缴纳税款的地主为市场生产更多产品。

改造乡村布局，创造盈余

维京人入侵、西撒克逊人征服丹麦法区、建立“共同义务”制度、创建巴罗、巴罗演变为城镇，以及英格兰国王早早进行卑劣的货币改革，所有这些组成了一段重要的历史，这段历史的展开与巴罗四周农村地区的另一些同样卓越的历史发展时期恰好重合。正是在这一时期，定居点的模式、耕作方式，以及土地所有者从土地中攫取盈余的手段，都迅速而剧烈地发生了变化。这两组事件之间很难建立时间上的先后关系或者任何因果关系，但是，这两段看似不相干的历史却在共同重塑英格兰。

这两段历史肯定以某种方式联系在一起，但这种关系却不是能够简单说清的。例如，在约克郡发掘出的多处古迹证明，9 世纪晚期至 10 世纪，约克郡的土地布局变化不定。例如，沃拉姆佩西（Wharram Percy）的一处定居点在维京人来袭之前以及在斯堪的纳维亚人定居初期一直有人定居，但是在 10 世纪，这个定居点的附近开辟出了一处规划有序的新村庄，考古学家称之为“南方庄园”。再举一个例子，西赫斯勒顿（West Heslerton）附近的一个定居点长期有居民居住，但在 9 世纪后期他们搬走了，或者这个定居点发生了迁移，到10世纪，这个定居点又再次发生了迁移，这次搬到了今天西赫斯勒顿村所在的地方。在科塔姆也有类似的事情发生。最初，这里有一个古老的定居点，在9世纪末10世纪初迁到了一个新的地点，一两代人之后又迁走了。因此，在阿尔弗雷德大帝、“长者”爱德华和埃塞尔斯坦国王统治期间，在上述提到的丹麦法区及其他一些地区，有证据显示，定居点已经开始深刻的转型，而且后面还将看到，人们开始采用一整套新型农耕方法和农业技术。我们知道，维京人的定居、王国的兴衰、威塞克斯的扩张，利用这些事件来解释约克郡乡村发生的转型是很诱人的，但是也可能是错误的。因为，这些变化不仅在丹麦法区，在不列颠低地的大部分地区也都可以看到；事实上，在有些地方，这种转型甚至发生在维京时代之前，而在另一些地方，则可以追溯到维京人已经不再构成威胁的时期。那么，我们如何刻画这些变化？是谁带来了这些变化？最后，又是谁从中获利？

前面提到，在7—8世纪，英格兰、威尔士和苏格兰南部的国王、在俗领主及富裕的宗教社区通常会控制包括数千公顷的土地、林地和荒原的领地。虽然他们很少直接开发这些区域，但是他们已经发展出自己的地产中心，领地的农民向领主缴纳贡品，大多分散居住在领地内的农场或者小村落。在早期，由于大部分上缴给领主的贡品都仅供领主及家人自用而非拿到市场上出售，并且大多数贡品都极易腐烂变质，因此没有必要要求上缴太多的贡品。所以不列颠的领主虽然有势力有实力，但住得太远，至少对许多农民来说确实如此。毕竟这不是一个只需要佃农孤零零在领地上辛苦劳作的世界。不过，也有一些早期的定居点人口相对较多。比如，一些重要的宗教社区如威尔士的兰卡凡（Llancarfan）、凯尔沃（Caerwent），英格兰的巴金、伍斯特等，都有几十个全年在这里生活的教会人员、工匠、奴隶、仆人以及偶尔到访的朝圣者和在俗资助人。像这样的大教堂社区可能算是不列颠人口最密集的地方了，但在7—8世纪，它们中即使最大的，最多也只能容纳几百人。

在8世纪或者9世纪的某个时候，这些领地，尤其在不列颠低地，开始瓦解成更小的区域。大约在这段时间，许多国王和宗教社区开始意识到，有必要将部分超大的领地再以5海德或10海德为单位细分为大小更适宜的土地，或者直接赠予或者租赁给最重要的在俗追随者。这种做法在10世纪和11世纪得到快速传播，到诺曼征服前夕，数千名英格兰乡绅（在某种程度上类似于中世纪后期贵族的一种土地所有者）都拥有了属于自己的小庄园。细分后的土地比之前的土地更加紧凑，需要的资源也更少。细分土地的导演者显然已经意识到了这一点，因为他们在分割土地时尤为小心，尽量保证每个新分出来的区域都是能够自给自足的农业实体。我们不止一次发现，以往的领土被划分成许多细长狭窄、面积为5海德的单位土地，每块土地都包含一段河堤、一片林地、通往附近古道或大道的路。对于每一位乡绅，第一次获得这样一片土地对他一定是一个历史性时刻，因为新土地通常会以他们的名字命名，因此这个时期出现了大量的英文地名：比如，威尔特郡有一位乡绅阿尔弗雷德拥有的土地为阿尔弗斯通（意为“阿尔弗的土地”）、莱斯特郡有一位乡绅奥斯本拥有土地奥斯本斯通（类似，意为“奥斯本的土地”）。到1086年“征服者”威廉普查英格兰财富状况时，几千个这样小而繁荣的土地已经取代了早期的“大块土地”。小块土地不再由只有在纳贡时节才会到访四邻的伟大而遥远的领主掌管，此时，掌管小块土地的是那些乡村的绅士，他们全部的财产都在那5

海德或者 10 海德的土地上。所以如果这些新式的土地所有者要想过上原来大领主的生活，必须采取直接而积极的方式管理他们相对有限的资源。

到了 12 世纪后期，不列颠大部分地区（从多塞特郡和汉普郡的海岸线一直向北穿过中部地区进入约克郡、达勒姆郡和诺森伯兰，再沿苏格兰东海岸延伸的一片核心地带）都有面积相对较大、有中心区域的村庄。许多村庄都有一座体面宏伟的宫殿供领主（控制了绝大部分集体耕种的土地）使用，并有 10—60 个农户，每户家庭拥有 6 或 12 公顷的土地，所有农户都需要向其领主提供大量的劳动力服务并缴纳巨额的租金。恰好在此 100 年前，威廉的普查官们还发现有几十个旧式的“大块土地”，大部分都在国王或教会的手中，同时还发现了成千上万的小农，他们仍然生活在乡村，在集体耕种的田间劳作，在英格兰的西南部和东盎格利亚地区尤为集中。因此，即使到了 11 世纪末，许多人的劳动相对来说仍然不太受到其领主要求的影响；事实上，有些人和他们的曾祖父们当初一样，仍然在上缴蜂蜜、小麦和家畜之类的实物贡品。当然，在不列颠低地，许多地方已经开始朝向新式的土地、定居点和劳动方式发展了。

若要完成从大领地向小土地的转变都需要做哪些工作呢？为了供养更多的领主，就必须增加耕地，提高土地本身的开发力度。这应该如何做到？是谁导演了这些变化？到最后，谁是赢家、谁是输家？和以往一样，我们的文献资料对这段革命的细节几乎缄默，但是残留下来的考古证据可以帮助我们解答这些疑问。其中一个可供我们研究土地细分背后过程的是萨默塞特郡的沙普威克（Shapwick）。生活在沙普威克周边地区的人之前一直隶属于一片更大的领土，但在某个时候（很可能是 10 世纪），他们原本分散零落的小村庄和农庄变成了一个人口聚集的村庄。在这一转变过程中，村庄附近的那些传统的定居点发生了重组：小村庄和农庄被废弃，在之前定居点的位置以及之前农田的位置开辟了两处新的公共土地。在沙普威克周围土地重组的过程中，农民开始搬进沙普威克内部的一个大村庄。这个大村庄不但是新建的，而且是有所规划的，一位领主或者城镇长官在两条平行的道路之间划分出了 16 块大小不一的土地，每一块被分给一个移居至此的家庭，大一点儿的土地大概分给社会地位高一些的农户，小一点儿的则分给地位较低的工人和奴隶。我们知道，他们最终都重新定居在了新村庄里，因为沙普威克的每块土地在 10 世纪末至 11 世纪都有人耕种。

秩序井然的新村庄、规划整齐的公共农田，在沙普威克我们虽然可以看到新村庄最终呈现的状态，却很难确定创造一个像这样经济和农业两方面都可行的新式领地，到底要付出哪些努力。幸运的是，从牛津郡的雅安顿及其附近的考古发现中我们可以获得这种重组背后需要经历的一些步骤。在 8 世纪后期的某个时候，雅安顿人在土地耕种上开始比他们的祖先更加集中。从泰晤士河沿岸雅安顿（Yarnton）附近的土地里发现的昆虫残骸我们得知，与过去的几个世纪相比，这一时期的粪甲虫（依靠牛粪和马粪生活的一种昆虫）数量明显变少，同时在这处低洼地发现了各类栖息于草地的昆虫。这反过来告诉我们，在此期间，雅安顿的人们辛苦将泰晤士河泛区从牧场转变为干草甸。这不是一项容易完成的任务，因为他们必须重新思考如何饲养牲畜的问题，因为自此以后，在他们能够收割草料的 2 月至 6 月初，不能再沿河岸放牧家畜。对于这种转变，修建围栏至关重要。在一份早期的法典中强调：

> 最下层的自由民应为集体草甸或其他形式的公共土地修建围栏，如果有人修建了围栏，有人没有修建造成牲畜入内吃掉集体作物或饲草，那么没有修建围栏的应该赔偿对他人造成的损失。

重新规划以及修建围栏的做法显然是值得的，因为和之前的农耕方式相比，新的干草草甸可以产出更多饲草，使得雅安顿的农民饲养更多牲畜越冬。

家畜数量越多意味着可用来犁地或拉车的畜力越多，可作为肥料的动物粪便也越多；而且在某种程度上，这些新资源使得雅安顿人能够急剧扩展其垦地面积。我们在雅安顿定居点发现的杂草种子（必定是他们在收割谷物时夹带回来的）说明，耐犁的杂草存活了下来，更脆弱的杂草被淘汰。喜好黏土的植物种子也是第一次出现在定居点内，这进而说明农民已经将进行谷物种植的范围扩展到附近肥沃厚重的黏土地。这块土地自罗马衰落以来一直未有人开垦。人们开垦黏土地使用的可能是“深耕犁”，因为中世纪早期使用的开荒犁的犁刀构造太过简单，不能胜任切割厚重黏土层的工作，而深耕犁具有犁板和不对称的犁刀，能将粪肥与土壤充分混合，为成功栽培需要肥沃土壤的植物开垦出必要的深沟。其实，深耕犁对于土层不深的土壤也具有革命性的意义，因为它可以将土壤完全翻开，根除杂草，避免杂草抢占养分。11 世纪的修士用古英语创作了很多谜语（一种简单的娱乐方式），其中有一首可能说的就是深耕犁：

我用鼻子拱地；我挖出深堤
边走边搅，深深地挖进土里，
灰色的敌人来自森林，他主导着我，
还有我的主人，我弯着腰的主人，
走在我身后；他赶着我
走遍田地，扶着我，推着我，
在我的身后播撒种子。我用木头制成，
背着一辆车，精湛岂止技艺，
我勇往直前；又伤痕累累，
无论我走到哪里，身前一片绿色，
身后一片黑色无疑，因为那是我的足迹，
一把锋利的武器，贯穿我的背脊，
一端露在我身下；一端插在我的头里，
它指向前方，目光坚毅，
让我可以用牙齿撕裂土和泥
只要主人，在我身后，正确地推我前进。

牵着这样的犁来翻开厚重的黏土层需要多达8头公牛，整个队伍可能长达12米。耕犁时转弯很困难，所以耕犁的人会将土地规划成很长的长条形，这样犁地的人就不必每天多次转弯了。

面积更大的田地和黏土地都需要更多的牲畜来耕作和施肥，所以需要饲养更多的牲畜。不幸的是，耕地的扩大往往要以牺牲牧草地为代价，因此导致草地大面积减少。要解决这一矛盾，一种办法就是存储干草，这让我们想到了雅安顿的干草草甸。新的轮作方法也是一种重要的解决办法。在新开垦的集体土地中，村庄里的每户人家都拥有一部分耕地的使用权。村庄里每年都会有一部分土地休耕，这样既可以休养土地，也能为村里的牲畜提供牧场，但是，因为每家的土地呈条形分布在整个田野里，所以总有一些土地可以耕种。通过两块或三块土地轮流耕作，拉犁的牲畜既可以在一年中休耕的土地上吃草，也可以在收获之后的土地上吃作物留下的茬。

是什么让雅安顿人开始有了这种转变？可能传统上与雅安顿人交往的大人物因为贡品的关系而把统治权交给了恩舍姆（Eynsham）附近的大教堂；这样，雅安顿农民只需满足永久定居在仅仅几公里外的精英家庭的需求，不用再供养偶尔巡游到附近偶居几日的领主了。如果真是如此，那可能意味着雅安顿的新领袖们要求这里的农民上缴更多更具体的贡品。这就解释了为什么从 9 世纪开始，雅安顿的人民不仅开垦了新土地，还建造了一个新谷仓，他们显然是在努力生产出更多的粮食。这可能也解释了为什么他们开始饲养更多的鸡、鸭和鹅，因为他们新建了家禽棚舍。当然，也可能促成这一切发展的就是雅安顿人，因为根据这些证据所处的年代，这些变化发生在该地区的“大块土地”细分成小块土地之前。

随着乡村的重新布局，农业的管理制度也发生了革命性的变化。生活在重新布局的乡下农民，相比他们的祖辈，生产的粮食更多，饲养的牲畜更多，耕种作物的种类也更加多样。雅安顿正是如此，这里裸麦和燕麦的种植量比过去几个世纪大得多，培育的作物种类也越来越丰富，比如，亚麻和大麻。人们也摘收葡萄和李子，所以他们可能也有葡萄园和果园，要知道，自罗马帝国覆灭后，不列颠就一直没有水果的种植园。在威尔特郡的马基特拉温顿（Market Lavington）也发现了植物和花粉残余，其中谷类作物的花粉明显增加，表明农业出现集约化。马基特拉温顿收集的证据还表明，随着耕地和草甸面积不断扩大，荒野中的植被退化减少。同时人们也开始开垦各种类型的土壤，其中就包括厚黏土。尽管马基特拉温顿的农业生产集约化的经营最早出现在 7 世纪后期，但是直到公元 900 年时才大规模增加。事实上，从 10 世纪初开始，似乎马基特拉温顿的农民就已经开始种植各种新作物，包括黑麦、大麻、亚麻、罂粟和葡萄。和在雅安顿一样，我们无法确定到底是谁在主导这些活动。是否某位领主为了使他那仅仅 5 海德土地实现生产力最大化的作为？还是这一开始就是农民自发的行为，因为他们明白拥有越多家畜、粪肥和饲料就越能改变他们生活的道理？

无论新的农耕模式由谁发明，当我们再往前去看 10 世纪时的证据，会发现领主开始垄断农业生产的迹象，因为领主想通过出售生产盈余赚取钱财。所以我们可以看到，格拉斯顿伯里（Glastonbury）的修士在 10 世纪精心策划了一场运动，他们在萨默塞特的一些庄园建造了规划有序的核心村庄，在村庄里采用了新的耕地体系。不过，不仅仅是格拉斯顿伯里富有的修士，各式各样的土地所有者都在以获利更多为目的来管理自己的土地。仅举一个例子，一个名叫赫卡（Hecca）的德文郡乡绅，他原本只是中产水平，但是在诺曼人征服前夕，已经变得相当富有。他似乎一直都在谨慎地经营手中的土地，虽然土地上没有宏伟壮丽的大庄园，也没有数量庞大的劳动人口，但是这块土地税务评估值非常低，还有大量可以使用的牧场。赫卡之所以争夺这些土地，可能是想饲养绵羊，因为此时羊毛市场的形势一片大好。因此，8 世纪时，当地各社区采取的策略差别很大，它们各自以新的方式耕种并生产更多的盈余。到 10 世纪或 11 世纪时，这些盈余为各领主所独享。

上面谈及的各种变化对定居点的选址产生了巨大影响。前面已经看到，使用深耕犁需要大群的牛来耕种黏土地。所以许多只能养得起一到两头牛的家庭便联合起来，邻居们一同耕种，以便把他们的土地延伸到黏土地。当所有提供牲畜的人都住得很近时，合作犁耕就会很方便，这可能便鼓励人们离开传统的小村庄或者孤立的农场。不过，也可能是黏土土壤吸引农民搬入大村庄，因为大部分黏土遇潮就无法耕种，尤其是春耕，适宜开垦耕种的天数往往不足 7 天，所以住在有牛群组成犁耕牛队的人家旁边，可以使农民们的开耕时间最大化。干草草甸可能是吸引人们住进村庄的另一个原因。一旦有牧草要收割，培育牧草的农民就需要在短时间内调动大量人力，因为晾晒干草和春耕一样，不仅仅是劳动力密集型的工作，而且每年只有少数几天可以进行。因此，大型犁耕牛队、黏土土地和干草草甸的扩大都可能促使许多人选择离开零散分布的小村庄和农场，迁进更大的、位于他们合力开垦的土地中心的村庄。

新式领主

到 10 世纪时，许多地方的领主可能就是一些村庄的幕后策划。有证据表明，有相当数量的领主鼓励、引诱、哄骗，甚至强迫乡村劳动者从传统分散的定居点迁移到新式村庄。乡绅开始搬到自己那 5 或 10 海德的土地上居住，所以，他们当中的很多人都建起了像沙普威克那样的规划有序的村庄。村庄建成之后，他们会希望下层阶级的工人和奴隶也搬进来。无疑，是因为领主们都明白，如果人们都住在自己的视野范围内，那么控制这些人的生产劳动也就更容易。不过，领主可能也需要提供资金来规划和开发新田地：如果是这样的话，虽然领主无法强迫那些地位高但缺乏资源的农户搬迁，但强迫他们让步还是要简单得多。领主们也可能通过为大多数自由农修建他们自己没有能力修建的便利设施，来诱使他们定居新式村庄。例如，从10世纪到11世纪，有数千名领主监督修建了大量磨坊，而这些磨坊就是重新安置的强力磁铁，因为这可以把农场妇女和奴隶女孩从这类劳动中解放出来，方便她们从事如纺纱织布之类可以产生现金的工作。这几个世纪的领主（详见第十二章）还修建了通常会有教士和墓地的村庄教堂。这可能也是一些家庭愿意走出其祖辈农庄的原因之一。事实上，我们不仅在不列颠发现了这种建有教堂和磨坊的村庄社区，在这一时期的整个西北欧也都有发现。我们不禁猜测，可能不仅是领主，就连农民也越来越觉得村庄生活舒适安逸。一本11世纪关于英格兰土地管理的手册记载了善良的领主如何在玉米收割之后宴请村民和劳工庆祝收获，又如何在开垦耕种之后请他们品尝美酒。即使刚刚搬来不久，这些庆祝活动也会让人觉得很自然，甚至很传统。因此，出现核心村落和重新定居这两个现象十分普遍，可能是领主干预、改变的农耕方式以及乡村劳工在社会和文化偏好上的改变共同作用的结果。

雅安顿和马基特拉温顿的发展年表显示，农业集约化和作物多样化出现在大面积领土被细分之前，到了10—11世纪，可能因为新式小规模土地主的推动才开始加速发展。尽管如此，既然集约化开始在大块土地被分割之前，那么除了分裂“大块土地”，至少在最初，肯定还有其他的力量促进了这些发展。其中一股力量可能是新的贸易机会，拥有货物的人能在伦敦、伊普斯威奇和南安普敦等地开始繁荣的几十年里参与贸易。当阿尔弗雷德大帝的巴罗发展成熟、成为城镇时，大多数在其乡村腹地拥有土地的领主开始意识到集市的发展能带来种种好处，因此系统地利用了所有这些变化。

然而，这几个世纪的领主也并不总能成功地吸引劳工到新规划的村庄定居。例如，在北安普敦郡的西科顿（West Cotton）有一位野心勃勃的领主在 10 世纪时规划了一处新村庄，他在村庄里为自己和家人建造了一座大气恢宏的宅邸，带有一座磨坊，用房屋划分出一系列大小基本相同的小块土地，劳工可以在房屋里居住。然而，显然，愿意搬进这座新式村庄的农民比预期的少得多，因为划分出来的小块土地很多都没有人耕种。

从事乡村劳动的人越来越多，能够获得这部分人的控制权对于英格兰新兴乡绅取得成功至关重要。许多乡绅在这段时间想方设法加强对他人劳动的控制。例如，一本 11 世纪时有关土地管理的手册就记载了贫农应履行的义务。所谓贫农，就是社会地位低下的劳动者，他们大部分时间都在领主的土地上劳作，他们在这块土地上创造的利益直接被领主剥削并占为己有。贫农现在可能与其家人就住在领主家阴面一个拥挤的小巷子里。据记载，贫农的生活如下：

> 必须每周末工作两天，全年无休……在圣烛节盛宴到复活节期间应劳作 3 天。从第一次耕作到圣马丁节，每周必须（为其领主）耕种 1 英亩土地，必须亲自将种子交与领主的谷仓……当死亡降临在他身上时，让其领主掌管他留下的一切。

在埃尔弗里克（Ælfric）的《对话录》（*Colloquy*）中，有一小段对话，被用作教授幼年修士拉丁文的素材，里面犁地的农夫说起他的工作时哀叹：

> 哎，我辛苦劳作。天刚一亮我已出门，赶牛到田里，套上牛轭开始犁地。我害怕我的领主，所以，不管冬天多么寒冷，我都不敢躲在家里休息。每天，我必须给牛上笼头、套上犁杖耕地。每天必须耕种至少 1 英亩……有个小伙子每天负责拿着刺棒赶牛犁地，因为天气太冷并且大声喊叫，现在嗓子都喊哑了。

这两份文本资料揭露了无法逃避的事实，那就是，城镇长官从领主的农耕劳工那里榨取了大量的劳务。

在 11 世纪许多圣徒的传记故事中也都记载了领主与劳工之间日益扩大的社会鸿沟，这些故事详细描述了领主在当时迫切追求利益和休闲的生活。《圣凯内尔姆传》（*Life of St Kenelm*）中记载了下面这一个故事：

> 当时，按照惯例，佩尔顿（Pailton）一位神父建议庆祝圣凯内尔姆节日期间休假。负责管理该村庄的女人在她晚餐后靠在床上休息时傲慢地驳回了提议，任何劳作不得“因为凯内尔姆”而中断，她说，“我不明白为何要这样白白损失一天的利润”。

在记录 11 世纪时伍斯特的圣沃特斯坦主教生平的另一份传记中我们读到，有一位大乡绅，他不会像他的农民那样炎炎夏日里在田间汗流浃背，他坐在教堂旁边的坚果树下乘凉，坐在那里“掷骰子、喝酒，玩各种游戏取悦自己”。这些充斥着贬抑之词的记载表明，领主是一个在耕种他们土地的人眼前晃动且不讨人喜欢的角色，因为领主和劳工现在一般都住在同一个村庄里。

在短短几代人的时间里，许多在新规划的村庄里生活、在公共土地上耕作的农民，无论社会地位还是经济地位都在不断下滑。10 世纪和 11 世纪时，许多地位相对较高的乡村劳动力开始住在他们缴税的主顾旁边；根据当时土地管理记录册的记载，城镇长官绞尽脑汁想要使这些人也从事低地位家庭需要做的繁重劳务。此时也有证据表明，没有太多土地的人现在为了收入不得不自己劳作。正是由于这些变化，许多农业工人看起来已经不像中世纪早期的农民，而更像是中世纪的农民。

威尔士与苏格兰的变化迹象

在威尔士也可以找到类似在英格兰发生的变化，但是想要从威尔士发掘的证据中归纳出一般性的结论，却因为证据实在太少而变得更加困难。而且，在威尔士，村庄和领主权力重新分配的范围和规模都要来得更晚、更慢。当然，在威尔士能够找到相当多的证据证明这里“大块土地”的细分过程与英格兰的情况相似。例如，8 世纪末以后，修道院的赠地比早期获得的赠地要小很多，此时，他们用 10 公顷为单位进行划分，而不是像以前那样以 100 公顷为单位划分。后来的地块可能就是从更大更古老的领地中划分出来的。而且，似乎有些大地块被划分为最基本的单元，在地契中被称为“特来飞”或“威特”，由于这些地块面积为 50 公顷且相距较远，通常无法形成一个定居点。这些小领地和英格兰那些小块土地一样，有时候会以新主人的名字命名，比如，特莱弗埃里（Tref

Iri)、维拉克努克（Villa Conuc）。然而，即使是在11世纪，许多人仍然上缴食物贡品。在这些仍然上缴实物税的地方，人们没有时间、没有能力，也没有兴趣生产盈余去市场上销售。苏格兰也一样。有些证据表明，在750—950年间，苏格兰更大的领地都被分割成小块的土地，面积类似英格兰和威尔士的小块土地。而且，这些小块领地的拥有者可能已经开始兴建他们自己的专属教堂，这一点与英格兰也一致。

到了11世纪，一些威尔士领主也和英格兰领主一样开始采取创新的耕作方式。例如，在兰卡凡的宗教社区，虽然偏远地区的劳动者还会上缴食物和衣物，但在宗教社区里出现了“霍托拉尼”（hortolani）一职，即“园丁”，他们主要在领主的土地上劳动和工作。霍托拉尼的生活可能与英格兰下层阶级的农工一样，大部分时间都花在了领主的土地上。还有花粉证据能够证明，从9世纪开始，威尔士一些地方正在毁林开地，种植谷物。花粉证据还说明，威尔士的作物种类开始变得丰富多样，纤维作物的种植越来越普遍。1000年前后也出现了以高地牧场为核心的养殖系统。这种牧场与我们在斯堪的纳维亚半岛发现的羊圈一样，必定极大地增加了威尔士领主拥有牧群的数量。但是，在此期间，没有任何证据能说明威尔士领主已经系统地控制了在其庄园内耕作的劳工的劳动，而在英格兰早已如此；也没有证据能证明规划整齐的村庄和公共土地在威尔士普遍存在。

因为威尔士和苏格兰在这一段时间没有任何城镇发展起来，加上这两处还没有货币经济，威尔士和苏格兰的土地所有者不得不更加努力地工作，以便用土地出产的盈余交换其他东西。这使他们的处境与大量英格兰土地拥有者的处境大不相同，因为英格兰地主的生活地点一般离城镇很近，驾车前往只需几个小时。因此，到 11 世纪时，英格兰国王和英格兰地主因为他们土地上出产的盈余很容易进入市场，所以他们比不列颠其他地方的精英更加富有。此外，国家的需求成功地让英格兰土地所有者认为自己有义务按照所持土地的海德数向国王缴纳税款，因为土地所有者也希望他们的小庄园在和平的保障下获得更好更大的收益。这样的期望促使许多人去到城镇市场，在那里把自己土地上的盈余换成银币和少量奢侈品。

第十一章

卖盈余、买地位：10 世纪至 11 世纪

10—11 世纪，随着新式农业生产方式和领主身份的形成，也随着城镇经济蓬勃发展，不列颠土地所有者的社会地位迅速提升，体现社会地位的方式更加多样。英格兰的土地所有者在货币化和商业化的经济中成长壮大，他们给人的整体印象就是稳步致富。到 10 世纪中叶，这些人在地域重塑和领主身份的转变中跻身赢家的行列，并在此期间开创了新形式的上流社会生活。到公元 1000 年，社会阶级的分化持续进行，炫富性质的消费长盛不衰，说明特权家庭一直都是生活优越的群体。不过，在这个阶段的后期，领主开始以新的方式消费他们的资源、强调自己的地位，因为他们和祖先所拥有的财富形式已然不同，而且现在能用来提高自己地位象征的商品也与那时千差万别。实际上，其一，领主现在能够接触到当地的商人和工匠；其二，领主发现了获得钱财的方法，这二者共同作用改变了他们的生活。在这些方面，不列颠群岛没有一个地方像英格兰这样明显，因为在不列颠的其他地方，城镇和货币发展缓慢，能够展示社会地位的新奇方式虽然已经生根，但表现形式无疑要更加隐蔽。

英格兰精英与城镇

在英格兰的许多城镇，都有受监管的集市和大大小小的商贩，所以拥有土地的家庭越来越愿意在城镇添置房产，就不是什么奇怪的事情了。乡绅急需市场将他们土地上生产的羊毛和玉米换成货币，一个重要原因是，在“军役税”设立之后，乡绅需要用银币为自己拥有的每一海德土地向国王缴纳税款。为此，英格兰的领主必须合理安排自己的土地，保证生产出来的产品必须有货币，所以，他们必须充分利用集市、商户和钱款，让它们为自己赚取现金。简而言之，他们需要与附近的城镇建立并维持联系。不过，乡绅参与城镇的买卖，不仅因为赋税，还因为他们想在那里购买农工无法获得的物品，以此标记自己的社会地位。

我们对土地所有者与城镇之间关系的了解大多来自英格兰国王威廉一世，即他下令编写的《末日审判书》，书中记述了威廉开展的大规模人口和土地的普查情况。我们在这本非同寻常的记录中发现，到公元 1086 年，所有农村领主都在尽力获得对城市房产的拥有权以及对城市居民的控制权。例如，英格兰的伯爵家庭在 11 世纪都是王国里最富有、最具政治影响力的家庭，他们积极参与城镇各项事务。《末日审判书》中记录了 11 世纪 40—60 年代英格兰的第一大家族——戈德温森家族。戈德温森家族在横跨王国的 37 个城镇里都拥有房产，这说明，要想做好自己土地上的小皇帝，在城镇拥有房产至关重要。戈德温森家族中的男性成员拥有伯爵身份，因此在他们所在的城镇都有行政职责，这很可能有助于巩固他们对城镇及城镇居民的控制。尽管如此，家族中最成功的伯爵哈罗德（于 1066 年成为英格兰国王）并不满足于控制他出任伯爵的那些城镇，他对那些他没有伯爵身份的城镇如德罗伊特威奇、林肯和约克也饶有兴趣。与此类似，英格兰有几十名最有影响力的乡绅在多个城镇都有对居民的管辖权并拥有房产，这些人的地位重要到可以参与宫廷决策。德比郡一位重要的乡绅叫西沃德·巴恩（Siward Barn），他感兴趣的几个城镇相距较远，有格洛斯特、林肯、沃里克和温什科姆等；还有一位乡绅名叫伍尔夫·芬尼斯克（Ulf Fenisc），他的土地主要位于林肯郡和约克郡，但是他不仅在林肯镇，在亨廷顿（Huntingdon）和沃灵福德（Wallingford）也是重要的角色。即使那些仅有约 5 个海德土地的一般地主，通常也在所属郡的城镇拥有至少一处房产。《末日审判书》中提到了数百个这样的地主。

在这一时期，土地所有者也会花费大量精力培养他们与城镇居民的个人情感。例如，在诺福克郡的塞特福德镇，有 41 位城镇居民自称是一位重要的王室官员、王室亲戚罗伯特·菲茨·威马克（Robert fitz Wimarc，他恰好也是英格兰最富有的人之一）的人。塞特福德的工匠和商人肯定会觉得，罗伯特与国王的关系及其他的特权地位可能有助于他们与国王的地方代表打交道，帮助他们在城镇法庭上获得满意的判决。像罗伯特这样的贵族身份，不仅能使他在城镇中拥有相当多的追随者，而且一旦有人在其追随者的住处恣意生事，他还有权没收其财产，如果是追随者的过错，则予以罚款处理。这样的罚款利润可谓极其丰厚：例如，一位 11 世纪的主教，仅在规模非常小的沃灵福德镇，每年因处理一些个人案件就能收入 300 便士。

城镇中的人际关系和财产形式，也帮助农村的土地所有者出售或交换在他土地上生产出来的盈余。据记载，有些乡绅有权收取或者免除通行费，他们还有权召开法庭会议，确保买卖合法化。这表明，确实有一些乡绅在监督城镇市场的运作。有时，城镇居民也会以实物的形式向乡绅支付租金，由此为乡绅提供重要的生活必需品，如铁和盐，以及鲱鱼或鲑鱼等只有地位高的家庭才能享用的食物。事实也正是如此，我们发现，有许多乡绅获得的此类商品正是他们从自己管辖的城镇居民那里收取的实物租金。但是，在大多数情况下，与城镇居民的纠葛以及对城镇房产的控制给土地所有者带来的是金钱，这些钱不仅来自租金，还来自一些赚钱的项目，如城镇磨坊、捕渔业、码头等。我们知道，其中很多都在农村土地所有者的控制之中。许多土地所有者为了增加现金收入，也开始重新规划自己在城镇的财产：比如，我们在对伍斯特的研究中发现，大型城镇庄园宅邸的所有者有时会将自己的房产改造成不那么豪华，但收益更大的房屋出租给工匠和商人，这样做可能是因为地主们对改造后能够赚取的现金租金垂涎欲滴。在《末日审判书》中有一个最夸张的例子，说是有一位林肯镇的乡绅，仅在诺曼人征服英格兰之后不久，就在林肯镇的郊区建造了 36 栋房子和 2 座教堂。

英格兰拥有土地的精英发展自己在城市的资产、扩展随从的队伍，而且他们的发展侵略性极强。例如，戈德温森家族曾大量购置城市土地和房屋，他们在苏塞克斯郡、萨里郡、米德尔塞克斯和肯特郡等地的城镇有很多土地，所以在那些地区尤其成功。比如，奇切斯特镇，这个镇的大部分城市住宅都受戈德温森家族及其家族追随者的控制，该城镇的核心区域主要都是他们的住宅。戈德温森家族及其追随者还拥有刘易斯（Lewes）大约一半的房产、斯泰宁全部的房产，其中有 118 处是一座修道院的房产。据《末日审判书》记载，罗姆尼（Romney）本是一个面积大约为 150 个海格的城镇，属于坎特伯雷大主教的辖区；但到了11世纪50年代初期，哈罗德伯爵的父亲成功地从大主教那里夺走了21个海格的土地，从戈德温森家族的一个客户那里又夺走了50个海格的土地。显然，戈德温是这座城镇的一位重要人物。戈德温伯爵还从大主教那里夺得225名海斯市民。哈罗德·戈德温森则在伦敦拥有一大片土地，那是他从根特的圣彼得修道院夺来的。这片地区位于比林斯盖特，在一条源自萨瑟克（Southwark）的河流的对岸，是伦敦由戈德温家族管理的一片郊区。此外，哈罗德伯爵还拥有兰贝斯区，字面意思是“羔羊下船登陆的码头”，位置与伦敦隔河相望。所以很明显，这个家族出手坚定，有时甚至是通过非法手段占有了东南部城镇的土地，获得他们家族扩张的重要赌注。

乡绅同样也追求城镇的房产。《末日审判书》中记录了他们购买、租赁、继承，甚至窃取房产的事例。事实上，有些人的财产来历曲折。例如，德罗伊特威奇7位居民以及一块盐田的所有权在11世纪中叶多次迅速易主。11世纪40年代，一位名叫武夫吉特的当地乡绅，在“他儿子埃尔夫吉特（Ælfgeat）成为伊夫舍姆修道院的修士时，将地契置于祭坛之上”，由此将7个居民及盐田送给了伊夫舍姆修道院。修道院院长转而将盐田租给自己的叔叔，而因他叔叔在“哈罗德与挪威人的战争中”死去，这块土地因此回归教会。在不到20年的时间里，这些城镇居民和盐田的所有权经历了转让、出租、收回多次易手。因此，我们可以看到城镇财产如何轻松转让，如何被领主赠予教堂，为了巩固友谊，或者为了赚钱。

有不多的几位农村的土地所有者在某些城镇拥有大量的房产、权力和随从，他们一定和戈德温森家族在奇切斯特或斯泰宁（Steyning）的情况一样，是那些城镇最主要的一股统治力量。例如，在爱德华二世（“忏悔者”爱德华）统治时期（1042—1066年），有一位乡绅在坎特伯雷拥有至少 86 块耕地，占这个教会城市土地相当大的部分。另一位在沃灵福德镇占统治地位的大乡绅，在牛津拥有 42 座房屋、8 块耕地、30 英亩草场、1 座磨坊，还有牛津地区 1 座教堂的圣职。据记载，一位富有的英格兰女性在北安普敦有 32 所房屋；一个名叫“可怕者”埃德马尔（Eadmær ‘the terrible’）的人，在赫特福德郡的伯克翰斯德（Berkhamsted）掌管 52 个城镇居民，这个数量恐怕囊括了小城镇里商人和工匠中的很大一部分。这些乡绅在特定的城镇拥有大量的财产，足以与主教、伯爵和其他王室官员相抗衡，赢得当地居民的人心、思想和义务。

在这一时期，农村的土地所有者不但在自己乡村的土地上修建教堂，而且在城镇积极建设教堂。他们甚至用石头建造教堂，这不仅代表他们的虔诚，同样也说明，他们想利用这种纪念性建筑在城镇里凸显自己的地位。例如，伦敦许多教堂的名字都以建造者的名字命名。比如，圣尼古拉斯艾青斯大教堂（St Nicholas Acon，可能建于 1050—1084 年间），因为 1050 年尼古拉斯首次在英格兰被敬奉为圣徒，而 1084 年戈德温夫妇将大教堂捐献给一个修道院社区时，教堂仍保留了北欧名字“哈康”，应该是教堂的建造者。伦巴第街上的格雷斯大教堂（Gracechurch）是由一位名叫格雷斯丘奇的贝奥曼（Beorhtmær of Gracechurch）的人赠给坎特伯雷大主教的。第三个例子是圣迪欧尼斯巴克教堂（St Dionis Backchurch），这个教堂的名字来自一位名为戈德温·巴克的人，他在成为修士时，将这座教堂赠给了坎特伯雷大主教。这些诺曼征服之前修建的伦敦教堂，有少数几个还有遗迹留存至今。例如，最早的圣布里奇教堂（St Bride’s），它显然是一座单间的石头建筑，是 11 世纪伦敦发展某个新郊区的时候建造的。这座教堂和伦敦其他几座早期的教堂可能都是在诺曼征服前的几十年间建造的，证明拥有土地的建造者拥有财富，而且他们希望能够将他们的地位永久铭刻在城市的风景中。

因此，到了 11 世纪中叶，英格兰的土地所有者无论势力大小，在城镇中都拥有某些权利和房产。这些人赠予、购买、租赁甚至窃取城镇的房产，然后进行开发。他们对城镇的浓厚兴趣给他们提供了市场出口，可以出售自己土地上生产的盈余，把盈余置换成现金。但是，土地所有者在城镇里绝非简单地卸下谷物和羊毛等货物，或者购入重要的基本生活用品，如铁器、盐或陶器，他们还会购买外观漂亮的物品和美味的食物。正是这些奢侈品成为这个时代彰显身份地位的新标志，而且像曾经的武器陪葬品一样，向人们发出了明显而有效的信号。

新型消费模式

在千禧年前后的几十年间，不管我们去哪个地方，都能看到富裕的土地拥有者以特殊而明显的方式消费手中的资源。在这一时期，无论在展示自己的资源，还是在消费自己的资源，他们都同时受到乐观和焦虑两种心理的困扰："乐观"是因为他们有更多机会花钱买到更加舒适的生活；"焦虑"则因为害怕那些身份并不那么高贵的人同样也能花钱过上好日子。这两种情感在 10 世纪末 11 世纪初的两类文字记载中表现得淋漓尽致：一类是土地的管理记录，另一类是详细阐述社会各阶层成员特点的故事。把两类资料放在一起，能够说明领主如何提高自己的消费能力，同时又如何使得其他人维持在原有的社会阶层。因为在这一时期，土地所有者不仅追求价高质优的消费品，他们用来提高社会地位的消费形式涉及生活的更多方面，升级换代更快。那些被视为上流生活的必备物品，首先在国内最大的家族成员间开始使用、炫耀，随之，越来越多中等阶层的土地所有者趋之若鹜。在 10 世纪末和 11 世纪，有 4 种场景最能体现炫耀式的消费：餐桌、锦衣华服、建有围墙的乡绅大院，以及虔诚信徒的宗教捐赠。为了了解这些新的地位象征符号是如何运作的，我们来逐一看看。此外，我们也会看一下上层社会的饮食和衣着，因为它们能展示出这一时期成功人士的生活经历，是传统的文本资料中难以提供的信息。

首先，没有什么比食物更能揭示 10—11 世纪土地所有者的生活状况了。食物是极其有效的地位标识，因为所有种类的食物，对于那些有钱、拥有劳动力，同时又拥有闲暇的人来说，越来越容易买到，但也只有他们才能买得起。吃饭本身也是既能够炫耀财富，又能展示慷慨的时刻：大人物极高的生活水准和热情好客，都使得他们可以通过宴请宾客和自己的农户展现自己高贵的社会地位。在这一时期，农户通常住在附近，所以很可能亲眼看到他们奢侈的饮食，心中艳羡不已。

从这一时期居住地位较高者的遗址发现的动物骸骨中，我们了解到不少关于拥有土地的家庭的日常饮食信息。他们的饮食与比他们社会阶层低的人有何不同？富裕的土地所有者与耕种土地的佃农之间，最重要的区别是富人会食用狩猎捕获的动物。赤鹿和狍子尤其受欢迎，在多个乡绅的宅邸遗址都发现了此类动物的骸骨，但是在居住者地位较低的乡村地区没有发现过。鹿肉如此有魅力，可能是因为通过狩猎获取鹿肉不是食肉的经济做法。狩猎不仅要有充足的闲暇时间，还要找到人迹罕至的林地以确保猎物资源的充足。同时，想饱餐鹿肉的乡绅还需要有猎狗。考古学家在这个时期高地位的遗址中偶尔发现过小铃铛，很可能是挂在猎犬项圈上的；在贝叶挂毯上绣的猎狗脖子上也能见到类似的铃铛。即使只拥有几海德土地的乡绅，只要可能，就会雇人养狗，这表明，即使普通的土地所有者也会不惜代价狩猎，因为只有拥有这种消遣活动才能称得上是上层人士。比如，在 11 世纪一篇圣徒传中出现过一位非常普通的乡绅，他雇用一位聋哑人照顾自己的猎犬；我们从土地管理手册中得知，很多乡绅会命他们的每一个自由但地位低下的工人喂养和照顾他的一只猎犬。

这一时期，土地所有者还喜欢驯鹰。在很多乡绅的住处都发掘出种类繁多的猎禽。例如，在汉普郡波特切斯特（Portchester）一个富裕家庭的垃圾堆里，我们发现了十几种野禽，其中最多的是麻鹬。这种鸟都是受过训练的猛禽最典型的猎物。野生鸟类也是当时餐桌上的重要食物。例如，从米迦勒节至大斋节的这段时间内，埃塞克斯郡沃尔瑟姆圣十字会的神职人员每周都会食用乌鸫、鸻鸟、鹧鸪和雉鸡。

有闲暇时间追捕和烧烤鸻鸟的乐趣为上层阶级所独有，这些本就不是农耕人员所能体验到的，因为他们不再像卡德蒙时代的牛倌那样可以与领主一起享受盛宴了。当然，大型宴会和群体狩猎绝不是 11 世纪时的创新：一直以来，大人物们都是通过食物和运动来强调社会差异的。公元 8 世纪，在林肯郡的弗利克斯伯勒，上层家庭控制着一个大型的贡品产地，虽然在这里发现的有些食品和餐饮器具，如海豚肉和玻璃杯，是买来或者是交易来的，但家庭成员吃的很多食物要么是狩猎的野味，要么是人们缴纳的贡品。他们猎食狍、鹤、松鸡、野鸭，也吃作为贡品的大量成年家畜。相比之下，在11世纪，土地所有者也会食用鹿肉和飞禽，但很少会像弗利克斯伯勒的主人那样食用年老的废耕畜。8世纪和11世纪最上层家庭，可能因为口味和烹饪方法不同，所以选择使用的牛肉种类也不相同，但也有可能跟我们看到的大规模的经济转型有关，经济转型使11世纪的家庭可以买得到更幼小、肉质更嫩的动物，尽管11世纪大多数土地所有者比8世纪的受贡者所拥有的土地范围要小，但有了市场的发展，他们现在能够更加直接地管理自己的土地，这种方式更集中、更高效。事实上，有证据证明，从11世纪中叶开始，有些住在高地位居所的人，他们可能已经开始从城里的屠夫那儿购买一部分肉食了。从弗利克斯伯勒最新的定居时间发现的动物尸骨可回溯至10世纪晚期，可能可以对精英饮食经历的变化给出详细线索。在这一时期，负责管理弗利克斯伯勒的人可能仍然食用大量的老牛肉，因为城市化、农业集约化和货币经济带来的转变在林肯郡还没有落地生根。如果在弗利克斯伯勒能发现11世纪中期的垃圾堆，我们很可能也会看到更幼小的动物开始出现在他们的餐桌上了。

海产，尤其是海豚和鲱鱼，是11世纪高地位饮食的另一个重要组成部分，也需要相当大的资源才能获得。早在8世纪海豚肉就被当作一种奢侈食品，一直到13世纪仍被认为是美味佳肴，所以，富有的土地所有者追逐海豚肉就不那么奇怪了。不过，鲱鱼在中世纪晚期是最便宜的一种鱼，它也属于高地位的饮食种类，确实令人诧异。鲱鱼产业从大约1000年起有组织地发展起来，但在11世纪，鲱鱼渔民、鲱鱼进贡和鲱鱼骨与国内最有权势的人物，与王国里的各个公共机构关系密切，如杰出的朝臣、有势力的乡绅以及最重要的修士和主教；这些人从他们的捕鱼船队那里每年可以获得数千条，有时是数万条鲱鱼。看起来鲱鱼也是一种特殊的食物，只有在上等家庭的餐桌上才能吃到。

成功的土地所有者也吃淡水鱼。在威廉一世开展大规模普查时，有上百座庄园都有渔场，它们是庄园非常值钱的一部分附属产业。就像在此期间突然出现的数千座磨坊和教堂一样，它们也一定是乡绅出于自身利益建造的。在诺曼征服之前，土地所有者就开始建造鱼池，即人工贮存池，用作“储藏活鱼”，但鱼池到了 12 和 13 世纪就很少见了。人们建造鱼池也是为自己的餐桌储存食材的一种方法。与海鱼一样，如果要持续为自家餐桌供应淡水鱼，土地所有者需要相对较大的投入。修士似乎特别渴望进行这样的投资，因为本笃会会规禁止食用红肉。但是不能因此就错误地认为修士吃鱼的行为是一种不分阶级的饮食习惯。修士本来可以选择 11 世纪圣徒圣沃夫斯坦所推崇的日常饮食，食用韭菜、水煮圆白菜和面包，作为践行修道院饮食禁令的方式，又或者实际上，他们本可以像在他们的土地上劳作的人们一样饮食，但他们却像大部分的贵族一样仍然食用鱼肉。反过来，这一时期的贵族家庭可能吃鱼更多，因为他们想模仿修士的饮食习惯，至少在基督教历法的斋戒期间食鱼更多。端上餐桌的鱼背后，是供养船队、出海捕鱼、建设鱼池、饲养活鱼花费的大量资金，或者是用来购买鱼肉的金钱。因此，这种与修道院饮食有关的饮食习惯，不仅是虔诚的显性体现，还十分昂贵，因此也是凸显社会地位的绝佳方式。

拥有土地的精英不仅吃的肉品质更好，种类也不断增多：在 11 世纪，精英家庭食用的菜肴更加精致、吃相更加优雅。在诺曼人征服英格兰的前夕，英格兰高地位的餐食有酱汁、香料、白面包，每餐都有菜肴可供选择，还有厨师，甚至仆童，它们代表的不仅仅是食物，还有烹调方法，人类学家通常将这种饮食上的进步看作社会分化加剧的标志。我们在 11 世纪的圣徒传记里也能听到农民的抱怨，他们抱怨土地所有者的饮食习惯：农民们深感愤怒，因为他们在田地里挥汗如雨，而乡绅却坐享一日三餐；当请愿的劳工站在那里等待回应的时候，乡绅们却在大快朵颐。也许是乡绅享用食物的数量和质量激怒了农民，在诺曼人征服英格兰之后，他们对 1066 年之前英格兰上层人物所吃的食物数量印象尤为深刻：有个诺曼骑士被“警觉的”赫里沃德（Hereweard the Wake）俘虏，获释之后，他谈及自己的经历，都是俘虏他的人饭量有多大！

特定的食物和饮食习惯开始与上等生活紧密联系在一起。与此同时，有些城镇居民也开始有钱给自己买一些更高档的晚餐。例如，在 11 世纪，鱼似乎可以花钱在城镇买到，渔业也开始商业化。在埃尔弗里克《对话录》里出现过一位渔民，他说他每天捕的鱼根本不够卖，这说明那些不那么富有、不能自己养船队或建渔场的人很希望能在市场上买到鱼。事实上，从 11 世纪开始，在林肯的弗莱克森门（Flaxengate）这个不太高雅的街区，住在附近的城镇居民食鱼量不断增多，此外，他们也吃野禽，不过以鸭子为主，不是天鹅、灰鹭之类有钱人才能消费得起的珍禽。虽然林肯郡最富有的工匠和商人可能无法吃到鹤之类的珍禽，但他们能够吃到一些野生鸟类和鱼类，因此饮食也开始像乡绅了。不过，城镇里确实有少数人会想方设法模仿王国里最大家族的饮食，极尽奢侈之能事。例如，已经在塞特福德挖掘出的一份晚餐残骸里有孔雀骨头；在国际大都市伦敦靠近罗马圆形剧场遗址（见第九章）的地方，有些居民食用鹿肉、鹤和鲱鱼。罗马圆形剧场位于城区，所以用餐者不可能自己猎捕这些动物，一定是在城里的食品市场买到的。伦敦、林肯和塞特福德的城镇居民，都能吃到比他们地位高的人吃的食物，这可能会引起乡绅一定程度上的不满。事实上，有迹象表明，在这一时期，有人试图只允许社会地位最高的人拥有对一些特定食物的消费权。有一段关于11世纪人们向格洛斯特郡提登汉姆（Tidenham）庄园主献贡的描述，里面坚持认为，“每一种贵重的稀有鱼类，无论是鲟鱼或海豚、鲱鱼或海鱼”，只属于领主，好像吃这些野生物种是少数特权阶层的特权。

野味和鱼类之所以能够成为展示身份地位的有效工具，一个原因就是只有那些有闲暇时间的人才会去打猎，只有拥有劳动力的人才能组织人下网捕捞，只有腰缠万贯的富人才能有钱购买，这就使得这些物品的消费对象局限在一个很小的范围之内。当然，不管奴隶还是自由农民都买不到这些美味佳肴。不过，除了肉和鱼，其他食物都能用钱买到。在世纪之交，威廉一世特意让鲁昂商人在伦敦做生意，因为鲁昂商人不仅卖海豚肉，还卖葡萄酒，国王毫无疑问也想确保自己的餐桌上有海豚肉和葡萄酒。别的领主也会在市场上寻找想要的食物，特别是面包小麦和葡萄酒。这些食物和饮品如此具有吸引力，并不仅仅因为它们美味，更重要的是特别，它们不是庄园可以种植的，也不是当地的农夫或猪倌吃的，它们是用银子买的，这也使得它们格外珍贵。

10世纪末和11世纪，特殊的服饰和食物一样，也是奢侈消费的一部分。而且，土地所有者对这些服饰的追求帮助我们了解了他们生活中一些有趣的事实。比如，在世纪之交，有些土地所有者的衣着太过精美，以至于教会都开始布道反对华丽衣着。有位布道者认为，有必要劝告他的信众“如果我们希望陪伴在救世主基督的右边，我们必须用端庄的品行来武装自己，而不是用金子和奢华的丝绸衣服装饰自己”。这位布道者还提出了两个设问，同时给出了一系列令信徒感到不安的答案：“（一个死人的）轻佻服饰有何用处？他穿戴过的饰品和昂贵的装束除了遮体，到最后有何意义？……你们见过的那些奢侈的金饰布料，现在看看只不过是一抔尘土，是蛆虫啃食后的残存。”不过，严词苛责似乎无法打消富有的平信徒们对华美服饰的热情。这一时期有一些英文的手绘日历插图可以反映当时批评者的意见。插图里，大人物穿着短袍，袍底阔开，袖口、衣领和下摆边都有用精美布料（可能是绣有图案的丝绸）包的一条宽边。精致的包边似乎是一针一针缝制的，材质是亚麻或羊毛，使用亚麻或羊毛面料可以最小化装饰饰边的花费，但最大化装饰的效果。不过，有镶边的服装是富人装束，在这个时期的日历插图里，农民绝不会如此穿着。

在10世纪和11世纪，最珍贵的衣服面料是拜占庭帝国生产的丝绸。其中最豪华的要数拜占庭皇家作坊为拜占庭皇帝本人生产的丝绸。因为丝绸产量低、受到高度管制，所以只有那些能获得拜占庭帝国赠予的人才有机会获得这样令人赞叹的华丽织品。很少有英格兰人，包括国王在内，能够收到来自拜占庭皇帝的外交礼品。因此，可能英格兰最好的丝绸都来自教皇或德意志皇帝，因为相对来说他们更常获得君士坦丁大帝的馈赠。

拜占庭皇家作坊打造的特制丝绸尽管在英格兰人身上很少见到，但到诺曼征服的时候，比较普通的绸缎在市面上已经比较普遍；事实上，在对铜门（Coppergate）16—22号的考古发掘中，在所有纺织品中有将近1/4是丝绸。质量一般的丝绸非常常见，部分原因是，到了10世纪，中低档的拜占庭丝绸的产量比一个世纪之前提高了许多倍，而且这类丝绸的生产和销售都不受拜占庭帝国的控制。所以，到大约 1000 年，前往罗马和圣地的英格兰朝圣者很容易购买到丝绸。而且，此时的英格兰人在英格兰本土也能从商人那里买到丝绸。《埃尔弗里克语录》中有一位长途贸易商，他为富人提供“紫色布料和丝绸，珍贵的珠宝和黄金，（还有）不同寻常的衣服……”此外，在伦敦、林肯和约克也都发掘出了丝绸，因此在英格兰重要的国际贸易中心明显也有丝绸贸易。商人们甚至也在不太发达的城镇兜售丝绸。伊利城的修道士就从塞特福德的一位居民那里买到了一件丝绸锦绣十字褡。有趣的是，在约克发现的织物说明，普通质量的丝绸大量传入英格兰，之后由当地的工匠剪裁并缝制成衣。所以，很可能许多乡绅家庭已在用钱购买城里最好的衣服。

正如我们所见，最精美绝伦的织物和服饰只能当作外交礼物馈赠。但是，从 10 世纪中叶开始，获得奢侈布帛的机会开始下沉。在 10 世纪中叶，最精致的非宗教服饰显然首先由英格兰国王享有，因为他追逐德意志和拜占庭宫廷服饰时尚。但是到了 11 世纪中叶，有权势的侍臣也开始穿着这种宫廷服饰。在诺曼征服前夕，最先由国王埃德加穿着的丝绸长袍，伯爵在这个时候也开始穿。不仅仅伯爵，一位行至罗马的诺森伯兰乡绅因为衣服过于华丽，被意大利匪徒误认为是伯爵。尽管社会最顶层的人无疑仍然是唯一能得到全丝长袍的人，但是如果都柏林发掘的织物可以作为证据的话，许多城镇妇女这时已经开始佩戴真丝围巾，并使用丝线为衣服镶边或制作编织品。在约克、伦敦、林肯和温彻斯特还发现丝质的缎带和袋子，丝制品很可能在这些地方十分常见。

在 10 世纪末和 11 世纪，很多家境较好的人都会穿着带有金线刺绣的衣服。这种衣服在 10 世纪可能十分罕见。温彻斯特修道院一张公元 966 年的地契插图尤其突出了埃德加国王长袍上镶着的厚厚金边。而当伊利修道院列出其珍贵织品时，里面就记录了埃德加国王赠予的丝绸斗篷，斗篷上面绣的那层贵重金属丝线非常厚，让它看起来就像锁子甲长衫。考古学家在 9 世纪和 10 世纪的非宗教服饰上也发现了一些金穗子或者金线的刺绣。但此类服饰的数量在 11 世纪急剧增加。在某种程度上，可能因为金掺杂了铜和银，还有镀金的银都被用来制作金线，使得金线没那么昂贵，富有的乡绅从此能够负担得起了。所有这一切都表明，进口丝线、进口织物以及奢侈服饰的市场越来越大，在整个 10 世纪和 11 世纪，越来越大范围内的人能够负担得起此类奢侈品。

穿着精美的服饰与吃鱼一样，既受平信徒的追捧，也受教会人员的欢迎。例如，有两群富有的 11 世纪的神职人员（沃尔瑟姆圣十字教堂的咏礼司铎和格拉斯顿伯里修道院的修士）每年都有衣服配给。沃尔瑟姆的神父每人每年能够获得高达 480 便士的置装补贴，接近 700 克白银。格拉斯顿伯里修道院 11 世纪的一篇文字对于修道院的修士每年收到什么样的衣物则记录得更加具体。里面提到，每个人都分给“4 条修士头巾、2 件罩袍、2 件由羊毛和亚麻编织而成的衬衫、2 条马裤、4 双长袜和 1 件新皮质上衣……白天穿的鞋、冬季夜晚穿的鞋以及 2 套床罩。应该还有 10 双拖鞋……”这段描述里强调的是高品质布料，不是华丽的丝绸，不过至少可以看到，格拉斯顿伯里修士穿的绝不像农民那样衣衫褴褛。

除了华丽的服饰，有一定经济基础的人应该会有塞满衣橱的挂毯、床上用品和床帷等，许多人还将他们精心装饰的长袍、祭坛布和帏帐送给他们最喜爱的教会。比如，在给沃尔瑟姆圣十字教堂的献礼中，哈罗德伯爵敬奉的精美法衣和墙幔最多，其中最惹人注目的是一件十字褡，上面饰有 26 马克（mark）黄金。像这样的法衣在 11 世纪的文字记录中非常常见，通常是宗教社区里最值钱的宝物，也是慷慨的有钱人的馈赠。

因此，土地所有者吃着珍馐美味，披着异国华裳，向自己青睐的教堂的珍品库捐赠美丽的织物。他们在国内也可以自由消费，这让我们联想起在这一时期新出现的小型土地模式。前面已经看到，这种模式已经开始成为英格兰新的、更加集中化的定居点的标准特征。当然，即使在 7—8 世纪，高地位的居所与农庄也能区别开来，但 10 世纪，尤其是 11 世纪建造的居所与这些早期的居所差别极大。到 11 世纪初，我们已经十分清楚乡绅的农村庄园应该是什么样子，因为有一份文字记录中有详细描述，这样的建筑有厨房、教堂、钟楼和在自家庭院周围建设的有门围墙。从另一份 11 世纪的文本可以推断出更详细的信息，里面列出了几张长长的工具清单，这些工具是城镇长官管理其财产时用到的。文中工具依据存放空间来分类。首先说明的是厨房用具，然后是乳品间、粮仓、酒贮藏室、食品储藏间、牛棚，最后是烘焙房和酿酒间。因此，我们可以把这一系列建筑放在一起去勾勒乡绅的庄园，这种庄园直到 12 世纪末在领主的农场里也十分常见。

在汉普郡、牛津郡、北安普敦郡和林肯郡这几个距离很远的郡县，我们都发现了类似的建筑群，对这些地方的考古发掘，让我们看到了这些地方 9—11 世纪的发展历程。例如，在汉普郡的法科姆内瑟顿（Faccombe Netherton）进行发掘时，考古学家发现了两组建于 850—925 年间气势恢宏的建筑，构成了这块土地领主的大殿。第一组的建筑不像其后在庄园建造的建筑那样四周由沟渠包围。在

940—980年间的某个时候，原来的建筑被6座新建筑和1座教堂所取代。但在10世纪末或11世纪初，这个建筑群又被重建。建筑群的主人建起了1间庄园式的大厅，旁边是1个私人房间，无疑是庄园主及其家人的生活区。另外，这次还建造了1间独立的厨房、1间独立的厕所。这些新建筑，连同教堂、墓地以及约半公顷的土地，都用土堤和沟渠围住，这样做不是为了增强庄园的防御功能，而是让它成为这片地域引人注目的地域标志。庄园主家庭生活的区域建在可以进行娱乐、举行庄园会议的公共性质更强的大厅旁边，这种混合建筑风格不仅在法科姆内瑟顿，在林肯郡的戈尔索（Goltho）、萨默塞特郡的切德（Cheddar）、北安普敦郡的朗兹和西科顿都有发现；而且这种“公共厅+私人生活区”的混合建筑布局一直延续至12和13世纪。

在乡绅的居所不仅能够看到上面提到的整套建筑，土地所有者在设计自己庄园的时候似乎也尽可能采取他们认为特别庄严的形式。在有些地方，各座建筑以庭院为中心，不过更常见的做法可能是“横向依次排开”建成一排。显然，这种横向排开的建筑，会令走近的人为其壮观而感到震撼。此外，这些复合建筑中有不少都将入口建得十分奇特，人们要穿过赫然矗立的围墙，围墙以深沟为界、加筑堤防，并用木桩与辅助沟渠进一步加固。有些庄园还建有门楼——总而言之，建筑和围墙都非常壮观。

11世纪时，乡绅住宅以极快的速度修葺翻新，这意味着劳动力和资源的大量消耗。但是，在这些建筑群里生活，不是简单地剥削农民的劳动或者挥霍优质木材和石料的资源：最根本的是钱的问题。9—10世纪初与10世纪末到11世纪的乡绅住宅之间有一个明显的差异，后者似乎很少用作手工制造活动，比如，珠宝制作、制陶、骨器加工等，但后者的遗址中却经常能发现一些制成品，应该是用钱从城市工匠或商人那里买的。

许多乡绅宅邸都如我们在法科姆内瑟顿所见，在众多建筑中会有一座教堂。在 11 世纪，教堂已经成为庄园建筑的重要组成部分，特别是在英格兰的东部和北部。因此，教堂成为炫耀性消费的焦点区域就不那么奇怪了。乡绅在建造或翻新自己庄园的教堂时，会追随英格兰最强大的那些领主的脚步。大领主不仅在自己的庄园建造教堂，为乡村劳工提供牧养服务，还会资助很多教区神父的教牧社区；他们有时还会给他们提供资金支持，建造更大的教堂。例如，在林肯郡的斯托（Stow），这里教堂的十字形耳堂可以追溯到 11 世纪，受麦西亚伯爵夫妇的资助建造，全长 26 米，拱形的正面高 10 米。这样的规模一定令它跻身不列颠群岛最大建筑之一。资助建造教堂的行为，不但证明了伯爵的虔诚，而且证明了伯爵家族的富有。哈罗德・戈德温森在沃尔瑟姆圣克罗斯建造的教堂，其初始大小我们难以确定。幸运的是，对于教堂内部哈罗德是如何装饰的我们了解较多。哈罗德在教堂的主祭坛上放置了 3 大本金皮福音书，还有 5 本封面有镀银装饰的书。沃尔瑟姆大量精美的书籍表明，哈罗德是位鉴赏精装手稿的行家。鉴赏精装书稿可是一种昂贵的消遣方式，因为配有精美插画，一本装订完美的抄本要比一座田庄昂贵得多。这在 11 世纪是展示信徒虔诚信仰的一种重要又直观的形式，不仅仅是哈罗德和其他一些伯爵，有时还有一些乡绅会将这类物品捐赠给他们支持的教区。哈罗德也为沃尔瑟姆圣十字教堂献上了大量贵金属手工制品，它们包括祭坛上摆放的器皿（银器日常礼拜时使用，金器瞻礼时使用）、金质和银质的圣物箱、烛台。据教堂里一部年表记录，所有这些均“出自技艺精湛的工匠之手”。

在哈罗德献上的这些珍贵物品中，有两组非常有趣，明显属于这一时期有钱人喜欢捐赠的宗教圣品。第一组是一堆金质和银质的十字架。因为在 6 个宗教社区，我们都发现了一堆等高的十字架散布 11 世纪的教堂内。我们知道这堆十字架有哈罗德赠送的，也有其他伯爵和教长们捐赠的。哈罗德赠予沃尔瑟姆教堂的另一份大礼是一组真人大小的镀金雕像，雕刻的形象是 12 位使徒和 2 只狮子。真人大小的十字架和圣徒雕像显然是 11 世纪捐赠教堂的最佳形式之一，这一时期风靡英格兰各大教堂。这种做法一定奢侈到疯狂，委托制作这些物品似乎已经成为宫廷常客应该遵从的社交礼仪。在 10 世纪中叶之前，这些物品十分罕见，似乎是炫耀式赠予的一种新形式。

仅在沃尔瑟姆，雕像、十字架、教堂碗碟和法衣等贵重金属艺术品的数量就极为惊人。我们知道，“征服者”威廉的儿子威廉·鲁弗斯（William Rufus）曾没收沃尔瑟姆价值超过 6 000 英镑的珍宝，数额巨大。看到在沃尔瑟姆教堂所拥有的奢侈的财富，不禁让人想起萨顿胡的“1 号墓”。从非常现实的意义上说，沃尔瑟姆圣十字教堂就是 11 世纪版本的早期墓葬，哈罗德希望死后能葬在这座教堂，所以他贡献给教堂成批的财富宝物，不管出于多少原因，归结到一起都是为了显示自己的社会地位。乡绅对教堂的捐赠情况我们知之甚少，但偶尔会发现他们为自己最青睐的教堂定制十字架、书籍及奢华的法衣；因此，许多人似乎是在尽可能使捐赠既显眼又昂贵。

到最后，贵族的消费方式呈现出几十种新颖的表现形式。在 10 世纪和 11 世纪，非宗教的建筑普遍采用玻璃窗设计，在 11 世纪出现了用丝线绣带装饰的鞋子，每双鞋子的细节都经过精心琢磨；也出现了国外进口的无花果和孔雀。所有这些都证明了拥有土地的阶级能够从农村榨取财富换取金钱，他们用这些钱过上了一种在四五代人之前，或者社会地位较低的人无法想象的生活。

在威尔士地区过上上层社会的生活

既然威尔士地区在 10 世纪和 11 世纪没有发展出任何城镇，那么威尔士的修道院很可能是消耗生产盈余与某些特定作物（这两点有花粉证据作为线索）的主力军。修道院越来越富有，因为修士对修道院资源的精心管理，也因为修士们要求佃户提供更多劳动，上缴更多粮食。在这一时期，有些修道院开始兴建巨大的纪念石雕，修建石雕需要花费巨额财富，所以，不论是修道院社区还是为他们提供经济支持的人，肯定享有大量资源。这些社区可能同时还消耗很多考古发掘中不太可见的物资，比如，成桶的蜂蜜、编织优良的长袍、铺张的娱乐活动等。在 10 世纪和 11 世纪的威尔士，季节性的贸易场所也得到发展，这表明有些拥有盈余产品的威尔士人，可以用盈余进行贸易，有些则有手工艺品需要兜售。考古学家在安格尔西岛的兰伯德哥克发现了一处季节性交易场所。在 8—9 世纪，这个地方可能是一位重要的威尔士领主的属地核心区，到了这一阶段的末期，周围加筑了一圈令人震撼的石墙，可能是想让它看起来像爱尔兰的环形堡垒，或者为了防止维京人入侵而予以加固。9 世纪末 10 世纪初，兰伯德哥克出现了大量受斯堪的纳维亚影响的爱尔兰海风格的金属制品，有些是这个定居点的工匠制造的，有些则可能来自在附近海湾靠岸的外国商人。这里还发现了斯堪的纳维亚风格的砝码和散碎银片，所以，在维京世界这片广袤的、没有货币流通的经济区域里，还是有贸易存在的。我们无从得知，兰伯德哥克的这片遗址当时是由威尔士国王统领还是由来自斯堪的纳维亚的入侵者管理，但不管由谁统领，定居点的工匠制造了大量金属物品，比如，时尚的扣环别针和带扣，这些东西一定很有吸引力，使得当地的威尔士家庭愿意用盈余去交换。同时，在这里生活和劳作的人们，不管他是威尔士人还是北欧人，都需要食物和原料，所以人们还可以通过各种制成品跟安格尔西岛的农民交换。

在茅根海岸（Mawgan Porth）一个康沃尔农耕村落也发现了有趣的证据，这为了解威尔士低地位农村地区的情况提供了一些线索。此时，尽管康沃尔已被英格兰人的王国所吞并，但康沃尔人的生活还是与威尔士人的生活更相似。我们从考古发掘得知，茅根海岸的居民多数时间都在从事基础农业和贝类的捕捞，但在这里发现了一枚银币，它是在不远的德文郡利德福德（Lydford）地区铸造的，因此，这里的人们肯定会不时参与贸易，出售至少 1 便士的生产盈余。这里用于制造手推磨的原石开采于 20 或 30 公里外的地方，因此，采购这些石料背后一定也存在某种贸易活动。这里还发现了大量本地生产的手工陶器，其中有一个漂亮的带柄陶罐，肯定也是买卖或者交换得来的。因此，货币经济、物物交换和能够创造盈余的农业生产都在冲击着茅根海岸居民的生活，很可能也得益于当地领主的坚持。

食物在这一时期的威尔士也是体现社会地位的重要工具，不过，宴会则主要是重要的高阶层人士参与的活动。威尔士的修道院有厨师、屠夫、面包师，以及厨房和面包房的监管，可能重要的在俗家庭也是如此。还有迹象表明，威尔士领主和英格兰领主一样，都会享用一些特殊的饮食。根据圣卡多克11世纪的传记（用威尔士语撰写）记载，在圣卡多克还是一个男孩时，他拒绝了父亲家里提供的奢侈食物，选择只食用面包和清水。传记里还提到大量小麦面包，但是卡多克出于虔诚，有时也吃些燕麦。同时，威尔士开始出现捕鱼权和堰坝，威尔士领主开始交换甚至争夺捕鱼权和堰坝的所有权。养鹰的权利和捕鱼权一样，在地契中予以体现：我们偶尔能看到贵族的随从架着鹰，国王在他最喜欢的猛禽帮助下捕捉野鸭。比如，兰戈斯王室人工岛（见第八章），在那里发现的大量动物尸骨中，姑且不看狍子和野猪的骸骨，仅看猎犬和赤鹿，就能判断岛上的居民一定狩猎且举行盛宴。他们还捕捉野鹅、野鸭，偶尔还有天鹅。威尔士的贵族与邻居英格兰地区的贵族一样，显然也参与一些与食物有关的社交活动，这两地的领主都喜爱鹿肉、淡水鱼和野禽。不过，没有证据表明威尔士的精英家庭除了佃农豢养或者自己捕获的动物外还会食用其他来源的动物，他们也没有食用鲱鱼的迹象。他们常喝蜂蜜酒或啤酒，而不是外来的葡萄酒。

威尔士的高地位人士的服饰情况与英格兰相比也更难追踪。威尔士国王和贵族实际上也穿着华贵的服装，比如，在兰戈斯的人工岛上，就发现了精美异常的织物碎片。此外，还有一些文字记录见证了威尔士贵族的精美衣着。根据圣卡多克（St Cadog）传记的描述，尽管卡多克生于王室，却鄙夷“王室服装的浮华”，他时常衣着非常朴素地去教堂。可能他所鄙夷的，就是那种国王在请求宽恕时脱下赠予他的金色华服。在一篇10世纪的文字记录中，有个人告诫他的仆人，他不在时，不仅要看护好他的金银财宝，还要“留意保护好我的衣物”，所以，充满异国风情的服饰不仅出现在威尔士，还备受推崇。当时还出现过用王后的斗篷、红色亚麻布和华丽外套交换土地的交易。此外，赠予紫色披风也是威尔士这一时期诗歌中普遍存在的现象。所以，此时的威尔士有精美服饰，但精美服饰普及到什么程度还无法确定。威尔士地区缺少城镇，所以，似乎当地的土地所有者还不太可能在本地购买到用丝绸点缀的服装，这一点跟在英格兰不太相同。非常华丽的服装似乎是来自基督教会的赞助和礼品交换，也相当于一种展示社会地位的形式。

尽管威尔士的教堂就像英格兰的教堂一样，接受了来自在俗资助人供奉的福音书、钟形神龛、权杖和圣物箱，但威尔士教堂的珍宝比英格兰教堂少很多。在这一时期的文字中，只有很少关于金制或银制的教会用具的描述，例如圣大卫的神龛（在11世纪后期被盗）是金银材质，圣卡多克（同样被盗）的圣髑盒是镀金的。9—11世纪唯一幸存的威尔士教会的金属制品是由铁铜合金制成的一组7个的手摇铃。同时，在不到12本留存下来的中世纪早期的威尔士手抄本中，只有3本有插图。当时，人们对在俗捐赠的珍贵物品关注实在太少。不过，11世纪威尔士的工匠不但生产了大量大型石头十字架，而且有人委托并支付了费用。威尔士国王和小一点的领主同样是昂贵且外显的虔诚行为的热衷参与者：他们把自己所有的财富都用来举办铺张的济贫活动。在卡多克的传记中特别描述了圣徒在复活节向数百名穷人和寡妇分发食物的场景，著名的威尔士编年史《诸亲王编年史》（*Brut y Tywysogyon*）中也高度赞颂了对穷人、对“朝圣者、孤儿、寡妇”施以慷慨与仁慈之人；威尔士的杰拉德描述了12世纪威尔士人的慷慨：“在威尔士没有一个人沿街乞讨……因为威尔士人热情好客、解囊相助，这是他们最大的美德。威尔士人很乐意请别人到自己家里。当有人旅行至此地，完全不需要请求借宿，也不必等待当地人的邀请，走进任何一户人家，交出你的武器请主人照看即可。”在中世纪早期，接济穷人、朝圣者和外地人的成本很高，这种行为与向教会献出珍贵物品一样引人注目。威尔士没有城镇、缺少货币经济，所以救济成为威尔士高地位人群展现自己虔诚信仰的主要方式也就不足为奇了。

货币、地位和政治

到了11世纪，英格兰拥有土地的精英阶层榨取英格兰乡村生产的大量财富，纳为己有。据《末日审判书》记载，戈德温森家族控制的土地每年以各种方式产出价值8 400镑的财富。这个数字最好不用“镑”来衡量，“镑”是11世纪才出现的计量单位，用当时国内唯一使用的银便士（silver penny）来衡量更好：共计201.6万枚银币。如果戈德温森家族能将这一年应付给他们的钱币如数收齐，那这200多万枚硬币总重将达到2.75吨！当然，大家族需要供养数百人的衣食住行，在他们横跨整个王国巡游自己领地的时候，也要支付食宿费用，但是再怎么样，每年也花不掉200万便士。家族可能在赠送礼品和宴请宾客上也有巨额开支来培养或维系友谊和联盟关系，但同样，这笔开支也不会达到200万便士。此外，家族成员对这些土地的控制持续有一代人的时间，因此几十年来，从土地上收取的盈余又不断累积。虽然这个王国中没有其他家族能够达到这般富裕程度，但是即使每年能获得40镑财富的乡绅，换算过来也是每年将近13千克的白银；如果能将其中1/10转化为现金，他们便获得了额外的财富。即使是只拥有5海德土地的乡绅每年也可以赚得500克的白银，用这笔钱他可以购买建造教堂需要的石料、华丽的鞋子或者高档的鲱鱼。

前面已经看到，在一些食物、织物、建筑和宗教礼物的背后，是货币的消耗。但是，并非所有东西都是能够购买的，比如，礼品的赠送仍然是一项重要的社交活动。当然，有些东西能够买到，这是一个非常重要的发展，具有深刻的社会影响。似乎使用货币及参与日益商业化的经济，都是过上上流生活的先决条件，但受到阶级的限制。对于生活在 11 世纪英格兰的大多数人来说，货币更像是一种贡品而非交换手段。在众多的贡品中，钱币是每个家庭都必须生产的，无论普通家庭还是强大的家族，都是因为有了货币才能履行自己应尽的义务。与上缴实物税或提供劳动力一样，在每年几个明确圈定的时节人们都需要进献货币。例如，据《末日审判书》记载，赫里福德郡厄尔兹兰的城镇长官“有一个传统……当贵族夫人来到他的领地时，他会献上 18 奥拉（ora）便士即 360 便士以博得她的欢心”。这里和其他地方一样，便士促进了各种社会关系的构建：个人与上级之间、佃户与领主之间、人民与王国之间。在厄尔兹兰（Eardisland）从事农业生产的人，每年必须出售盈余或者为别人做体力劳动才能赚足交给贵族夫人的钱币。对于绝大多数英格兰人来说，便士的价值太高，基本用不到它来购买物品，所以他们只在这样的特殊场合才会使用便士。例如，在 1130 年，我们知道一个便士可以买 1/4 头羊，所以在 1000 年，便士绝对不是地位低下的工人真正会去花的钱币。普通人的交易应该主要是以物易物，货币交易仅限于每年或每半年与他们的领主、神父互动时，与当地的王室官员互动时才用得上。但是，对于乡绅和伯爵（以及城镇居民）来说，货币逐渐成为商品交换的常用媒介。到了 11 世纪，地主从他们的佃农、磨坊、教堂、城区房客、经济作物和租户手中赚得大量钱币，他们似乎一直在用这些钱购买上流生活的各种必备品。似乎在 11 世纪富裕起来的人和其他所有人之间有一道巨大的鸿沟，因为在 11 世纪富起来的人能够作为消费者定期参与正在商业化的经济。

虽然在某些社交关系中仍然会交换象征高地位的商品，但越来越多用于彰显高贵身份的物品都可以在市场上买到。渐渐地，这个时期象征社会地位的符号不再是一个人与谁熟识，而是他拥有多少财富。一位神父曾不无失望地写道："一个人，只要拥有钱币或者拥有白银，就可以得到任何他想要的东西。"这位神父还言辞犀利地批评有钱但品行卑劣的暴发户："一个人因为继承了祖上基业而变得富有，这是一回事；因贪婪野蛮而变得富有，那是另一回事。在上帝面前，贪婪将受到诅咒。"当然，由于只有一部分社会阶层会进行货币贸易，所以在这个时期，精英阶层对彰显高地位的商品仍然几近垄断。这种垄断一定不是无懈可击的，因为当时有一名教士讽刺最下层的自由民，认为他们即使拥有镀金的剑，如果没有那 5 海德土地，也仍旧是最下层的自由民。这一时期，地方长官、商人，富有的自由民和牧羊农民因为也有获得钱币的渠道，开始"崛起，逐渐上升到乡绅阶层"。但是，对于绝大多数在田地里劳作的人来说，两种货币使用方式之间那道屏障，几乎不可逾越。到这一阶段末期，住在乡村小屋地位低下的租户偶尔使用硬币支付租金或税款，而乡绅住宅的主人则在用他们的钱币追求优越的生活，这两个群体之间已然形成了一道鸿沟。

如前 3 章所述，10 世纪和 11 世纪是英格兰一段空前繁荣的历史，特别是那 4 000—5 000 户有幸拥有小块土地的家庭。小块地产越来越多，小块土地的格局越来越普遍，它们正缓慢但不可避免地转变英格兰的地域格局，同时也在转变英格兰的社会结构和文化习俗。这一时期人口稳定增长，农业技术革新，英格兰的历史在这一背景下主要就是关于如何积累财富，以及领主如何为其自身垄断更多的生产活动。最终，这些人利用王国产量不断增加的土地和生产方式来为自己谋求福祉，他们以牺牲手下的农民为代价，开创新的上流生活。在这些年间，农民的劳动成果越来越多地流进地主的口袋。不过，富有的土地所有者并不是这些年唯一崛起的群体。在此期间，国家也在发展，因为英格兰国王和他们的手下改革了硬币制造、重铸和控制的方式，而且越来越善于收取通行费和税费，通行费税费收入不断增加。经济发展、社会的中层精英崛起、盈余增多、城镇蓬勃、国家实力得以巩固，这样一个故事在历史上极为重要，因为它所创造的世界将会持续很长一段时间。事实上，无数繁荣的城镇、数以千计的乡村绅士、开阔的田地和共同耕作的制度，数量巨大的佃农、幅员辽阔的英格兰，甚至许多今天还用作英国村庄的地点，以及仍然用于英格兰村庄的名称，不但都是在这一时期发展起来的，而且在中世纪一直处于文化、社会和经济的核心。

前面 3 章所讲述的历史清楚地印刻在英格兰的地理格局以及这一时期的考古遗迹之中，但是在传统的文字历史中有时是缺失的。这是因为，10 世纪末和 11 世纪的历史记录者受“高阶政治”的控制，自然他们所记录的历史都带有当时作者的考量。在这些历史记载中，“高阶政治”推动着历史的记述，因为当时记录者想要记录的是政治，不是农民或海豚肉之类社会生活的细枝末节。而且，埃德加一世 975 年去世之后的几十年是一段充满政治竞争和动荡的紧张时期，我们花了大量时间研究的普遍而重要的文化和经济转变即使显然影响着每一个人的生活，包括国王、奴隶、上层社会的女性和底层阶级的劳工，也通常被搁置一边，因为记录者们要为纷乱的政治留下更多记叙空间。

在这一时期，都是什么导致政治要人的生活如此纷乱？核心问题是王位继承，它从埃德加一世逝世到诺曼征服，一直困扰着英格兰的政治阶层。975 年，埃德加一世薨逝，留下两个年幼的儿子，每个儿子周围集结了一个派系。这种局面一直维持到长子“殉教者”爱德华（Edward the Martyr）被谋杀，次子“决策无方者”埃塞尔雷德继位（978—1013 年和 1014—1016 年在位）。这个开局似乎也预示着埃塞尔雷德二世不幸统治的开始。之所以说埃塞尔雷德的统治不幸，很大程度上是因为在他继任后不久，当时丹麦国王“蓝牙王”哈拉尔德（Harold Bluetooth）的儿子兼继任者“八字胡”斯韦恩（Swein Forkbeard）在一队被称为“约姆瑟维京人”（Jomsvikings）的精锐士兵的辅佐下开始入侵英格兰。到 10 世纪 90 年代中期，英格兰不得不筹措大量赎金（“丹麦金”）贿赂维京人请他们回家。对于埃塞尔雷德最不幸的是，斯韦恩最后不再勒索，转而开始了一场旨在成为英格兰国王的持久战，在 1013 年攻下了英格兰。但夺取王位后不到一年，斯韦恩去世，他的儿子克努特（在位时间 1016—1035 年）与英格兰人经过短暂的刀兵相见后，继承了王位。许多英格兰人，尤其是王朝曾经的亲密朋友和坚定战友，当时一定十分抗拒维京人成为他们的新国王。他们的反对是有道理的，因为克努特在继位前曾发动过一场血腥的大清洗运动，英格兰许多重要家族的成员均遭残害。随着一切尘埃落定，一些新的家族开始崛起，其中有些是英格兰家族，有些是丹麦家族，包括苏塞克斯郡的伯爵戈德温以及戈德温英格兰和丹麦混血的后代。尽管克努特的统治以血腥的残害开始，但他在位时间很长，总体来说也很成功。克努特去世之后，王室又发生王位纠纷；他的两个儿子哈罗德和哈德克努特都短暂统治过一段时期，但死时均无后嗣。埃塞尔雷德二世长期流放在诺曼底的儿子“忏悔者”爱德华被迎回英格兰，继承了王位（在位时间 1042—1066 年）。但是随着时间的推移，他显然最终也没有后嗣，这导致他统治的后一半时间王朝极不稳定。不出所料，埃塞尔雷德二世去世的 1066 年 1 月，王朝再次陷入王位纷争。戈德温伯爵的儿子哈罗德伯爵成为国王，但是诺曼底公爵威廉和挪威国王哈拉尔·哈德拉达（Harold Hardrada）都认为自己是更好的继任者，发起战争，哈罗德即位后不到 10 个月战死沙场，诺曼底公爵成为英格兰的国王，即威廉一世。

以上对政治更迭的简短叙述，似乎让诺曼征服到来之前的一个世纪看起来只不过是充满着政治谋杀、外朝入侵和王室阴谋的一百年；在这段时期，很多乡绅无疑都会在他们的宅邸里忧心各种战争失败和政治谋杀的消息，担心需要向丹麦人缴付更多的赎金。可是，生活仍在继续，这些人、他们的家人还有他们的佃农在继续改变着土地的布局，修建庄园府邸，修建磨坊，他们也在英格兰的“百区”里食用海豚肉，在快速扩张的城镇里出售生产盈余。这段时期英格兰的政治局面和高税额必然会使土地所有者们常常深感受挫，因为这些年间，个人的发展机遇和经济的乐观形势都十分渺茫。但是具有讽刺意味的是，在斯堪的纳维亚发现了可追溯到埃塞尔雷德和克努特统治时期的巨量钱币，这些钱币本身却证明了当时英格兰的富有程度令人咋舌。国王在 991 年、994 年、1002 年、1007 年、1012 年和 1018 年这 6 年向土地所有者们征收之后缴付给维京人的银币数量巨大。在 1012—1051 年间还征收了一项新的“军役税”，“军役税”依据领主所拥有土地的海德数征收，用于招募雇佣兵组成舰队（大部分士兵都来自斯堪的纳维亚半岛），反过来又成为支持丹麦法区制度的一种政策，用来加强英格兰境内的赋税。因此，这样的横征暴敛使英格兰的巨额白银流入斯堪的纳维亚半岛，确切的总量很难估算。据此期间的编年史家称，极大数量的金钱被支付给了丹麦人。据传说，仅 1018 年一年就支付了 82 500 镑，即超过 1 900 万枚银币。这个数字可能因为掺杂了愤恨情绪而略有夸张，但是无论真正的金额是多少，总量一定是巨大的，因为我们在斯堪的纳维亚的几个宝藏发现了数千枚印有国王埃塞尔雷德和克努特名字的硬币。

尽管这些贡赋数额巨大，但是根据钱币学家高度专业的论证，我们相信在这一时期，有更多的英格兰钱币最后都越过了北海，不仅仅是用作丹麦金和军役税的部分，还有很大一部分是通过贸易流入了斯堪的纳维亚半岛。事实上，在斯堪的纳维亚半岛发现了很多伦敦和东部丹麦法区铸造的钱币，如果这些钱币只是用于缴纳丹麦金或者军役税，数量应该没有这么大，因为整个王国的土地所有者均摊这些税款的缴纳责任，而不只是生活在英格兰东部城镇的人。这反过来说明，斯堪的纳维亚的贸易港口与约克、林肯和伦敦之间有十分活跃的贸易活动。当然，不管这些钱币最终如何进入斯堪的纳维亚半岛，英格兰人为了能够年复一年地向北海对岸输送数以百万计的钱币，需要持续且大量供应银用作钱币制造，但造币所需的银无法在不列颠本地开采，所以肯定要从其他地方获得。最有可能的情况是，英格兰数量庞大并且似乎无穷无尽的白银储备是由欧洲大陆，尤其是德意志的贸易商船补给而来的，因为德意志的矿山正是在这一时期开采出大量贵重金属。所有这些都表明，尽管经历着政治斗争和维京大军的掠夺，但生产、盈余和贸易在这些年里依旧以惊人的速度发展着。英格兰土地所有者所出售的盈余不仅足以缴纳他们的税款，还能够进行炫耀式的消费，满足彰显身份地位的需要。

因此，无论有没有发生政治斗争，英格兰在诺曼征服之前的一个世纪都是一个以城镇和财富为重心的地方，一个通过精心管理土地而非舞刀弄剑来保证优质生活的地方。开展新式农业生产，利用城镇房产，以及从佃农身上榨取更多的租金、服务和费用，这些都是富人们炫耀和夸大自身社会身份的方法，也是他们巩固和加强阶级地位的重要手段。在此期间，如有需要，土地所有者也会参与战斗，他们中数百人在国王埃塞尔雷德抗击丹麦人的战争中、在哈罗德・戈德温森抵御诺曼底公爵的战争中战死。这些人的战斗力与国王们青睐的军事家族无法相比，但实际上他们更大的功效是赚取财富。乡绅之所以成功，不是因为他们是军事贵族，而因为他们是绅士农民。与此同时，英格兰的土地所有者能够从他们的庄园中榨取白银，国家进而能够从土地所有者手中榨取白银，这二者的高效推进使得英格兰成为邻国的强大对手。在接下来的几个世纪中，英格兰的财富将支持它鲸吞蚕食整个不列颠群岛和爱尔兰。

第十二章

神职人员、修士与平信徒：9 世纪至 11 世纪

到 9 世纪初，不列颠各地专门从事教会活动的社区纷纷陷入危机，比德笔下丰富多彩的修道院生活正在消失。危机体现在物质生活中的各个方面，其中最为明显的是图书产量急剧下降，无论是从手稿的数量和拉丁文写作的质量来看，还是从书法水平和那些起点缀作用的装饰来看，都已大不如前。在 8 世纪的英格兰、苏格兰和威尔士修道院中，由工匠生产的奢华金属制品、高品质的石雕作品比比皆是，而且数量巨大，但到了 9 世纪，几乎都已消失不见。更令人震惊的是，有一些在比德时代属于诺森伯兰国家图书馆的藏书，到了 10 世纪也都于人间蒸发。10 世纪之前，许多大教堂的任职人员既有教士（也被称为教区神父），也有修士和修女，现在就只有教士了。

维京人的入侵活动显然是修道院生活出现危机和转变的一大幕后黑手。在维京入侵的地区，他们的袭击活动冷酷无情，他们一旦在一个地方定居下来，定居之地悉数被毁，教会机构有时甚至崩溃瓦解。这似乎正是波特马霍默克村庄［Portmahomac，位于苏格兰东北部塔伯特岬（Tarbat peninsula）］里皮克特人的修道院的情况。这座修道院在某个可怕的事件之后，有一部分建筑及修道院的

工匠铺大面积焚毁，一座座精心雕琢的石碑被敲得粉碎，此后，纪念碑雕刻和牛皮纸生产戛然而止，那个拥有数百年历史的墓地也遭到了废弃。虽然这次事件之后人们仍旧在这里生活，但它不再是一个大型宗教社区，而是一个普通的俗世农庄。鉴于这座修道院恰好位于北欧 9 世纪扩张的前线（那里还发现有 3 名男子的遗骸，他们身上都有严重的剑伤），对这座充满活力的修道院突然消亡的最好解释可能就是维京人的入侵。

在不列颠的整个东部和北部，几乎与北欧人开始在此定居的同时，已有数百年历史的各个教区也都停止了运作。即使那些在短暂插曲之后能够再重新组织起教会生活的社区，也无法再维持比德时代那种充满智慧、常举办宗教仪式的公共生活。例如，在雷普顿，历经维京海盗蹂躏一年以后，这里的宗教社区获得重建。这里曾经有一座由女修道院院长主持的双殿教堂，现在则化身一座母教堂，在这里供职的是一小群教区神父，他们的主要任务是为当地居民提供牧养服务。这个社区显然仍然拥有它最珍贵的圣徒遗骸，但没有迹象表明其古图书馆或者学校也保留下来。在这一时期，位于林迪斯法恩的圣卡斯伯特社区也发生了巨大的变化。这里的基督教成员带着圣卡斯伯特的遗骸逃离了他们长久居住的林迪斯法恩圣岛，在外颠沛流离一个多世纪之后，才在达勒姆郡重新定居下来。在他们旅居各地的过程中，他们逐渐演变成了一个新的团体，虽然仍由一位主教领导，但团体中大部分成员都是由已婚教士组成，他们住在自己的房子里，拥有无上的权力，因为他们保护和掌管卡斯伯特那些创造奇迹的遗物，衣钵世代传承。

然而，维京人的入侵与破坏并不是修道院悲剧的唯一根源。圣卡斯伯特的教会社区就是一个很好的例子。这个社区有一段时间建在达勒姆郡的卡斯伯特街，这块土地受赠于约克的一位维京国王。这不禁提醒我们，基督教社区在斯堪的纳维亚人控制的不列颠不仅可能没有破坏殆尽，有时甚至还可以茁壮成长。我们同样应该注意到，异教入侵者不是破坏宗教社区的唯一力量；在此期间，英格兰的贵族基督徒也在吞并修道院甚至修道院的财产。此外，尽管在丹麦法区和“由英格兰人控制的”英格兰地区神父们仍然住在古老的教堂旁边，过着一种有组织的宗教生活，但是到了大约公元 900 年，修道院曾经拥有的捐赠大多均已落于世俗之手。因此，他们拥有的资源越来越少，他们的独立性也越来越差。有迹象表明，威尔士许多修道院此时也正失去一部分捐赠，神父群体正在接管上几个世纪曾经获赠颇丰、一直为修士居住的修道院社区。到了 11 世纪，兰道这里一座古老而富有的威尔士修道院（7 世纪时是一个有一位男修道院院长主持的修道院社区）已经沦为一个微不足道的、资金短缺的、由教区神父占据的小社区。简而言之，我们在某种程度上可以用一个事实来解释此时艺术品产量的缩减（在本章开始部分有所讨论，并且在整个不列颠都有此迹象），那就是，各宗教社区从 8 世纪开始所获捐赠急剧减少，因此，他们不再拥有足够的资金资助制作金属制品、石雕皮纸经典书，也无力供养圣经学者和修行人士。

在此期间，信奉基督教的国王和领主们有时会因为贪婪而反对教会社区拥有诸多权力和财产，当然，他们这样做也是出于政治上的考虑。比如，东盎格利亚的主教和他的家人在 9 世纪晚期维京人入侵时突然消失了；然而，没有人再填补主教的职位，整个区域似乎从此被收归伦敦主教管辖。这不禁令人生疑，是否这一切都是站在伦敦主教们背后的西撒克逊国王所导演的，因为他们绞尽脑汁想控制各大神职机构，现在却早已分道扬镳，而他们在短短几年之前还是英格兰其他王朝的盟友，对于西撒克逊国王来说，这不能不算是一件好事。如果由东盎格利亚的新任丹麦籍宗教领袖任命进而控制新主教，很可能会损害西撒克逊王国的利益。对于该地区成千上万的基督徒来说，显然没有常驻主教是更好的选择。

同样在这些年间，曾经由早期修道院掌管的大块土地现在落在了西撒克逊国王的手中，但是，当维京人的威胁减弱时，国王并没有尝试将失去的赠地还给修道院，而是将它们奖励给那些忠心的俗世信徒，有时候，他们把土地留给自己，纳为王室领地。萨默塞特郡的切德教区很显然就是这种情况。切德在 10 世纪初既是一座集悠久历史与丰富资源于一身的大教堂，又是一座王室宫殿的所在地。此时，修道院内的教堂和国王的宫殿之间仅仅相距 250 米左右。教堂的位置更好一些，所以很可能它建于宫殿之前，宫殿是后期硬塞进来的。宫殿建成之后的几代人时间里，王室庄园似乎在不断侵占教堂的领土，因为到 1086 年《末日审判书》完成之际，这个国王几乎已经控制了所有曾经属于大教堂的一切，仅保留了那座教堂和几海德土地。有大量证据表明，这在那些年间是西撒克逊国王合理化其财产、巩固其权力的典型做法。

因此，不列颠在 10 世纪初仍有许多宗教社区，但这些社区所拥有的土地大为减少，不再配备圣经学者和修行人士。这些地方的生活可能还会包括某种共同的礼拜仪式，但教会成员现在的主要工作是做牧养式的心理疏导，这些教堂的主要作用就是充当母教区的领袖。生活在这些教会社区的人们与前几个世纪的教会居民不同，他们已不再愿意共同拥有教会的财产，而是更倾向于将教会的各种收入分摊开来。而且，与早期教会不同，许多神父也不再是独身主义者，正如一名 11 世纪神父所写的那样，他们开始相信“爱上一个正派的女子作为妻子，对于神父来说是正确的”。娶妻生子，这意味着有些由神父组成的社区不再会在修道院的公共膳堂用餐，也不会在公共宿舍里就寝。因此，尽管教会社区在维京危机之前、之中和之后维持了几代人的时间，但是他们的经济基础已经削弱，他们的生活习惯也越来越接近世俗家庭。

革新后的修士生活与古老的教会社区

在 10 世纪中叶的英格兰，修道院生活有了一次重大复兴，人们对基督教的生活方式进行了革命性的反思。许多西撒克逊国王包括阿尔弗雷德大帝都很欢迎修道生活的革命，因为他们相信，“好”的修士取悦上帝，在战争和再征服的时代，拥有上帝的庇佑对于获得成功至关重要。有迹象表明，早在 10 世纪 30 年代，埃塞尔斯坦国王就已经对那些在本笃会接受革新思想的修士有所耳闻，并深受感染。当时历经革新的本笃会遍及整个英吉利海峡；但是直到埃德加任国王时期，本笃会的新型意识形态即“和平”才真正成为西撒克逊王室的主流意识形态，推动宗教生活方式发生了一次有计划、有组织的变革。新修士主义的核心就是遵守 6 世纪的《圣本笃会规》，这个教规直到 8—9 世纪时才为法兰克国王查理曼以及“虔诚者”路易所理解，并逐渐在英吉利海峡两岸的修道院，尤其是根特和弗勒里（Fleury）的修道院中得以践行。到了 10 世纪，英格兰的变革者对该会规做了具体的阐释，这种阐释是一种意识形态上的笃信，坚持这一解读的人认为，《圣本笃会规》为那些希望过宗教生活的人提供了最好的指导，变革者对会规的解读也是它唯一的解读。此外，笃定的革新派认为，一个社区如果不按《圣本笃会规》定下的规矩而承袭过去 300 年间在英格兰发展起来的教会传统，那么它就是不严格的，甚至是罪恶的。

埃德加国王对改革的热情背后也有务实的考虑。随着西撒克逊国王逐步收回丹麦法区并将其纳入英格兰领土，国王开始重视这些地区新近收归且条件优越的基督教社区，这些社区之间生活方式相似，修道院的院长和主教现在服务于这个统一的王朝。因此，这些社区很可能帮助西撒克逊国王将几代人之前时而兵戈相见的王国缝合在一起。这些宗教社区在他们虔诚的领导者的领导下，势必能够在新政府的领土上成为保护西撒克逊国王的重要力量。同时，它们也会在整个英格兰地区塑造各个方面的一致性，包括基督教的实践、基督教建筑的风格，以及在这些社区附近举办的地方集会和庭审，这些对于王国的顺利运作都至关重要。接受宗教改革的修道院院长和主教也可以在王国的运作上助国王一臂之力，他们可为国王谏言，也可说服民众，帮国王征兵筑要塞。不仅在西撒克逊王国，在麦西亚、肯特和东盎格利亚王国均如此。

修士为实现革新，殚精竭虑数十年，向西撒克逊国王劝说新式修道院生活是上帝的旨意，亦为王国的最大利益谋。改革运动大部分由具备修士与主教双重身份的人所领导。第一代革新派中最重要的一位是坎特伯雷大主教圣邓斯坦（约 909—988）。邓斯坦深受英吉利海峡沿线修道院生活和修道院文化变化的影响，他作为一名修士，致力于重塑和改革每一个教会社区，希望为英格兰带来一场精神上的革命。还有两位修士主教，一位是同时担任伍斯特主教和约克大主教的圣奥斯瓦尔德（卒于 992 年），一位是温彻斯特主教圣埃塞尔沃尔德（St Æthelwold，卒于984年），他们将邓斯坦的愿景打造成了一个更加同质化的本笃会工程，清晰地呈现了一个高度标准化的本笃会生活，因为，使英格兰所有教堂都能执行本笃会的修行制度是他们一直的梦想。

改革派为了维护自己关于修士生活的想法，虚构了一段历史。无疑，他们采用革命时代惯用的伎俩，大肆诋毁过去，将9世纪至10世纪初的教会描绘成被堕落的神职人员劫持了的不堪之所。同时，他们借助比德的《英吉利教会史》，将7—8世纪打造为本笃会的“黄金时代”。比德用到*monasterium*（拉丁语，有“修道院”的意思）一词，他们就将其解读为一座本笃会式的修道院（虽然比德并无此义）。但是，改革派也因为自己（错误）的解读因此提出让大教堂回归“本初”，回归本笃会式的纯粹。改革派坚持，在刚刚完成大一统的英格兰，纵横分布的所有修道院都应遵守《圣本笃会规》，这显然有助于国王实现中央集权，国王也因此成了本笃会修士最为笃定的拥护者。关于修道生活的特殊愿景获得了埃德加国王的首肯，大概在10世纪60年代中期由圣徒邓斯坦和埃塞尔沃尔德等人记录并编纂记入《修道院准则》（*The Monastic Agreement*）。《修道院准则》可谓10世纪英格兰版本的《圣本笃会规》。《修道院准则》公布之后，英格兰掀起了改革的浪潮，许多大教堂被重新定义为严格遵守本笃会会规的新式基督教社区。

改革者得到国王埃德加的全力支持，国王与修士一道协力建立或重建起相当数量的本笃会教堂。因为国王与其盟友的慷慨资助，许多教堂最终获得了大片赠地。例如，我们发现主教埃塞尔沃尔德在伊利重建了大教堂，遣散了那里的教区神父，遵守本笃会规的修士住了进来。在接下来的数年里，国王和地方权贵向伊利修道院赠予大量土地和金钱，将其迅速转变为英格兰东部最重要的土地所有机构之一，跻身王国内最富裕的修道院行列。因为很多英格兰核心的改革者都是主教，他们不仅重建了旧时的大教堂，还将许多主教管辖的社区转型为修士社区，这是 10—11 世纪英格兰教会的一个显著特征。在这一时期建立或重建的修士社区大多位于英格兰南部或东部，而且，尽管后来 11 世纪流行不同形式的宗教生活，但在 10 世纪时形成的这种基础生活方式在王国最富有最具影响力的那些宗教社区保留了下来，一直延续了数个世纪。

邓斯坦、奥斯瓦尔德、埃塞尔沃尔德去世后的几十年里，新一代改革者崭露头角，其中最著名的是两位修士，一位是约克大主教沃夫斯坦（约卒于 1023 年），一位是恩舍姆修道院院长埃尔弗里克（约卒于 1010 年）。在新一代改革者生活的年代，举国上下各大教堂均已接受改革，所以他们将目标转向平信徒，努力为这些平信徒安排训练有素的神父，提供良好的牧养服务，同时也积极塑造平信徒的精神世界。在几代改革者共同努力改造不同信徒群体的过程中，平信徒与修士之间在清修要求上出现了相当大的差别。我们发现，他们要求修士禁欲，严格遵从复杂的日常礼拜仪式，不能拥有私人财产。许多改革派对平信徒和教士的意见都集中在对性行为的态度上。此时推动改革的修士们不但要求教士清修禁欲，还限制平信徒的性行为。在这方面，英格兰的改革者与不列颠群岛其他地方的改革者截然不同。比如，库迪斯派（Céli Dé）从 8 世纪开始在爱尔兰推行宗教改革，他们发起的改革运动已经渗透苏格兰，很有可能还有威尔士，他们倡导修士个人要极度禁欲克己，这样严格的要求连英格兰本笃会改革者都未曾列为改革目标。即便如此，库迪斯派有时也与已婚的神父一起工作，可能认为自己在拯救俗世信徒的灵魂。库迪斯派的禁欲主义广泛传播的同时，爱尔兰和威尔士的许多王朝仍然依靠强大的教士力量，许多教会最高职位都出现了子承父业的现象。显然，这些王国的领袖认为库迪斯派和本笃会改革者关于神职人员应禁欲独身的论辩说服力不够。

虽然各处的教会改革者不总能达成一致、改革运动也常常各有不同，但不论如何，改革总体来看已经奏效，已经在整个不列颠范围内产生影响。不过，英格兰的改革者仍然与不列颠其他地方的改革派十分不同。到 1000 年时，大多数主教都是支持改革的修士，这些主教和那些主持英格兰新式教会改革的修道院院长逐渐成为国王身边最有影响力的谋谏之士。自国王埃德加继位之后，他们帮助英格兰王权披上了一层神圣的外衣。他们设计并主持了一系列庄严郑重的仪式，在仪式上他们像神父一样为国王授膏。身居高位的本笃会的改革派不但重塑了英格兰的修道生活，而且在重新塑造英格兰的政治话语体系，重新定义世俗的政治生态。

那么，改革派和他们的王室支持者对宗教社区本身产生了什么影响？对已经生活在这些社区的人们又有什么影响？对于平信徒的精神生活，我们如何才能勾勒出来？为回答这些问题，我们首先应将国王和那些著名的修士革命者放在一边，把注意力转移到牛津郡恩舍姆教区的一个大教堂社区，因为考古学家在这里发现了大量证据，足以阐明英格兰本笃会给宗教社区带来了什么样的影响，他们又如何改造了这个历史悠久的教会社区。

据早期文本显示，恩舍姆教区在 7 世纪末或 8 世纪初的某个时候建造了一座大教堂，在这一时期，有些对宗教痴迷的平信徒在泰晤士河上游建立了一系列宗教社区。若事实确如以往讨论一样，两份契约记录了其早期获赠的物品，那么这里原本应为一座容纳修士和修女的双殿教堂，由一位女修道院院长掌管。恩舍姆的教堂和周围的其他教堂一样，安置着某位圣徒的遗骸，而且和其他早期的教堂一样，恩舍姆教堂在其建造之初似乎也位于一大片赠地（300 海德）的中心。这块赠地当时应该是生产贡品的大块领地，所以大教堂很可能也是当时英格兰最富有的教堂之一。

在恩舍姆出土的文物也证实了恩舍姆教堂早期非常富有。最有力的一个证据就是修士的饮食堪称奢侈。虽然宗教生活从中世纪早期就开始要求修士斋戒，不得吃禁忌食物，但宴会和饮酒仍然是重要的社交活动。据大主教西奥多的赎罪规则书记载，修士如果饮酒过度，应连续忏悔 40 天，除非是在"圣诞节、复活节或其他纪念圣徒的节日上因开心"而贪杯醉酒。因为每年教会都会庆祝数十位圣徒的纪念节日，所以肯定有许多人宿醉，但不需忏悔。在这些场合，除了美酒，也会有精心准备的佳肴。在恩舍姆的考古挖掘过程中，发现了许多巨大的户外灶坑，提供给社区成员的大量美味佳肴可能就是在此烹制。在灶坑不远处，考古学家还发现了一个垃圾坑，里面堆满了各种食物残渣，均是异域美食。社区成员的餐桌上不仅有优质的肉，还有野味，包括打猎获得的狍子、鹧鸪和鹤。同一个坑里还发现了鳐鱼和牡蛎，这些海产品要走 150 多公里才能运送到这里！恩舍姆的居民也能吃到这一时期非常稀有的葡萄和无花果。上述这些发现加上在这里出土的一些日常用品，如少量来自伊普斯威奇的陶器、3 枚 8 世纪的硬币、1 枚可追溯到 9 世纪的硬币，都指向同一个事实——这一宗教社区参与了跨地区的贸易。恩舍姆附近是泰晤士河的一片浅滩，这一地理优势可能方便他们用盈余交换奢侈品。因此，恩舍姆的修道院和这一时期不列颠各地的修道院一样从事贸易活动、社会地位高，社区的修士有时还会吃到和上层阶级的在俗世家庭一样的美味佳肴。

不过，到了 9 世纪初，平信徒对修士生活的热情开始消退，恩舍姆教区的境遇变得艰难起来。此时，国王开始控制教堂及教堂所属土地。他将恩舍姆教堂早期获赠的大片土地转赠他人，有的赐给更受他青睐的教堂，有的赐给那些对他最重要的在俗支持者。虽然如此，恩舍姆还是一个教区，这个教区已经没有修女，但还有神父还在此供职；而且，它一定还是教区内的母教堂，从各方面看，都还算是规模比较大的原始教区。尽管它拥有的赠地在减少，但恩舍姆的神父仍然可以获得资源，在 9 世纪末或者 10 世纪初，他们甚至开启了一项野心勃勃的建造计划。证据可以在考古发掘的大型室内住宅结构中找到。这是一座比较宏伟的木结构建筑，内墙经过了精心的粉饰。除了这一处，这片遗址上还有很多类似的圈地，每处可能都有一座类似的木质大厅，厅外有庭院。所有圈地都以恩舍姆教堂为中心，在其四周呈辐射状排布开来。这些建筑可能是在恩舍姆大教堂供职的神父的住所，每一座都有宽敞的厅间、有围墙，可能是神父和他的妻子、孩子住在里面，因为出土的厅间大小说明它们适合家庭居住。每座建筑占地面积约 88 平方米，与我们前面所见 7 世纪时哈特尔浦城里平均只有 9.5 平方米的小房子相比，可谓十分宽敞。类似的住宅建筑在其他教区也有发现，包括诺福克郡的北埃尔门（North Elmham），在这里东盎格利亚的主教一直住到 9 世纪晚期，每家住在一个圈地里。在恩舍姆还出土了一具雀鹰。虽然教区的改革派和宗教会议都会定期劝告神父不要沉迷养鹰，但对于那些有足够闲暇养鸟的人，雀鹰当数最佳选择。因此，虽然恩舍姆教堂的土地面积有所减少，但社区成员的生活仍然舒适安逸。考古学家还挖掘出一个非常精美的带扣，可以追溯到 9 世纪末，上面装饰有马耳他风格的十字架，应该是在爱尔兰海区域内制造的：这个带扣的主人可能是一位在恩舍姆生活得很安逸的神父。这些神父，他们的身份地位、经济状况，他们的生计，可能都取决于恩舍姆剩下的土地资产以及他们提供的牧养服务。通过牧养服务，神父可以收取传统会费，还可以收取新的什一税，所有收入由教区人员共享。

社区本笃会重建之前，恩舍姆教堂的神父都做哪些工作？现存文献资料中没有任何详述，但很可能他们每天都会做弥撒、唱圣歌，偶尔主持洗礼和丧葬仪式。他们可能也会主持婚礼、探访病弱、监督忏悔及指导苦修。这些活动中有些能够产生收入，所获得的收入这一时期也通常被同一教堂的神父瓜分。汉普郡敦纳姆（Twynham，今又叫基督城）大教堂中发现的收入分配可能也反映了恩舍姆的情况。在敦纳姆的收入分配中，对 11 世纪末 12 世纪初敦纳姆大教堂中座堂神父和 24 名神父的职责以及他们的收入有详尽的记述：

> 大弥撒和明日弥撒得到的所有祭品均为座堂神父（戈德里克）私人财产，其他无人分得一分。普通神父只能平分弥撒进行之前、之后，以及直到晚祷时获得的其他祭品……此外，弥撒的座堂神父主持期间获得的贡品也均被他带走，没有任何人可与其分享。

恩舍姆的神父分别在不同的教区供职，他们可能同样都会从各自供职的小教堂获得部分收入。各教会的收入会被切分再分配，类似于后来各社区里作为神父主要收入来源的薪俸。如果内饰精美的住所、养鹰，还有精美的带扣可以作为佐证，那么大部分神父的生活肯定相当富足、体面且讲究。同样，伯克郡兰伯恩的一座教堂也有证据能够证明恩舍姆神父的收入情况。我们有一张账单，上面记载了11世纪时兰伯恩（可能是唯一）一位神父一年之内的各项收入。这座教堂位于国王的领地之内，当地须缴什一税，将粮食、家畜幼崽、奶酪、木柴以及钱财的十分之一上缴教堂，神父有权在国王的领地内饲养大量牲畜，包括牛犊、乳牛、公牛、猪和马等。此外，这块土地上的租户，无论是自由农民还是大乡绅，都要向神父上缴谷类作物和现金作为什一税。10世纪的改革派曾认为职业修士持有私有财产是他们做出的一种创新，但情况实非如此：早在8世纪初期，什罗普郡温洛克修道院的一位修士就拥有一个女奴的一半所有权，甚至连比德本人也拥有一些直到临终前才捐出去的贵重物品。毫无疑问，兰伯恩文本中所描述的丰厚俸禄，足以让一名神父连同他的妻儿过上和那些自由农民，或者至少是大乡绅一样的生活，而且这笔收入数额也大到值得继承。在德文郡的普林普顿（Plympton）教堂，教士的儿子往往会继承父亲的衣钵：

> 埃尔夫赫亚（Ælfheah）是一位普林普顿的教士。他的俸禄和信徒都来自萨顿的圣安德鲁教堂（至今仍为木结构建筑）和萨顿教区。埃尔夫赫亚之子为神父斯朗达（Sladda）。斯朗达继续掌管圣安德鲁教堂。斯朗达之后是神父埃尔夫诺思，之后是埃尔夫诺思之子迪普罗斯特（Dunprust）……

在普林普顿，神父职位、薪俸收入和例定税捐多多少少都是世袭的，这大概也是这一时期不列颠教堂的常态，包括恩舍姆教区。

恩舍姆教区的各种做法都与本笃会改革派的要求相悖，不仅包括向平信徒提供牧养服务，还支持神父职位可世袭、神父可以持有私人财产、组建家庭。所以在1005年，当这个社区被改造成本笃会的修道院时，以上做法全被废止也就不奇怪了。此时，该社区和尚未利用的土地都落入了一个名叫埃塞尔默（Æthelmær）的贵族手中。埃塞尔默儒雅而有修养，深度参与了宗教改革运动。事实上，此时埃塞尔默已经重建了一座修道院。他还计划在恩舍姆教区退休，在那里“忙其所忙”，所以他在恩舍姆教区的始建地契里说他“以教父的身份与教士们生活在一起”。他将教堂属地扩大至原来的4倍，但同时坚持修士取代神父在此供职，修道院院长更换为埃塞尔默家族的朋友、本笃会革新运动的领军人物、学识渊博的埃尔弗里克修士。

接下来发生的变化可以在恩舍姆的考古发现中窥见一斑。恩舍姆的修道院重建之时，负责重建的工人完全破坏了原有私人住宅的内部结构，为了满足《圣本笃会规》所规定的集体生活的规范，他们甚至彻底改变了社区的居住格局。除了这座教堂，该遗址上大多数新建筑都用石料建成，内部结构也更适合集体生活。例如，石匠修建了一个修士共用的膳堂、一间厨房和一个回廊，这样，恩舍姆教区就遵循了《修道院准则》规定的建筑规划。这里一定也新建了一个集体宿舍，只是尚未发掘出来。除了这个非常具有本笃会风格的建筑群外，考古学家还发现了另外一座新建的建筑，可能是木质结构，是社区手工艺生产中心。恩舍姆教区重建之后可能经历了宗教改革带来的宗教艺术和宗教经典的复兴。在这里，人们发现了一个已刻出人物轮廓但尚未完工的圣徒雕像，雕像用海象牙制成，同时还有一块象牙板残片，上面刻有精致的拱门和圣徒图案。这两件物品可能是用于装饰书籍封面或圣物箱的，所以那些遗留下来的神龛和书籍可能都是修道院制作的。因此，修道院由王国里最有名的知识分子来管理似乎就不奇怪了。

恩舍姆老教堂的神父们境遇如何、去向如何我们不得而知。改革派撰写的史稿具有极强的党派意味，其中经常谈到在改造修道院时老教堂的神父和他们的妻子均被驱逐。但也有迹象表明，许多人仍然留在改制后的教会里，从事牧养服务。这一点在伍斯特改革后的社区有明显的证据，在恩舍姆可能也是如此。埃尔弗里克本人在担任恩舍姆教区修道院院长时撰写了一部修道院日常职责汇编，详细描述了各修士一年之内负责安排的礼拜仪式。汇编以序言开篇，序言中写道："因各位为埃塞尔默所授命，须以修士习惯自律，此汇编将指导诸位修士之日常行为。"所以，很可能曾经在教会社群中供职的未婚神父被新教会再次收编为修士。

恩舍姆发生的变化是巨大的，同时它们很可能也反映了改革后其他教堂里正在发生的革新。但是，在10世纪下半叶至11世纪初，数百座大教堂中只有大约60多个被改造为本笃会的教堂；所以绝大多数的教堂还是继续由他们的教区神父掌管，它们仍是教区的中心，依然监督牧养服务的施行。事实上，那些未经历宗教改革的教会社区在整个10世纪和11世纪，其权利都一直受到英格兰国王的保护，国王们经常颁布立法强制执行旧时的财政税捐政策。其中最重要的有两笔费用，一笔是堂区税，须在每年秋季的圣马丁节期间以上缴谷物的形式支付；一笔是灵魂安置费，即葬礼时雇用神父所产生的费用，或者葬于神圣墓地的费用。这些费用可能会交给大教堂里特定的一群神父，这些神父的工作就是服务于特定乡村社区的需求。当然，我们知道，人们即使葬在"开放的墓地"，有时候也要交灵魂安置费，所以这笔费用似乎是付给神父而不是神父所在的教会的。灵魂安置费有利可图，这在该时期一位教会改革派的记录中有所体现，他抱怨：有人死了，有些神父就高兴了，他们扑向尸体，就像贪婪的乌鸦见到了腐肉……到了10世纪，教会增加了什一税，相比单纯的教堂使用费和灵魂安置费，可谓苛税猛于虎，王室还通过立法强制人们上缴税费。长期从赠地里获得收入和供养的大教堂的神父，以及神父所在的社区，此时也开始失去其教牧的部分收入，最重要的原因是在俗贵族开始建造自己的教堂和墓地。一旦这种情况发生（当时常常如此），各个教堂就失去了什一税收以及丧葬相关的收入，特别是在英格兰东部。

不过，许多教堂仍然设法保住了各种丧葬的权利。在世纪之交颁布的一系列法律中规定了死者的家属即使将尸体安葬于别的教堂，也应向其逝世地所在教区的教堂支付灵魂安置费。牛津郡班普顿教区的大教堂就成功保住了安葬权。从这座教堂的各项活动中，我们能够看到事情到底是如何发生的。在墓地里，毗邻大教堂位置的墓地都留给了社区的修士、富有的在俗捐资人、还有一些当地较为富有的农场主，这些人的家人会花钱将遗体运送到班普顿教堂入葬。事实上，10世纪末到11世纪，富有的在俗教徒为了达到这个目的，已经自发组织起来以当地教堂为中心结成了同盟会。多塞特郡阿伯茨伯里（Abbotsbury）教区在1025—1050年间形成了一个同盟会，同盟会的成员不仅每年会在固定的时间聚餐、品酒、祈祷，还会将死去盟友的尸体运回阿伯茨伯里教区的教会教堂入葬。阿伯茨伯里教区和其他地方的同盟会也会花钱请神父为他们死去的伙伴做悼念弥撒，可见11世纪的大乡绅们现在可以享受早期教堂专为王室贵族提供的悼念和代祷服务。

所以现在看来，居住在班普顿教区附近的土地所有者是同一个聚餐和丧葬联盟的成员就不足为奇了。

虽然班普顿的墓地尚未进行考古发掘，但是有一座位于白金汉郡温村（Wing），毗邻当地重要的早期教堂的教区墓地已被部分发掘。发掘出来的9—11世纪的墓穴一排排整齐排列，与教堂对齐，每个墓穴里都有一具仰卧的尸体。从墓地已被发掘的部分来看(考古发掘人员猜测，这是预留给在俗捐资人的区域)，似乎这些墓穴在当时封闭之后没几年又被挖开，又埋入了另一具尸体，有时是一名异性，有时是不同辈的人，所以很可能这些人是原死者在不同时间死去的配偶、父母或者子女，他们埋在一起或许是为了等待耶稣再临。有些遗体被置于木棺中，显然他们拥有一定的社会地位。温村还有一个著名的圣徒墓窖，里面有圣徒的遗骸，这可能可以解释为何此教堂墓地在当地显贵家庭中如此受欢迎。

不过，不是人人都那么富足，有能力将逝者埋葬在教堂墓地或者加入教堂的同盟会。穷人，甚至那些生活在教区内的人，可能既没钱支付搬运和埋葬尸体的高昂费用，也没有足够的社会威望保证他们能举办一场教堂葬礼。班普顿教区的情况似乎就是如此，沿主路向南5公里在奇姆尼村落（Chimney）有一处墓地，穷人们可能被葬在这里。这个墓地的地理位置紧邻班普顿，而且在诺曼征服之前隶属于班普顿庄园，所以这块墓地很可能由教堂掌管，该教堂警觉地维护着其对埋葬权的垄断。事实上，我们知道，班普顿的教会直到14世纪仍然坚持把控埋葬权。尽管考古学家在奇姆尼村落只发掘了部分墓地，但通过放射性碳追踪技术我们可以清楚地知道葬于此地的人死于10世纪和11世纪。墓地中许多后来的墓穴直接建在早期墓穴之上，虽然有扰死者，但却说明这是一块历经多代频繁使用的墓地。据粗略估计，葬有 1 500—2 000 具尸体。我们还有书面证据表明，在汉普郡有另一个专门埋葬地位较低的死者的墓地。据记载，生活在汉普郡基督城大教堂附近的富人会将逝者运到大教堂入土为安，但地位低下的农民和奴隶，“他们太穷，连将其运到基督城的钱都凑不够”，所以就被埋葬在了博尔德（Boldre）教区，那里的一个附属的小教堂和墓地都由教会掌管。无论死者贫富贵贱，当地的教会都希望能控制其埋葬地点，收取丧葬费，而且他们竭力斗争，全力维持在丧葬问题上的控制权。最耸人听闻的一个案例当数威廉国王听证的一个法律诉讼案件，发生在诺曼征服之后不久。当时苏塞克斯郡斯泰宁有一名贵族的几名佃户被埋在领主自建教堂旁的墓地，当地教堂的神父得知之后，对这名贵族提起诉讼并最终胜诉。这名贵族被责令掘出所有尸体并将所有尸体运送至斯泰宁教堂重新安葬。

教堂数量激增

埃德加国王积极支持本笃会修道院，将已有的修道院改造成本笃会修道院：新修道院一律严格按照《修道院准则》的规定组织宗教生活，一律受到国王或王后的特殊保护，一律从事每日祈祷活动，为西撒克逊王朝带来福祉；与此同时，有一些来自英格兰权势最盛的家庭的捐助人，也在积极修建或改建本笃会修道院。有些还支持宗教改革，他们捐出自己大部分财产帮助本笃会扩张，比如，“胖子”埃塞尔默（Æthelmær the Fat）和一个名叫“上帝之友”埃塞尔温（Athelwine ‘Friend of God’）的贵族。7—8 世纪国王最重要的支持者对宗教改革展现出同样的热情。不管是在 7 世纪还是 10 世纪，国王的在俗追随者为让国王开心、表示对国王的支持，效仿国王资助宗教改革，他们还模仿国王的善举，证明自己也是伟大的人物。

到了 11 世纪，虽然国王和臣子仍然支持本笃会修道院，但他们越来越为更加新颖的集体宗教生活所吸引。新的生活方式虽然也是集体生活，但是和传统大教堂里的集体生活方式很不一样。这种生活方式遵循的是来自加洛林王朝和后加洛林王朝时期的教会教规，更加严格。在这一类社区中我们最了解的是埃塞克斯郡的沃尔瑟姆圣十字教区，我们知道，这里一直受哈罗德·戈德温森伯爵重金资助。克努特大帝的一个重要追随者最初在沃尔瑟姆建造了这座教堂，他是斯堪的纳维亚人，因为在自己的土地上发现了一个十字架，他谓之神迹，于是斥资修建了这座教堂，专门供奉这个十字架。他请了一名司祭和几位神父。一代人之后，哈罗德改造了这个教堂，将其改造得更符合当时的标准，即一座很像样的俗世神父学校，学校里有 1 位主任神父、1 位校长和 12 位教士（意指 12 门徒）。这种教会社区与我们前面见过的那些老式教堂社区几乎没有任何共同点。它的灵感来源于英吉利海峡对岸［莱茵河和马斯河（Maas river）中间的地带］广泛分布的教士社区。哈罗德伯爵在英格兰王室家族中长大，家族的神职人员都在该地接受过良好的宗教教育。哈罗德本人也曾游历四方，在此期间他走访过很多改革后的教士教区。这些教区遵守 8 世纪加洛林王朝伟大的改革者克罗德冈（Chrodegang）的教规和 9 世纪《亚琛宗教会议会规》（*Rule of Aachen*）的规定，是神职人员廉洁奉公的典范，同时也是生机勃勃的新知识的中心。在这里，教士可以学习公共服务的理念，获得在俗管理方法的培训。新学十分实用，很可能会吸引像哈罗德这样的贵族，因为哈罗德作为威塞克斯伯爵，管理任务十分繁重。事实上，哈罗德改造沃尔瑟姆教堂的一个重要目的就是创办一所学校教堂，培养未来可能活跃在世界各地的教士。改造完成之后，哈罗德任命阿德拉德（Adelard，列日人，一名曾在乌得勒支学习的医师）作为新学校的校长。任命阿德拉德的一个重要原因是他希望阿德拉德“在他自己接受教育的沃尔瑟姆教堂中为教会神父和教区神父都建立起应该遵循的教规、条例和日常做法”。阿德拉德颇具学术声望，这一点无可挑剔，但他膝下也育有一子，这说明至少有一些沃尔塞姆的神父是结了婚的。

像阿德拉德这样的神职人员相比本笃会的修士肯定在教堂外生活的时间（至少在理论上）更长，但即便如此，他们仍然过着宗教要求下的律己生活，在世俗追逐灵性修行。《亚琛宗教会议会规》可能被用来规范伦敦圣保罗大教堂里神父的生活，对教区神父应该过什么样的生活做了深刻思考：“有些人虽然还没有摒弃世俗习惯，却未曾沾染世俗思想……当你不能放弃世俗的一切，请反思哪些可保留，哪些须摒弃：对外要做好在世间必须要做的事情，对内要始终怀有热情，热切追寻永恒的真谛。”哈罗德麾下的神职人员无论结婚与否都在公共的膳堂用餐，他们的伙食配额在一本 12 世纪的编年史小册子（由社区的一位成员编写）里有详细的记载：

> 每位教士每周的伙食例份大致可以分为：从周六到下一个周六，每天 2 条白面面包、1 条半粗粮面包（所有面包每餐小心分成 6 人份，保证足够 6 人食用）。6 碗麦芽酒（每餐足够十个人分享）。平时每天有 6 盘菜，每盘菜不同；最重要的

> 节日则每人额外配发3小碟食物，其次重要的节日额外配发每人2碟，次次重要的节日则补贴1碟。给教士额外补贴的食物包括：从米迦勒节到大斋节伊始，有12只黑鹂、2只珩鸟、2只鹧鸪或者1只野鸡可以选择。年度其他时间，有鹅或鸡。年度最重要的节日，即圣诞节、复活节、五旬节和两个圣十字宗教节日期间，每位教士都可以喝葡萄酒和蜂蜜酒。除了这些食物上的补给，每位神职人员还可以获得40先令的年金作为置装费，等等。此外，每人还会从对平民所缴纳的祭品与什一税中获得一定收入，总共40先令。

虽然上面有一些食物会分出去救济穷人，但这些供给沃尔瑟姆神父的食物配额说明他们的物质丰富，甚至可以说是奢侈。餐桌上提供的食物如此丰富，神父在这里的生活一定十分愉悦。这份奢华也很好地反映在沃尔瑟姆的大赞助者哈罗德伯爵的身上。

沃尔瑟姆教堂像一座私人宅邸，作用是给教堂的建造者一家提升精神修养、进行道德熏陶。事实上，哈罗德在这附近有一座狩猎小屋，他的妻子和孩子经常在附近居住，所以他一定是这里的常客。哈罗德在沃尔瑟姆教堂有大量的私人藏品，包括一具圣徒遗骸。每次在此居住期间，他肯定会借机祭拜那座遗骸。我们也知道，这个教堂可以被锁上，这又是一个标志，证明它可能是私人场所。得知这一点纯属偶然，11世纪的某一天，有盗贼偷挖隧道潜入沃尔瑟姆教堂，意欲偷窃教堂的宝物，他们被抓住以后，这群盗贼中唯一一个神职人员被人用烧红的教堂钥匙在脸上烙上了永久的烙印。

对于英格兰最富有的人来说，建立并资助这样一座奢华的教堂不但是可能的，而且十分必要。哈罗德如此大手笔的善行应该可以向他的盟友、他的竞争者展示他无可匹敌的财富、无与伦比的教养，以及至高无上的社会地位。就连国王本人可能也难以建造如此华丽的教堂，馈赠如此奢侈的藏品。确实很难相信，一位在英格兰西南部地区从事牧羊业、只拥有一座庄园的小乡绅，一个在约克郡山谷里仅拥有 5 海德私人土地的小人物能够高雅到给教会学校找一位会写诗歌的校长并希望进入一所教授管理学的学校深造。像这样的乡绅在这个时期也会建造自己的教堂，利用自己的教堂和神父来提高自己的社会地位，获得管理庄园的帮手。例如，有些拥有私人教堂的乡绅任命他们的神父为城镇长官，因为有些高职位的神职人员曾严厉谴责这种做法。我们还知道，诺曼征服之后有一位普通的乡绅在汉普郡修建了一座教堂，他安排附近大教堂社区的一位教牧人员担任他新教堂的神父。他要求这位神父每周日共进晚餐，在他参加当地百区法庭庭审时由这位神父单独随行。拥有一位神父一定被看作区分乡绅和乡下人的标准，他们不仅应该陪同乡绅及其家人，还是其拥有较高社会地位的证明。

在 10 世纪和 11 世纪，数百个拥有土地的家庭都建造了私人教堂，特别在英格兰东部，虽然他们拥有的资源更有限，也没有贵族一样的精致生活，但是他们也希望能够将自己的虔诚永久定格，希望借机提高自己的声誉。一般的乡绅往往会像伯爵哈罗德那样把教堂建在住所的附近。他们这么做可能是为了在举办宗教仪式时他们的奴隶和家里其他的劳工也可以参加。在庄园教堂举行的弥撒、洗礼、葬礼和其他宗教庆祝活动是这些领主重要的时刻，因为在他们教堂里举行这些活动，时刻提醒农民们谁是老大。事实上，这些每周例行的仪式在不断地提醒所有人，社会等级是行使领主权利时越来越重要的一件工具，因为这些有法律思维的人开始把拥有教堂看成乡绅必须拥有的条件之一。许多 11 世纪的教堂相对于当地领主庄园的兴建位置也说明了教堂作为领主统治工具的重要作用。教堂通常紧挨庄园围墙，墙内是乡绅一家的生活区域，墙外是教堂，教堂为庄园更增加了几分体面。不过，教堂的庭院和入口通常在另一侧，这样农民们除非受到专门的邀请，进入教堂的时候就不会踏入领主的私人领地。

有一些证据表明，地位低下的人作为虔诚的基督徒和庄园的佃户，都逐渐需要到某个教会去做礼拜。许多新教堂的所有者无疑对于教会可以创造的收入很感兴趣，包括一部分什一税，而且如果有墓地，还有灵魂安置费。所以，他们可能会坚持让自己的佃户加入自己的教会，就好比坚持自己的农民使用自己的磨坊一样。因此介绍一个乡绅的时候经常会提到他拥有磨坊、拥有教堂似乎并不奇怪。比如，在 11 世纪中期的肯特郡，有一个名叫布莱克曼（Blæcmann）的人在布莱克曼斯通村（Blackmanstone）拥有一块地，在这块地上还建了一座当地人叫作“布莱克曼教堂”的教堂。布莱克曼斯通村用现在的话说，就是“布莱克曼有限公司”，村里的这座教堂只不过是布莱克曼企业的一部分。

北安普敦郡朗兹教堂的发展历程可以帮助我们建立一个年代表，再现此类教堂建造和精进的过程。在朗兹教堂建立之前十几二十年，原址上有一座精美的木结构大厅，是其领地领主的生活住宅区。在许多庄园很可能都是这种情况，先有大厅式建筑，一两代人之后才建起教堂。朗兹建筑的所有者在公元 950 年前后建起这座长 4.5 米、宽 3 米的教堂。虽然教堂一次最多只能容纳 20 个成年人，而且必须都站着，但它也有亮点：石头打造，可能从内到外都抹了石灰，教堂的门柱和窗户全部雕有精美装饰。朗兹的这座小教堂象征着社会地位，村内大户人家建造它完全是为了提升自己的声誉、为庄园增添气势。大概在公元 1000 年前后，朗兹建筑的所有者为教堂附建了一个钟架和一片圣坛区，将这座教堂从单间结构改为双间结构。虽然与改造前相比，新增加的建筑并没有为村民增加更多活动空间，但在此举行的宗教仪式却显得更加庄严，因为神父现在可以在宽敞的新圣坛上做弥撒。有意思的是，正是在教堂被改造成双间结构之后，朗兹的教堂墓地才开始有人在此安葬，这似乎是因为教堂初建一两代人之后才开辟出墓地。不仅仅是在朗兹，在其他许多地方也是如此。朗兹墓地有一块特殊的区域专门为朗兹的领袖一家保留，有几座墓上立有精心打造的昂贵墓石。因此，即使在死后，朗兹乡绅家庭的成员也要与其他人区别开来。教堂墓地还有多排地位低下的人的墓，同样提醒我们朗兹的领主会从教堂会费和葬礼费用中收敛钱财。

朗兹的教堂和大多数乡绅建造的教堂一样，体现了建造者追名逐利的野心。教堂建在山脊，教堂屋顶砌有钟架，这都意味着途经此地的人不仅可以从远处看到教堂，还可以听到教堂钟声，大乡绅因此在邻里间树立起拥有高贵地位的形象。教堂古钟也可以用来组织工人，帮助乡绅或者他的城镇长官管理他们的劳动力。类似地，扩建的圣坛虽然没有为会众提供更宽敞的空间，却使得教堂里举行的宗教仪式更加庄严，也会震慑其他行游至此的乡绅。

还有迹象表明朗兹乡绅是虔诚的基督徒。石头教堂长久伫立且方圆数里内均可见，这足以证明教堂建造者的宗教热情，同时也表明，建造教堂的家庭开始认同，好的领主应该尽其所能帮助领地内的居民履行他们的宗教义务。还有，大量使用十字架也是朗兹墓地的一个突出特征。十字架的使用反映了这一时期越来越多的人追捧十字架，神父经常告诫平信徒要向十字架祷告，虔诚的信徒确实也是这样做的。十字架当时有十分现实的魅力，朗兹从事农业生产的人们常会在神父的帮助下向十字架祷告。比如，有位神父认为治好一匹病马的方法是在马的额头上刻一个十字架。另一位神父在牲畜被偷以后向十字架祷告：

> 若有人偷了你的牛，请先说以下这段话："伯利恒，耶稣基督在你的城市降生，伯利恒，闻名于世。耶稣基督，蒙恩于您，请让您背负的十字架向我显现神迹。"向东祈祷3次说："愿基督的十字架将它从东方带回来。"向西祈祷3次说："愿基督的十字架将它从西方带回来。"向南祈祷3次说："愿基督的十字架将它从南方带回来。"最后向北祈祷3次说："基督的十字架曾被藏起，后又找到，犹太人绞死耶稣基督，对他做了最坏的事；他们想要藏起他们无法藏起的东西。耶稣基督，蒙恩于您，请让您背负的十字架向我显现神迹。"

在乡绅教堂和墓园里正式的祝圣仪式上也会使用十字架。我们从考古发掘中得知，朗兹的教堂已经完成了祝圣礼。有人甚至还在教堂的圣坛区下面非常靠近祭坛的地方埋葬了一个婴儿。这是唯一一个教堂室内的墓葬，埋葬的位置反映出婴儿的父母（无疑是建造教堂的家族成员）希望他们逝去的这个婴孩可以获得永恒的救赎。

到了11世纪，在英格兰的许多地方，乡绅的庄园会毗邻一座村庄，而乡绅建造的教堂也应该成为整个定居点里所有人做礼拜的地方。当然，也有数百个定居点住着不止一家乡绅。在这样的地方，拥有土地的大户有时会联合起来为整个社区建造一座教堂，比如，萨福克郡的克罗普顿：4 名地主联手建造了一座教堂。当然在有些地方，村里的每位乡绅都会为自己和自己的佃户建造一座教堂，但不对他人开放。朗兹的情况便是如此。这里有两座教堂，分别坐落在贯穿整个村庄的主道的两旁，分别服务不同庄园的人口。除了这些我们还想知道，这两座教堂究竟是什么样子？它们确切地建于何时？在何时被改造？二者的建造和改造是否互相有所影响？它们是不是朗兹两个主要家庭之间激烈竞争的角斗场？当一家改进其教堂时，另一家也会这样做吗？

还有一些自由农民在 11 世纪的时候也设法建造了自己的教堂。有些可能是在模仿那些社会地位更高的阶级人群，因为建造教堂是有钱有资源的人才能做的，特别对于那些希望“跻身乡绅级别”的人。其他一些人建造教堂可能是因为领主建造的教堂只够容纳领主自家的工人，容纳不下他们和他们的家庭，可他们也想与和领主关系更为紧密的堂兄弟或邻居葬在一起。在这种情况下，自由农民很显然有时会在乡绅建造的教堂旁再建一座小教堂，与大教堂共用一个教堂墓地。也有一些后建的教堂会毗邻更古老、更宏伟的大教堂，因为大教堂无法容纳当地的全部居民了。例如，《末日审判书》中有对萨福克郡索尼村（Thorney）的记述，当地的教堂可能就属于此类。1086 年，萨福克郡索尼村有两座教堂。其中一座教堂占地 1 卡勒凯特（相当于 1 海德，100 英亩），对于一个村庄教堂来说，这块赠地面积相当大，也说明它是一座古老的大教堂。但是，教堂这 1 卡勒凯特面积中有 9 公顷“属于一座小教堂，为 4 个自由民兄弟在自己土地上所建，紧邻母教堂的墓地。他们住在母教堂的教区（但建造了第二座教堂），因为（母教堂）无法容纳整个教区的人”。《末日审判书》接下来说，母教堂获得小教堂所得丧葬费的一半，但母教堂对于整个村庄的人口来说，面积实在太小。这种现象在11世纪中叶人口大量增长的年代可能也越发常见。一个定居点出现不止1座教堂也可能是因为出现了地域性的身份认同，这种身份的认同通过在田地里集体劳作以及拥有共同信仰得到加强。他们每周或每季至少有部分时间在一起劳动、做礼拜，死后愿意埋葬在一起。索尼村的4兄弟并不是11世纪时唯一一拨建造教堂的自由农民。《末日审判书》中还有萨福克郡其他9名自由民建造了另一座教堂。

这些后建的附属教堂不但与它们获资助更多的老教堂共用教堂墓地，而且其中很多都敬奉圣母马利亚，这可以帮我们洞见诺曼征服前夕农民特定的宗教信仰。在东盎格利亚可以找到许多自由民建造的奉献给圣母马利亚的教堂。圣母马利亚确实尤为适合为牧羊家庭的尊崇，她一年中受祭6次，分别在6个不同的节日，但最流行的是3月25日的圣母领报节。这个节日恰逢羔羊出生高峰，也是农场主将牲畜从冬季牧场转移出来的时间。马利亚是“神羔之母”，她和圣母领报节又与一年中农牧业生产最重要的活动联系在了一起，这也许可以解释为什么东盎格利亚自由农民建造的教堂敬奉的大多是她。

在这类本地小教堂担任神父的人与本笃会的修士及在大教堂司职的神职人员都不同。教会改革派认为（在他们的记录中有写道），大教堂的神父更有文化，他们手里有：“一本诗集加一本使徒书信集、一本福音书加一本弥撒经书、几本圣歌集加一本歌曲手册、一本账目表加一本圣徒受难记，或一本悔罪规则书加一本朗读书。这些均为教士必备书籍，如果他们希望正确遵守神旨，正确引导其信众，他们不能没有这些书。”然而，大多数被找来在乡绅或者自由民教堂里执事的神父都是农民出身，有些甚至是奴隶。一名大主教任命他的神父时坦言，小教堂的神父很多都是任命者不得已的选择：“如果我们必须要授圣职与一个未完全教化、知之甚少之人，如果此举万分必要，那么就授予他吧。”这些神父缺乏修养的行为和不修边幅的生活习惯常常令拥有变革思想的主教甚为忧心，主教会定期要求他们剃须，进入教堂之前取下武器留在教堂之外，禁止他们醉酒，不得在酒馆唱歌，不得涉赌。他们还经常告诫这些神父不要朝三暮四，抛弃发妻。小教堂的这些神父没有大教堂神父的会费和税捐收入，他们依靠领主的施舍生活；有些人甚至兼职从事其他工作，有时他们的主教也会鼓励他们学习一门手艺。我们也知道，此类神父供职的教堂有时供给很差。比如，教堂规定，没有葡萄酒便不做弥撒，神父应该自己准备至少一套干净的法衣。他们还要确保教堂室内，尤其是祭坛周围，不沾污秽之物，保证牲畜不会闯入教堂墓地。

不列颠的新基督徒

9 世纪下半叶，在不列颠征战的斯堪的纳维亚人最终定居下来，这些异教徒对基督教的圣所大肆毁坏。但是，不到一个世纪，他们的后代大多与他们的威尔士、英格兰、苏格兰邻居在宗教礼拜仪式上已经没有什么差别。事实上，我们上一节提到的朗兹教堂在 9 世纪下半叶落入维京人的控制，在修建的第一间大堂里发现了斯堪的纳维亚样式的马镫和棋子，在该处发现的动物骨头也表明他们可能饲养秃鹰作为宠物。若果真如此，可以想象早已对其心生恐惧的那些英格兰邻居怎么看待他们。不管是否饲养秃鹰，在 10 世纪中叶，朗兹的所有者和英格兰其他虔诚的地主一样也在建造和修缮他的教堂。不过，这些皈信基督教的举动仍然无法说明新移民是怎么成为基督徒的，以及他们践行基督教又有哪些特点。

有几篇文字记载涉及早期一些皈依者的情况，但正面介绍不多。例如，坎特伯雷大主教奥达（卒于 958 年）就是一名维京战士（曾经跟随异教徒大军袭击英格兰）之子，他在 10 世纪前几十年出任拉姆斯伯里（Ramsbury）的主教。据一本修道院编年史记载，奥达为了住在一位英格兰乡绅的教区，离开了父母的家庭，他这样做很显然是因为想和基督徒共同生活。奥达的一个兄弟也成了神父，所以奥达并不是他家族中或他那一代人中唯一一位基督徒。奥达和他兄弟的事迹表明，那些从维京战士转变为英格兰地主的人的下一代接受了他们邻里所信仰的宗教，他们皈依的速度可能要比他们并非土生土长的父母更快。他们如何了解基督教的信条以及谁负责他们的宗教教育仍然是一个谜，但这些确实表明他们与他们仰慕的基督徒有所接触，这些基督徒至少和他们拥有相同的社会地位，他们也有方法让皈依者接受洗礼。

其他异教徒移民成为基督徒可能是出于实际的考量。最典型的是，当维京军阀及其军队与基督徒结成盟友时，他们需要接受洗礼。因此，例如，在 926 年，约克国王（讲爱尔兰语的北欧人）迎娶了国王埃塞尔斯坦的姐姐，在与阿尔弗雷德大帝孙女的新婚之夜前，他显然要先接受洗礼。同样，其他与英格兰国王（包括许多在 10 世纪上半叶被挪威人击败的国王们）结成联盟的北欧军领袖也要先接受洗礼。似乎在宗教问题上，下属都会追随其领主的选择，所以一旦领主转信基督（无论是什么程度的皈依），他的追随者很可能也会“成为”基督徒。其他时候，有影响力的移民可能会选择基督教作为一种手段，将自己跟其他精英竞争者区分开来。奥克尼群岛可能就是这种情况，具体发生在迪尔内斯（Deerness）教区的布拉夫岛（Brough）。在一次考古发掘（发掘地点可能是高地位人群出入地点的遗址）时，考古学家发现了一座石头教堂和一座北欧风格的木结构小教堂，这两座教堂在 10 世纪下半叶可能都有人使用。当然，虽然我们无法判断使用小礼拜堂的人信奉什么派别，但我们知道这一时期奥克尼群岛的其他地方，尤其是岛对面，人们的墓穴里还有陪葬品。很可能教堂的主人发现基督教是一个很有力的工具，可以向一个与之对抗的、信奉异教的家庭发出敌对的信号。

在丹麦法区的墓地里留存有大量的石雕，在 10 世纪时被作为墓葬纪念碑标志坟内葬着当地最杰出的成员。林肯郡的这些石碑发现于林肯郡北部地区一个水运交通发达的地方，其中最早的石雕制造于 10 世纪上半叶。这组雕塑中最有趣的是在克罗尔（Crowle）发现的一个十字轴，可能是用一根罗马时期的石柱雕刻而成，石柱是一名约克工匠在附近找到的。林肯郡发现的其他部分雕塑是由一群熟悉当时斯堪的纳维亚装饰图案的工匠雕刻而成的。这些雕塑和石匠的艺术敏感度都表明，10 世纪上半叶，人们在林肯郡的这片区域费了一番功夫才得到这些纪念碑，所以他们必须与控制着约克郡的爱尔兰北欧派系及斯堪的纳维亚人保持着密切的联系。不过，这些雕塑都是基督教雕塑，雕刻有基督教的图案，想必也是用来标记基督教墓地里的基督徒墓葬。委托制作这些雕塑的斯堪的纳维亚领主也一定都已经皈依了基督教，而他们之中许多人为赢得这片土地的控制权都曾参与对抗英格兰军队的战事。

不论皈依基督教是如何发生的，只需看一看《末日审判书》就可以知道11世纪时北欧异教移民的后代对建造教堂抱有多大的热情。在丹麦法区的诺里奇、林肯和约克等城镇，每个城镇都有40多座教堂，而据《末日审判书》记载，萨福克郡大约有639座，诺福克有730座，林肯郡有754座。事实上，在建造教堂的过程中，那些信仰异教的维京战士们的孙子和曾孙们所表现出的热情堪比此时生活在意大利和法国的那些人的热情。根据一位法国编年史家的说法，当时意大利和法国人十分热衷于建造或者重建教堂："好像整个世界都在震动，想要摆脱旧日之重负，让一座座白色教堂之花开满四处。"

第十三章

中世纪早期不列颠人的生与死：5 世纪至 11 世纪

对于我们大多数人来说，生活在 14 或 15 世纪之前的男人、女人和孩童只不过是一些抽象的存在，所以有时很难理解，研究中世纪早期历史的史学家，他们如何研究实实在在的人？他们所研究的，难道不都是一些概念？或者只是用计算机在时间和空间上不掺杂任何感情地回溯和计算？本章我们将借助出土的人类遗骨帮助曾经的逝者死而复生。因为当我们看到那些因分娩而死去的母亲与婴孩，看到肢解了的尸体被扔进一个浅浅的坟坑，身旁有一只被砍头的狗的尸骨，或者看到一个腭裂孩童的尸骨时，我们才开始真正明白，中世纪早期的不列颠人真实存在，他们是鲜活的、是有过呼吸的。事实上，对于那些生活在 1000 年前后的人们，即使没有关于他们的人口统计数据，他们的遗骨也可以告诉我们关于他们的健康情况和生存状况的各种信息。例如，头骨和胫骨能够反映出水质好坏和死者的健康状况；幼童的尸骸能够反映出婴儿的死亡率；断颈的尸体则可以体现盗窃犯的下场。逝者的遗骨可以让我们考察文字记录从未记载过的人口分布概况，有时还生动地揭示了社会的发展规律，例如，强者更强，弱者更弱。而且，遗骨各具特性，它们能够说明的，远不限于此。首先，尸骨是一个一个的个体，当他们活着的时候，有自己的希望和悲伤。他们在膝盖上或肩膀上各有各的伤病；因为肺部感染、骨折治疗不善，或者因为挚爱的人离去而各有各的痛苦。他们每个人的遗骸都可以揭示他（她）作为独特生命而存在的真相，而这正是在文字记录中缺席的鲜活生命。

三个女人

社会整体的情况如何，这是一个大范围内的问题。在研究更广泛的趋势之前，我们将详细研究 3 位原本默默无闻的女性的生活，特别是她们的死亡。首先是一名年轻女子，她的遗骸发掘于今天剑桥郡一个中世纪早期的墓葬。活着的时候，编号 18（我们如此称呼她，是因为考古学家为其坟墓编号 18）个头很高，甚至和一些男人差不多高。她孩童时期十分健康，虽然葬于此处的人有差不多 1/5 患过慢性贫血症，但她却从未罹患过这样的病症，而且她从小也没有遭受过严重的营养不良或严重的传染病，成长没有受到影响。在这些方面，编号 18 堪称十分幸运，因为中世纪早期时，孩子一旦生病就很难治愈。在她的同龄人中，有一半不到 17 岁就死去了。所以，尽管编号 18 自己逃过了致命的麻疹或夏季腹泻，但在她短暂的一生中，她一定见过许多婴儿、幼童和青少年早早夭折。编号 18 在其他很多方面也是幸运的。她从没摔断过胳膊和腿，在那个时候，严重的跌打损伤有时是致命的。尽管如此，编号 18 仍算是早亡。大多数葬于此处的女性都死于 25 岁之后，可能是因为她们结婚年龄较晚，20 多岁以后才有人死于妊娠和分娩的并发症。然而，编号 18 还未生育，她死于 18—24 岁。

编号 18 居住在旧式的社区里，这种社区不像 7 世纪时有些社区那样等级森严：在她所在的墓地里，没有出现新式的豪华墓葬，也没有女性佩戴欧洲大陆风格的饰品（如果其坟墓里有陪葬品），这些物品在同时代其他的定居点是广受欢迎的。不过，在编号 18 所在的社区里，有些死者享有比其他人更加精致的葬仪，而享有精致葬仪的人中就包括编号 18 本人。她被葬在 2 名地位显赫的男子的墓穴旁边，两名男子都有盾牌和长矛陪葬；不过，那两名男子的陪葬品并不是这个墓地里最丰厚奢华的，陪葬品最丰厚奢华的是编号 18。编号 18 入葬时，颈戴一条项链，项链上垂挂一枚银戒，腰带上挂着一些锁扣，这是上层女性才能拥有的配饰，此外，编号 18 还陪葬有一些稀罕玩意——1 只枫木小器皿、1 根编织棒、1 个橡木桶，还有 1 个装满珍宝的盒子，里面有羊的关节骨和海胆化石。不过，她的坟墓最有趣的地方是里面有 1 张床，在英格兰这种墓中床仅发现十几张，编号 18 的床是其中之一。这张床相当于一种用于陈列尸体的棺材，以便在墓穴尚未掩埋之前，立于周围的哀悼者都能够看到编号 18 的遗体，看到她衣着精美（而非身着裹尸布）、饰品奢华，这些都有人精心安排。这个人一定是和她一起进入坟墓，为她整理首饰、布置墓穴。

然而，编号 18 最令人震惊的不是她的床，而是她的头骨。这是一个患麻风病人的头骨。从我们对这种疾病的了解来看，她可能是十几岁的时候被家里的某个人传染，但在接下来的 3—4 年内没有呈现明显的麻风病症状。虽然在她死的时候，麻风病还没有让她失去手指或者脚趾，但她已经开始出现麻风病常会出现的症状，小腿严重感染，脸部完全毁容，失去了支撑上门牙和鼻骨的大部分骨头。嘴和鼻子向内塌陷，面部已经感染，变得狰狞恐怖。尽管面部畸形丑陋，但她死后仍然受到极大尊重，她的坟墓位于集体墓地的中心，享有大量的陪葬品，而且墓穴是精心挖掘而成的，埋葬仪式在此举办。没有任何迹象表明，编号 18 过着中世纪后期麻风病人的贱民生活。从她的坟墓来看，从她得到的照顾和获取的资源来看，她的死都没有被那些埋葬她的人视为“可怕的死亡”。事实上，在她去世后的几年里，人们多次返回她的坟墓，还将其他人（1 个孩子和 2 个成年人）埋在她的坟墓里，这一现象在墓地里的其他墓穴都没有出现过。

第二位和第三位女性的遗骨是在英格兰北部的一个同时代的墓地里发现的，这个墓地位于约克郡的斯维尔比（Sewerby）。事实上，这 2 名女子同一天被葬进同一座坟墓，一个置于另一个之上。两名女子被埋在地下之后，人们在此建造了一座巨大的石冢——这是墓地里唯一一个地标性石冢（可能是由从附近海滩悬崖上运来的白垩岩筑成的）。埋葬在下方的这个女人（斯维尔比的发掘者将其编号为 49）当然首先被埋入地下，她与编号 18 年龄相仿。但是编号 49 没有躺在床上，而是躺在一个很大的木棺里，这在那一时期和这片墓地都是十分罕见的，象征其高贵的身份。编号 49 不但被置于木棺之中，而且像编号 18 那样，她的陪葬品也是墓地里最华美的。她的棺材里有一口进口的青铜大锅，锅里有一块肉和一个用木头和页岩制成的盒子。她身上佩戴着各种饰品——镀金腕扣、青铜束腰挂钩、1 对小号长型胸针，以及 1 枚大号方头胸针。我们判断，这位年轻女子来自当地势力正在扩张的权势家庭。她还佩戴了一条华丽的双股或者三股项链，由 200 多颗玻璃珠和琥珀珠串制而成。编号 49 的墓穴有 1 米多深，她的尸体、陪葬品和棺材入葬之后，棺材上面铺了一层薄土。

棺材盖的薄土之上，是另一个女人（编号 41）的遗骨。编号 41 年龄大一些，在 35—45 岁，在中世纪早期出生的所有女孩中，能活到这个年纪的只有 10% —15%。她身高 165 厘米左右，早年患有严重的贫血症，嘴角向一侧歪斜。她也有陪葬品，尽管没有编号 49 的精致。她和北方地区许多女性一样，腰带上佩有一把刀，每侧肩头各佩戴一枚环形胸针，两枚胸针之间有一串短珠相连，珠子大部分是玻璃的。不过，与墓地中的其他人都不同，她被埋在了一个特殊的位置。她趴在那里，头扭向左侧，双臂向上弯曲，方向远离身体，右拳紧握。她膝盖弯曲，一块沉重的石头压在她的下背部。看起来，编号 49 埋入地下之时，编号 41 还没有死亡，她是活着被埋在编号 49 的棺材之上。编号 41 胳膊和腿的姿势表明，她被人从背后推进坟墓，她挣扎着用前臂和膝盖爬起来，但又向后倒了下去。在她倒地的时候，有人将一块沉重的碎磨石扔向她的下背部。扔下来的磨石重量太大，以至于砸碎了她的骨盆，她不再挣扎。之后，她被活埋，窒息而亡。

有人认为编号 41 是一个奴隶，是陪伴女主人的人祭，但考虑到她身上佩戴着象征身份地位的各种私人物品，这似乎又不太可能。她的活埋似乎更像是一种惩罚式的做法，社区成员可能认为她对于年轻女子的死负有责任。她可能被指控谋杀，但是从稍微晚一些时期的文字记录中我们知道，杀人凶手可以通过向死者在世的亲属支付赔偿金而免于追责，所以可能周围的人指控她犯有不可饶恕的施巫罪，怀疑她向其他女人施以巫术。不管她所谓的罪行是什么，从她的遗骨可以看出，她是被那些认识她的人羞辱、折磨致死。

编号18、49和41的骸骨保留了中世纪早期不列颠生与死的故事，这是中世纪早期的文字中很少记述的。这些故事是私密的，是我们通过经验可以判断能够成就或破坏个人生活的事情。当然，这3名女性都是特殊的个案，她们的遗骨虽然表现出不可忽视的戏剧性，但不能代表其他大多数人。例如，编号18患有罕见的麻风病，最终导致她骨骼变形，变形的骨骼为我们提供了大量的信息，足以了解她的生与死。但是，绝大多数中世纪早期的人，包括考古学家挖掘出来的重要人物，他们的生与死无法得知，因为大多数人死于传染病，而传染病发病极快，在患者的骨头上几乎留不下任何印记。此外，编号18的骸骨和生死故事只在社区里其他人的遗骨和其他人故事的背景下才有意义。同样，我们很难知道编号41恐怖死亡的真正原因，但是当我们把它放在其他异常墓葬的大背景下来思考，就可以大致窥见当时村庄生活的暗流，揭露那些声称有权执行死刑的人所做出的荒唐惩罚。

健康与苦难

个人生活如何折射出社会生活？个体遗骨如何反映社会的整体状况？在考虑这些问题之前，首先来了解7个骨骼应力表征指数，考古学家和历史学家通常会借助这4个指数对中世纪早期不列颠人的整体健康状况、发病率（即患病人数）及寿命做出判断。

第一个应力表征是多孔性骨病变，当病变发生在颅骨顶部时称为“多孔骨肥厚”，发生在眼眶时，称为“眶顶板筛孔样病变”（筛状眶），主要由于患者在6个月至12岁之间患有缺铁性贫血而形成。贫血时，患儿骨组织增加，以增加血红细胞数量，导致外部不含造血细胞的骨骼被消耗，从而产生病变。尽管病变发生于年幼时期，但应力标记被永久性地刻在头骨上，即使成年，骨骼中依旧保留了童年时期的严重贫血症状。贫血会导致易疲劳和学习能力下降，这二者都会对社区生活产生重大影响。贫血还会导致性成熟迟发；严重的孕产妇贫血可能导致新生儿体重不足，甚至早产：反过来，这又会对出生率和婴儿死亡率造成重大影响。不过，最重要的是，饥饿、不良饮食或坏血病虽然都有可能引发贫血，但当时更常见的是因慢性失血（常为寄生虫引起的腹泻病）或者细菌、病毒感染所导致的贫血。所以，贫血症是典型的恶劣环境（例如，卫生条件恶劣、病原体含量高）适应证。因此，在任何特定的埋葬群体中，多孔骨肥厚和筛状眶疾病的流行程度都可以体现该人群的整体健康情况和生活条件。

第二个骨骼应力表征是牙釉质发育不全，最典型的表现为牙齿外表面上的蚀刻线呈水平方向。牙釉质发育不全多因儿童时期患病、营养不良、出生体重不足或寄生虫感染导致牙齿生长中断。由于人的牙体组织不会在一生中不断更新，所以人在 30 岁时的牙齿还是 7 岁时的那些，因此，牙釉质发育不全也是儿童早期创伤的一个永久记录。

第三个应力表征是发育延迟或发育迟缓。人口增长模式是反映社区人口整体健康及营养状况的一个很好的指标。中世纪儿童的骨骼状况可清晰地表明，当时儿童的体形比现代儿童小得多，因此前者在生长过程中受到很多后者没有受到的生长应力。哈里斯线是骨密度增加而造成的水平线，最常见于长管状骨，可通过 X 射线检测得出。一旦孩子发育停止便形成了哈里斯线，因此，哈里斯线可以标记儿童患病或营养不良的周期。

第四个，也是最后一个应力表征就是骨膜炎，一种因感染或损伤而产生的炎症，具体表现为骨骼外层表面有骨斑形成。与上面3个骨骼表征不同，骨膜反应既可能发生在儿童时期，也可能发生在成年期。其病变症状可在人体所有骨骼中出现，也可能集中在身体某个局部。在中世纪早期的不列颠人中，骨膜炎通常只出现在胫骨上，胫骨处血液循环稍差，因此是细菌生存的理想“家园”。此外，胫骨处脂肪垫少，胫骨上的瘀伤会促进胫骨上的细菌大量繁殖。有时胫骨骨膜炎可能会伴有腿部溃疡。

也就是说，那些骨骼和牙齿上有此类应力表征的人，并不一定就是他们社区中病得最严重的。毕竟，他们的身体足够强壮，不管承受了何种疾病，最终都存活了下来，而且活得足够久，这样就使牙齿或骨头生成了相应的应力表征。相反，那些迅速为疾病击垮的人，骨骼还没来得及产生表征变化就已经死亡。这种现象构成了著名的“骨学悖论”：相比健康的骸骨，有应力表征的骸骨有时反而代表更健康的人群。尽管如此，在更大范围内对不同墓葬群所做的比较研究表明，一般来说，骨骼存在应力表征的人寿命相对较短。

不良饮食和疾病改变人们骨骼和牙齿的生长，那么，它们如何影响中世纪早期人们的生活呢？通过研究5—7世纪死者的骨头，我们获得了许多令人振奋的研究结果，其中一个就是有些社区很幸运，但有些社区就没那么走运。例如，在剑桥郡奥金顿6世纪墓地中出土的遗骨中，有接近40%的骨骼呈现出严重的应力表征。墓地里有一个婴儿患有慢性贫血，早早死于2岁生日之前。同一个墓地里，还有一名11岁的死者，牙齿呈现牙釉质发育不全的症状。

在奥金顿的墓地，一具又一具尸骨显示出相似的病症——超过 1/3 的人患有筛状眶，不到 1/3 的人牙釉质发育不全。同样，葬于另一处 6 世纪墓地（位于克利夫兰的诺顿）的人中，有一半以上牙釉质发育不全，而 8 世纪纳兹恩伯里墓地［位于埃塞克斯郡的纳兹恩伯里（Nazeingbury）］情况一样，埋葬在那里的每一名青少年都有牙釉质发育不全的症状。但是，在肯特郡迪尔镇附近的磨坊山（在此处发现了盎格鲁－撒克逊人墓地），只有约 5%的人口呈现牙釉质发育不良的迹象。很显然，不幸以不同方式造访各地；但是，如果一个社区不幸失去了几乎所有的孩子，那么，与大多数孩子幸免于难的社区相比，它的未来将更加悲惨。

各社区命运的差异还可以从男女死亡率的差异上看出。在磨坊山，年龄在 15 岁以上的女孩中，有一半去世时不到 25 岁，有 65%去世时不足 35 岁。但是，在我们的麻风病人编号 18 所在的墓地，只有不到 2/3 的女性活到 25 岁，只有 1/4 多一点儿的人活到 35 岁，或者更大的年纪。而在亨伯河畔巴顿镇的一片墓地，只有 1/4 的女性没有活到 25 岁，超过一半的女性年龄都超过了 35 岁。这些枯燥的统计数据背后是一个个真实的社区，它们中有一些常常能见到生病的婴孩和丧母的遗孤，有些则是每个家庭都有青少年和成年女性。中世纪早期，特别是 6 世纪，当个人与家庭都在争夺资源和社会地位时，那些家中妻子长寿、丈夫中年、孩子成年的家庭，比家中只有鳏夫、遗孤的家或丧子父母的家庭，生活一定过得更好。生活质量、社交能力、遗孤多少、年轻男子和年长男子间对配偶的竞争，这些在很大程度上都取决于当地的人口差异，这些差异可能因一个社区或一代人的运气不同而发生显著的变化。

当然，尽管相邻墓地之间存在差异，有关男女死亡率的统计数据展示的情况大致相同：中世纪早期，女人大多比男人死得早。那些无情且相差悬殊的数字，深刻地塑造了每个人和社区的生活。例如在朗兹，17 岁以上的女性有 44%死于 25 岁之前，但男性只有 22%；71% 的女性活不到 35 岁，男性只有 46%。所有这些死去女性的家庭都发生了什么？她们的孩子又发生了什么？当女性劳动力如此短缺的时候，朗兹人是如何满足穿衣需求的呢？有这么多年长且地位更稳固的鳏夫存在，20 岁年轻男子找到妻子的机会有多少？35 岁的女性，是否因为大部分一起长大的女伴都已逝去而感到孤独？在埋葬人口中显而易见，成年女性劳动力缺乏，或许这可以解释为何出现广泛的经济和社会转型（前面已经详细讨论）；例如，为什么在 9—11 世纪，农民家庭越来越多地被吸引到核心定居点周围，为什么有磨坊的地方对农业人口有强大的吸引力。这些问题的答案之一或许就是：这里的成年女性太少了。

男性和女性的预期寿命差别虽然很大，但是不管谁去世，对于男性和女性同样都不是好消息。在朗兹和磨坊山，28%的男性能够活到 35 岁，而在牛津郡的伯林斯菲尔德村庄和巴林顿村庄，这一比例只有大约 20%。相比之下，21 世纪出生的英国人，其预期寿命要高出四倍之多。这样非同寻常而又普遍常见的长寿具有革命性意义。想一想，那些 7 世纪为亲人挖掘墓穴、照料（母亲刚刚过世的）孤儿的人们，他们的生活与现在相比，会是多么不同的一番景象啊！

儿童的死亡率呢？通常，婴幼儿死亡率很难确定，因为在中世纪早期的大部分墓地里，孩子尤其是不足 2 岁的孩子的尸体都不见了。只有三个墓地——位于埃塞克斯郡大切斯特福德的一个 5—6 世纪的墓地，位于北安普敦郡的朗兹的 10—11 世纪的墓地，以及位于约克郡沃拉姆佩西的一个稍晚时候（12—16 世纪）的墓地——里面似乎埋葬了所有孩童的遗骨，所以，只有在这里，我们才能估算出儿童的普遍死亡率。尽管 3 块墓地并非处于同一时期、地理范围也不同，但它们确在讲述一个前后一致的故事。3 块墓地中的每一块墓地，几乎都有近一半的人是 17 岁以下的未成年人，这个数字与 18 世纪的伦敦、20 世纪艾滋病出现之前世界上不发达地区和发展中地区的儿童死亡率非常接近。仔细考察这 3 块墓地，可以清楚地看出，婴儿出生后的前两年死亡率最高。比如，在朗兹，所有的死者中，6%死于出生时，另有 18% 死于出生的第一年，3%死于出生的第二年。在大切斯特福德（Great Chesterford），虽然儿童的整体死亡率相同，但 1—2 岁儿童的死亡率更高：在 15 岁之前死亡的人口中，有 84% 死于婴儿期或幼儿期。

以上儿童死亡率清楚地表明，儿童总体上健康情况欠佳，这不仅是这 3 处墓地中的情况，许多其他墓地中发现的尸骨也能证明这一点。在圣海伦纳墓地（St Helen-on-the-Walls，位于约克郡，一处诺曼人征服后的教区墓地），许多埋葬在那里的最小孩童的乳牙都显示出牙釉质不全症状。乳牙发育不全是在子宫里就形成的，因此，我们可以得知，这些婴幼儿的母亲在怀孕期间就患有疾病或者营养不良，所以这些孩子出生时就有应力表征，这样的孩子肯定也特别容易生病。在约克郡另一处墓地费希尔盖特的圣安德卢墓地，20 岁之前死亡的人口中有 3/4 出现了发育不良导致的病变：其中有 1/4 至少出现过 3 次，还有一小部分出现了多达 7 次。在沃拉姆佩西，6—11 岁死亡年龄组人口患骨膜炎比例高于其他任何死亡年龄组，这更加说明，这些儿童不但曾经身患程度较轻、系统性的传染病，而且抵御疾病的能力也因先天的健康问题而受到影响。埋葬在朗兹、沃拉姆佩西、圣海伦纳墓地、圣安德鲁、费希尔盖特（Fishergate）的婴儿、儿童和青少年都表现出高水平的应力表征。所以，儿童患病、婴儿死亡，组成了每个人生活的一部分。

虽然中世纪墓地中埋葬的成年人平均身高与20世纪中期的英国人一样，但他们那些患有贫血、寄生虫病的孩子却并非如此。朗兹1岁大的孩子与现代婴儿身高相同，但到了青春期早期，许多孩子的身高都比20世纪的同龄孩子落后多达4年。沃拉姆佩西的情况也是如此。14岁的孩子与现代10岁孩子的身高差不多。当然，在中世纪，孩童虽然身材矮小，但成年后或多或少也能长到基因所决定的身高；只是成长时间更久。在现代，青少年到18岁左右已经完成生长，但在19世纪（这一时期我们拥有的数据更充分），劳动阶级平均要长到29岁，似乎这就是中世纪人口所发生的情况。这个简单的事实具有深刻的经济和社会影响。在这个世界里，体力劳动力长期短缺。如前文所述，到10世纪和11世纪，许多人都在实行集体耕作，它强调整个村庄的人利用大量耕牛，共同参与到繁重的农田作业中。耕种是非常艰苦的工作，其中一些任务需要成熟的男性劳动力。然而，这一时期有大约一半的人都活不到18岁，16岁男孩的体形只相当于今天12岁的男孩，大部分都不能从事成年男性的工作。所以，食物常常短缺也就不足为奇了。对于贵族来说，公开消费和挥霍食物，当然是展示经济实力最好的方法。结合当时社会的人口情况，约有一半人口是发育落后于正常水平的孩童，所以，这是一个贫穷、劳动力长期短缺、充满饥饿，甚至暴力时有发生的世界。

10—11世纪的城镇生活可能比乡村生活更加糟糕。与许多埋在乡村墓地的农村居民相比，城镇居民中骨膜炎、牙釉质发育不全和筛状眶病变更为普遍，这表明城镇居民遭受寄生虫和病原体的侵害更为严重。例如，葬于圣海伦纳墓地的死者中，筛状眶和骨膜炎两种病变的普遍程度是埋葬在沃拉姆佩西沿路向南 30 公里处乡村墓地的 2 倍。造成这种情况的原因很多。一个人的免疫力在很大程度上受到生活条件和卫生条件的影响。与规模小的居住地相比，城镇社区里的生活和卫生条件都更差。城镇人口众多，接触新移民更多，饮用水污染严重，这样的环境下，疾病治愈时间更长，致死人数更多，有些疾病甚至“入驻”整个社区、成为地方病。来自乡村社区的接近成年年龄的移民，在城镇中的死亡率非常高，因为他们对城镇的疾病没有免疫力，而城镇居民伴随这些疾病长大，身上具有抵御这些疾病的能力。而且，城镇社区的人口数量比较多，所以，他们有足够的人口储备去承受麻风病、肺结核这类慢性疾病的摧残。许多乡村墓地里也发掘出一两具麻风病人的尸骨，但是麻风病只会在城镇（可能只是从 12 世纪开始）变成严重的传染病。例如，诺里奇的圣约翰蒂姆伯山（St John Timberhill）的一个附属墓地（该墓地在整个 11 世纪都一直有人使用）里葬有约 30 个麻风病人，这个数字在乡村墓地里从未见过。乡村墓地里通常也会葬有一两个患有肺结核的死者，但这种疾病作为传染性疾病，在城镇中发病更为可怕，因为它在城镇里拥有更多的宿主，因此感染程度更高。其他传播速度更快的健康“杀手”——天花、流行性腮腺炎、流感和霍乱——它们任何时候都无法在小的乡村定居点持续下去——因为可能突然暴发，一下子感染所有没有免疫力的人。短短一两个星期之内，有些人可能因传染病暴发而死亡，幸存下来的人则全部获得了免疫力，所以，这些传染病往往消失得和它们来的时候一样快。然而，10—11 世纪的城镇，由于人口基数大、易感染的移民人口数量庞大，就成了传染病一年又一年暴发和蔓延的场所。

中世纪的城镇也非常肮脏。约克郡的房子里虫子随处可见，可能诺曼人征服前所有的城镇皆是如此。铜门16—22号（约克郡工匠们居住的一排房屋，建于维京时代）的常客有隐翅虫、隐食甲、小蕈甲、蛛甲虫、夜行黑甲虫，还有讨人嫌的跳蚤、体虱、苍蝇和绵羊虱蝇，它们都在屋内找到了有利的寄生环境。厕所和垃圾坑也是大量昆虫滋生的地方；仅在铜门16—22号的垃圾坑里，估计就有约上千万只寄生虫。在10世纪和11世纪的约克郡，到处都是污水坑，腐烂垃圾随意堆放，最要命的，是很多垃圾直接堆在水井旁边。被污染的水源是滋生肠道寄生虫（尤其是鞭虫和蛔虫）的温床，在厕所废物和挖出来的粪便中经常可以看到肠道寄生虫。苍蝇、跳蚤、虱子和甲虫也是致病微生物的载体，可导致脊髓灰质炎、沙门氏菌和夏季腹泻。城镇中众多死者所遭受的病痛最终蚀刻在他们的骨头上，其元凶恐怕就是这个由昆虫、微生物和污秽形成的可怕组合。

12世纪晚期之前，城镇建筑很少采用石料，用石头装饰的建筑也较少，这是城市健康的隐形黑手。不列颠尼亚的城镇更洁净，部分是因为城镇内很多建筑都是用砖、瓦、鹅卵石、大石块等无机材料建成的；因此，城镇建筑的表面很少会积累有利于昆虫滋生的腐败有机物，这些腐败的有机物正是病原体所钟爱的。直到12世纪晚期，约克郡和其他的英格兰城镇开始采用无机建筑材料，尤其用于建造地窖、地基和石砌的水井。正因为如此，这些地方可能变得更健康了。

比较早期城镇墓地与乡村墓地筛状眶等应力指征的流行程度会发现，似乎早期农村人口的应力指征要小得多，因而可能农村人口更健康。例如，在许多乡村墓地中，只有不到 20%的人出现筛状眶症状，但在城市墓地里，这一数值往往接近 30%。同样，在许多早期的乡村墓地，不到 10%的人表现出患有骨膜炎的迹象，但在城市墓地里，数值经常要翻番。尽管如此，生活在 9 世纪之后建立起来的那些人口更加稠密、规模更大的核心村落的农民不如他们的祖辈健康。他们的祖辈一般生活在规模较小的定居点，住得更加分散，而且定居点随人口迁徙而迁移。这表明，10 世纪和 11 世纪核心村落的生活（因为人口众多，人口密度较高）很不利于农耕人口的健康。在工业化前的社会中，群体越大、定居的时间越长，罹患慢性病、肺结核、肠道感染和寄生虫的概率就越高，这就是公共卫生的真理；因此，与居住分散的小村庄相比，大而紧凑的村庄的健康状况就差些。此外，还有其他的历史背景，在 10—11 世纪的英格兰，到处是征收赋税的小王国和扩张成性的领主（正如我们前几章所见），他们也严重影响了农民的健康。比如，不列颠人的身高在罗马帝国衰落之后普遍有所增加，这表明，城市化、税收和严重的社会不平等现象一旦消失，人们可以拥有更加健康的童年。因此，随着历史向前发展，阶级和赋税制度的出现，人口发病率和死亡率可能不会得到普遍的改善。

不过，仍有迹象表明，那些在经济和社会地位较高、拥有特权的人在这个时期的最后阶段开始过上更长寿、更健康的生活。在 6、7 世纪，上层阶级和下层阶级的人之间没有那么大的物质和社会差距，所以地位高的人在发病率和死亡率上都不比地位低的人低。财富和社会地位并没有使少数拥有特权的人呼吸不一样的空气，或者饮用更健康的水，因此那些埋有大量陪葬品的尸骨上往往也都有应力表征。然而有证据表明，从 12 世纪开始，专职牧养人士比其他人的寿命更长，这可能反映出所有有经济能力的人死亡率普遍下降。到12世纪，教区墓地里的年长死者（不仅仅包括专业神职人员，有时也包括富有的资助者）往往多于其他墓地。比如，在费希尔盖特的圣安德鲁教区，葬于此处的神职人员似乎有2/3寿命都超过了40岁，比较当时在农村墓地和城镇贫民所用墓地中人口的死亡率，这个数字高得惊人。此外，一种叫作弥漫性特发性骨质增生症（DISH）的疾病在修道院墓地的尸骨中尤为普遍。DISH在现代人群中与衰老、晚期糖尿病以及肥胖密切相关，所以修士群体普遍患有DISH说明修士生活品质高、寿命长。在这个时期的最后阶段开始出现经济特权化、精心设计的供水系统、有组织的废物处理和石头建筑等一系列社会变革，这些都有助于延长专业宗教人士的寿命，同时也有助于提高贵族家庭的生活质量。

劳作、饮食与迁徙

利用遗留下来的骨骼残骸，有时我们可以做出关于个体在工作和生活方面的一些有趣推断。例如，生活在中世纪早期的女性其踝关节通常呈现“下蹲凹面”，可以得知她们日常大部分时间都呈下蹲姿势。反过来，这种常见的骨骼形变表明，许多女性在从事磨米等劳动时，习惯性地蹲在地面上。不过，有时候，具体的劳作和骨骼的应力表现除了见证人口的整体情况，还以足够戏剧性的方式呈现特定个体的身体姿态，使我们能够看到每个个体的工作和生活情况。举个例子，在奥克尼群岛一处维京时代的墓地里，有一具非比寻常的老年男子的遗骸。他的骨骼反映了一种面向大海的以繁重工作为主的生活。从他的骨骼在青春期的发育情况，以及他在成年时期积累出来的关节炎和软骨损失的症状可以看出，似乎我们的主人公长期划船（从小到老），习惯性地弯着腰，而且经常从事比如说将船从一段可航行的河流经过陆地拖到另一条河流，或者将船拉至上游等一些极其艰苦的工作。北欧商人、入侵者和雇佣兵肯定经常要做这样的苦役。这些繁重的体力劳动很少有人关心，被维京人迫害的修士不关心，传记作者也不关心，因此不曾出现在任何文字记录中。但是，奥克尼船夫定然从事了这项劳动，因为他的膝盖磨损严重、肩关节发炎、双臂畸形、腕部扭伤。

此外，对奥克尼船夫的骨骼同位素检测结果显示，他的饮食中鱼类占比很高。实际上，骨骼遗骸的同位素检测结果不仅可以提供有关个人的饮食信息，还可以说明个人的祖籍和迁徙等情况。例如，利用同位素骨骼检测我们得知，在刘易斯岛尼普村（Cnìp，盖尔语，英语为 Kneep）有一处维京人的家庭墓地，这个家庭墓地埋葬有一位女性，她生活在 9 世纪或 10 世纪，被葬在一些童年时期在挪威度过的成年人以及在赫布里底群岛出生的婴儿和儿童旁边。简单来说她所葬的墓地既有一些维京殖民者，也有当地出生的孩子。但是让我们感兴趣的是，这位女性既不是来自斯堪的纳维亚半岛，也不是来自苏格兰群岛：她孩童时期生活在英格兰，可能是南唐斯丘陵（South Downs），或者约克郡丘陵。一个英格兰女人为何最终落在那个广袤的维京人殖民的北大西洋世界的中心，与一群使用陪葬品的北欧人生活在一起？最有可能的解释就是，维京奴隶贩子在一次未曾记录的劫掠行动中将她卖到此处，从此她的生活脱离了正常的轨道，结果，她在她的外国主人身边度过了生命的最后几年。

社会的控制权

中世纪早期中有相当数量的墓葬都可以贴上“离经叛道”的标签，这类坟墓保存了许多有趣的信息，关于中世纪早期人们会以何种方式去控制和标记他们所谓的被驱逐者或者罪犯。例如，考古学家在20世纪20年代晚期调查巨石阵时，在建筑群的中心位置发现了这样一个离经叛道的墓葬。当时，考古学家认为，该墓葬和巨石本身一样，可以追溯至新石器时代，但后来的放射性碳年代测定结果表明，它很可能是8世纪的墓葬。墓中遗骸是一名身材矮小、30岁左右的成年男性。他的脊椎骨上有施莫尔结节（Schmorl's node），这种病变常见于童年时期做过苦力的人。他上肢发达的肌肉表明他很强壮，进一步表明这个男人曾经从事艰苦繁重的工作。他还患有骨膜炎，所以他还遭受着某种轻度的慢性感染所带来的病痛。简而言之，这是一位身材矮小、肌肉发达但并不健康的男人，他一生大部分时间都在努力工作。然而，他既不是死于疾病，也不是死于疲劳，而是有人用剑从背后将其斩首。这一切发生的时候，他可能正跪在地上，看起来像是在执行死刑。

这个人的墓葬十分异常，不仅因为墓葬位于不列颠最大、最神秘的石阵中心，还因为它在很多方面偏离了传统的墓葬习俗。在8世纪的不列颠，绝大多数人都与他们的朋友和亲属埋葬在一起，他们被小心翼翼地埋入精心挖掘的墓穴中。然而，这个男人独自躺在这个神秘之地，尸体被丢进一个不堪入目、又浅又小的坟坑里。显然，埋葬这名男性死者的人对其很不尊重。事实上，那些处理他尸体的人为了把他塞进那个尺寸过小的坟墓，可能还折断了他的肋骨。更重要的是，该墓葬位于一片无主的土地上。巨石阵在11世纪时位于两个百区的交界线上，许多人认为，它是一个重要的早期领土边界。这是在该地区尽人皆知，但无人居住的地方。

其他追溯到 7 世纪和 8 世纪的异常墓葬，其在外观和感觉上都与此墓葬有几分相像。例如，在威尔特郡北部的布罗德镇附近有一座孤坟。在这里，也有一名男子被浅浅地埋在了一座周围没有其他墓葬的坟墓里，没有任何陪葬品。和巨石阵的那个墓葬一样，这座孤坟也位于两个百区的交界线上；尽管它距离当地一处石阵很远，却紧挨着一个十字路口。和巨石阵一样，墓葬的位置遥远可见，同时距离人的居住地或者其他正常的墓地很远。这具遗骨保存得不太好，所以无法确定这个人是如何死亡的，但是负责考古挖掘的专家认为，他也死于处决。

虽然同为处决，这两个男人的墓葬与编号 41（第一节中提到）的墓葬之间存在显著差别。编号 41 可能被她所在的社区成员处死，由熟悉她的人葬在一个频繁使用、经常有人造访的地方。尽管她可能因为一些大逆不道的行为而被杀，但她仍被葬在当地人常用的墓地。此外，她的死虽然非同寻常，但也并非独一无二。许多早期的墓地里，都有过一两个异常的墓葬——有些暗示有石刑、截肢或斩首等处罚行为——这些异常墓葬的背后可能是针对当地被驱逐者所进行的社区屠杀，即当地主要家庭的首领达成某种共同意见之后发生的集体杀戮事件。事实上，在早期的公共墓地里偶尔出现的惩罚式墓葬表明，当地定居点的成员是自行处置那些离经叛道的人的，并没有外人的帮助或者怂恿。但是巨石阵和布罗德镇的两名男子却完全不同。这两起死刑均发生在远离任何定居点和公共墓地的某个孤冢，位置处于两块领地的边界地带（而非各自的中心位置），在地理位置上十分醒目，从极远处都可以看到。死刑的执行者看起来不像是社区的普通民众，他们更像是一群有权有势的人，甚至是国王或国王在这个地区的代理人；他们声称自己有权维持和平，惩罚其属地的不法行为者，并在其所控制地区的边界上处决和埋葬这些人。偏远地区的权贵习惯于在边界处屠戮被驱逐者，这是考古学上最早可见的权力垄断的证据之一：精英通过暴力侵犯了各个家庭和周边邻里管理自己社区的权力。这一举措历经几个世纪才最终得以奏效，但到了10世纪，在边界处决国家核准的死囚业已成为乡村景观的典型特征和王权之下的平常事。

早在8世纪，似乎有些特定的地点已成为死刑的法定执行地点。萨顿胡船葬周围的墓地是最生动的例子。萨顿胡墓地在20世纪80年代进行有组织地重新挖掘时，考古学家发现，这个著名的船葬坟被其他坟墓包围。这些坟墓，有些是同时代的，有些则不是；有些精雕细琢，有些则是彻头彻尾的怪诞风格。在一块墓地里，有17名死者的墓葬上面堆有巨大的土堆，陪葬有非同寻常的陪葬品，毫无疑问，当时一定还举办了相当风光的墓葬仪式。然而，萨顿胡还葬有另外39个人，他们既没有陪葬品，也没有巨大的掩埋土堆。除1个人之外，所有人都死于当地人不再把这块墓地用作精英墓地至少1个世纪以后，最有可能的死亡时间可以追溯到10世纪和11世纪。萨顿胡所在的东盎格利亚属酸性土壤，残存下来的不是骷髅，而是“沙体”形式的物质。大多数年代较近的沙体保留了当时被斩首、处以绞刑或以其他方式肢解之后以奇怪姿势掩埋于此的死者的模糊轮廓。此外，有些死者两三个人共用一个坟墓。例如，一座墓葬中包含了2名被斩首的男子，一个置于另一个之上。另一座墓葬则为3人墓葬，1名斩首男子仰面躺在地上，2名女子的尸体扔在他的身上。其他沙体呈现出的姿势表明，有些尸体是跪在坟墓中被处决的。萨顿胡墓葬中，有大约一半的异常墓葬位于一个 7 世纪高大土堆的辐射线上；其余的墓葬都位于这块墓地的东侧，那里曾经有一棵参天大树。这棵大树在中世纪早期某个时间被砍倒，之后替换成一组木桩，这些木桩可能用来做绞刑架的支架。在这里发掘出来的许多人脖颈断裂，双手放在背后，这表明他们的手腕被绑了起来。看起来好像被执行了绞刑。

萨顿胡并不是异教信仰时期终结几个世纪以后重新被用来执行死刑的唯一墓地，从苏塞克斯郡到约克郡都发现了类似的遗址。在吉尔敦（Guildown，位于萨里郡一座能够俯瞰吉尔福德的山顶上）一座普通的 6 世纪墓地里，已经出土 40 多个男人、女人和孩子的墓葬，墓葬里面有各式当时常见的陪葬品——长矛、胸针、水桶和玻璃烧杯等。但后来有将近 200 多具尸体也埋葬于此，大多数可以追溯到 10—11 世纪。和萨顿胡的异常墓葬一样，许多吉尔敦后来的墓葬里都是 2 人、3 人甚至 4 人坟，而且很多人都被肢解。例如，在一座 3 人坟中，有 2 个人膝盖处被截断，第三个人的手臂、头和脚被移除。有些尸体是趴着的，很多人看起来好像手被绑在了背后。

在萨顿胡、吉尔敦和许多其他地方——仅举两例，即汉普郡的斯托克布里奇（Stockbridge）与诺福克郡的南阿克里（South Acre）——好像埋在这样坟墓里的人都死得很惨。有时，已被执行死刑的尸体似乎又被进一步肢解。比如，在威尔特郡的洛奇宫廷墓地（Roche Court Down）里发现了一名男子，被斩首之后，主持其死刑的人将其头骨砸碎，并将头颅与身体分开埋葬，在头骨周围立起一圈火石。另一名葬于汉普郡米恩山（Meon Hill）的男子趴在坟墓中，埋葬他的人用一块巨石压在他的尸体之上。在汉普郡的斯托克布里奇还发现一具无头男尸，他与一只被斩首的狗葬在一起，这样的埋葬方式对他来说全无尊重可言。以上墓葬都表明，这些人犯有“滔天”罪行，他们违反了社会的危险禁忌，遭到了残暴的对待。但是，除了残暴，所有这些尸体还有一些被用作祭品的意味，甚至细思极恐，垂死者被扔进坟墓的时候仍在挣扎，所以有时必须采取措施以确保他们不会再站起来。在千年之交，修士兼布道者恩舍姆的埃尔弗里克曾描述过女巫如何“在异教徒的埋葬地点举行暗黑仪式召唤魔鬼，魔鬼幻化成葬于此地者降临，仿佛死者复活”。难怪人们会感到不安。

读过第 9—11 世纪各国王所颁布法律，我们可能会预期死刑墓地中应多为成年人，事实的确如此。国王埃塞尔斯坦在 10 世纪初曾规定，犯人年满 12 岁方可处以死刑。不过，在这些可怕的地方还是发现有少数几个孩子：比如，在米德尔塞克斯郡斯坦斯（Staines）的一个行刑墓地就有一具 10 岁孩子的遗骨。不过，大多数被处以死刑的都是男性。很多法典规定，男性犯罪会被判处死刑，如许多男性通常会犯下盗窃牲畜、入室抢劫、叛国罪等，所以因罪获刑并不令人意外。不过还有证据表明，女性的处死方式与男性不同，这可能也解释了为什么葬在行刑墓地里的女人人数很少。例如，我们知道，女性有时会被溺亡而非处以绞刑（特别是当她涉嫌使用巫术时）。在一份宪章里曾描述过这样一个谋杀案：“一名寡妇和她的儿子因为将铁针刺入伍夫斯坦父亲埃尔夫西格（Ælfsige）的一座蜡像，他们在艾尔斯沃思（Ailsworth）的土地被没收。人们在她的房间里找到了‘谋杀’的工具；女人被抓住、溺死在伦敦桥下，她的儿子逃掉了，从此亡命天涯。”没有考古证据表明，在司法上，女性会被判决以溺刑，但是在伦敦泰晤士河上挖掘古河堤的过程中，考古学家在布尔码头航道（Bull Wharf Lane）发现了一名被害女子的遗骨，该女子头部受到一记重击，之后被绑在河堤的行刑柱上。这个异常的坟墓，对于那些看到它的人来说，是不是一种警示呢？

如果把这几十个执行死刑的墓地放在它们各自的地域范围之内去看一看它们所处的位置，几种墓葬模式便生动地展现在我们面前。首先，墓地均位于郡与郡、百区与百区之间的行政区域边界上，在 10 世纪和 11 世纪，国王以这些边界为线维持所统治领土内部的和平。百区和郡都有司法法院：它们监督司法审判，决定法律案件的对错。因此主持法院的人在他们的辖区内对其认定的死刑犯行刑，就不足为奇了。后来的行刑地点还有一个共同点：都位于史前建筑、顶级的历史遗迹或者早期异教徒的墓地旁边。10 世纪和 11 世纪的许多人都认为，魔鬼和撒旦在这样的地方出没。似乎罪犯是被故意处决并埋在与异教徒有联系的地方，以便向人们传达，犯罪也是罪孽，死刑犯不仅要被处死，还要被送进地狱，因为他们的尸体与异教徒为邻。

从这些支离破碎的尸体和充满亵渎情绪的墓葬中我们能够了解到什么？比如，在 6 世纪，由当地社区成员执行的惩罚性杀戮（如斯维尔比编号 41 的女性死者）一再发生，这能说明什么？但是，随着精英阶层和各王国的形成，死刑处决成为国王及其代理人的事。根据执行死刑的坟墓的情况来看，经审判后执行的死刑是高度仪式化的。罪犯被切去手足，并要遭受令人发指的肉体折磨，无论是死亡过程还是埋葬方式都要遵守精心策划的流程。到了 10—11 世纪，基督教的意识形态也渗透到了这样令人毛骨悚然的杀戮中。因此，人们开始认为，在被认为是异教徒的地方处死那些被判死刑的人，并将他们埋葬于那里是十分合适的做法。不幸的死者们不仅不能埋在神圣的集体墓地里；他们的尸体也将被遗弃在长期遭受诅咒的地方。

那么，有关中世纪早期不列颠人的生与死，人们的遗骨（包括自然死亡和被判处死刑的人）最终都告诉了我们什么？首先，数字很重要。仅仅说妇女在分娩时死亡、婴儿死亡率高或者人们经常生病还远远不够，只有看到由中世纪早期死者遗骨所提供的统计数据，我们才能真正得知这一时期人们面对的是疾病缠身、命运悲惨、生命短暂的可怕生活。从那些冷酷无情的数字中我们可以看到，在朗兹出生的每 2 个婴儿中，就有 1 个在 18 岁之前死亡；在那里出生的 10 个女婴中，有 9 个寿命不到 35 岁；大多数女人在十七八岁第一次做母亲时，她们的母亲就已经故去；每个村庄一定都有一群可怜的孤儿。其次，骨骼所体现的特异性很重要。那些叙事性的故事，特别是那些写于 1100 年之前的故事，无法让我们看到严重的腿部溃疡、成群携带疾病的苍蝇，以及骨瘦如柴、发育滞后、因肠子里充满寄生虫而经常感觉不适的 14 岁男孩。在中世纪早期的不列颠，这些是大多数人最基本的身体状况和生活状况。再次，骨骼也能透露出历史学家通常认为是客观存在而无须面对的很多东西。在考察墓地时，不仅可以看到城镇社区的崛起，还会看到商品经济的诞生。在很多社区，充斥着生病的儿童、迅速蔓延的疾病和人们过早死亡的故事。核心村落和扩张成性的领主，他们的形成不仅改变了地域的格局，还改变了经济发展的步伐；因此，农民的生活水平和健康每况愈下。而国家在兴起的过程中不仅仅扮演着组织税收、创造井然的货币政策的角色，它还将骇人的杀戮制度化，在那些杀戮地点，国家的权力披上了宗教的外衣，以骇人的形式展开杀戮。仔细观察这些骨头，有时可以复原这一时期人力成本的一些大趋势；利用骨头提供的证据，我们可以看到有些人付出了多么高昂的代价。最后，已有文本资料大多记录了男人、修士、土地所有者、生活在约公元 700 年以后的人们的生活，记录了英格兰人的生活；然而，中世纪早期不列颠的绝大多数人都不属于这些范畴。如果仅限于文字记录，我们将永远不会知道像编号 18、编号 41 这一类人，或埋葬在巨石阵的那个身材矮小的男人。而恰恰就是这些人的遗骨，让我们能够复原他们生命中原本被遗忘的一些重要而具体的细节。最后，这些遗骨使我们得以复原那些生活在中世纪早期一个个有血有肉的生命，他们从未出现在文字记录中，却活在不列颠，也死于不列颠。

扩展阅读

引言

Basic Readings on the Political Narrative of the Period

J. Campbell, E. John and P. Wormald (eds.), The Anglo-Saxons (Harmondsworth, Middlesex, 1991).

T. Charles-Edwards (ed.), After Rome (Oxford, 2003).

B. E. Crawford, Scandinavian Scotland (Leicester, 1987).

W. Davies (ed.), From the Vikings to the Normans (Oxford, 2003).

—— Wales in the Early Middle Ages (London, 1982).

A. S. Esmonde Cleary, The Ending of Roman Britain (London, 1989).

P. Hunter Blair, An Introduction to Anglo-Saxon England, 3rd edn. (Cambridge, 2003).

E. James, Britain in the First Millennium (Oxford, 2001).

D. P. Kirby, The Earliest English Kings, rev. edn. (London, 2000).

M. Lapidge, J. Blair, S. Keynes and D. Scragg (eds.), The Blackwell Encyclopedia of Anglo-Saxon England (Oxford, 1999).

R. McKitterick, The New Cambridge Medieval History, vol. 2: c. 700–c. 900 (Cambridge, 1995).

T. Reuter, The New Cambridge Medieval History, vol. 3: c. 900–c. 1024 (Cambridge, 2000).

J. D. Richards, Viking Age England, 2nd edn. (Stroud, 2004).

P. Stafford, A Companion to the Early Middle Ages: Britain and Ireland c.500–1100 (London, 2009).

—— Unification and Conquest: A Political and Social History of England in the Tenth and Eleventh Centuries (London, 1989).

A. Woolf, From Pictland to Alba: Scotland, 789 to 1070 (Edinburgh, 2007).

B. Yorke, The Anglo-Saxons (Stroud, 1999).

—— Kings and Kingdoms of Early Anglo-Saxon England (London, 1990).

把这一时期主题作为重点的基础类图书

S. R. Bassett (ed.), The Origins of Anglo-Saxon Kingdoms (London, 1989).
J. Blair, The Church in Anglo-Saxon Society (Oxford, 2006).
—— and R. Sharpe (eds.), Pastoral Care before the Parish (Leicester, 1992).
C. Dyer, Making a Living in the Middle Ages: The People of Britain 850–1520 (New Haven, 2002).
R. Faith, The English Peasantry and the Growth of Lordship (London, 1997).
S. Foot, Monastic Life in Anglo-Saxon England, c. 600–900 (Cambridge, 2006).
P. Fowler, Farming in the First Millennium AD: British Agriculture between Julius Caesar and William the Conqueror (Cambridge, 2002).
J. Graham-Campbell and C. E. Batey, Vikings in Scotland: An Archaeological Survey (Edinburgh, 1998).
D. M. Hadley, The Vikings in England: Settlement, Society and Culture (Manchester, 2006).
H. Mayr-Harting, The Coming of Christianity to Anglo-Saxon England, 3rd edn. (London, 1991).
T. F. X. Noble and J. M. H. Smith (eds.), The Cambridge History of Christianity: Early Medieval Christianities, c. 600–c. 1100 (Cambridge, 2008).
D. M. Palliser (ed.), The Cambridge Urban History of Britain, vol. I: 600–1540 (Cambridge, 2000).
M. Redknap, Vikings in Wales: An Archaeological Quest (Cardiff, 2000).
S. Reynolds, Kingdoms and Communities in Western Europe, 900–1300 (Oxford, 1984).
A. Thacker and R. Sharpe (eds.), Local Saints and Local Churches in the Early Medieval West (Oxford, 2002).
D. Wilson, Anglo-Saxon Paganism (London, 1992).
B. Yorke, The Conversion of Britain: Religion, Politics and Society in Britain c. 600–800 (London, 2006).

关于各类证据的书籍和文章

H. Hamerow, Early Medieval Settlements: The Archaeology of Rural Communities in Northwest Europe, 400–900 (Oxford, 2002).
S. Jones, The Archaeology of Ethnicity: Constructing Identities in the Past and Present (London, 1997).
K. Leahy, Anglo-Saxon Crafts (Stroud, 2003).
S. J. Lucy, The Anglo-Saxon Way of Death: Burial Rites in Early England (Stroud, 2000).
S. Mays, The Archaeology of Human Bones (London, 1998).

G. R. Owen-Crocker, Dress in Anglo-Saxon England, 2nd edn. (Woodbridge, 2004).
M. Parker Pearson, The Archaeology of Death and Burial (Stroud, 1999).
A. Reynolds, Anglo-Saxon Deviant Burial Customs (Oxford, 2009).
C. A. Roberts and M. Cox, Health and Disease in Britain from Prehistory to the Present Day (Stroud, 2003).
T. Waldron, Counting the Dead: The Epidemiology of Skeletal Populations (Chichester, 1994).
P. Walton Rogers, Cloth and Clothing in Early Anglo-Saxon England, CBA, Research Report, 145 (York, 2007).
H. Williams, Death and Memory in Early Medieval Britain (Cambridge, 2006).
T. Williamson, Shaping Medieval Landscapes: Settlement, Society, Environment (Macclesfield, 2003).

关于物质文化的大众读物

L. R. Baumgarten, 'Leather Stockings and Hunting Shirts', in T. J. Schlereth (ed.), Material Culture Studies in America (Nashville, 1982), 251–76.
J. Deetz, In Small Things Forgotten: An Archaeology of Early American Life, 2nd edn. (New York, 1995).
J.-C. Dupont, 'The Meaning of Objects: The Poker', in G. L. Pocius (ed.), Living in a Material World, Institute of Social and Economic Research, Social and Economic Papers, 19 (St John's, Newfoundland, 1991), 1–18.
E. McC. Fleming, 'Artifact Study: A Proposed Model', in T. J. Schlereth (ed.), Material Culture Studies in America (Nashville, 1982), 162–73.
A. J. Frantzen and J. Hines (eds.), Cædmon's Hymn and Material Culture in the World of Bede: Six Essays (Morgantown, W. Va., 2007).
C. Hills, 'History and Archaeology: The State of Play in Early Medieval Europe', Antiquity, 81 (2007), 191–200.
D. A. Hinton, Gold and Gilt, Pots and Pins: Possessions and People in Medieval Britain (Oxford, 2005).
A. S. Martin and J. R. Garrison, 'Shaping the Field: The Multidisciplinary Perspectives of Material Culture', in A. Smart Martin and J. R. Garrison (eds.), American Material Culture: The Shape of the Field (Knoxville, Tenn., 1997), 1–20.
C. Martin, 'The Four Lives of a Micmac Copper Pot', Ethnohistory, 22 (1975), 111–33.
A. Mason, A. Arceo and R. Fleming, 'Buckets, Monasteries and Crannógs: Material Culture and the Rewriting of Early Medieval British History', Haskins Society Journal, 20 (2009), 1–27.
J. D. Prown, 'Material/culture: Can the Farmer and the Cowman still be Friends?', in J. D. Prown (ed.), Art as Evidence: Writings on Art and Material Culture (New Haven, 2002), 235–42.

—— 'Mind in Matter: An Introduction to Material Culture Theory and Method', in J. D. Prown (ed.), Art as Evidence: Writings on Art and Material Culture (New Haven, 2002), 69–95.

适合共同阅读的 10 本书

P. Booth, A. Dodd, M. Robinson and A. Smith, The Thames through Time: The Archaeology of the Gravel Terraces of the Upper and Middle Thames. The Early Historical Period: AD 1–1000 Oxford Archaeology Thames Valley Landscapes Monographs, 27 (Oxford, 2007).

D. Bowsher, T. Dyson, N. Holder and I. Howell, The London Guildhall: An Archaeological History of a Neighbourhood from Early Medieval to Modern Times, 2 vols., MoLAS Monograph, 36 (London, 2007).

E. Campbell, Continental and Mediterranean Imports to Atlantic Britain and Ireland, AD 400–800, CBA, Research Report, 157 (York, 2007).

M. O. H. Carver, C. Hills and J. Scheschkewitz, Wasperton: A Roman, British and Anglo-Saxon Community in Central England (Woodbridge, 2009).

R. Faith, The English Peasantry and the Growth of Lordship (New York, 1997).

R. Gowland and C. Knüsel (eds.), The Social Archaeology of Funerary Remains (Oxford, 2006), 168–78.

A. R. Hall, H. K. Kenward, D. Williams and J. R. A. Greig, Environment and Living Conditions at Two Anglo-Scandinavian Sites, Archaeology of York, 14/4 (York, 1983).

M. Henig and P. Lindley (eds.), Alban and St Albans: Roman and Medieval Architecture, Art and Archaeology (Leeds, 2001).

C. Loveluck, Rural Settlement, Lifestyles and Social Change in the Later First Millennium AD: Anglo-Saxon Flixborough in its Wider Context (Oxford, 2007).

T. Williamson, Shaping Medieval Landscapes: Settlement, Society, Environment (Macclesfield, 2003).

适合共同阅读的 10 篇文章

J. H. Barrett, A. M. Locker and C. M. Roberts, '"Dark Age Economics" Revisited: The English Fish Bone Evidence AD 600–1600', Antiquity, 78 (2004), 618–36.

J. Blair, 'Anglo-Saxon Pagan Shrines and their Prototypes', Anglo-Saxon Studies in Archaeology and History, 8 (1995), 1–28.

P. Blinkhorn, 'Habitus, Social Identity and Anglo-Saxon Pottery', in C. G. Cumberpatch and P. W. Blinkhorn (eds.), Not So Much a Pot, More a Way of Life: Current Approaches to Artefact Analysis in Archaeology (Oxford, 1997), 113–24.

R. Bradley, 'Time Regained: The Creation of Continuity', Journal of the British Archaeological Association, 140 (1987), 1–17.
P. Budd, A. Millard, C. Chenery, S. Lucy and C. Roberts, 'Investigating Population Movement by Stable Isotope Analysis: A Report from Britain', Antiquity, 78 (2004), 127–41.
E. Cambridge, 'The Architecture of the Augustinian Mission', in R. Gameson (ed.), St Augustine and the Conversion of England (Stroud, 1999), 202–36.
M. Gardiner, R. Cross, N. MacPherson-Grant, I. Riddler, L. Blackmore, D. Chick, S. Hamilton-Dyer, E. Murray and D. Weir, 'Continental Trade and Non-urban Ports in Mid-Anglo-Saxon England: Excavations at Sandtun, West Hythe, Kent', Archaeological Journal, 158 (2001), 161–290.
M. Pitts, A. Bayliss, J. McKinley, A. Boylston, P. Budd, J. Evans, C. Chenery, A. J. Reynolds and S. Semple, 'An Anglo-Saxon Decapitation and Burial at Stonehenge', Wiltshire Archaeological and Natural History Magazine, 95 (2002), 131–46.
D. Stocker and P. Everson, 'The Straight and Narrow Way: Fenland Causeways and the Conversion of the Landscape in the Witham Valley, Lincolnshire', in M. O. H. Carver (ed.), The Cross Goes North: Processes of Conversion in Northern Europe, AD 300–1300 (Woodbridge, 2003), 271–88.
H. Williams, 'Death Warmed Up: The Agency of Bodies and Bones in Early Anglo-Saxon Cremation Rites', Journal of Material Culture, 9 (2004), 263–96.

第一章　古典时代晚期不列颠的兴与衰

基础阅读

A. S. Esmonde Cleary, The Ending of Roman Britain (London, 1989).
N. Faulkner with R. Reece, 'The Debate about the End: A Review of Evidence and Methods', Archaeological Journal, 159 (2002), 59–76.
K. Hopkins, 'Taxes and Trade in the Roman Empire (200 BC–AD 400)', Journal of Roman Studies, 70 (1980), 101–25.
M. Millett, The Romanization of Britain: An Essay in Archaeological Interpretation (Cambridge, 1990).
M. Todd (ed.), A Companion to Roman Britain (Oxford, 2007).

总体的，帝国范围内的背景

P. Brown, The World of Late Antiquity AD 150–750 (London, 1971).
P. Heather, The Fall of the Roman Empire: A New History of Rome and the Barbarians (Oxford, 2007).
A. H. M. Jones, The Later Roman Empire 284–602, 2 vols. (Oxford, 1964).
P. Salway, The Oxford Illustrated History of Roman Britain (Oxford, 1993).

B. Ward-Perkins, The Fall of Rome and the End of Civilization (Oxford, 2005).

C. Wickham, The Framing of the Early Middle Ages: Europe and the Mediterranean, 400–800 (Oxford, 2007).

罗马不列颠时期

N. Bateman, C. Cowan and R. Wroe-Brown, London's Roman Amphitheatre: Guildhall Yard, City of London, MoLAS Monograph, 35 (London, 2008).

P. Booth, A. Dodd, M. Robinson and A. Smith, Thames through Time: The Archaeology of Gravel Terraces of the Upper and Middle Thames. The Early Historical Period: AD 1–1000, Oxford Archaeology Thames Valley Landscapes Monographs, 27 (Oxford, 2007).

P. Budd, J. Montgomery, J. Evans and M. Trickett, 'Human Lead Exposure in England from Approximately 5500 BP to the 16th century AD', The Science of the Total Environment, 318 (2004), 45–58.

N. Christie, 'Construction and Deconstruction: Reconstructing the Late-Roman Townscape', in T. R. Slater (ed.), Towns in Decline, AD 100–1600 (Aldershot, 2000), 51–71.

G. Clarke, The Roman Cemetery at Lankhills (Oxford, 1979).

H. E. M. Cool, Eating and Drinking in Roman Britain (Cambridge, 2006).

A. S. Esmonde Cleary, Extra-mural Areas of Romano-British Towns, BAR, Brit. Ser., 169 (Oxford, 1987).

D. E. Farwell and T. I. Molleson, Excavations at Poundbury, Dorchester, Dorset 1966–82: The Cemeteries, vol. 2 (Dorchester, 1993).

N. Faulkner, 'Later Roman Colchester', Oxford Journal of Archaeology, 13 (1994), 93–120.

A. Gardner, An Archaeology of Identity: Soldiers and Society in Late Roman Britain (Walnut Creek, Calif., 2007).

C. Gerrard with M. Aston, The Shapwick Project, Somerset: A Rural Landscape Explored, Society for Medieval Archaeology Monograph Series, 25 (Leeds, 2007).

J. Hall, 'The Shopkeepers and Craft-Workers of Roman London', in A. Mac Mahon and J. Price (eds.), Roman Working Lives and Urban Living (Oxford, 2005), 125–44.

S. Leach, M. Lewis, C. Chenery, G. Müldner and H. Eckardt, 'Migration and Diversity in Roman Britain: A Multidisciplinary Approach to the Identification of Immigrants in Roman York, England', American Journal of Physical Anthropology, 140 (2009), 546–61.

P. Marsden and B. West, 'Population Change in Roman London', Britannia, 23 (1992), 133–40.

D. Miles, Archaeology at Barton Court Farm, Abingdon, Oxon: An Investigation of Late Neolithic, Iron Age, Romano-British and Saxon Settlements, CBA, Research Report, 50 (Oxford, 1986).

P. Murphy, U. Albarella, M. Germany and A. Locker, 'Production, Imports and Status: Biological Remains from a Late Roman Farm at Great Holts Farm, Boreham, Essex, UK', Environmental Archaeology, 5 (2000), 35–48.

D. Perring, Roman London (London, 1991).

—— 'Spatial Organization and Social Change in Roman Towns', in J. Rich and A. Wallace-Hadrill (eds.), City and Country in the Ancient World (London, 1991), 273–93.

—— and T. Brigham, 'Londinium and its Hinterland: The Roman Period', in T. Brigham (ed.), The Archaeology of Greater London (London, 2000), 119–70.

R. Philpott, Burial Practices in Roman Britain: A Survey of Grave Treatment and Furnishing AD 43–410, BAR, Brit. Ser., 219 (Oxford, 1991).

G. Pucci, 'Pottery and Trade in the Roman Period', in P. Garnsey, K. Hopkins and C. R. Whittaker (eds.), Trade in the Ancient Economy (Berkeley, 1983), 105–17.

R. Reece, Coinage in Roman Britain (London, 1987).

M. P. Richards, R. E. M. Hedges, T. I. Molleson and J. C. Vogel, 'Stable Isotope Analysis Reveals Variations in Human Diet at the Poundbury Camp Cemetery Site', Journal of Archaeological Science, 25 (1998), 1247–52.

K. Seetah, 'Multi-disciplinary Approaches to Romano-British Cattle Butchery', in M. Maltby (ed.), Ninth ICAZ Conference: Integrating Zooarchaeology (Oxford, 2006), 109–16.

H. Swain and T. Williams, 'The Population of Roman London', in J. Clark, J. Cotton, J. Hall, R. Sherris and H. Swain (eds.), Londinium and Beyond: Essays on Roman London and its Hinterland for Harvey Sheldon, CBA, Research Report, 156 (York, 2008), 3–40.

J. Timby, R. Brown, E. Biddulph, A. Hardy and A. Powell, A Slice of Rural Essex: Archaeological Discoveries from the A120 between Stansted Airport and Braintree (Oxford, 2007).

M. Todd (ed.), Research on Roman Britain 1960–89, Britannia Monograph Series, 11 (London, 1989).

M. van der Veen, A. Livarda and A. Hill, 'New Plant Foods in Roman Britain – Dispersal and Social Access', Environmental Archaeology, 13 (2008), 11–36.

罗马不列颠的衰落

D. A. Brooks, 'A Review of the Evidence for Continuity in British Towns in the Fifth and Sixth Centuries', Oxford Journal of Archaeology, 5 (1986), 77–102.

R. Cowie, 'Descent into Darkness: London in the 5th and 6th Centuries', in J. Clark, J. Cotton, J. Hall, R. Sherris and H. Swain (eds.), Londinium and Beyond: Essays on Roman London and its Hinterland for Harvey Sheldon, CBA, Research Report, 156 (York, 2008), 49–53.

J. Davey, 'The Environs of South Cadbury in the Late Antique and Early Medieval Period', in R. Collins and J. Gerrard (eds.), Debating Late Antiquity in Britain AD 300–700, BAR, Brit. Ser., 365 (Oxford, 2004), 43–54.

N. Faulkner, 'Change and Decline in Late Romano-British Towns', in T. R. Slater (ed.), Towns in Decline, AD 100–1600 (Aldershot, 2000), 25–50.

—— 'Verulamium: Interpreting Decline', Archaeological Journal, 154 (1996), 79–103.

M. G. Fulford and A. S. M. Clarke, 'Silchester and the End of Roman Towns', Current Archaeology, 14 (1999), 176–80.

A. F. Pearson, 'Barbarian Piracy and the Saxon Shore: A Reappraisal', Oxford Journal of Archaeology, 24 (2005), 73–88.

D. Petts, 'Burial in Western Britain AD 400–800', in R. Collins and J. Gerrard (eds.), Debating Late Antiquity in Britain AD 300–700, BAR, Brit. Ser., 365 (Oxford, 2004), 77–87.

第二章　在废墟中生活

基础阅读

J. Chapman and H. Hamerow (eds.), Migration and Invasion in Archaeological Explanation, BAR, Int. Ser., 664 (Oxford, 1997).

R. Collins and J. Gerrard (eds.), Debating Late Antiquity in Britain AD 300–700, BAR, Brit. Ser., 365 (Oxford, 2004).

H. Hamerow, Early Medieval Settlements: The Archaeology of Rural Communities in Northwest Europe, 400–900 (Oxford, 2002).

S. J. Lucy, The Anglo-Saxon Way of Death: Burial Rites in Early England (Stroud, 2000).

T. Wilmott and P. Wilson (eds.), The Late Roman Transition in the North, BAR, Brit. Ser., 299 (Oxford, 2000).

B. Yorke, 'Fact or Fiction? The Written Evidence for the Fifth and Sixth Centuries AD', Anglo-Saxon Studies in Archaeology and History, 6 (1993), 45–50.

后罗马时代的不列颠社区

P. Barker, R. White, K. Pretty, H. Bird and M. Corbishley, The Baths Basilica Wroxeter: Excavations 1966–90, English Heritage Archaeological Report, 8 (London, 1997).

R. C. Barrowman, C. E. Batey and C. D. Morris, Excavations at Tintagel Castle, Cornwall 1990–1999 (London, 2007).

S. Bassett, 'Medieval Ecclesiastical Organisation in the Vicinity of Wroxeter and its British Antecedents', Journal of the British Archaeological Association, 145 (1992), 1–28.

J. Bintliff and H. Hamerow (eds.), Europe between Late Antiquity and the Middle Ages, BAR, Int. Ser., 617 (Oxford, 1995).
P. Booth, 'Late Roman Cemeteries in Oxfordshire: A Review', Oxoniensia, 66 (2001), 13–42.
D. A. Brooks, 'A Review of the Evidence for Continuity in British Towns in the Fifth and Sixth Centuries', Oxford Journal of Archaeology, 5 (1986), 77–102.
B. C. Burnham, 'Review of Wroxeter: Life and Death of a Roman City', Britannia, 30 (1999), 422–4.
E. Campbell, Continental and Mediterranean Imports to Atlantic Britain and Ireland, AD 400–800, CBA, Research Report, 157 (York, 2007).
R. Collins, 'Before "the End": Hadrian's Wall in the Fourth Century and After', in R. Collins and J. Gerrard (eds.), Debating Late Antiquity in Britain AD 300–700, BAR, Brit. Ser., 365 (Oxford, 2004), 123–32.
H. E. M. Cool, 'The Parts Left Over: Material Culture into the 5th Century', in T. Wilmott and P. Wilson (eds.), The Late Roman Transition in the North, BAR, Brit. Ser., 299 (Oxford, 2000), 47–65.
N. J. Cooper, 'Searching for the Blank Generation: Consumer Choice in Roman and Post-Roman Britain', in J. Webster and N. J. Cooper (eds.), Roman Imperialism and Post-Colonial Perspectives (Leicester, 1996), 85–98.
A. S. Esmonde Cleary, 'Summing Up', in T. Wilmott and P. Wilson (eds.), The Late Roman Transition in the North, BAR, Brit. Ser., 299 (Oxford, 2000), 89–94.
A. Livarda, 'New Temptations? Olive, Cherry and Mulberry in Roman and Medieval Europe', in M. Allen, S. Baker, S. Middle and K. Poole (eds.), Food and Drink in Archaeology: University of Nottingham Postgraduate Conference 2007 (Totnes, 2008), 73–83.
S. T. Loseby, 'Power and Towns in Late Roman Britain and Early Anglo-Saxon England', in G. Ripoll and J. M. Gurt (eds.), Sedes regiae (ann. 400–800) (Barcelona, 2000), 319–70.
D. Miles, Archaeology at Barton Court Farm, Abingdon, Oxon: An Investigation of Late Neolithic, Iron Age, Romano-British and Saxon Settlements, CBA, Research Report, 50 (Oxford, 1986).
S. Parry, Raunds Area Survey (Oxford, 2006).
P. Rahtz, A. Woodward and I. Burrow, Cadbury Congresbury 1968–73: A Late/Post-Roman Hilltop Settlement in Somerset, BAR, Brit. Ser., 223 (Oxford, 1992).
S. Rippon, Gwent Levels: The Evolution of a Wetland Landscape, CBA, Research Report, 105 (York, 1996).
C. Whittaker, Frontiers of the Roman Empire: A Social and Economic Study (Baltimore, 1994).
T. Wilmott with L. Hird, K. Izard, J. Summerfield and L. Allason-Jones, Birdoswald: Excavations of a Roman Fort on Hadrian's Wall and its Successor Settlements, 1987–92, English Heritage Archaeological Report, 14 (London, 1994).
J. M. Wooding, Communication and Commerce along the Western Sealanes AD 400–800, BAR, Int. Ser., 654 (Oxford, 1996).

新移民

P. H. Dixon, 'The Anglo-Saxon Settlement at Mucking: An Interpretation', Anglo-Saxon Studies in Archaeology and History, 6 (1993), 125–47.

B. Eagles and C. Mortimer, 'Early Anglo-Saxon Artefacts from Hod Hill Dorset', Antiquaries Journal, 73 (1994 for 1993), 132–40.

V. I. Evison, An Anglo-Saxon Cemetery at Alton, Hampshire (Winchester, 1988).

H. Hamerow, 'Anglo-Saxon Oxfordshire, 400–700', Oxoniensia, 64 (1999), 23–38.

—— Excavations at Mucking II: Anglo-Saxon Settlement, English Heritage Archaeological Report, 21 (London, 1993).

—— 'Shaping Settlements: Early Medieval Communities in Northwest Europe', in J. Bintliff and H. Hamerow (eds.), Europe between Late Antiquity and the Middle Ages, BAR, Int. Ser., 617 (Oxford, 1995), 8–37.

L. Laing, 'Some Anglo-Saxon Artefacts from Nottinghamshire', Anglo-Saxon Studies in Archaeology and History, 13 (2006), 80–96.

J. Murray and T. McDonald, 'Excavations at Station Road, Gamlingay, Cambridgeshire', Anglo-Saxon Studies in Archaeology and History, 13 (2006), 173–330.

C. Scull, 'Archaeology, Early Anglo-Saxon Society and the Origins of Anglo-Saxon Kingdoms', Anglo-Saxon Studies in Archaeology and History, 6 (1993), 65–82.

M. Welch, 'The Archaeological Evidence for Federate Settlement in Britain within the Fifth Century', in F. Vallet and M. Kazanski (eds.), L'Armée romaine et les barbares du IIIe au VIIe siècle (Paris, 1993), 269–78.

—— 'Relating Anglo-Saxon Chronology to Continental Chronologies in the Fifth Century AD', in U. von Freeden, U. Koch and A. Wieczorek (eds.), Völker an Nord- und Ostsee und die Franken (Bonn, 1999), 31–8.

定居与同化

P. Booth, A. Dodd, M. Robinson and A. Smith, Thames through Time: The Archaeology of Gravel Terraces of the Upper and Middle Thames. The Early Historical Period: AD 1–1000, Oxford Archaeology Thames Valley Landscapes Monographs, 27 (Oxford, 2007).

A. Boyle, A. Dodd, D. Miles and A. Mudd, Two Oxfordshire Anglo-Saxon Cemeteries: Berinsfield and Didcot, Oxford Archaeology Thames Valley Landscapes Monographs, 8 (Oxford, 1995).

P. Budd, A. Millard, C. Chernery, S. J. Lucy and C. Roberts, 'Investigating Population Movement by Stable Isotope Analysis: A Report from Britain', Antiquity, 78 (2004), 127–41.

M. O. H. Carver, C. Hills and J. Scheschkewitz, Wasperton: A Roman, British and Anglo-Saxon Community in Central England (Woodbridge, 2009).

R. A. Chambers, 'The Late- and Sub-Roman Cemetery at Queenford Farm, Dorchester-on-Thames, Oxon.', Oxoniensia, 52 (1987), 35–69.

V. I. Evison and P. Hill, Two Anglo-Saxon Cemeteries at Beckford, Hereford and Worcester, CBA, Research Report, 103 (York, 1996).

H. Geake and J. Kenny (eds.), Early Deira: Archaeological Studies of the East Riding in the Fourth to the Ninth Centuries AD (Oxford, 2000).

M. Gelling, Signposts to the Past: Place-Names and the History of England, 2nd edn. (Chichester, 1988).

C. M. Hills and T. C. O'Connell, 'New Light on the Anglo-Saxon Succession: Two Cemeteries and their Dates', Antiquity, 83 (2009), 1096–1108.

P. Inker, 'Technology as Active Material Culture: The Quoit-Brooch Style', Medieval Archaeology, 44 (2000), 25–52.

J. Lloyd-Jones, 'Measuring Biological Affinity among Populations: A Case Study of Romano-British and Anglo-Saxon Populations', in J. Huggett and N. Ryan (eds.), Computer Applications and Quantitative Methods in Archaeology 1994, BAR, Int. Ser., 600 (Oxford, 1995), 69–73.

C. Loveluck, 'Archaeological Expressions of the Transition from the Late Roman to Early Anglo-Saxon Period in Lowland East Yorkshire', in P. Halkon and M. Millett, Rural Settlement and Industry: Studies in the Iron Age and Roman Archaeology of Lowland East Yorkshire, Yorkshire Archaeological Report, 4 (Leeds, 1999), 228–36.

K. Parfitt and B. Brugmann, The Anglo-Saxon Cemetery on Mill Hill, Deal, Kent, Society for Medieval Archaeology Monograph Series, 14 (London, 1997).

G. Taylor, C. Allen, J. Bayley, J. Cowgill, V. Fryer, C. Palmer, B. Precious, J. Rackham, T. Roper and J. Young, 'An Early to Middle Saxon Settlement at Quarrington, Lincolnshire', Antiquaries Journal, 83 (2003), 231–80.

B. Ward-Perkins, 'Why Did the Anglo-Saxons Not Become more British?', English Historical Review, 115 (2000), 513–33.

R. H. White, Roman and Celtic Objects from Anglo-Saxon Graves, BAR, Brit. Ser., 191 (Oxford, 1988).

H. M. R. Williams, 'Identities and Cemeteries in Roman and Early Medieval Britain', in P. Baker, C. Forcey, S. Jundi and R. Witcher (eds.), TRAC 98: Proceedings of the Eighth Annual Theoretical Roman Archaeology Conference (Oxford, 1999), 96–107.

第三章　塑造民族、塑造社会阶层

基础阅读

D. Anthony, 'Prehistoric Migration as Social Process', in J. Chapman and H. Hamerow (eds.), Migrations and Invasions in Archaeological Explanation, BAR, Int. Ser., 664 (Oxford, 1997), 21–32.

D. Austin and J. Thomas, 'The "Proper Study" of Medieval Archaeology: A Case Study', in D. Austin and L. Alcock (eds.), From the Baltic to the Black Sea: Studies in Medieval Archaeology (London, 1990), 43–78.

M. O. H. Carver, C. M. Hills and J. Scheschkewitz, Wasperton: A Roman, British and Anglo-Saxon Community in Central England (Woodbridge, 2009).
G. Halsall, Settlement and Social Organization: The Merovingian Region of Metz (Cambridge, 1995).
Y. Hen, Roman Barbarians: The Royal Court and Culture in the Early Medieval West (Basingstoke, 2007).
E. James, 'Burial and Status in the Early Medieval West', Transactions of the Royal Historical Society, 5th ser., 39 (1989), 23–40.
R. Jenkins, Rethinking Ethnicity: Arguments and Explorations (London, 1997).
S. Jones, The Archaeology of Ethnicity: Constructing Identities in the Past and Present (London, 1997).
M. Parker Pearson, The Archaeology of Death and Burial (Stroud, 1999).
W. Pohl and H. Reimitz (eds.), Strategies of Distinction: The Construction of Ethnic Communities, 300–800 (Leiden, 1998).
S. Reynolds, 'Medieval origines gentium and the Community of the Realm', History, 68 (1983), 375–90.
—— 'What Do We Mean by "Anglo-Saxon" and "Anglo-Saxons"?', Journal of British Studies, 24 (1985), 395–414.

不列颠东部

P. Blinkhorn, 'Habitus, Social Identity and Anglo-Saxon Pottery', in C. G. Cumberpatch and P. W. Blinkhorn (eds.), Not so Much a Pot, More a Way of Life: Current Approaches to Artefact Analysis in Archaeology (Oxford, 1997), 113–24.
B. Brugmann, 'The Role of Continental Artefact-Types in Sixth-Century Kentish Chronology', in J. Hines, K. Høilund Nielsen and F. Siegmund (eds.), The Pace of Change: Studies in Early Medieval Chronology (Oxford, 1999), 37–64.
S. Chadwick Hawkes and G. Grainger, ed. B. Brugmann, The Anglo-Saxon Cemetery at Finglesham, Kent (Oxford, 2006).
S. Crawford, Childhood in Anglo-Saxon England (Stroud, 1999).
V. I. Evison, An Anglo-Saxon Cemetery at Great Chesterford, Essex, CBA, Research Report, 91 (York, 1994).
W. J. Ford, 'Anglo-Saxon Cemeteries along the Avon Valley', Birmingham and Warwick Archaeological Society, 100 (1996), 59–98.
C. M. Hills, 'Who Were the East Anglians?', in J. Gardiner (ed.), Flatlands and Wetlands: Current Themes in East Anglian Archaeology, East Anglian Archaeology, 50 (Norwich, 1993), 14–23.
J. Hines, The Scandinavian Character of Anglian England in the Pre-Viking Period, BAR, Brit. Ser., 124 (Oxford, 1984).
—— 'The Sixth-Century Transition in Anglian England: An Analysis of Female Graves from Cambridgeshire', in J. Hines, K. Høilund Nielsen and F. Siegmund

(eds.), The Pace of Change: Studies in Early Medieval Chronology (Oxford, 1999), 65–79.

K. Leahy 'The Anglo-Saxon Settlement of Lindsey', in A. Vince (ed.), Pre-Viking Lindsey (Lincoln, 1993), 29–44.

J. Lloyd-Jones, 'Measuring Biological Affinity among Populations: A Case Study of Romano-British and Anglo-Saxon Populations', in J. Huggett and N. Ryan (eds.), Computer Applications and Quantitative Methods in Archaeology 1994, BAR, Int. Ser., 600 (Oxford, 1995), 69–73.

F. McCormick, 'The Distribution of Meat in a Hierarchical Society: The Irish Evidence', in P. Miracle and N. Milner (eds.), Consuming Passions and Patterns of Consumption, McDonald Institute Monograph (Cambridge, 2002), 25–32.

T. Malim and J. Hines, The Anglo-Saxon Cemetery at Edix Hill (Barrington A), Cambridgeshire, CBA, Research Report, 112 (York, 1998).

M. Millett, 'Treasure: Interpreting Roman Hoards', in S. Cottam, D. Dungworth, S. Scott and J. Taylor (eds.), TRAC 94: Proceedings of the Fourth Annual Theoretical Roman Archaeology Conference (Oxford, 1994), 99–106.

—— and S. James, 'Excavations at Cowdery's Down, Basingstoke, Hampshire 1978–81', Archaeological Journal, 140 (1983), 151–279.

J. Moreland, 'Ethnicity, Power and the English', in W. O. Frazer and A. Tyrrell (eds.), Social Identity in Early Medieval Britain (London, 2000), 23–52.

C. O'Brien and R. Miket, 'The Early Medieval Settlement of Thirlings, Northumberland', Durham Archaeological Journal, 7 (1991), 57–92.

G. R. Owen-Crocker, Dress in Anglo-Saxon England, 2nd edn. (Woodbridge, 2004).

K. Parfitt, 'The Buckland Saxon Cemetery', Current Archaeology, 144 (1995), 459–64.

—— and B. Brugmann, The Anglo-Saxon Cemetery on Mill Hill, Deal, Kent, Society for Medieval Archaeology Monograph Series, 14 (London, 1997).

K. Penn and B. Brugmann with K. Høilund Nielsen, Aspects of Anglo-Saxon Inhumation Burial: Morning Thorpe, Spong Hill, Bergh Apton and Westgarth Gardens, East Anglian Archaeology, 119 (Peterborough, 2007).

K. Steane and A. Vince, 'Post-Roman Lincoln: Archaeological Evidence for Activity in Lincoln in the 5th–9th Centuries', in A. Vince (ed.), Pre-Viking Lindsey (Lincoln, 1993), 71–9.

N. Stoodley, The Spindle and the Spear: A Critical Enquiry into the Construction and Meaning of Gender in the Early Anglo-Saxon Burial Rite, BAR, Brit. Ser., 288 (Oxford, 1999).

A. Taylor, C. Duhig and J. Hines, 'An Anglo-Saxon Cemetery at Oakington, Cambridgeshire', Proceedings of the Cambridge Antiquarian Society, 86 (1997), 57–90.

P. Walton Rogers, Cloth and Clothing in Early Anglo-Saxon England AD 450–700, CBA, Research Report, 145 (York, 2007).

R. H. White, Roman and Celtic Objects from Anglo-Saxon Graves, BAR, Brit. Ser., 191 (Oxford, 1988).

H. Williams, 'An Ideology of Transformation: Cremation Rites and Animal Sacrifice in Early Anglo-Saxon England', in. N. Price (ed.), The Archaeology of Shamanism (London, 2001), 193–212.

不列颠西部

R. C. Barrowman, C. E. Batey and C. D. Morris, Excavations at Tintagel Castle, Cornwall 1990–1999 (London, 2007).

K. S. Brassil, W. G. Owen and W. J. Britnell, 'Prehistoric and Early Medieval Cemeteries at Tandderwen, near Denbigh, Clwyd', Archaeological Journal, 148 (1991), 46–97.

E. Campbell, Continental and Mediterranean Imports to Atlantic Britain and Ireland, *AD* 400–800, CBA, Research Report, 157 (York, 2007).

—— 'New Finds of Post-Roman Imported Pottery and Glass from South Wales', Archaeologia Cambrensis, 138 (1989), 59–66.

—— and A. Lane, 'Excavations at Longbury Bank, Dyfed and Early Medieval Settlement in South Wales', Medieval Archaeology, 37 (1993), 15–77.

—— and P. MacDonald, 'Excavations at Caerwent Vicarage Orchard Garden 1973: An Extra-mural Post-Roman Cemetery', Archaeologia Cambrensis, 142 (1993), 74–98.

T. Charles-Edwards, 'Language and Society among the Insular Celts AD 400–1000', in M. J. Green (ed.), The Celtic World (London, 1995), 703–36.

W. Davies, Wales in the Early Middle Ages (Leicester, 1982).

S. T. Driscoll, 'Discourse on the Frontiers of History: Material Culture and Social Reproduction in Early Scotland', Historical Archaeology, 26 (1992), 12–25.

N. Edwards, 'Early-Medieval Inscribed Stones and Stone Sculpture in Wales: Context and Function', Medieval Archaeology, 45 (2001), 15–39.

—— (ed.), Landscape and Settlement in Medieval Wales (Oxford, 1997).

M. A. Handley, 'The Early Medieval Inscriptions of Western Britain: Function and Sociology', in J. Hill and M. Swan (eds.), The Community, the Family and the Saint: Patterns of Power in Early Medieval Europe (Turnhout, 1998), 339–61.

—— 'The Origins of Christian Commemoration in Late Antique Britain', Early Medieval Europe, 10 (2001), 177–99.

P. Hill (ed.), Whithorn and St Ninian: The Excavation of a Monastic Town 1984–1991 (Stroud, 1997).

N. Holbrook and A. Thomas, 'An Early-Medieval Monastic Cemetery at Llandough, Glamorgan: Excavations in 1994', Medieval Archaeology, 49 (2005), 1–92.

H. James, 'Early Medieval Cemeteries in Wales', in N. Edwards and A. Lane (eds.), The Early Church in Wales and the West (Oxford, 1992), 90–103.

J. Knight, 'Late Roman and Post-Roman Caerwent: Some Evidence from Metalwork', Archaeologia Cambrensis, 145 (1996), 35–66.

M. Lapidge and D. N. Dumville, Gildas: New Approaches (Woodbridge, 1984).

'Llandough', Current Archaeology, 146 (1996), 73–7.
H. Mytum, 'Across the Irish Sea: Romano-British and Irish Settlement in Wales', Emania, 13 (1995), 15–22.
D. Petts, 'Christianity and the End of Roman Britain', in P. Baker, C. Forcey, S. Jundi and R. Witcher (eds.), TRAC 98: Proceedings of the Eighth Annual Theoretical Roman Archaeology Conference (Oxford, 1999), 86–95.
S. J. Sherlock and M. G. Welch, An Anglo-Saxon Cemetery at Norton, Cleveland, CBA, Research Report, 82 (London, 1992).
P. Sims-Williams, 'Gildas and the Anglo-Saxons', Cambridge Medieval Celtic Studies, 6 (1983), 1–30.
P. N. Wood, 'On the Little British Kingdom of Craven', Northern History, 32 (1996), 1–20.
N. Wright, 'Gildas's Reading: A Survey', Sacris Erudiri, 32 (1991), 121–62.

第四章 精英阶层、诸王国与崭新的过去

基础阅读

S. R. Bassett (ed.), The Origins of Anglo-Saxon Kingdoms (London, 1989).
R. Bradley, 'Time Regained: The Creation of Continuity', Journal of the British Archaeological Association, 140 (1987), 1–17.
T. Charles-Edwards, 'The Making of Nations in Britain and Ireland in the Early Middle Ages', in R. Evans (ed.), Lordship and Learning: Studies in Memory of Trevor Aston (Woodbridge, 2004), 11–32.
D. Dumville, 'Kingship, Genealogies and Regnal Lists', in P. Sawyer and I. N. Wood (eds.), Early Medieval Kingship (Leeds, 1977), 72–104.
H. Härke, 'Cemeteries as Places of Power', in M. de Jong and F. Theuws with C. van Rhijn (eds.), Topographies of Power in the Early Middle Ages (Leiden, 2001), 9–30.
S. Keynes, 'England, 700–900', in R. McKitterick (ed.), The New Cambridge Medieval History, vol. 2: c. 700–c. 900 (Cambridge, 1995), 18–42.
P. Sims-Williams, 'The Settlement of England in Bede and the Chronicle', Anglo-Saxon England, 12 (1983), 1–41.
K. Sisam, 'Anglo-Saxon Royal Genealogies', Proceedings of the British Academy, 39 (1953), 287–348.

塑造一个适用的过去

C. M. Antonaccio, An Archaeology of Ancestors: Tomb Cult and Hero Cult in Early Greece (London, 1995).

J. Barnatt and J. R. Collis, Barrows in the Peak District: Recent Research (Sheffield, 1996).
J. Blair, 'Anglo-Saxon Pagan Shrines and their Prototypes', Anglo-Saxon Studies in Archaeology and History, 8 (1995), 1–28.
R. Bradley, The Significance of Monuments (London, 1998).
J. Collis, Wigber Low, Derbyshire: A Bronze Age and Anglian Burial Site in the White Peak (Sheffield, 1983).
T. M. Dickinson and G. Speake, 'The Seventh-Century Cremation Burial in Asthall Barrow, Oxfordshire: A Reassessment', in M. O. H. Carver (ed.), The Age of Sutton Hoo: The Seventh Century in North-Western Europe (Woodbridge, 1992), 95–130.
S. T. Driscoll, 'Picts and Prehistory: Cultural Resource Management in Early Medieval Scotland', World Archaeology, 30 (1998), 142–58.
H. Geake, 'Burial Practice in Seventh- and Eighth-Century England', in M. O. H. Carver (ed.), The Age of Sutton Hoo: The Seventh Century in North-Western Europe (Woodbridge, 1992), 83–94.
H. Härke, 'Material Culture as Myth: Weapons in Anglo-Saxon Graves', in C. K. Jensen and K. Høilund Nielsen (eds.), Burial and Society: The Chronological and Social Analysis of Archaeological Burial Data (Aarhus, 1997), 119–27.
R. Hartridge, 'Excavations at the Prehistoric and Romano-British Site on Slonk Hill, Shoreham, Sussex', Sussex Archaeological Collections, 116 (1978), 69–141.
R. Hingley, 'Ancestors and Identity in the Later Pre-history of Atlantic Scotland: The Reuse and Reinvention of Neolithic Monuments and Material Culture', World Archaeology, 28 (1996), 231–43.
K. Høilund Nielsen, 'Style II and the Anglo-Saxon Elite', Anglo-Saxon Studies in Archaeology and History, 10 (1999), 185–202.
G. Holleyman, 'Harrow Hill Excavations, 1936', Sussex Archaeological Collections, 78 (1937), 230–51.
B. Hope-Taylor, Yeavering: An Anglo-British Centre of Early Northumbria (London, 1977).
H. James, 'Early Medieval Cemeteries in Wales', in N. Edwards and A. Lane (eds.), The Early Church in Wales and the West (Oxford, 1992), 90–104.
A. Meany, 'Bede and Anglo-Saxon Paganism', Parergon, new ser., 3 (1985), 1–29.
—— 'Pagan English Sanctuaries, Place-Names and Hundred Meeting-Places', Anglo-Saxon Studies in Archaeology and History, 8 (1995), 29–42.
K. Mizoguchi, 'Time in the Reproduction of Mortuary Practices', World Archaeology, 25 (1993), 223–35.
K. Murphy, 'Plas Gogerddan, Dyfed: A Multi-period Burial and Ritual Site', Archaeological Journal, 149 (1992), 1–38.
M. Parker Pearson, 'The Powerful Dead: Archaeological Relationships between the Living and the Dead', Cambridge Archaeological Journal, 3 (1993), 203–29.

—— 'Tombs and Territories: Material Culture and Multiple Interpretation', in I. Hodder, M. Shanks, A. Alexandri, V. Buchli, J. Carman, J. Last and G. Lucas (eds.), Interpreting Archaeology: Finding Meaning in the Past (London, 1995), 205–9.

D. Petts, 'Landscape and Cultural Identity in Roman Britain', in M. de Jong and F. Theuws, with C. van Rhijn (eds.), Topographies of Power in the Early Middle Ages (Leiden, 2001), 79–94.

M. Ravn, Death Ritual and Germanic Social Structure (c. AD 200–600), BAR, Int. Ser., 1164 (Oxford, 2003).

C. Scull, 'Post-Roman Phase I at Yeavering: A Reconsideration', Medieval Archaeology, 35 (1991), 51–63.

S. Semple, 'Burials and Political Boundaries in the Avebury Region, North Wiltshire', Anglo-Saxon Studies in Archaeology and History, 12 (2003), 72–91.

—— 'A Fear of the Past: The Place of the Prehistoric Burial Mound in the Ideology of Middle and Later Anglo-Saxon England', World Archaeology, 30 (1998), 109–26.

J. Shephard, 'The Social Identity of the Individual in Isolated Barrows and Barrow Cemeteries in Anglo-Saxon England', in B. Burnham and J. Kingsbury (eds.), Space, Hierarchy and Society: Interdisciplinary Studies in Social Area Analysis, BAR, Brit. Ser., 59 (Oxford, 1979), 47–79.

G. Speake, A Saxon Bed Burial on Swallowcliffe Down, English Heritage Archaeological Report, 10 (London, 1989).

C. Tilley, 'The Powers of Rocks: Topography and Monument Construction on Bodmin Moor', World Archaeology, 28 (1996), 161–76.

M. Tingle, The Vale of the White Horse Survey – The Study of a Changing Landscape in the Clay Lowlands of Southern England from Prehistory to the Present, BAR, Brit. Ser., 218 (Oxford, 1991).

R. van de Noort, 'The Context of Early Medieval Barrows in Western Europe', Antiquity, 67 (1993), 66–73.

H. Williams, 'Ancient Landscapes and the Dead: The Reuse of Prehistoric and Roman Monuments as Early Anglo-Saxon Burial Sites', Medieval Archaeology, 41 (1997), 1–31.

—— Death and Memory in Early Medieval Britain (Cambridge, 2006).

—— 'Monuments and the Past in Early Anglo-Saxon England', World Archaeology, 30 (1998), 90–108.

—— 'Placing the Dead: Investigating the Location of Wealthy Barrow Burials in Seventh-Century England', in M. Rundkvist (ed.), Grave Matters, BAR, Int. Ser., 781 (Oxford, 1999), 57–86.

B. Yorke, 'Fact or Fiction? The Written Evidence for the Fifth and Sixth Centuries AD', Anglo-Saxon Studies in Archaeology and History, 6 (1993), 45–50.

—— 'The Origins of Anglo-Saxon Kingdoms: The Contribution of Written Sources', Anglo-Saxon Studies in Archaeology and History, 10 (1999), 25–9.

社会群体和早期王国

M. Biddle and B. Kjølbye-Biddle, 'Repton and the Vikings', Antiquity, 66 (1992), 36–52.

J. Blair, Anglo-Saxon Oxfordshire (Oxford, 1994).

—— Early Medieval Surrey: Landholding, Church and Settlement before 1300 (Gloucester, 1991).

M. P. Brown and C. A. Farr (eds.), Mercia: An Anglo-Saxon Kingdom in Europe (London, 2001).

J. Campbell, 'Bede's Words for Places', in J. Campbell, Essays in Anglo-Saxon History (London, 1986), 99–119.

M. O. H. Carver, Sutton Hoo: A Seventh-Century Princely Burial Ground and its Context (London, 2005).

P. Combes and M. Lyne, 'Hastings, Haestingaceaster and Haestingaport: A Question of Identity', Sussex Archaeological Collections, 133 (1995), 213–24.

W. Davies and H. Vierck, 'The Contexts of Tribal Hidage: Social Aggregates and Settlement Patterns', Frühmittelalterliche Studien, 8 (1974), 223–93.

J. McN. Dodgson, 'The Significance of the Distribution of the English Place-Name in ingas-, -inga- in South-East England', Medieval Archaeology, 10 (1966), 1–29.

R. Faith, The English Peasantry and the Growth of Lordship (London, 1997).

H. Fox, 'Fragmented Manors and the Customs of the Anglo-Saxons', in S. Keynes and A. P. Smyth (eds.), Anglo-Saxons: Studies Presented to Cyril Roy Hart (Dublin, 2006), 78–97.

H. E. Hallam, 'England before the Norman Conquest', in H. E. Hallam (ed.), The Agrarian History of England and Wales, vol. 2: 1042–1350 (Cambridge, 1988), 1–44.

H. Hamerow, Early Medieval Settlements: The Archaeology of Rural Communities in Northwest Europe, 400–900 (Oxford, 2002).

A. Hardy, B. M. Charles and R. J. Williams, Death and Taxes: The Archaeology of a Middle Saxon Estate Centre at Higham Ferrers, Northamptonshire (Oxford, 2007).

P. H. Hase, 'The Church in the Wessex Heartlands', in M. Aston and C. Lewis (eds.), The Medieval Landscape of Wessex (Oxford, 1994), 47–81.

C. Loveluck, 'Acculturation, Migration and Exchange: The Formation of an Anglo-Saxon Society in the Peak District 400–700 AD', in J. Bintliff and H. Hamerow (eds.), Europe between Late Antiquity and the Middle Ages, BAR, Int. Ser., 617 (Oxford, 1995), 84–98.

—— Rural Settlement, Lifestyles and Social Change in the Later First Millennium AD: Anglo-Saxon Flixborough in its Wider Context (Oxford, 2007).

—— and K. Dobney, 'A Match Made in Heaven or a Marriage of Convenience? The Problems and Rewards of Integrating Palaeoecological and Archaeological

Data', in U. Albarella (ed.), Environmental Archaeology: Meaning and Purpose (Dordrecht, 2001), 149–75.
C. O'Brien and R. Miket, 'The Early Medieval Settlement of Thirlings, Northumberland', Durham Archaeological Journal, 7 (1991), 57–91.
P. Sims-Williams, Religion and Literature in Western England, 600–800 (Cambridge, 1990).
G. Taylor, C. Allen, J. Bayley, J. Cowgill, V. Fryer, C. Palmer, B. Precious, J. Rackham, T. Roper and J. Young, 'An Early to Middle Saxon Settlement at Quarrington, Lincolnshire', Antiquaries Journal, 83 (2003), 231–80.
D. J. Tyler, 'Early Mercia and the Britons', in N. Higham (ed.), Britons in Anglo-Saxon England (Woodbridge, 2007), 91–101.
T. Williamson, Shaping Medieval Landscapes: Settlement, Society, Environment (Macclesfield, 2003)

岛内人和外来者

E. Campbell, Continental and Mediterranean Imports to Atlantic Britain and Ireland, AD 400–800, CBA, Research Report, 157 (York, 2007).
—— and A. Lane, 'Celtic and Germanic Interaction in Dalriada: The Seventh-Century Metalworking Site at Dunadd', in R. M. Spearman and J. Higgitt (eds.), The Age of Migrating Ideas: Early Medieval Art in Northern Britain and Ireland (Stroud, 1993), 52–63.
A. Lane and E. Campbell, Dunadd: An Early Dalriadic Capital (Oxford, 2000), 223–35.
D. O'Cróinín, The Kings Depart: The Prosopography of Anglo-Saxon Royal Exile in the Sixth and Seventh Centuries, Quiggin Pamphlets on Sources of Gaelic History, 8 (Cambridge, 2007).

第五章 信仰与仪式

基础阅读

M. O. H. Carver (ed.), The Cross Goes North: Processes of Conversion in Northern Europe, AD 300–1300 (Woodbridge, 2003).
W. Davies, Wales in the Early Middle Ages (Leicester, 1982).
R. Gameson (ed.), St Augustine and the Conversion of England (Stroud, 1999).
H. Geake, The Use of Grave-Goods in Conversion-Period England, c. 600–c. 850, BAR, Brit. Ser., 261 (Oxford, 1997).
S. Lucy, The Anglo-Saxon Way of Death: Burial Rites in Early England (Stroud, 2000).

A. L. Meaney, 'Bede and Anglo-Saxon Paganism', Parergon, new ser., 3 (1985), 1–29.

A. Thacker and R. Sharpe (eds.), Local Saints and Local Churches in the Early Medieval West (Oxford, 2002).

H. Williams, Death and Memory in Early Medieval Britain (Cambridge, 2006).

D. Wilson, Anglo-Saxon Paganism (London, 1992).

不列颠西部的基督徒

S. R. Bassett, 'Church and Diocese in the West Midlands: The Transition from British to Anglo-Saxon Control', in J. Blair and R. Sharpe (eds.), Pastoral Care before the Parish (Leicester, 1992), 13–40.

—— 'Churches in Worcester before and after the Conversion of the Anglo-Saxons', Antiquaries Journal, 69 (1989), 225–56.

M. Biddle and B. Kjølbye-Biddle, 'The Origins of St Albans Abbey: Romano-British Cemetery and Anglo-Saxon Monastery', in M. Henig and P. Lindley (eds.), Alban and St Albans: Roman and Medieval Architecture, Art and Archaeology, British Archaeological Association Transactions, 24 (Leeds, 2001), 45–77.

N. Edwards, 'Celtic Saints and Early Medieval Archaeology', in A. Thacker and R. Sharpe (eds.), Local Saints and Local Churches in the Early Medieval West (Oxford, 2002), 225–65.

—— 'Identifying the Archaeology of the Early Church in Wales and Cornwall', in J. Blair and C. Pyrah (eds.), Church Archaeology: Research Directions for the Future, CBA, Research Report, 104 (York, 1996), 49–62.

B. Gilmour, 'Sub-Roman or Saxon, Pagan or Christian: Who Was Buried in the Early Cemetery at St-Paul-in-the-Bail, Lincoln?', in L. Gilmour (ed.), Pagans and Christians: From Antiquity to the Middle Ages. Papers in Honour of Martin Henig, BAR, Int. Ser., 1610 (Oxford, 2007), 229–56.

P. H. Hase, 'The Church in the Wessex Heartlands', in M. Aston and C. Lewis (eds.), The Medieval Landscape of Wessex (Oxford, 1994), 47–81.

J. K. Knight, 'Britain's Other Martyrs: Julius, Aaron, and Alban at Caerleon', in M. Henig and P. Lindley (eds.), Alban and St Albans: Roman and Medieval Architecture, Art and Archaeology, (Leeds, 2001), 38–44.

—— The End of Antiquity: Archaeology, Society and Religion AD 235–700 (Stroud, 1999).

R. Niblett, 'Why Verulamium?', in M. Henig and P. Lindley (eds.), Alban and St Albans: Roman and Medieval Architecture, Art and Archaeology, (Leeds, 2001), 1–12.

O. J. Padel, 'Local Saints and Place-Names in Cornwall', in A. Thacker and R. Sharpe (eds.), Local Saints and Local Churches in the Early Medieval West (Oxford, 2002), 303–60.

D. Petts, 'Burial in Western Britain AD 400–800: Late Antique or Early Medieval?', in R. Collins and J. Gerrard (eds.), Debating Late Antiquity in Britain AD 300–700, BAR, Brit. Ser., 365 (Oxford, 2004), 77–87.

H. Pryce, 'Pastoral Care in Early Medieval Wales', in J. Blair and R. Sharpe (eds.), Pastoral Care before the Parish (Leicester, 1992), 41–62.

W. Rodwell, 'The Role of the Church in the Development of Roman and Early Anglo-Saxon London', in M. O. H. Carver (ed.), In Search of Cult (Woodbridge, 1992), 91–9.

R. Sharpe, 'Martyrs and Local Saints in Late Antique Britain', in A. Thacker and R. Sharpe (eds.), Local Saints and Local Churches in the Early Medieval West (Oxford, 2002), 75–154.

P. Sims-Williams, Religion and Literature in Western England, 600–800 (Cambridge, 1990).

A. Smith, 'The Fate of Pagan Temples in South-East Britain during the Late and Post-Roman Period', in D. Rudling (ed.), Rural Landscapes of Roman South-East Britain (Oxford, 2008), 171–90.

C. Sparey Green, Excavations at Poundbury, vol 1: The Settlements, Dorset Natural History and Archaeology Society Monograph, 7 (Dorchester, 1987).

—— 'Living amongst the Dead: From Roman Cemetery to Post-Roman Monastic Settlement at Poundbury', in R. Collins and J. Gerrard (eds.), Debating Late Antiquity in Britain AD 300–700, BAR, Brit. Ser., 365 (Oxford, 2004), 103–11.

C. Stancliffe, 'The British Church and the Mission of Augustine', in R. Gameson (ed.), St Augustine and the Conversion of England (Stroud, 1999), 107–51.

不列颠东部

J. Blair, 'Anglo-Saxon Pagan Shrines and their Prototypes', Anglo-Saxon Studies in Archaeology and History, 8 (1995), 1–28.

J. M. Bond, 'Burnt Offerings: Animal Bone in Anglo-Saxon Cremations', World Archaeology, 28 (1996), 76–88.

S. Burnell and E. James, 'The Archaeology of Conversion on the Continent in the Sixth and Seventh Centuries: Some Observations and Comparisons with Anglo-Saxon England', in R. Gameson (ed.), St Augustine and the Conversion of England (Stroud, 1999), 83–106.

M. O. H. Carver, Sutton Hoo: A Seventh-Century Princely Burial Ground and its Context (London, 2005).

S. D. Church, 'Paganism in Conversion-Age Anglo-Saxon England: The Evidence of Bede's Ecclesiastical History Reconsidered', History, 93 (2008), 162–80.

C. E. Fell, 'Paganism in Beowulf: A Semantic Fairy-Tale', in T. Hosfra, L. A. J. R. Houwen and A. A. MacDonald (eds.), Pagans and Christians: The Interplay between Christian, Latin and Traditional Germanic Cultures in Early Medieval Europe, Germania Latina II (Groningen, 1995), 9–34.

C. Fern, 'Early Anglo-Saxon Horse Burial of the Fifth to Seventh Centuries AD', Anglo-Saxon Studies in Archaeology and History, 14 (2007), 92–109.
W. Filmer-Sankey and T. Pestell, Snape Anglo-Saxon Cemetery: Excavations and Surveys 1824–1992, East Anglian Archaeology, 95 (Ipswich, 2002).
R. Gameson (ed.), St Augustine and the Conversion of England (Stroud, 1999).
H. Geake, 'Burial Practice in Seventh- and Eighth-Century England', in M. O. H. Carver (ed.), The Age of Sutton Hoo: The Seventh Century in North-Western Europe (Woodbridge, 1992), 83–94.
R. Gilchrist and R. Morris, 'Monasteries as Settlements: Religion, Society and Economy, AD 600–1050', in M. O. H. Carver (ed.), In Search of Cult (Woodbridge, 1992), 113–18.
J. I. McKinley, The Anglo-Saxon Cemetery at Spong Hill, North Elmham, Part 8: The Cremations, East Anglian Archaeology, 69 (Dereham, 1994).
A. L. Meaney, Anglo-Saxon Amulets and Curing Stones, BAR, Brit. Ser., 96 (Oxford, 1981).
R. I. Page, 'Anglo-Saxon Paganism: The Evidence of Bede', in T. Hosfra, L. A. J. R. Houwen and A. A. MacDonald (eds.), Pagans and Christians: The Interplay between Christian, Latin and Traditional Germanic Cultures in Early Medieval Europe, Germania Latina II (Groningen, 1995), 99–130.
K. Penn, Excavations on the Norwich Southern Bypass, 1989–91, East Anglian Archaeology, 92 (Dereham, 2000).
R. Samson, 'The Church Lends a Hand', in J. Downes and T. Pollard (eds.), The Loved Body's Corruption: Archaeological Contributions to the Study of Human Mortality (Glasgow, 1999), 120–44.
A. Thacker, 'Loca sanctorum: The Significance of Place in the Study of the Saints', in A. Thacker and R. Sharpe (eds.), Local Saints and Local Churches in the Early Medieval West (Oxford, 2002), 1–43.
—— 'The Making of a Local Saint', in A. Thacker and R. Sharpe (eds.), Local Saints and Local Churches in the Early Medieval West (Oxford, 2002), 45–73.
A. G. Vince (ed.), Pre-Viking Lindsey (Lincoln, 1993).
H. Williams, 'Death Warmed Up: The Agency of Bodies and Bones in Early Anglo-Saxon Cremation Rites', Journal of Material Culture, 9 (2004), 263–96.
A. Woodward, English Heritage Book of Shrines and Sacrifice (London, 1992).

连续性

A. Boddington, Raunds Furnells: The Anglo-Saxon Church and Churchyard, English Heritage Archaeological Report, 7 (London, 1996).
H. Geake, 'Burial Practice in Seventh- and Eighth-Century England', in M. O. H. Carver (ed.), The Age of Sutton Hoo: The Seventh Century in North-Western Europe (Woodbridge, 1992), 83–94.
K. Penn, Excavations on the Norwich Southern Bypass, 1989–91, Part II: The

Anglo-Saxon Cemetery at Harford Farm, Caistor St Edmund, Norfolk, East Anglian Archaeology, 92 (Dereham, 2000).

第六章 传教与改宗

基础阅读

L. Abrams, 'Germanic Christianities', in T. F. X. Noble and J. M. H. Smith (eds.), The Cambridge History of Christianity: Early Medieval Christianities, c. 600–c. 1100 (Cambridge, 2008), 107–29.

J. Blair, The Church in Anglo-Saxon Society (Oxford, 2006).

—— and R. Sharpe (eds.), Pastoral Care before the Parish (Leicester, 1992).

T. Charles-Edwards, 'Conversion to Christianity', in T. Charles-Edwards (ed.), After Rome (Oxford, 2003), 103–39.

S. Foot, Monastic Life in Anglo-Saxon England, c. 600–900 (Cambridge, 2006).

H. Mayr-Harting, The Coming of Christianity to Anglo-Saxon England, 3rd edn. (London, 1991).

A. L. Meaney, 'Anglo-Saxon Idolators and Ecclesiasts from Theodore to Alcuin: A Source Study', Anglo-Saxon Studies in Archaeology and History, 5 (1992), 103–25.

B. Yorke, The Conversion of Britain 600–800 (London, 2006).

改宗与传教

P. A. Barker and A. L. Cubberley, 'Two Burials under the Refectory of Worcester Cathedral', Medieval Archaeology, 18 (1974), 146–51.

R. Bryant and C. Heighway, 'Excavations at St Mary de Lode Church, Gloucester, 1978–9', Transactions of the Bristol and Gloucestershire Archaeological Society, 121 (2003), 97–178.

D. A. Bullough, 'The Missions to the English and Picts and their Heritage (to c. 800)', in H. Löwe (ed.), Die Iren und Europa im früheren Mittelalter, 2 vols. (Stuttgart, 1982), vol. 1, pp. 80–98.

J. Campbell, 'The First Century of Christianity in England', in J. Campbell, Essays in Anglo-Saxon History (London, 1986), 49–67.

—— 'Observations on the Conversion of England', in J. Campbell, Essays in Anglo-Saxon History (London, 1986), 69–84.

T. Charles-Edwards, 'Bede, the Irish and the Britons', Celtica, 15 (1983), 42–52.

M. De Reu, 'The Missionaries: The First Contact between Paganism and Christianity', in Ludo J. R. Milis (ed.), The Pagan Middle Ages (Woodbridge, 1998), 13–37.

P. Fouracre, 'Britain, Ireland and Europe, c. 500–c. 750', in P. Stafford (ed.), A Companion to the Early Middle Ages: Britain and Ireland, c. 500–c. 1100 (London, 2009), 126–42.

R. Gameson (ed.), St Augustine and the Conversion of England (Stroud, 1999).
W. Kilbride, 'Why I Feel Cheated by the Term Christianisation', Archaeological Review from Cambridge, 17 (2000), 1–17.
C. Stancliffe, 'Kings Who Opted Out', in P. Wormald with D. Bullough and R. Collins (eds.), Ideal and Reality in Frankish and Anglo-Saxon Society: Studies Presented to J. M. Wallace-Hadrill (Oxford, 1983), 154–76.
S. Turner, Making a Christian Landscape: The Countryside in Early Medieval Cornwall, Devon and Wessex (Exeter, 2006).
D. Tyler, 'Early Mercia and the Britons', in N. Higham (ed.), Britons in Anglo-Saxon England (Woodbridge, 2007), 91–101.
I. Wood, 'The Mission of Augustine of Canterbury to the English', Speculum, 69 (1994), 1–17.
B. Yorke, Nunneries and the Anglo-Saxon Royal Houses (London, 2003).

非修道院墓葬

H. Geake, The Use of Grave-Goods in Conversion-Period England, c. 600–c. 850, BAR, Brit. Ser., 261 (Oxford, 1997).
B. Gilmour, 'Sub-Roman or Saxon, Pagan or Christian: Who Was Buried in the Early Cemetery at St-Paul-in-the-Bail, Lincoln?', in L. Gilmour (ed.), Pagans and Christians: From Antiquity to the Middle Ages. Papers in Honour of Martin Henig, BAR, Int. Ser., 1610 (Oxford, 2007), 229–56.
C. Loveluck, Rural Settlement, Lifestyles and Social Change in the Later First Millennium AD: Anglo-Saxon Flixborough in its Wider Context (Oxford, 2007).
S. Marzinzik, Early Anglo-Saxon Belt Buckles (Late 5th to Early 8th Centuries AD): Their Classification and Context, BAR, Brit. Ser., 357 (Oxford, 2003).
—— 'Grave-Goods in "Conversion Period" and Later Burials – a Case of Early Medieval Religious Double Standards?', in K. Pollmann (ed.), Double Standards in the Ancient and Medieval World (Göttingen, 2000), 149–66.
K. Penn, Excavations on the Norwich Southern Bypass, 1989–91, Part II: The Anglo-Saxon Cemetery at Harford Farm, Caistor St Edmund, Norfolk, East Anglian Archaeology, 92 (Dereham, 2000).
P. Rahtz, S. Hirst and S. M. Wright, Cannington Cemetery, Britannia Monograph Series, 17 (London, 2000).
H. Williams, Death and Memory in Early Medieval Britain (Cambridge, 2006).

早期宗教社区

K. N. Bascombe, 'Two Charters of King Suebred of Essex', in K. Neale (ed.), An Essex Tribute (London, 1987), 85–96.

S. R. Bassett, 'Churches in Worcester before and after the Conversion of the Anglo-Saxons', Antiquaries Journal, 69 (1989), 225–56.

J. Blair, 'A Saint for Every Minster? Local Cults in Anglo-Saxon England', in A. Thacker and R. Sharpe (eds.), Local Saints and Local Churches in the Early Medieval West (Oxford, 2002), 455–94.

D. R. Brothwell, 'A Possible Case of Mongolism in a Saxon Population', Annals of Human Genetics, 24 (1960), 141–50.

R. Cramp, Wearmouth and Jarrow Monastic Sites, English Heritage Archaeological Report, 2 vols. (Swindon, 2005–6).

J. Crick, 'Posthumous Obligations and Family Identity', in W. O. Frazer and A. Tyrell (eds.), Social Identity in Early Medieval Britain (Leicester, 2000), 193–208.

R. Daniels and C. Loveluck, Anglo-Saxon Hartlepool and the Foundations of English Christianity: An Archaeology of the Anglo-Saxon Monastery (Hartlepool, 2007).

H. Hamerow and A. MacGregor (eds.), Image and Power in the Archaeology of Early Medieval Britain: Essays in Honour of Rosemary Cramp (Oxford, 2001).

P. Hill, Whithorn and St Ninian: The Excavation of a Monastic Town, 1984–91 (Stroud, 1997).

P. J. Huggins, 'Excavation of Belgic and Romano-British Farm with Middle Saxon Cemetery and Churches at Nazeingbury, Essex 1975–76', Essex Archaeology and History, 10 (1978), 29–117.

—— 'Nazeingbury 20 Years on, or "Where did the Royal Ladies Go?"', London Archaeologist, 8 (1996), 105–11.

S. Johnson, Burgh Castle, Excavations by Charles Green 1958–61, East Anglian Archaeology, 20 (Dereham, 1983).

C. Loveluck, 'Cædmon's World: Secular and Monastic Lifestyles and Estate Organization in Northern England, AD 650–900', in A. J. Frantzen and J. Hines (eds.), Cædmon's Hymn and Material Culture in the World of Bede (Morgantown, W. Va., 2007), 150–90.

T. Pickles, 'Church Organization and Pastoral Care', in P. Stafford (ed.), A Companion to the Early Middle Ages: Britain and Ireland, c. 500–c. 1100 (London, 2009), 160–76.

H. Pryce, 'Pastoral Care in Early Medieval Wales', in J. Blair and R. Sharpe (eds.), Pastoral Care before the Parish (Leicester, 1992), 41–62.

A. Ritchie, Iona (London, 1997).

C. Sapin, 'Architecture and Funerary Space in the Early Middle Ages', in C. E. Karkov, K. M. Wickham-Crowley and B. K. Young (eds.), Spaces of the Living and the Dead: An Archaeological Dialogue (Oxford, 1999), 39–60.

D. Stocker and P. Everson, 'The Straight and Narrow Way: Fenland Causeways and the Conversion of the Landscape in the Witham Valley, Lincolnshire', in M. O. H. Carver (ed.), The Cross Goes North: Processes of Conversion in Northern Europe, AD 300–1300 (Woodbridge, 2003), 271–88.

A. Thacker, 'Membra disjecta: The Division of the Body and the Diffusion of the Cult', in C. Stancliffe and E. Cambridge (eds.), Oswald: Northumbrian King to European Saint (Stamford, 1995), 97–127.

—— 'Monks, Preaching and Pastoral Care in Early Anglo-Saxon England', in J. Blair and R. Sharpe (eds.), Pastoral Care before the Parish (Leicester, 1992), 137–70.

异教到基督教的过渡：改宗 / 基督教化

E. G. Armstrong and I. N. Wood (eds.), Christianizing Peoples and Converting Individuals (Turnhout, 2000).

E. Cambridge, 'Archaeology and the Cult of St Oswald in Pre-Conquest England', in C. Stancliffe and E. Cambridge (eds.), Oswald: Northumbrian King to European Saint (Stamford, 1995), 128–63.

T. Charles-Edwards, 'The Penitential of Theodore and the Iudicia Theodori', in M. Lapidge (ed.), Archbishop Theodore: Commemorative Studies on his Life and Influence (Cambridge, 1995), 141–74.

S. D. Church, 'Paganism in Conversion-Age Anglo-Saxon England: The Evidence of Bede's Ecclesiastical History Reconsidered', History, 93 (2008), 162–80.

C. Cubitt, 'Pastoral Care and Conciliar Canons: The Provisions of the 747 Council of Clofesho', in J. Blair and R. Sharpe (eds.), Pastoral Care before the Parish (Leicester, 1992), 193–211.

—— 'Sites and Sanctity: Revisiting the Cult of Murdered and Martyred Anglo-Saxon Royal Saints', Early Medieval Europe, 9 (2000), 53–83.

S. DeGregorio, 'Literary Contexts: Cædmon's Hymn as a Center of Bede's World', in A. J. Frantzen and J. Hines (eds.), Cædmon's Hymn and Material Culture in the World of Bede (Morgantown, W. Va., 2007), 51–79.

A. Dierkens, 'The Evidence of Archaeology', in L. J. R. Milis (ed.), The Pagan Middle Ages (Woodbridge, 1998), 39–64.

—— 'Superstitions, christianisme et paganisme à la fin de l 'époque mérovingienne: À propos de l'Indiculus superstitionum et paganiarum', in H. Hasquin (ed.), Magie, sorcellerie, parapsychologie (Brussels, 1984), 9–26.

R. Hill, 'Bede and the Boors', in G. Bonner (ed.), Famulus Christi: Essays in Commemoration of the Thirteenth Centenary of the Birth of the Venerable Bede (London, 1976), 93–105.

J. Hines, 'Changes and Exchanges in Bede's and Cædmon's World', in A. J. Frantzen and J. Hines (eds.), Cædmon's Hymn and Material Culture in the World of Bede (Morgantown, W. Va., 2007), 191–220.

A. Macquarrie, 'Early Christian Religious Houses in Scotland: Foundation and Function', in J. Blair and R. Sharpe (eds.), Pastoral Care before the Parish (Leicester, 1992), 110–33.

A. L. Meaney, 'Old English Legal and Penitential Penalties for "heathenism"', in

S. Keynes and A. P. Smyth (eds.), Anglo-Saxons: Studies Presented to Cyril Roy Hart (Dublin, 2006), 127–58.

P. Sims-Williams, Religion and Literature in Western England, 600–800 (Cambridge, 1990).

D. Tyler, 'Reluctant Kings and Christian Conversion in Seventh-Century England', History, 92 (2007), 144–61.

K. Veitch, 'The Columban Church in Northern Britain, 664–717: A Reassessment', Proceedings of the Society of Antiquaries of Scotland, 127 (1997), 627–47.

I. N. Wood, 'Pagan Religion and Superstition East of the Rhine from the Fifth to the Ninth Century', in G. Ausunda (ed.), After Empire (Woodbridge, 1995), 253–68.

P. Wormald, 'Bede, Beowulf and the Conversion of the Anglo-Saxon Aristocracy', in R. T. Farrell (ed.), Bede and Anglo-Saxon England, BAR, Brit. Ser., 46 (Oxford, 1978), 32–95.

B. York, 'The Adaptation of the Anglo-Saxon Royal Courts to Christianity', in M. O. H. Carver, (ed.), The Cross Goes North: Processes of Conversion in Northern Europe, *AD* 300–1300 (Woodbridge, 2003), 243–57.

第七章 贸易社区的复兴

基础阅读

E. Campbell, 'Trade in the Dark-Age West: A Peripheral Activity?', in B. E. Crawford (ed.), Scotland in Dark Age Britain (Aberdeen, 1996), 79–91.

R. Fleming, 'Elites, Boats and Foreigners: Rethinking the Rebirth of English Towns', in Città e campagna prima del mille, Atti delle Settimane di Studio, 56 (Spoleto, 2009), 393–425.

D. Hill and R. Cowie (eds.), Wics: The Early Mediaeval Trading Centres of Northern Europe (Sheffield, 2001).

M. McCormick, Origins of the European Economy: Communications and Commerce *AD* 300–900 (Cambridge, 2001).

J. R. Maddicott, 'Prosperity and Power in the Age of Bede and Beowulf', Proceedings of the British Academy, 117 (2002), 49–71.

J. Moreland, 'The Significance of Production in Eighth-Century England', in I. L. Hansen and C. Wickham (eds.), The Long Eighth Century (Leiden, 2000), 69–104.

P. Ottaway, Archaeology in British Towns from the Emperor Claudius to the Black Death (London, 1992).

D. M. Palliser (ed.), The Cambridge Urban History of Britain, vol. 1: 600–1540 (Cambridge, 2000).

T. Pestell and K. Ulmschneider (eds.), Markets in Early Medieval Europe: Trading and 'Productive' Sites 650–850 (Macclesfield, 2003).

C. Scull, 'Urban Centres in Pre-Viking England', in J. Hines (ed.), The Anglo-Saxons from the Migration Period to the Eighth Century: An Ethnographic Perspective (Woodbridge, 1997), 269–310.

B. Ward-Perkins, 'Continuitists, Catastrophists, and the Towns of Post-Roman Northern Italy', Papers of the British School at Rome, 65 (1997), 157–76.

C. Wickham, 'Overview: Production, Distribution and Demand, II', in I. L. Hansen and C. Wickham (eds.), The Long Eighth Century (Leiden, 2000), 346–77.

中世纪早期城市定居点的起源

M. Anderton, 'Beyond the Emporia', in M. Anderton (ed.), Anglo-Saxon Trading Centres: Beyond the Emporia (Glasgow, 1999), 1–3.

G. G. Astill, 'Archaeological Theory and the Origins of English Towns – a Review', Archaeologia Polona, 32 (1994), 27–71.

N. Christie and S. T. Loseby (eds.), Towns in Transition: Urban Evolution in Late Antiquity and the Early Middle Ages (Aldershot, 1996).

J. Hines, 'North Sea Trade and the Proto-urban Sequence', Archaeologia Polona, 32 (1994), 7–26.

D. A. Hinton, 'Decay and Revival: Early Medieval Urban Landscapes', in P. Waller (ed.), The English Urban Landscape (Oxford, 2000), 55–74.

S. E. Kelly, 'Trading Privileges from Eighth-Century England', Early Medieval Europe, 1 (1992), 3–28.

S. Lebecq, 'England and the Continent in the Sixth and Seventh Centuries', in R. Gameson (ed.), St Augustine and the Conversion of England (Stroud, 1999), 50–67.

—— 'On the Use of the Word Frisian', in S. McGrail (ed.), Maritime Celts, Frisians, and Saxons, CBA, Research Report, 71 (London, 1990), 85–90.

S. Loseby, 'Power and Towns in Late Roman Britain and Early Anglo-Saxon England', in G. Ripoll and J. M. Gurt (eds.), Sedes Regiae (ann. 400–800) (Barcelona, 2000), 319–70.

N. Middleton, 'Early Medieval Port Customs, Tolls, and Controls on Foreign Trade', Early Medieval Europe, 13 (2005), 313–58.

J. Naylor, 'Access to International Trade in Middle Saxon England: A Case of Urban Over-emphasis?', in M. Pasquinucci and T. Weski (eds.), Close Encounters: Sea- and Riverborne Trade, Ports and Hinterlands, Ship Construction and Navigation in Antiquity, the Middle Ages and in Modern Times, BAR, Int. Ser., 1283 (Oxford, 2004), 139–48.

—— An Archaeology of Trade in Middle Saxon England, BAR, Brit. Ser. 376 (Oxford, 2004).

T. O'Connor, 'On the Interpretation of Animal Bone Assemblages from Wics', in

D. Hill and R. Cowie (eds.), Wics: The Early Mediaeval Trading Centres of Northern Europe (Sheffield, 2001), 54–60.

R. Samson, 'Illusory Emporia and Mad Economic Theories', in M. Anderton (ed.), Anglo-Saxon Trading Centres: Beyond the Emporia (Glasgow, 1999), 76–90.

T. Saunders, 'Trade, Towns and States: A Reconsideration of Early Medieval Economics', Norwegian Archaeological Review, 28 (1995), 31–53.

C. Scull, 'Scales and Weights in Early Anglo-Saxon England', Archaeological Journal, 147 (1990), 183–215.

—— 'Urban Centres in Pre-Viking England?', in J. Hines, The Anglo-Saxons from the Migration Period to the Eighth Century (Woodbridge, 1997), 269–98.

W. H. TeBrake, 'Ecology and Economy in Early Medieval Frisia', Viator, 9 (1978), 1–29.

K. Ulmschneider, 'Central Places and Metal-Detector Finds: What are the English "Productive Sites"?', in B. Hårdh and L. Larsson (eds.), Central Places in the Migration and the Merovingian Periods (Stockholm, 2002), 333–9.

—— 'Settlement, Economy, and the "Productive" Site: Middle Anglo-Saxon Lincolnshire AD 650–780', Medieval Archaeology, 44 (2000), 53–79.

A. Vince, 'The Growth of Market Centres and Towns in the Area of the Mercian Hegemony', in M. P. Brown and C. A. Farr (eds.), Mercia: An Anglo-Saxon Kingdom in Europe (London, 2001), 183–93.

—— 'Saxon Urban Economies: An Archaeological Perspective', in J. Rackham (ed.), Environment and Economy in Anglo-Saxon England, CBA, Research Report, 89 (York, 1994), 108–19.

K. Wade, 'The Urbanization of East Anglia: The Ipswich Perspective', in J. Gardiner (ed.), Flatlands and Westlands: Current Themes in East Anglian Archaeology, East Anglian Archaeology, 50 (Norwich, 1993), 141–55.

J. M. Wooding, 'Long-Distance Imports and Archaeological Models for Exchange and Trade in the Celtic West AD 400–800', in G. de Boe and F. Verhaeghe (eds.), Exchange and Trade in Medieval Europe: Papers of the 'Medieval Europe Brugge 1997' Conference (Zellik, 1997), vol. 3, pp. 43–50.

特定的商品

L. Blackmore, 'Aspects of Trade and Exchange Evidenced by Recent Work on Saxon and Medieval Pottery from London', Transactions of the London and Middlesex Archaeological Society, 50 (1999), 38–54.

P. Blinkhorn, 'Of Cabbages and Kings: Production, Trade, and Consumption in Middle-Saxon England', in M. Anderton (ed.), Anglo-Saxon Trading Centres: Beyond the Emporia (Glasgow, 1999), 4–23.

P. J. Crabtree, 'The Wool Trade and the Rise of Urbanism in Middle Saxon England', in B. Wailes (ed.), Craft Specialization and Social Evolution: In Memory of V. Gordon Childe (Philadelphia, 1996), 99–105.

D. A. Hinton, 'Metalwork and the Emporia', in M. Anderton (ed.), *Anglo-Saxon Trading Centres: Beyond the Emporia* (Glasgow, 1999), 24–31.

J. W. Huggett, 'Imported Grave Goods and the Early Anglo-Saxon Economy', *Medieval Archaeology*, 32 (1988), 63–96.

K. Leahy, *Anglo-Saxon Crafts* (Stroud, 2003).

D. Whitehouse, '"Things that Travelled": The Surprising Case of Raw Glass', *Early Medieval Europe*, 12 (2003), 301–5.

船只

M. O. H. Carver, 'Pre-Viking Traffic in the North Sea', in S. McGrail (ed.), *Maritime Celts, Frisians and Saxons*, CBA, Research Report, 71 (London, 1990), 117–25.

O. Crumlin-Pedersen, 'A Note on the Speed of Viking Ships', *International Journal of Nautical Archaeology*, 17 (1988), 270–71.

—— 'Ships as Indicators of Trade in Northern Europe 600–1200', in J. Bill and B. L. Clausen (eds.), *Maritime Topography and the Medieval Town* (Copenhagen, 1999), 11–20.

—— 'Variations on a Theme: Eleventh-Century Ship Types of the North', in C. Beltrame (ed.), *Boats, Ships and Shipyards* (Oxford, 2003), 243–60.

E. Rieth, C. Carrierre-Desbois and V. Serna, *L'Épave de Port Berteau II (Charente-Maritime)* (Paris, 2001).

C. Westerdahl, 'Society and Sail', in O. Crumlin-Pedersen and B. Munch Thye (eds.), *The Ship as Symbol in Prehistoric and Medieval Scandinavia* (Roskilde, 1995), 41–50.

城镇和新型国王

D. Chick, 'The Coinage of Offa in the Light of Recent Discoveries', in D. Hill and M. Worthington (eds.), *Æthelbald and Offa: Two Eighth-Century Kings of Mercia*, BAR, Brit. Ser., 383 (Oxford, 2005), 111–22.

S. E. Kelly, 'Trading Privileges from Eighth-Century England', *Early Medieval Europe*, 1 (1992), 3–28.

S. Keynes, 'England, 700–900', in R. McKitterick (ed.), *The New Cambridge Medieval History*, vol. 2: *c. 700–c. 900* (Cambridge, 1995), 18–42.

—— 'The Kingdom of the Mercians in the Eighth Century', in D. Hill and M. Worthington (eds.), *Æthelbald and Offa: Two Eighth-Century Kings of Mercia*, BAR, Brit. Ser., 383 (Oxford, 2005), 1–26.

J. R. Maddicott, 'London and Droitwich, c. 650–750: Trade, Industry and the Rise of Mercia', *Anglo-Saxon England*, 34 (2005), 7–58.

D. M. Metcalf, *Thrymsas and Sceattas in the Ashmolean Museum Oxford*, 2 vols. (London, 1993).

J. Naylor, 'Mercian Hegemony and the Origins of Series J Sceattas: The Case of Lindsey', British Numismatic Journal, 76 (2006), 159–70.

D. J. Tyler, 'An Early Mercian Hegemony: Penda and Overkingship in the Seventh Century', Midland History, 30 (2005), 1–19.

—— 'Orchestrated Violence and the "Supremacy of the Mercian Kings"', in D. Hill and M. Worthington (eds.), Æthelbald and Offa: Two Eighth-Century Kings of Mercia, BAR, Brit. Ser., 383 (Oxford, 2005), 27–34.

G. Williams, 'Military Obligations and the Mercian Supremacy in the Eighth Century', in D. Hill and M. Worthington (eds.), Æthelbald and Offa: Two Eighth-Century Kings of Mercia, BAR, Brit. Ser., 383 (Oxford, 2005), 103–10.

B. Yorke, Kings and Kingdoms of Early Anglo-Saxon England (London, 1990).

坎特伯雷

K. Blockley, M. Sparks and T. Tatton-Brown, Canterbury Cathedral Nave: Archaeology, History and Architecture (Canterbury, 1997).

—— M. Blockley, P. Blockley and S. S. Frere, Excavations in the Marlowe Car Park and Surrounding Areas, Archaeology of Canterbury, 5/1–3 (Canterbury, 1995).

D. A. Brooks, 'The Case for Continuity in Fifth-Century Canterbury Re-examined', Oxford Journal of Archaeology, 7 (1988), 99–114.

N. P. Brooks, 'The Anglo-Saxon Cathedral Community, 597–1070', in P. Collinson, N. Ramsay and M. Sparks (eds.), A History of Canterbury Cathedral (Oxford, 1995), 1–37.

—— 'Canterbury, Rome and the Construction of English Identity', in J. M. H. Smith (ed.), Early Medieval Rome and the Christian West (Leiden, 2000), 221–46.

E. Cambridge, 'The Architecture of the Augustinian Mission', in R. Gameson (ed.), St Augustine and the Conversion of England (Stroud, 1999), 202–36.

R. Gameson, 'Augustine of Canterbury: Context and Achievement', in R. Gameson (ed.), St Augustine and the Conversion of England (Stroud, 1999), 1–40.

S. E. Kelly, 'Lyminge Minster and its Early Charters', in S. Keynes and A. P. Smyth (eds.), Anglo-Saxons: Studies Presented to Cyril Roy Hart (Dublin, 2006), 98–113.

T. Tatton-Brown, 'The Anglo-Saxon Towns of Kent', in D. Hooke (ed.), Anglo-Saxon Settlements (Oxford, 1988), 213–32.

—— Canterbury: History and Guide (Stroud, 1994).

A. Thacker, 'In Search of Saints: The English Church and the Cult of Roman Apostles and Martyrs in the Seventh and Eighth Centuries', in S. Keynes and A. P. Smyth (eds.), Anglo-Saxons: Studies Presented to Cyril Roy Hart (Dublin, 2006), 247–77.

科德纳姆和巴勒姆

J. Newman, 'Exceptional Finds, Exceptional Sites? Barham and Coddenham, Suffolk', in T. Pestell and K. Ulmschneider (eds.), Markets in Early Medieval Europe: Trading and 'Productive' Sites 650–850 (Macclesfield, 2003), 97–109.

S. J. Plunkett, 'Some Recent Metalwork Discoveries from the Area of the Gipping Valley, and the Local Context', in P. Binski and W. Noel (eds.), New Offerings, Ancient Treasures: Studies in Medieval Art for George Henderson (Stroud, 2001), 61–87.

J. Watson, 'Laid to Rest: Two Anglo-Saxon Graves Reconstructed', Research News: Newsletter of the English Heritage Research Department, 2 (2005–6), 6–9.

S. West, A Corpus of Anglo-Saxon Material from Suffolk, East Anglian Archaeology, 84 (Ipswich, 1998).

沙镇

M. Gardiner, R. Cross, N. MacPherson-Grant, I. Riddler, L. Blackmore, D. Chick, S. Hamilton-Dyer, E. Murray and D. Weir, 'Continental Trade and Non-Urban Ports in Mid-Anglo-Saxon England: Excavations at Sandtun, West Hythe, Kent', Archaeological Journal, 158 (2001), 161–290.

德罗伊特威奇

D. Hooke, 'The Droitwich Salt Industry: An Examination of the West Midland Charter Evidence', Anglo-Saxon Studies in Archaeology and History, 2 (1981), 123–69.

J. D. Hurst, 'The Extent and Development of the Worcestershire Medieval Salt Industry, and its Impact on the Regional Economy', in G. de Boe and F. Verhaeghe (eds.), Exchange and Trade in Medieval Europe: Papers of the 'Medieval Europe Brugge 1997' Conference (Zellik, 1997), vol. 3, pp. 139–46.

—— A Multi-Period Salt Producing Site at Droitwich: Excavations at Upwich, CBA, Research Report, 107 (York, 1997).

J. R. Maddicott, 'London and Droitwich, c. 650–750: Trade, Industry and the Rise of Mercia', Anglo-Saxon England, 34 (2005), 7–58.

伊普斯威奇

P. Blinkhorn, 'Of Cabbages and Kings: Production, Trade, and Consumption in Middle-Saxon England', in M. Anderton (ed.), Anglo-Saxon Trading Centres: Beyond the Emporia (Glasgow, 1999), 4–23.

J. Newman, 'The Anglo-Saxon Cemetery at Boss Hall, Ipswich', Bulletin of the Sutton Hoo Research Committee, 8 (1993), 32–5.

—— 'The East Anglian Kingdom Survey: South-East Suffolk', Bulletin of the Sutton Hoo Research Committee, 8 (1993), 38–31.

—— 'Wics, Trade, and the Hinterlands – the Ipswich Region', in M. Anderton (ed.), Anglo-Saxon Trading Centres: Beyond the Emporia (Glasgow, 1999), 32–47.

C. Scull, 'Burials at Emporia in England', in D. Hill and R. Cowie (eds.), Wics: The Early Mediaeval Trading Centres of Northern Europe (Sheffield, 2001), 67–74.

—— 'Ipswich: Development and Contexts of an Urban Precursor in the Seventh Century', in B. Hårdh and L. Larsson (eds.), Central Places in the Migration and the Merovingian Periods (Stockholm, 2002), 303–16.

—— and A. Bayliss, 'Radiocarbon Dating and Anglo-Saxon Graves', in U. von Freeden, U. Koch and A. Wieczorek (eds.), Völker an Nord- und Ostsee und die Franken (Bonn, 1999), 39–50.

K. Wade, 'Ipswich', in R. Hodges and B. Hobley (eds.), The Rebirth of Towns in the West, CBA, Research Report, 68 (London, 1988), 93–100.

—— 'The Urbanisation of East Anglia: The Ipswich Perspective', in J. Gardiner (ed.), Flatlands and Wetlands: Current Themes in East Anglian Archaeology, East Anglian Archaeology, 50 (Norwich, 1993), 144–51.

S. E. West, A Corpus of Anglo-Saxon Material from Suffolk, East Anglian Archaeology, 84 (Ipswich, 1998), 275.

伦敦

L. Blackmore, 'Aspects of Trade and Exchange Evidenced by Recent Work on Saxon and Medieval Pottery from London', Transactions of the London and Middlesex Archaeological Society, 50 (1999), 38–54.

—— 'From Beach to Burh: New Clues to Entity and Identity in 7th- to 9th-Century London', in G. de Boe and F. Verhaeghe (eds.), Urbanism in Medieval Europe: Papers of the 'Medieval Europe Brugge 1997' Conference (Zellik, 1997), vol. 1, pp. 123–32.

—— 'The Origins and Growth of Lundenwic, a Mart of Many Nations', in B. Hårdh and L. Larsson (eds.), Central Places in the Migration and the Merovingian Periods (Stockholm, 2002), 273–301.

R. Clark, 'Glass Vessels in Lundenwic: An Illustration of the Contextual Approach to Fragments', Archaeological Review from Cambridge, 20 (2005), 82–97.

R. Cowie, 'The Evidence for Royal Sites in Middle Anglo-Saxon London', Medieval Archaeology, 48 (2004), 201–9.

—— 'Londinium to Lundenwic: Early and Middle Saxon Archaeology in the London Region', in I. Haynes, H. Sheldon and L. Hannigan (eds.), London under Ground: The Archaeology of a City (Oxford, 2000), 175–206.

—— 'Mercian London', in M. P. Brown and C. A. Farr (eds.), Mercia: An Anglo-Saxon Kingdom in Europe (London, 2001), 194–209.

—— and R. Whytehead, 'Lundenwic: The Archaeological Evidence for Middle Saxon London', Antiquity, 63 (1989), 706–18.

J. Leary, Tatberht's Lundenwic: Archaeological Investigations in Middle Saxon London (London, 2004).

G. Malcolm and D. Bowsher, Middle Saxon London: Excavations at the Royal Opera House 1989–99, MoLAS Monograph, 15 (London, 2003).

G. Milne, The Port of Medieval London (Stroud, 2003).

—— and D. Goodburn, 'The Early Medieval Port of London AD 700–1200', Antiquity, 64 (1990), 629–36.

J. Rackham, 'Economy and Environment in Saxon London', in J. Rackham (ed.), Environment and Economy in Anglo-Saxon England, CBA, Research Report, 89 (York, 1994), 126–35.

P. Treveil and M. Burch, 'Number 1 Poultry and the Development of Medieval Cheapside', Transactions of the London and Middlesex Archaeological Society, 50 (1999), 38–54.

—— and P. Rowsome, 'Number 1 Poultry – the Main Excavation: Late Saxon and Medieval Sequence', London Archaeologist, 8 (1998), 283–91.

A. Vince, 'A Tale of Two Cities: Lincoln and London Compared', in J. Gardiner (ed.), Flatlands and Wetlands: Current Themes in East Anglian Archaeology, East Anglian Archaeology, 50 (Norwich, 1993), 152–70.

南安普敦

P. Andrews, Excavations at Hamwic, vol. 2: Excavations at Six Dials, CBA, Research Report, 109 (London, 1997).

V. Birkbeck, Origins of Mid-Saxon Southampton: Excavations at the Friends Provident St Mary's Stadium 1998–2000 (Salisbury, 2005).

J. Bourdillon, 'The Animal Provisioning of Saxon Southampton', in J. Rackham (ed.), Environment and Economy in Anglo-Saxon England, CBA, Research Report, 89 (York, 1994), 120–25.

—— 'Countryside and Town: The Animal Resources of Saxon Southampton', in D. Hooke (ed.), Anglo-Saxon Settlements (Oxford, 1988), 176–96.

D. A. Hinton, 'Metalwork and the Emporia', in M. Anderton (ed.), Anglo-Saxon Trading Centres: Beyond the Emporia (Glasgow, 1999), 24–31.

A. D. Morton, Excavations at Hamwic, vol. 1, CBA, Research Report, 984 (London, 1992).

—— 'Hamwic in its Context', in M. Anderton (ed.), Anglo-Saxon Trading Centres: Beyond the Emporia (Glasgow, 1999), 48–62.

I. Riddler, 'Spatial Organization of Bone-Working at Hamwic', in D. Hill and R. Cowie (eds.), Wics: The Early Mediaeval Trading Centres of Northern Europe (Sheffield, 2001), 61–6.

N. Stoodley, 'The Origins of Hamwic and its Central Role in the 7th Century as

Revealed by Recent Archaeological Discoveries', in B. Hårdh and L. Larsson (eds.), Central Places in the Migration and the Merovingian Periods (Stockholm, 2002), 317–31.

维鲁拉米恩和圣奥尔本

M. Biddle and B. Kjølbye-Biddle, 'The Origins of St Albans Abbey: Romano-British Cemetery and Anglo-Saxon Monastery', in M. Henig and P. Lindley (eds.), Alban and St Albans: Roman and Medieval Architecture, Art and Archaeology (Leeds, 2001), 45–77.

N. Faulkner, 'Change and Decline in Late Romano-British Towns', in T. R. Slater (ed.), Towns in Decline AD 100–1600 (Aldershot, 2000), 25–50.

—— 'Verulamium: Interpreting Decline', Archaeological Journal, 153 (1996), 79–103.

S. S. Frere, Verulamium Excavations, 3 vols. (London, 1972–84).

R. Niblett, 'Why Verulamium?', in M. Henig and P. Lindley (eds.), Alban and St Albans: Roman and Medieval Architecture, Art and Archaeology (Leeds, 2001), 1–12.

—— and I. Thompson, Alban's Buried Towns: An Assessment of St Albans' Archaeology up to AD 1600 (Oxford, 2005).

第八章　北欧人与本土人

基础阅读

R. P. Abels, Alfred the Great: War, Kingship and Culture in Anglo-Saxon England (London, 1998).

J. H. Barrett (ed.), Contact, Continuity and Collapse: The Norse Colonization of the North Atlantic (Turnhout, 2003).

N. P. Brooks, 'England in the Ninth Century: The Crucible of Defeat', Transactions of the Royal Historical Society, 5th ser., 29 (1979), 1–20.

B. E. Crawford, 'The Vikings', in W. Davies (ed.), Short Oxford History of the British Isles: From the Vikings to the Normans (Oxford, 2003), 41–71.

J. Graham-Campbell and C. E. Batey, Vikings in Scotland: An Archaeological Survey (Edinburgh, 1998).

—— R. A. Hall, J. Jesch and D. N. Parsons (eds.), Vikings and the Danelaw (Oxford, 2001).

D. M. Hadley and J. D. Richards (eds.), Cultures in Contact: Scandinavian Settlement in England in the Ninth and Tenth Centuries (Turnhout, 2000).

J. Hines, A. Lane and M. Redknap, Land, Sea and Home, Society for Medieval Archaeology Monograph Series, 20 (Leeds, 2004).

J. D. Richards, Viking Age England, 2nd edn. (Stroud, 2004).
P. H. Sawyer, The Oxford Illustrated History of the Vikings (Oxford, 1998).

关于前维京时代和维京时代斯堪的纳维亚的近期研究

J. H. Barrett (ed.), Contact, Continuity and Collapse: The Norse Colonization of the North Atlantic (Turnhout, 2003).
W. W. Fitz-Hugh and E. I. Ward (eds.), Vikings: The North Atlantic Saga (Washington, DC, 2000).
J. Graham-Campbell (ed.), Cultural Atlas of the Viking World (Oxford, 1994).
L. Jørgensen, 'Manor and Market at Lake Tissø in the Sixth to Eleventh Centuries: The Danish "Productive" Sites', in T. Pestell and K. Ulmschneider (eds.), Markets in Early Medieval Europe: Trading and 'Productive' Sites (Macclesfield, 2003), 175–207.
B. Myhre, 'The Early Viking Age in Norway', Acta Archaeologica, 71 (2000), 35–47.
U. Näsman, 'Raids, Migrations, and Kingdoms – the Danish Case', Acta Archaeologica, 71 (2000), 1–7.
F. Svanberg, Decolonizing the Viking Age, vol. 1 (Lund, 2003).
J. Ulriksen, 'Danish Sites and Settlements with a Maritime Context, AD 200–1200', Antiquity, 68 (1994), 797–811.

兰戈斯

P. C. Bartrum, Early Welsh Genealogical Tracts (Cardiff, 1966), 14–19.
E. Campbell and A. Lane, 'Llangorse: A Tenth-Century Royal Crannóg in Wales', Antiquity, 63 (1989), 675–81.
T. Charles-Edwards, 'Wales and Mercia, 613–918', in M. P. Brown and C. A. Farr (eds.), Mercia: An Anglo-Saxon Kingdom in Europe (Leicester, 2001), 89–105.
W. Davies, 'Alfred's Contemporaries: Irish, Welsh, Scots and Breton', in T. Reuter (ed.), Alfred the Great: Papers from the Eleventh-Centenary Conferences (Aldershot, 2003), 325–37.
—— Wales in the Early Middle Ages (Leicester, 1982).
H. Granger-Taylor and F. Pritchard, 'A Fine Quality Insular Embroidery from Llan-gors Crannóg, near Brecon', in M. Redknap, N. Edwards, S. Youngs, A. Lane and J. Knight (eds.), Pattern and Purpose in Insular Art (Oxford, 2001), 91–9.
J. Mulville and A. Powell, 'From Llanmaes to Llangorse: Herding and Hunting in Early Wales', unpublished paper presented at the Association for Environmental Archaeology (2007).

L. Mumford and M. Redknap, 'Worn by a Welsh Queen?', *Amgueddfa/National Museums and Galleries of Wales Yearbook*, 2 (1998/9), 52–4.

M. Redknap, 'Insular Non-Ferrous Metalwork from Wales of the Eighth to Tenth Centuries', in C. Bourke (ed.), *From the Isles of the North: Early Medieval Art in Ireland and Britain* (Belfast, 1995), 59–73.

—— *Vikings in Wales: An Archaeological Quest* (Cardiff, 2000).

—— and A. Lane, 'The Archaeological Importance of Llangorse Lake: An Environmental Perspective', *Aquatic Conservation: Marine and Freshwater Ecosystems*, 9 (1999), 377–90.

—— —— 'The Early Medieval Crannóg at Llangorse, Powys: An Interim Statement of the 1989–1993 Seasons', *International Journal of Nautical Archaeology*, 23 (1994), 189–205.

P. Sims-Williams, 'The Provenance of the Llywarch Hen Poems: A Case for Llangors, Brycheiniog', *Cambrian Medieval Celtic Studies*, 26 (1993), 27–63.

G. Wait, S. Benfield and C. McKewan, 'Rescuing Llangors Crannog', *British Archaeology*, 84 (2005), 37–9.

雷普顿和希思伍德

M. Biddle, 'Archaeology, Architecture and the Cult of the Saints in Anglo-Saxon England', in L. A. S. Butler and R. K. Morris (eds.), *The Anglo-Saxon Church: Papers on History, Architecture and Archaeology in Honour of Dr H. M. Taylor*, CBA, Research Report, 60 (London, 1985), 1–31.

—— and B. Kjølbye-Biddle, 'Repton and the "Great Heathen Army", 873–4', in J. Graham-Campbell, R. A. Hall, J. Jesch and D. N. Parsons (eds.), *Vikings and the Danelaw* (Oxford, 2001), 45–96.

—— —— 'The Repton Stone', *Anglo-Saxon England*, 14 (1985), 233–92.

—— —— 'Repton and the Vikings', *Antiquity*, 66 (1992), 36–51.

P. A. Budd, C. Millard, C. Chenery, S. Lucy and C. Roberts, 'Investigating Population Movement by Stable Isotope Analysis: A Report from Britain', *Antiquity*, 78 (2004), 127–41.

J. Graham-Campbell, 'Pagan Scandinavian Burial in the Central and Southern Danelaw', in J. Graham-Campbell, R. A. Hall, J. Jesch and D. N. Parsons (eds.), *Vikings and the Danelaw* (Oxford, 2001), 105–23.

S. Keynes, 'King Alfred and the Mercians', in M. A. S. Blackburn and D. N. Dumville (eds.), *Kings, Currency and Alliance: History and Coinage of Southern England in the Ninth Century* (Woodbridge, 1998), 1–45.

A. L. Meaney, 'Felix's *Life of Guthlac*: History or Hagiography?', in D. Hill and M. Worthington (eds.), *Æthelbald and Offa: Two Eighth-Century Kings of Mercia*, BAR, Brit. Ser., 383 (Oxford, 2005), 75–82.

D. W. Rollason, 'The Cult of Murdered Royal Saints in Anglo-Saxon England', *Anglo-Saxon England*, 11 (1983), 1–22.

J. D. Richards, 'Boundaries and Cult Centres: Viking Burial in Derbyshire', in J. Graham-Campbell, R. A. Hall, J. Jesch and D. N. Parsons (eds.), Vikings and the Danelaw (Oxford, 2001), 97–104.

—— P. Beswick, J. Bond, M. Jecock, J. McKinley, S. Rowland and F. Worley, 'Excavations at the Viking Barrow Cemetery at Heath Wood, Ingleby, Derbyshire', Antiquaries Journal, 84 (2004), 23–116.

—— M. Jecock, L. Richmond and C. Tuck, 'The Viking Barrow Cemetery at Heath Wood, Ingleby, Derbyshire', Medieval Archaeology, 39 (1995), 51–70.

H. M. Taylor, 'St Wystan's Church, Repton, Derbyshire: A Reconstruction Essay', Archaeological Journal, 144 (1987), 205–45.

A. Thacker, 'Kings, Saints and Monasteries in Pre-Viking Mercia', Midland History, 10 (1985), 1–25.

奥克尼

P. J. Ashmore, 'Orkney Burials in the First Millennium AD', in J. Downes and A. Ritchie (eds.), Sea Change: Orkney and Northern Europe in the Later Iron Age AD 300–800 (Balgavies, Angus, 2003), 35–50.

J. Bäckund, 'War and Peace: The Relations between the Picts and the Norse in Orkney', Northern Studies, 36 (2001), 33–48.

J. H. Barrett, 'Beyond War or Peace: The Study of Culture Contact in Viking-Age Scotland', in J. Hines, A. Lane and M. Redknap (eds.), Land, Sea and Home, Society for Medieval Archaeology Monograph Series, 20 (Leeds, 2004), 207–17.

—— 'Christian and Pagan Practice during the Conversion of Viking Age Orkney and Shetland', in M. O. H. Carver (ed.), The Cross Goes North: Processes of Conversion in Northern Europe, AD 300–1300 (Woodbridge, 2003), 207–26.

—— (ed.), Contact, Continuity and Collapse: The Norse Colonization of the North Atlantic (Turnhout, 2003).

—— and M. P. Richards, 'Identity, Gender, Religion and Economy: New Isotope and Radiocarbon Evidence for Marine Resource Intensification in Early Historic Orkney, Scotland, UK', European Journal of Archaeology, 7 (2004), 249–71.

—— R. P. Beukens and R. A. Nickolson, 'Diet and Ethnicity during the Viking Colonization of Northern Scotland: Evidence from Fish Bones and Stable Carbon Isotopes', Antiquity, 75 (2001), 145–54.

—— —— I. Simpson, P. Ashmore, S. Poaps, J. Huntley, 'What Was the Viking Age and When Did it Happen? A View from Orkney', Norwegian Archaeological Review, 33 (2000), 1–39.

C. E. Batey, J. Jesch and C. D. Morris (eds.), The Viking Age in Caithness, Orkney and the North Atlantic: Proceedings of the Eleventh Viking Congress (Edinburgh, 1993).

J. M. Bond, 'Beyond the Fringe? Recognising Change and Adaptation in Pictish and Norse Orkney', in C. M. Mills and G. Cole (eds.), Human Settlement and Marginality, Oxbow Monograph, 100 (Oxford, 1998).

—— 'A Growing Success? Agricultural Intensification and Risk Management in Late Iron Age Orkney', in J. Downes and A. Ritchie (eds.), Sea Change: Orkney and Northern Europe in the Later Iron Age *AD* 300–800 (Balgavies, Angus, 2003), 95–104.

—— and J. R. Hunter, 'Flax-Growing in Orkney from the Norse Period to the Eighteenth Century', Proceedings of the Society of Antiquaries of Scotland, 117 (1987), 175–81.

D. Broun, 'The Origin of Scottish Identity in its European Context', in B. E. Crawford (ed.), Scotland in Dark Age Europe (Fife, 1994), 21–31.

A. J. Dunwell, T. G. Cowie, M. F. Bruce, T. Neighbour and A. R. Rees, 'A Viking Age Cemetery at Cnip, Uig, Isle of Lewis', Proceedings of the Society of Antiquaries of Scotland, 125 (1996), 719–52.

G. Fellows-Jensen, 'Viking Settlement in the Northern and Western Isles – Placename Evidence as Seen from Denmark and the Danelaw', in A. Fenton and H. Pálsson (eds.), The Northern and Western Isles in the Viking World (Edinburgh, 1984), 148–68.

S. Goodacre, A. Helgason, J. Nicholson, L. Southam, L. Ferguson, E. Hickey, E. Vega, K. Stefánsson, R. Ward and B. Sykes, 'Genetic Evidence for a Family-Based Scandinavian Settlement of Shetland and Orkney during the Viking Periods', Heredity, 95 (2005), 129–35.

R. Gowland and C. Knüsel (eds.), Social Archaeology of Funerary Remains (Oxford, 2006).

J. Graham-Campbell, The Viking-Age Gold and Silver of Scotland (*AD* 850–1100) (Edinburgh, 1995).

S. J. Grieve and J. Gibson, 'Orkney Viking Period', in J. Downes, S. Foster, C. R. Wickham-Jones and J. Callister (eds.), The Heart of Neolithic Orkney World Heritage Site Research Agenda (Edinburgh, 2005), 66–9.

A. Helgason, E. Hickey, S. Goodacre, V. Bosnes, K. Stefánsson, R. Ward and B. Sykes, 'MtDNA and the Islands of the North Atlantic: Estimating the Proportions of Norse and Gaelic Ancestry', American Journal of Human Genetics, 68 (2001), 723–37.

J. R. Hunter, 'The Early Norse Period', in K. J. Edwards and I. B. Ralston (eds.), Scotland After the Ice Age: Environment and Archaeology, 8000 *BC–AD* 1000 (Edinburgh, 2003), 241–54.

—— 'Pool, Sanday – a Case Study for the Later Iron Age and Viking Periods', in I. Armit (ed.), Beyond the Brochs (Edinburgh, 1990), 175–93.

R. Lamb, '"Where Local Knowledge is So Valuable": Nautical Practicalities and the Earliest Viking Age in Orkney', in O. Owen (ed.), The World of Orkneyinga Saga (Kirkwall, 2005), 39–53.

J. Montgomery and J. A. Evans, 'Immigrants on the Isle of Lewis – Combining Traditional Funerary and Modern Isotope Evidence to Investigate Social

Differentiation, Migration and Dietary Change in the Outer Hebrides of Scotland', in R. Gowland and C. Knüsel (eds.), Social Archaeology of Funerary Remains (Oxford, 2006), 122–42.

—— and T. Neighbour, 'Sr Isotope Evidence for Population Movement within the Hebridean Norse Community of NW Scotland', Journal of the Geological Society, 160 (2003), 649–53.

C. D. Morris, 'Viking and Late Norse Orkney: An Update and Bibliography', Acta Archaeologica, 62 (1992), 123–50.

D. Ó Corráin, 'The Vikings in Scotland and Ireland in the Ninth Century', Peritia, 12 (1998), 296–339.

C. J. Omand, 'The Life of St Findan', in R. J. Berry and H. N. Firth (eds.), The People of Orkney (Kirkwall, 1986), 284–7.

O. Owen, 'The Scar Boat Burial – and the Missing Decades of the Early Viking Age in Orkney and Shetland', in J. Adams and K. Holman (eds.), Scandinavia and Europe 800–1350: Contact, Conflict and Coexistence (Turnhout, 2004), 3–33.

—— The Sea Road: A Viking Voyage through Scotland (Edinburgh, 1999).

—— and Magnar Dalland, Scar: A Viking Boat Burial on Sanday, Orkney (Edinburgh, 2001).

M. P. Richards, B. T. Fuller and T. I. Molleson, 'Stable Isotope Palaeodiet Study of Humans and Fauna from the Multi-Period (Iron Age, Viking and Late Medieval) Site of Newark Bay, Orkney', Journal of Archaeological Science, 33 (2006), 122–31.

B. J. Sellevold, Picts and Vikings at Westness: Anthropological Investigations of the Skeletal Material from the Cemetery at Westness, Rousay, Orkney Island, Norsk Institutt fur Kulturminneforskning, Scientific Report, 10 (Oslo, 1999).

B. Smith, 'The Picts and the Martyrs or Did Vikings Kill the Native Population of Orkney and Shetland?', Northern Studies, 36 (2001), 7–32.

W. P. L. Thomson, 'St Findan and the Pictish-Norse Transition', in R. J. Berry and H. N. Firth (eds.), The People of Orkney (Kirkwall, 1986), 279–83.

R. D. E. Welander, C. Batey and T. G. Cowie, 'A Viking Burial from Kneep, Uig, Isle of Lewis', Proceedings of the Society of Antiquaries of Scotland, 117 (1987), 149–74.

J. F. Wilson, D. A. Weiss, M. Richards, M. G. Thomas, N. Bradman and D. B. Goldstein, 'Genetic Evidence for Different Male and Female Roles during Cultural Transitions in the British Isles', Proceedings of the National Academy of Sciences, 98 (2001), 5078–83.

第九章　新城镇

基础阅读

G. G. Astill, 'Community, Identity and the Later Anglo-Saxon Town: The Case of Southern England', in W. Davies, G. Halsall and A. Reynolds (eds.), People and Space in the Middle Ages, 300–1300 (Turnhout, 2006), 233–54.

—— 'Towns and Town Hierarchies in Saxon England', Oxford Journal of Archaeology, 10 (1991), 95–117.

N. P. Brooks, 'The Administrative Background to the Burghal Hidage', in D. Hill and A. R. Rumble (eds.), The Defence of Wessex: The Burghal Hidage and Anglo-Saxon Fortifications (Manchester, 1996), 128–50.

C. Dyer, 'Recent Developments in Early Medieval Urban History and Archaeology in England', in D. Denecke and G. Shaw (eds.), Urban Historical Geography (Cambridge, 1988), 69–80.

D. Griffiths, 'Exchange, Trade and Urbanization', in W. Davies (ed.), From the Vikings to the Normans (Oxford, 2003), 73–104.

D. M. Palliser (ed.), The Cambridge Urban History of Britain, vol. 1: 600–1540 (Cambridge, 2000).

T. Reuter (ed.), Alfred the Great: Papers from the Eleventh-Centenary Conferences (London, 2003).

伍斯特

N. Baker, H. Dalwood, R. Holt, C. Mundy and G. Taylor, 'From Roman to Medieval Worcester: Development and Planning in the Anglo-Saxon City', Antiquity, 66 (1992), 65–74.

N. Baker and R. Holt, 'The City of Worcester in the Tenth Century', in N. P. Brooks and C. Cubitt (eds.), St Oswald of Worcester: Life and Influence (London, 1996), 129–46.

—— —— Urban Growth and the Medieval Church: Gloucester and Worcester (Aldershot, 2004).

P. Barker, 'Reconstructing Wulfstan's Cathedral', in J. S. Barrow and N. P. Brooks, St Wulfstan and his World (Aldershot, 2005), 167–88.

J. S. Barrow, 'The Community of Worcester, 961–c. 1100', in N. P. Brooks and C. Cubitt (eds.), St Oswald of Worcester: Life and Influence (London, 1996), 84–99.

—— 'Urban Cemetery Location in the High Middle Ages', in S. R. Bassett (ed.), Death in Towns: Urban Responses to the Dying and the Dead, 100–1600 (London, 1992), 78–100.

S. R. Bassett, 'Churches in Worcester before and after the Conversion of the Anglo-Saxons', Antiquaries Journal, 69 (1989), 225–56.

—— 'The Middle and Late Anglo-Saxon Defences of Western Mercian Towns', Anglo-Saxon Studies in Archaeology and History, 15 (2008), 180–239.

H. B. Clarke and C. Dyer, 'Anglo-Saxon and Early Norman Worcester: The Documentary Evidence', Transactions of the Worcester Archaeological Society, 3rd ser., 2 (1968–9), 27–33.

C. Dyer, Lords and Peasants in a Changing Society: The Estates of the Bishopric of Worcester, 680–1540 (Cambridge, 1980).

—— 'St Oswald and 10,000 West Midland Peasants', in N. P. Brooks and C. Cubitt (eds.), St Oswald of Worcester: Life and Influence (London, 1996), 174–93.

H. Halwood and R. Edwards, Excavations at Deansway, Worcester, 1988–89: Romano-British Small Town to Late Medieval City, CBA, Research Report, 139 (York, 2004).

C. M. Heighway, A. P. Garrod and A. G. Vince, 'Excavations at 1 Westgate Street, Gloucester, 1975', Medieval Archaeology, 23 (1979), 159–213.

R. Holt, 'The City of Worcester in the Time of Wulfstan', in J. S. Barrow and N. P. Brooks (eds.), St Wulfstan and his World (Aldershot, 2005), 123–36.

G. Hull, 'Barkingwic? Saxon and Medieval Features adjacent to Barking', Essex Archaeology and History, 33 (2002), 157–90.

J. R. Maddicott, 'London and Droitwich, c. 650–750: Trade, Industry and the Rise of Mercia', Anglo-Saxon England, 34 (2005), 7–58.

P. Sims-Williams, Religion and Literature in Western England, 600–800 (Cambridge, 1990).

伦敦

J. Ayre and R. Wroe-Brown, 'Æthelred's Hythe to Queenhythe: The Origin of a London Dock', Medieval Life, 5 (1996), 14–25.

M. Blackburn, 'The London Mint in the Reign of Alfred', in M. A. S. Blackburn and D. N. Dumville (eds.), Kings, Currency and Alliances: History and Coinage of Southern England in the Ninth Century (Woodbridge, 1998), 105–23.

D. Bowsher, T. Dyson, N. Holder and I. Howell, The London Guildhall: An Archaeological History of a Neighbourhood from Early Medieval to Modern Times, 2 vols., MoLAS Monograph, 36 (London, 2007).

N. P. Brooks and J. Graham-Campbell, 'Reflections on the Viking-Age Silver Hoard from Croydon, Surrey', in M. A. S. Blackburn (ed.), Anglo-Saxon Monetary History (London, 1986), 91–110.

J. Clark, 'King Alfred's London and London's King Alfred', London Archaeologist, 9 (1999), 35–8.

—— 'Late Saxon and Norman London Thirty Years On', in I. Haynes, H. Sheldon and L. Hannigan (eds.), London Under Ground: The Archaeology of a City (Oxford, 2000), 206–22.

R. Cowie, 'Londinium to Lundenwic: Early and Middle Saxon Archaeology in the London Region', in I. Haynes, H. Sheldon and L. Hannigan (eds.), London under Ground: The Archaeology of a City (Oxford, 2000), 175–205.

—— 'Mercian London', in M. P. Brown and C. A. Farr (eds.), Mercia: An Anglo-Saxon Kingdom in Europe (London, 2001), 194–209.

—— and C. Harding, 'Saxon Settlement and Economy from the Dark Ages to Domesday', in The Archaeology of Greater London: An Assessment of Archaeological Evidence for Human Presence in the Area Now Covered by Greater London, MoLAS Monograph (London, 2000), 171–206.

O. Crumlin-Pedersen, 'Ships as Indicators of Trade in Northern Europe 600–1200', in J. Bill and B. L. Clausen (eds.), Maritime Topography and the Medieval Town (Copenhagen, 1999), 11–20.

T. Dyson, 'King Alfred and the Restoration of London', London Journal, 15 (1990), 99–110.

—— 'Two Saxon Land Grants for Queenhithe', in J. Bird, H. Chapman and J. Clark (eds.), Collectanea Londiniensia: Studies in London Archaeology and History Presented to Ralph Merrifield, London and Middlesex Archaeological Society, Special Paper, 2 (London, 1978), 200–215.

R. Gilchrist and B. Sloane, Requiem: The Medieval Monastic Cemetery in Britain (London, 2005).

D. M. Goodburn, 'Anglo-Saxon Boat Finds from London, are they English?', in C. Westerdahl (ed.), Cross Roads in Ancient Ship Building (Oxford, 1994), 97–104.

—— 'Fragments of a 10th-Century Timber Arcade from Vintner's Place on the London Waterfront', Medieval Archaeology, 37 (1993), 78–92.

D. A. Hinton, Gold and Gilt, Pots and Pins: Possessions and People in Medieval Britain (Oxford, 2005).

V. Horsman, C. Milne and G. Milne, Aspects of Saxo-Norman London: I Building and Street Development, London and Middlesex Archaeological Society, Special Paper, 11 (London, 1988).

D. Keene, 'Alfred and London', in T. Reuter (ed.), Alfred the Great: Papers from the Eleventh-Centenary Conferences (Aldershot, 2003), 235–49.

—— 'London from the Post-Roman Period to 1300', in D. M. Palliser (ed.), The Cambridge Urban History of Britain, vol. 1: 600–1540 (Cambridge, 2000), 187–216.

—— Review of Ken Steedman et al., Aspects of Saxo-Norman London: III, London Journal, 20 (1995), 107–8.

S. E. Kelly (ed.), Charters of St Paul's, London (Oxford, 2004).

—— 'Trading Privileges from Eighth-Century England', Early Medieval Europe, 1 (1992), 3–28.

S. Keynes, 'King Alfred and the Mercians', in M. A. S. Blackburn and D. N. Dumville (eds.), Kings, Currency and Alliances: History and Coinage of Southern England in the Ninth Century (Woodbridge, 1998), 1–46.

G. Malcolm and D. Bowsher with R. Cowie, Middle Saxon London: Excavations at the Royal Opera House 1989–99, MoLAS Monograph, 15 (London, 2003).

G. Milne, Timber Building Techniques in London c. 900–1400, London and Middlesex Archaeological Society, Special Paper, 15 (London, 1992).

P. Nightingale, A Medieval Mercantile Community: The Grocers' Company and the Politics and Trade of London 1000–1485 (New Haven, 1995).

K. Steedman, T. Dyson and J. Schofield, Aspects of Saxo-Norman London: III The Bridgehead and Billingsgate to 1200, London and Middlesex Archaeological Society, Special Paper, 14 (London, 1992).

A. Vince (ed.), Aspects of Saxo-Norman London: II Finds and Environmental Evidence, London and Middlesex Archaeological Society, Special Paper, 12 (London, 1991).

R. Wroe-Brown, 'Bull Wharf: Queenhithe', Current Archaeology, 158 (1998), 75–7.

—— 'The Saxon Origins of Queenhithe', Transactions of the London and Middlesex Archaeological Society, 50 (1999), 12–16.

其他城镇和贸易点

S. R. Bassett., 'Lincoln and the Anglo-Saxon See of Lindsey', Anglo-Saxon England, 18 (1989), 1–32.

E. Cameron and Q. Mould, 'Saxon Shoes, Viking Sheaths? Cultural Identity in Anglo-Scandinavian York', in J. Hines, A. Lane and M. Redknap (eds.), Land, Sea and Home, Society for Medieval Archaeology Monograph Series, 20 (Leeds, 2004), 457–66.

C. Dallas, Excavations in Thetford by B. K. Davison between 1964 and 1970, East Anglian Archaeology, 62 (Dereham, 1993).

K. Dobney and D. Jaques, 'Avian Signatures for Identity and Status in Anglo-Saxon England', Acta Zoologica Cracoviensia, 45 (2002), 7–21.

C. Dyer, 'Towns and Cottages in Eleventh-Century England', in H. Mayr-Harting and R. I. Moore (eds.), Studies in Medieval History Presented to R. H. C. Davis (London, 1985), 91–106.

B. J. J. Gilmour and D. A. Stocker, St Mark's Church and Cemetery, Archaeology of Lincoln, 13 (London, 1986).

D. Griffiths, R. A. Philpott and G. Egan, Meols: The Archaeology of the North Wirral Coast, Oxford University School of Archaeology Monographs, 68 (Oxford, 2007).

R. A. Hall, 'The Five Boroughs of the Danelaw: A Review of Present Knowledge', Anglo-Saxon England, 18 (1989), 149–206.

—— D. W. Rollason, M. Blackburn, D. N. Parsons, G. Fellows-Jensen, A. R. Hall, H. K. Kenward, T. P. O'Connor, D. Tweddle, A. J. Mainman and N. S. H. Rogers, Aspects of Anglo-Scandinavian York, Archaeology of York, 8/4 (York, 2004).

P. A. Henry, 'Development and Change in Late Saxon Textile Production: An Analysis of the Evidence', Durham Archaeological Journal, 14–15 (1999), 69–76.

M. J. Jones, D. Stocker and A. Vince, The City by the Pool: Assessing the Archaeology of the City of Lincoln (Oxford, 2003).

K. Poole, 'Living and Eating in Viking-Age Towns and their Hinterlands', in M. Allen, S. Baker, S. Middle and K. Poole (eds.), Food and Drink in Archaeology: University of Nottingham Postgraduate Conference 2007 (Totnes, 2008), 104–12.

M. Redknap, 'Viking-Age Settlement in Wales and the Evidence from Llanbedrgoch', in J. Hines, A. Lane and M. Redknap (eds.), Land, Sea and Home, Society for Medieval Archaeology Monograph Series, 20 (Leeds, 2004), 139–75.

A. Rogerson and C. Dallas, Excavations in Thetford, 1948–59 and 1973–80, East Anglian Archaeology, 22 (Dereham, 1984).

N. J. Sykes, 'From cu and sceap to beffe and motton', in C. M. Woolgar, D. Serjeantson and T. Waldron (eds.), Food in Medieval England: Diet and Nutrition (Oxford, 2006), 56–71.

第十章 国王与生产盈余

基础阅读

W. Davies, 'Thinking about the Welsh Environment a Thousand Years Ago', in G. H. Jenkins (ed.), Cymru a'r Cymry 2000: Wales and the Welsh 2000 (Aberystwyth, 2001), 1–19.

C. Dyer, Making a Living in the Middle Ages: The People of Britain 850–1520 (New Haven, 2002).

R. Faith, The English Peasantry and the Growth of Lordship (New York, 1997).

P. Fowler, Farming in the First Millennium AD: British Agriculture between Julius Caesar and William the Conqueror (Cambridge, 2002).

P. Sawyer, 'The Wealth of England in the Eleventh Century', Transactions of the Royal Historical Society, 5th ser., 15 (1965), 145–64.

T. Williamson, Shaping Medieval Landscapes: Settlement, Society, Environment (Macclesfield, 2003).

政治背景

R. P. Abels, Alfred the Great: War, Kingship and Culture in Anglo-Saxon England (London, 1998).

L. Abrams, 'King Edgar and the Men of the Danelaw', in D. Scragg (ed.), Edgar, King of the English 959–975: New Interpretations (Woodbridge, 2008), 171–91.

N. P. Brooks, 'England in the Ninth Century: The Crucible of Defeat', Transactions of the Royal Historical Society, 5th ser., 29 (1979), 1–20.

R. A. Hall, 'A Kingdom Too Far: York in the Early Tenth Century', in N. J. Higham and D. H. Hill (eds.), Edward the Elder 899–924 (London, 2001), 188–99.

D. Hill, 'The Construction of Offa's Dyke', Antiquaries Journal, 80 (2000), 195–206.

—— and A. R. Rumble (eds.), The Defence of Wessex: The Burghal Hidage and Anglo-Saxon Fortifications (Manchester, 1996).

S. Keynes, 'Edgar, rex admirabilis', in D. Scragg (ed.), Edgar, King of the English 959–975: New Interpretations (Woodbridge, 2008), 3–59.

—— 'Edward, King of the Anglo-Saxons', in N. J. Higham and D. H. Hill (eds.), Edward the Elder 899–924 (London, 2001), 40–66.

—— 'A Tale of Two Kings: Alfred the Great and Æthelred the Unready', Transactions of the Royal Historical Society, 5th ser., 36 (1986), 195–217.

D. M. Metcalf, 'The Monetary History of England in the Tenth Century Viewed in the Perspective of the Eleventh Century', in M. A. S. Blackburn (ed.), Anglo-Saxon Monetary History: Essays in Memory of Michael Dolley (Leicester, 1986), 133–57.

新型土地主

M. Audouy and A. Chapman (eds.), Raunds: The Origin and Growth of a Midland Village AD 450–1500 (Oxford, 2009).

P. Booth, A. Dodd, M. Robinson and A. Smith, The Thames through Time: The Archaeology of the Gravel Terraces of the Upper and Middle Thames. The Early Historical Period: AD 1–1000, Oxford Archaeology Thames Valley Landscapes Monographs, 27 (Oxford, 2007).

M. Costen, 'Settlement in Wessex in the Tenth Century', in M. Aston and C. Lewis (eds.), The Medieval Landscape of Wessex (Oxford, 1994), 97–114.

P. Crabtree, 'Production and Consumption in an Early Complex Society: Animal Use in Middle Saxon East Anglia', World Archaeology, 28 (1996), 58–75.

C. Crowe, 'Early Medieval Parish Formation in Dumfries and Galloway', in M. O. H. Carver (ed.), The Cross Goes North: Processes of Conversion in Northern Europe, AD 300–1300 (Woodbridge, 2003), 195–206.

W. Davies, Wales in the Early Middle Ages (Leicester, 1982).

K. Dobney, D. Jaques, J. H. Barrett and C. Johnstone, Farmers, Monks and Aristocrats: The Environmental Archaeology of Anglo-Saxon Flixborough (Oxford, 2007).

C. Dyer, 'St Oswald and 10,000 West Midland Peasants', in N. P. Brooks and C. Cubitt (eds.), St Oswald of Worcester: Life and Influence (London, 1996), 174–93.

R. Faith, 'Cola's tun: Rural Social Structure in Late Anglo-Saxon Devon', in R. Evans (ed.), Lordship and Learning: Studies in Memory of Trevor Aston (Woodbridge, 2004), 63–78.

C. Gerrard and M. Aston, The Shapwick Project, Somerset: A Rural Landscape Explored, Society for Medieval Archaeology Monograph Series, 25 (Leeds, 2007).

G. Hey, Yarnton: Saxon and Medieval Settlement and Landscape, Oxford Archaeology Thames Valley Landscapes Monographs, 20 (Oxford, 2004).
D. Hill, 'Sulh – the Anglo-Saxon Plough c. 1000 AD', Landscape History, 22 (2000), 7–19.
D. Hooke (ed.), Anglo-Saxon Settlements (Oxford, 1988).
R. Jones and M. Page, 'Characterizing Rural Settlement and Landscape: Whittlewood Forest in the Middle Ages', Medieval Archaeology, 47 (2003), 53–83.
—— —— Medieval Villages in an English Landscape: Beginnings and Ends (Macclesfield, 2006).
S. R. H. Jones, 'Transaction Costs, Institutional Change and the Emergence of a Market Economy in Later Anglo-Saxon England', Economic History Review, 2nd ser., 46 (1993), 658–78.
C. Lewis, P. Mitchell-Fox and C. Dyer, Village, Hamlet and Field: Changing Medieval Settlements in Central England (Manchester, 1997), 77–118.
S. Oosthuizen, 'New Light on the Origins of Open-Field Farming', Medieval Archaeology, 49 (2005), 165–93.
S. Parry, Raunds Area Survey: An Archaeological Study of the Landscape of Raunds, Northamptonshire 1984–94 (Oxford, 2006).
A. Reynolds, 'Boundaries and Settlements in Later Sixth to Eleventh Century England', Anglo-Saxon Studies in Archaeology and History, 12 (2003), 98–136.
S. Rippon, 'Emerging Regional Variation in Historic Landscape Character: The Possible Significance of the "Long Eighth Century"', in M. F. Gardiner and S. Rippon (eds.), Medieval Landscapes (Macclesfield, 2007), 105–21.
—— R. M. Fyfe and A. G. Brown, 'Beyond Villages and Open Fields: The Origins and Development of a Historic Landscape Characterised by Dispersed Settlement in South-West England', Medieval Archaeology, 50 (2006), 31–51.
P. Williams and R. Newman, Market Lavington, Wiltshire: An Anglo-Saxon Cemetery and Settlement, Wessex Archaeology Report, 19 (Salisbury 2006).
R. Williams, Pennyland and Hartigans: Two Iron Age and Saxon Sites in Milton Keynes, Buckinghamshire Archaeological Society Monograph, 4 (Milton Keynes, 1993).

第十一章　卖盈余、买地位

基础阅读

P. Coss, 'What's in a Construct? The "Gentry" in Anglo-Saxon England', in R. Evans (ed.), Lordship and Learning: Studies in Memory of Trevor Aston (Woodbridge, 2004), 95–107.
C. Dyer, Making a Living in the Middle Ages: The People of Britain 850–1520 (New Haven, 2002).
R. Fleming, 'Lords and Labour', in W. Davies (ed.), Short Oxford History of the British Isles: From the Vikings to the Normans (Oxford, 2003), 107–38.

—— 'The New Wealth, the New Rich, and the New Political Style in Late Anglo-Saxon England', Anglo-Norman Studies, 22 (2001), 1–22.

M. F. Gardiner, 'Late Saxon Settlement', in H. Hamerow, S. Crawford and D. A. Hinton (eds.), A Handbook of Anglo-Saxon Archaeology (Oxford, forthcoming).

J. Gillingham, 'Thegns and Knights in Eleventh-Century England: Who Was Then the Gentleman?', Transactions of the Royal Historical Society, 6th ser., 5 (1995), 129–53.

M. R. Godden, 'Money, Power and Morality in Late Anglo-Saxon England', Anglo-Saxon England, 19 (1990), 41–65.

C. Loveluck, Rural Settlement, Lifestyles and Social Change in the Later First Millennium AD: Anglo-Saxon Flixborough in its Wider Context (Oxford, 2007).

P. H. Sawyer, 'The Wealth of England in the Eleventh Century', Transactions of the Royal Historical Society, 5th ser., 15 (1965), 145–64.

10 世纪和 11 世纪的经济

R. H. Britnell, The Commercialisation of English Society 1000–1500, 2nd edn. (Cambridge, 1996).

—— 'English Markets and Royal Administration before 1200', Economic History Review, 2nd ser., 31 (1987), 183–96.

W. Davies, An Early Welsh Microcosm: Studies in the Llandaff Charters (London, 1978).

—— Wales in the Early Middle Ages (Leicester, 1982).

H. E. Hallam, 'England before the Norman Conquest', in H. E. Hallam (ed.), The Agrarian History of England and Wales, vol. 2: 1042–1350 (Cambridge, 1988), 1–44.

D. A. Hinton, Archaeology, Economy and Society: England from the Fifth to the Fifteenth Century (London, 1990), 106–32.

P. Nightingale, 'The Evolution of Weight-Standards and the Creation of New Monetary and Commercial Links in Northern Europe from the Tenth Century to the Twelfth Century', Economic History Review, 2nd ser., 38 (1985), 192–209.

地位较高的权势集团

M. Audouy and A. Chapman (eds.), Raunds: The Origin and Growth of a Midland Village AD 450–1500 (Oxford, 2009).

J. Blair, 'Hall and Chamber: English Domestic Planning 1000–1250', in G. Meirion-Jones and M. Jones (eds.), Manorial Domestic Buildings in England and Northern France (London, 1993), 1–21.

A. Boddington, Raunds Furnells: The Anglo-Saxon Church and Churchyard, English Heritage Archaeological Report, 7 (London, 1996).

P. Booth, A. Dodd, M. Robinson and A. Smith, The Thames through Time: The Archaeology of the Gravel Terraces of the Upper and Middle Thames. The Early Historical Period: AD 1–1000, Oxford Archaeology Thames Valley Landscapes Monographs, 27 (Oxford, 2007).

E. Campbell and A. Lane, 'Llangorse: A Tenth-Century Royal Crannóg in Wales', Antiquity, 63 (1989), 675–81.

M. Costen, 'Settlement in Wessex in the Tenth Century', in M. Aston and C. Lewis (eds.), The Medieval Landscape of Wessex (Oxford, 1994), 97–114.

B. Cunliffe, Excavations at Portchester Castle: Saxon, vol. 2, Reports of the Research Committee of the Society of Antiquaries of London, 33 (London, 1976).

W. Davies, Wales in the Early Middle Ages (Leicester, 1982).

J. R. Fairbrother, Faccombe Netherton: Excavations of a Saxon and Medieval Manorial Complex, 2 vols., British Museum Occasional Papers (London, 1990).

M. F. Gardiner, 'Implements and Utensils in Gerefa, and the Organization of Seigneurial Farmsteads in the High Middle Ages', Medieval Archaeology, 50 (2006), 260–67.

—— 'The Origins and Persistence of Manor Houses in England', in M. F. Gardiner and S. Rippon (eds.), Medieval Landscapes (Macclesfield, 2007), 170–82.

M. Redknap, Vikings in Wales: An Archaeological Quest (Cardiff, 2000).

A. Williams, 'A Bell-House and a burh-geat: Lordly Residences in England before the Norman Conquest', in C. Harper-Bill and R. Harvey (eds.), Medieval Knighthood, 4 (Woodbridge, 1992), 221–40.

P. Williams and R. Newman, Market Lavington, Wiltshire: An Anglo-Saxon Cemetery and Settlement, Wessex Archaeology Report, 19 (Salisbury, 2006).

T. Williamson, Shaping Medieval Landscapes: Settlement, Society, Environment (Macclesfield, 2003).

显而易见的消费

U. Albarella and R. Thomas, 'They Dined on Crane: Bird Consumption, Wild Fowling and Status in Medieval England', Acta Zoologica Cracoviensia, 45 (2002), 23–38.

J. H. Barrett, A. M. Locker and C. M. Roberts, '"Dark Age Economics" Revisited: The English Fish Bone Evidence AD 600–1600', Antiquity, 78 (2004), 618–36.

M. Biddle, Objects and Economy in Medieval Winchester: Artifacts from Medieval Winchester, 2 vols. (Oxford, 1990).

R. Bruce-Mitford, with P. Ashbee, E. Greenfield, F. Roe and R. J. Taylor, Mawgan

Porth: A Settlement of the Late Saxon Period on the North Cornish Coast, English Heritage Archaeological Report, 13 (London, 1997).

W. Davies, 'Thinking about the Welsh Environment a Thousand Years Ago', in G. H. Jenkins (ed.), Cymru a'r Cymry 2000: Wales and the Welsh 2000 (Aberystwyth, 2001), 1–19.

K. Dobney and D. Jaques, 'Avian Signatures for Identity and Status in Anglo-Saxon England', Acta Zoologica Cracoviensia, 45 (2002), 7–21.

C. R. Dodwell, Anglo-Saxon Art: A New Perspective (Ithaca, NY, 1982).

C. Dyer, 'The Consumption of Fresh-Water Fish in Medieval England', in M. Aston (ed.), Medieval Fish, Fisheries and Fishponds in England, 2 vols., BAR, Brit. Ser., 182 (Oxford, 1988), 27–38.

R. Fleming, 'Acquiring, Flaunting and Destroying Silk in Late Anglo-Saxon England', Early Medieval Europe, 15 (2007), 127–58.

—— 'Rural Elites and Urban Communities in Late-Saxon England', Past and Present, 141 (1993), 3–37.

H. Granger-Taylor and F. Pritchard, 'A Fine Quality Insular Embroidery from Llan-gors Crannóg, near Brecon', in M. Redknap, N. Edwards, S. Youngs, A. Lane and J. Knight (eds.), Pattern and Purpose in Insular Art (Oxford, 2001), 91–9.

P. J. Huggins, 'Excavation of an Eleventh Century Viking Hall and Fourteenth Century Rooms at Waltham Abbey, Essex, 1969–71', Medieval Archaeology, 20 (1976), 90–101.

G. Milne, St Bride's Church London: Archaeological Research 1952–60 and 1992–5, English Heritage Archaeological Report, 11 (London, 1997).

T. P. O'Connor, Animal Bones from Flaxengate, Lincoln, c. 870–1500 (Lincoln, 1982).

—— 'Feeding Lincoln in the Eleventh Century – a Speculation', in M. Jones (ed.), Integrating the Subsistence Economy, BAR, Int. Ser., 181 (Oxford, 1983), 327–30.

G. R. Owen-Crocker, Dress in Anglo-Saxon England, 2nd edn. (Woodbridge, 2004).

A. Powell, 'Animal Bone from Llangorse Crannog 04' (unpublished paper).

H. Pryce, 'Ecclesiastical Wealth in Early Medieval Wales', in N. Edwards and A. Lane (eds.), The Early Church in Wales and the West: Recent Work in Early Christian Archaeology, History and Placenames (Oxford, 1992), 22–32.

M. Redknap, 'Viking-Age Settlement in Wales and the Evidence from Llanbedrgoch', in J. Hines, A. Lane and M. Redknap (eds.), Land, Sea and Home, Society for Medieval Archaeology Monograph Series, 20 (Leeds, 2004), 139–75.

N. J. Sykes, 'The Dynamics of Status Symbols: Wildfowl Exploitation in England AD 410–1550', Archaeological Journal, 161 (2005), 82–105.

P. Wade-Martins, with documentary research by D. Yaxley, Excavations in North Elmham Park, East Anglian Archaeology, 9, Norfolk Archaeological Unit (Gressenhall, 1980).

P. Walton Rogers Textile Production at 16–22 Coppergate, Archaeology of York, 17/11 (York, 1997).

—— Textiles, Cordage, and Raw Fiber from 16–22 Coppergate, Archaeology of York, 17/5 (York, 1989), 374–5.

C. M. Woolgar, D. Serjeantson and T. Waldron (eds.), Food in Medieval England: Diet and Nutrition (Oxford, 2006).

这个时期的政治；货币和国家

J. Campbell, 'Some Agents and Agencies of the Late Anglo-Saxon State', in J. C. Holt (ed.), Domesday Studies (Woodbridge, 1987), 201–18.

R. Fleming, Kings and Lords in Conquest England (Cambridge, 1991).

J. Gillingham, 'Chronicles and Coins as Evidence for Levels of Tribute and Taxation in Late Tenth- and Early Eleventh-Century England', English Historical Review, 105 (1990), 939–50.

—— '"The Most Precious Jewel in the English Crown": Levels of Danegeld and Heregeld in the Early Eleventh Century', English Historical Review, 104 (1989), 374–84.

S. Keynes, 'A Tale of Two Kings: Alfred the Great and Æthelred the Unready', Transactions of the Royal Historical Society, 5th ser., 36 (1986), 195–217.

M. K. Lawson, 'Danegeld and Heregeld Once More', English Historical Review, 105 (1990), 951–61.

—— '"Those Stories Look True": Levels of Taxation in the Reigns of Æthelred II and Cnut', English Historical Review, 104 (1989), 385–406.

D. M. Metcalf, 'Inflows of Anglo-Saxon and German Coins into the Northern Lands c. 997–1024: Discerning the Patterns', in B. Cook and G. Williams (eds.), Coinage and History in the North Sea World, c. AD 500–1250: Essays in Honour of Marion Archibald (Leiden, 2006), 349–88.

第十二章 神职人员、修士与平信徒

基础阅读

J. Blair, The Church in Anglo-Saxon Society (Oxford, 2005).

N. P. Brooks and C. Cubitt (eds.), St Oswald of Worcester: Life and Influence (London, 1996).

C. Cubitt, 'The Institutional Church', in P. Stafford (ed.), A Companion to the Early Middle Ages: Britain and Ireland, c. 500–c. 1100 (London, 2009), 376–94.

—— 'The Tenth-Century Benedictine Reform in England', Early Medieval Europe, 6 (1997), 77–94.

M. Gretsch, The Intellectual Foundations of the English Benedictine Reform (Cambridge, 1999).

N. Ramsay, M. Sparks and T. Tatton-Brown (eds.), St Dunstan: His Life, Times and Influence (Woodbridge, 1992).

F. Tinti (ed.), Pastoral Care in Late Anglo-Saxon England (Woodbridge, 2005).

B. Yorke (ed.), Bishop Æthelwold: His Career and Influence (Woodbridge, 1988).

未改革和改革过的社区

J. S. Barrow, 'The Chronology of Benedictine "Reform"', in D. Scragg (ed.), Edgar, King of the English 959–975: New Interpretations (Woodbridge, 2008), 211–23.

—— 'The Community of Worcester, 961–c. 1100', in N. P. Brooks and C. Cubitt (eds.), St Oswald of Worcester: Life and Influence (London, 1996), 84–99.

—— 'English Cathedral Communities and Reform in the Late Tenth and Eleventh Centuries', in D. Rollason, M. Harvey and M. Prestwich (eds.), Anglo-Norman Durham 1093–1193 (Woodbridge, 1994), 25–39.

J. Blair, 'Palaces or Minsters? Northampton and Cheddar Reconsidered', Anglo-Saxon England, 25 (1996), 97–121.

—— 'A Saint for Every Minster? Local Cults in Anglo-Saxon England', in A. Thacker and R. Sharpe (eds.), Local Saints and Local Churches in the Early Medieval West (Oxford, 2002), 455–94.

P. Booth, A. Dodd, M. Robinson and A. Smith, The Thames through Time: The Archaeology of the Gravel Terraces of the Upper and Middle Thames. The Early Historical Period: AD 1–1000, Oxford Archaeology Thames Valley Landscapes Monographs, 27 (Oxford, 2007).

J. Campbell, 'Elements in the Background to the Life of St Cuthbert and his Early Cult', in G. Bonner, D. Rollason and C. Stancliffe (eds.), St Cuthbert, his Cult and his Community to AD 1200 (Woodbridge, 1989), 3–19.

M. O. H. Carver, Portmahomack: Monastery of the Picts (Edinburgh, 2008).

S. Crawford with J. Blair and M. Harman, 'The Anglo-Saxon Cemetery at Chimney, Oxfordshire', Oxoniensia, 54 (1989), 45–56.

C. Cubitt, 'Pastoral Care and Religious Belief', in P. Stafford (ed.), A Companion to the Early Middle Ages: Britain and Ireland, c. 500–c. 1100 (London, 2009), 395–413.

D. Farmer, 'The Monastic Reform of the Tenth Century and Sherborne', in K. Barker, D. A. Hinton. and A. Hunt (eds.), St Wulfsige and Sherborne (Oxford, 2005), 24–9.

S. Foot, Monastic Life in Anglo-Saxon England, c. 600–900 (Cambridge, 2006).

H. Gittos, 'Creating the Sacred: Anglo-Saxon Rites for Consecrating Cemeteries', in S. J. Lucy and A. Reynolds (eds.), Burial in Early Medieval England and

Wales, Society for Medieval Archaeology Monograph Series, 17 (Leeds, 2002), 195–208.

A. Hardy, A. Dodd and G. D. Keevil, Ælfric's Abbey: Excavations at Eynsham Abbey, Oxfordshire 1989–92 (Oxford, 2003).

M. Holmes and A. Chapman (eds.), 'A Middle-Late Saxon and Medieval Cemetery at Wing Church Buckinghamshire', Records of Buckinghamshire, 48 (2008), 61–123.

C. A. Jones, Ælfric's Letter to the Monks of Eynsham (Cambridge, 1998).

S. E. Kelly, 'An Early Minster at Eynsham, Oxfordshire', in O. J. Padel and D. N. Parsons (eds.), A Commodity of Good Names (Donnington, 2008), 79–85.

J. K. Knight, 'From Villa to Monastery: Llandough in Context', Medieval Archaeology, 49 (2005), 93–107.

J. Parkhouse, R. Roseff and J. Short, 'A Late Saxon Cemetery at Milton Keynes Village', Records of Buckinghamshire, 38 (1996), 199–221.

H. Price, 'The Christianization of Society', in W. Davies (ed.), From the Vikings to the Normans (Oxford, 2003), 138–67.

G. Rosser, 'The Anglo-Saxon Gilds', in J. Blair (ed.), Minsters and Parish Churches: The Local Church in Transition 950–1200 (Oxford, 1988), 31–4.

教堂数量激增

M. Audouy and A. Chapman (eds.), Raunds: The Origin and Growth of a Midland Village AD 450–1500 (Oxford, 2009).

J. Blair, Anglo-Saxon Oxfordshire (Oxford, 1994).

—— 'Churches in the Early English Landscape: Socian and Cultural Contexts', in J. Blair and C. Pyrah (eds.), Church Archaeology: Research Directions for the Future, CBA, Research Report, 104 (York, 1996), 6–18.

A. Boddington, Raunds Furnells: The Anglo-Saxon Church and Churchyard, English Heritage Archaeological Report, 7 (London, 1996).

G. Coppack, 'St Lawrence Church, Burnham, South Humberside: The Excavation of a Parochial Chapel', Lincolnshire History and Archaeology, 21 (1986), 39–60.

R. Fleming, M. F. Smith and P. Halpin, 'Court and Piety in Late Anglo-Saxon England', Catholic Historical Review, 87 (2001), 569–602.

R. Gem, 'The English Parish Church in the Eleventh and Early Twelfth Centuries: A Great Rebuilding?', in J. Blair (ed.), Minsters and Parish Churches: The Local Church in Transition 950–1200 (Oxford, 1988), 21–30.

P. H. Hase, 'The Mother Churches of Hampshire', in J. Blair (ed.), Minsters and Parish Churches: The Local Church in Transition 950–1200 (Oxford, 1988), 45–66.

M. Holmes and A. Chapman (eds.), 'A Middle-Late Saxon and Medieval Cemetery at Wing Church, Buckinghamshire', Records of Buckinghamshire, 48 (2008), 61–123.

R. M. Liuzza, 'Prayers and/or Charms Addressed to the Cross', in K. L. Jolly, C. E. Karkov and S. L. Keefer (eds.), Cross and Culture in Anglo-Saxon England: Studies in Honor of George Hardin Brown (Morgantown, W. Va., 2007), 276–320.

N. Rogers, 'The Waltham Abbey Relic-List', in C. Hicks (ed.), England in the Eleventh Century: Proceedings of the 1990 Harlaxton Symposium (Stamford, 1992), 157–81.

P. Warner, 'Shared Churchyards, Freemen Church Builders and the Development of Parishes in Eleventh-Century East Anglia', Landscape History, 8 (1986), 39–52.

J. Wilcox, 'Ælfric in Dorset and the Landscape of Pastoral Care', in F. Tinti (ed.), Pastoral Care in Late Anglo-Saxon England (Woodbridge, 2005), 52–62.

新基督徒

L. Abrams, 'Conversion and Assimilation', in D. M. Hadley and J. D. Richards (eds.), Cultures in Contact: Scandinavian Settlement in England in the Ninth and Tenth Centuries (Turnhout, 2000), 135–53.

—— 'The Conversion of the Danelaw', in J. Graham-Campbell, R. A. Hall, J. Jesch and D. N. Parsons (eds.), Vikings and the Danelaw (Oxford, 2001), 31–44.

M. Audouy and A. Chapman (eds.), Raunds: The Origin and Growth of a Midland Village AD 450–1500 (Oxford, 2009).

J. H. Barrett, 'Christian and Pagan Practice during the Conversion of Viking Age Orkney and Shetland', in M. O. H. Carver (ed.), The Cross Goes North: Processes of Conversion in Northern Europe, AD 300–1300 (Woodbridge, 2003), 207–26.

J. D. Richards, 'The Case of the Missing Vikings: Scandinavian Burial in the Danelaw', in S. J. Lucy and A. Reynolds (eds.), Burial in Early Medieval England and Wales, Society for Medieval Archaeology Monograph Series, 17 (Leeds, 2002), 156–70.

D. Stocker and P. Everson, 'Five Towns Funerals: Decoding Diversity in Danelaw Stone Sculpture', in J. Graham-Campbell, R. A. Hall, J. Jesch and D. N. Parsons (eds.), Vikings and the Danelaw (Oxford, 2001), 223–43.

第十三章　中世纪早期不列颠人的生与死

基础阅读

M. N. Cohen, 'Does Palaeopathology Measure Community Health? A Rebuttal of "the Osteological Paradox" and its Implications for World History', in R. R. Paine (ed.), Integrating Archaeological Demography: Multidisciplinary

Approaches to Prehistoric Population, Center for Archaeological Investigations, Occasional Papers, 24 (Carbondale, Ill., 1997), 242–60.

R. Fleming, 'Bones for Historians: Putting the Body Back into Biography', in D. Bates, J. Crick and S. Hamilton (eds.), Writing Medieval Biography 750–1250: Essays in Honour of Professor Frank Barlow (Woodbridge, 2006), 29–48.

—— 'Writing Biography on the Edge of History', American Historical Review, 114 (2009), 606–14.

R. Gowland and C. Knüsel (eds.), The Social Archaeology of Funerary Remains (Oxford, 2006), 168–78.

C. S. Larsen, Bioarchaeology: Interpreting Human Behavior from the Human Skeleton (Cambridge, 1997).

S. Mays, The Archaeology of Human Bones (London, 1998).

T. Molleson and M. Cox, The Spitalfields Project, vol. 2: The Anthropology: The Middling Sort, CBA, Research Report, 86 (York, 1993).

D. Ortner, Identification of Pathological Conditions in Human Skeletal Remains, 2nd edn. (San Diego, 2003).

C. A. Roberts and M. Cox, Health and Disease in Britain from Prehistory to the Present Day (Stroud, 2003).

—— and K. Manchester, The Archaeology of Disease, 3rd edn. (Stroud, 2005).

T. Waldron, Counting the Dead: The Epidemiology of Skeletal Populations (Chichester, 1994).

J. W. Wood, G. R. Milner, H. C. Harpending and K. M. Weis, 'The Osteological Paradox: Problems of Inferring Prehistoric Health from Skeletal Samples', Current Anthropology, 33 (1992), 343–70.

一些墓葬的发掘报告，以及关于骨骼物质的有趣讨论

A. Boddington, Raunds Furnells: The Anglo-Saxon Church and Churchyard, English Heritage Archaeological Report, 7 (London, 1996).

A. Boyle, A. Dodd, D. Miles and A. Mudd, Two Oxfordshire Anglo-Saxon Cemeteries: Berinsfield and Didcot, Oxford Archaeology Thames Valley Landscapes Monographs, 8 (Oxford, 1995).

J. D. Dawes and J. R. Magilton, The Cemetery of St Helen-on-the-Walls, Aldwark, Archaeology of York, 12/1 (York, 1980).

G. Drinkall and M. Foreman, The Anglo-Saxon Cemetery at Castledyke South, Barton-on-Humber, Sheffield Excavation Reports, 6 (Sheffield, 1998).

V. I. Evison, An Anglo-Saxon Cemetery at Great Chesterford, Essex, CBA, Research Report 91 (York, 1994).

—— Dover: The Buckland Anglo-Saxon Cemetery (London, 1987).

P. Hill, Whithorn and St Ninian: The Excavation of a Monastic Town, 1984–91 (Stroud, 1997).

P. J. Huggins, 'Excavation of Belgic and Romano-British Farm with Middle Saxon Cemetery and Churches at Nazeingbury, Essex 1975–76', Essex Archaeology and History, 10 (1978), 29–117.

T. Malim and J. Hines, The Anglo-Saxon Cemetery at Edix Hill (Barrington A), CBA, Research Report, 112 (York, 1998).

K. Parfitt and B. Brugmann, The Anglo-Saxon Cemetery on Mill Hill, Deal, Kent, Society for Medieval Archaeology Monograph Series, 14 (London, 1997).

S. J. Sherlock and M. G. Welch, An Anglo-Saxon Cemetery at Norton, Cleveland, CBA, Research Report, 82 (London, 1992).

A. Taylor, C. Duhig and J. Hines, 'An Anglo-Saxon Cemetery at Oakington, Cambridgeshire', Proceedings of the Cambridge Antiquarian Society, 86 (1997), 57–90.

J. R. Timby, The Anglo-Saxon Cemetery at Empringham *II*, Rutland (Oxford, 1996).

W. White, Skeletal Remains from the Cemetery of St Nicholas, Shambles, City of London, London and Middlesex Archaeology Society, Special Papers, 9 (London, 1988).

农村和城市人口的健康

D. Brothwell, 'On the Possibility of Urban-Rural Contrasts in Human Population Palaeobiology', in A. R. Hall and H. K. Kenward (eds.), Urban-Rural Connexions: Perspectives from Urban-Rural Archaeology (Oxford, 1994), 129–36.

A. R. Hall, H. K. Kenward, D. Williams and J. R. A. Greig, Environment and Living Conditions at Two Anglo-Scandinavian Sites, Archaeology of York, 14/4 (York, 1983).

M. A. Judd and C. A. Roberts, 'Fracture Trauma in a Medieval British Farming Village', American Journal of Physical Anthropology, 109 (1999), 229–43.

H. K. Kenward and E. P. Allison, 'Rural Origins of the Urban Insect Fauna', in A. R. Hall and H. K. Kenward (eds.), Urban-Rural Connexions: Perspectives from Urban-Rural Archaeology (Oxford, 1994), 55–77.

—— and A. R. Hall, Biological Evidence from Anglo-Scandinavian Deposits at 16–22 Coppergate, Archaeology of York, 14/7 (York, 1995).

—— and F. Large, 'Insects in Urban Waste Pits in Viking York: Another Kind of Seasonality', Environmental Archaeology (Circaea), 3 (1998), 35–53.

D. Klingle, 'Understanding Age, Stature and Nutrition in Cambridgeshire and Bedfordshire during the Roman and Early Anglo-Saxon Periods (AD 43–700)', Archaeological Review from Cambridge, 23 (2008), 99–123.

M. Lewis, 'Non-Adult Palaeopathology: Current Status and Future Potential', in M. Cox and S. Mays (eds.), Human Osteology in Archaeology and Forensic Science (London, 2000), 39–57.

K. Manchester and C. Roberts, 'The Palaeopathology of Leprosy in Britain: A Review', World Archaeology, 21 (1989), 265–72.

S. Mays, 'Linear and Appositional Long Bone Growth in Earlier Human Populations: A Case Study from Medieval England', in R. D. Hoppa and C. M. FitzGerald (eds.), Human Growth in the Past: Studies from Bones and Teeth (Cambridge, 1999), 290–312.

P. J. Piper and T. P. O'Connor, 'Urban Small Vertebrate Taphonomy: A Case Study from Anglo-Scandinavian York', International Journal of Osteoarchaeology, 11 (2001), 336–44.

I. Ribot and C. Roberts, 'Study of Non-Specific Stress Indicators and Skeletal Growth in Two Mediaeval Subadult Populations', Journal of Archaeological Science, 23 (1996), 67–79.

C. A. Roberts, 'The Antiquity of Leprosy in Britain: The Skeletal Evidence', in C. A. Roberts, M. E. Lewis and K. Manchester (eds.), The Past and Present of Leprosy: Archaeological, Historical, and Palaeopathological and Clinical Approaches, BAR, Int. Ser., 1054 (Oxford, 2002), 213–21.

J. Rogers and T. Waldron, 'DISH and the Monastic Way of Life', International Journal of Osteoarchaeology, 11 (2001), 357–65.

P. K. Stone and D. Walrath, 'The Gendered Skeleton: Anthropological Interpretations of the Bony Pelvis', in R. Gowland and C. Knüsel (eds.), The Social Archaeology of Funerary Remains (Oxford, 2006), 168–78.

P. Stuart-Macadam and S. K. Kent (eds.), Diet, Demography and Disease: Changing Perspectives on Anemia (New York, 1992).

T. Waldron, 'The Effects of Urbanization on Human Health: The Evidence from Skeletal Remains', in D. Serjeantson and T. Waldron (eds.), Diet and Crafts in Towns: The Evidence of Animal Remains from the Roman to the Post-Medieval Periods, BAR, Brit. Ser., 199 (Oxford, 1989), 55–73.

—— 'Nutrition and the Skeleton', in C. M. Woolgar, D. Serjeantson and T. Waldron (eds.), Food in Medieval England: Diet and Nutrition (Oxford, 2006), 254–66.

工作、饮食和迁徙

J. H. Barrett and M. P. Richards, 'Identity, Gender, Religion and Economy: New Isotope and Radiocarbon Evidence for Marine Resource Intensification in Early Historic Orkney, Scotland, UK', European Journal of Archaeology, 7 (2004), 249–71.

P. Budd, A. Millard, C. Chenery, S. J. Lucy and C. Roberts, 'Investigating Population Movement by Stable Isotope Analysis: A Report from Britain', Antiquity, 78 (2004), 127–41.

A. J. Dunwell, T. G. Cowie, M. F. Bruce, T. Neighbour and A. R. Rees, 'A Viking Age Cemetery at Cnip, Uig, Isle of Lewis', Proceedings of the Society of Antiquaries of Scotland, 125 (1995), 719–52.

B. T. Fuller, T. I. Molleson, D. A. Harris, L. T. Gilmour and R. E. M. Hedges, 'Isotopic Evidence for Breastfeeding and Possible Adult Dietary Differences from Late/Sub-Roman Britain', American Journal of Physical Anthropology, 129 (2006), 45–54.
C. Knüsel, 'Bone Adaptation and its Relationship to Physical Activity in the Past', in M. Cox and S. Mays (eds.), Human Osteology in Archaeology and Forensic Science (London, 2000), 381–401.
T. Molleson, 'A Norse Age Boatman from Newark Bay', Papers and Pictures in Honour of Daphne Home Lorimer, *MBE*, Orkney Archaeological Trust (2004), http://www.orkneydigs.org.uk/dhl/papers/tm/index.html
J. Montgomery and J. A. Evans, 'Immigrants on the Isle of Lewis – Combining Traditional Funerary and Modern Isotope Evidence to Investigate Social Differentiation, Migration and Dietary Change in the Outer Hebrides of Scotland', in R. Gowland and C. Knüsel (eds.), The Social Archaeology of Funerary Remains (Oxford, 2006), 122–42.
K. L. Privat, T. C. O'Connell and M. P. Richards, 'Stable Isotope Analysis of Human and Faunal Remains from the Anglo-Saxon Cemetery at Berinsfield, Oxfordshire: Dietary and Social Implications', Journal of Archaeological Science, 29 (2002), 779–90.

惩罚式墓葬

M. O. H. Carver, Sutton Hoo: A Seventh-Century Princely Burial Ground and its Context (London, 2005).
B. Clarke, 'An Early Anglo-Saxon Cross-Roads Burial from Broadtown, North Wiltshire', Wiltshire Archaeological and Natural History Magazine, 97 (2004), 89–94.
D. Hamilton, M. Pitts and A. J. Reynolds, 'A Revised Date for the Early Medieval Execution at Stonehenge', Wiltshire Archaeological and Natural History Magazine, 100 (2007), 202–3.
G. Hayman and A. Reynolds, 'A Saxon and Saxo-Norman Execution Cemetery at 42–54 London Road, Staines', Archaeological Journal, 162 (2005), 215–55.
S. M. Hirst, An Anglo-Saxon Inhumation Cemetery at Sewerby, East Yorkshire (York, 1985).
—— 'Death and the Archaeologist', in M. O. H. Carver (ed.), In Search of Cult: Archaeological Investigations in Honour of Philip Rahtz (Woodbridge, 1993), 41–3.
M. Pitts, A. Bayliss, J. McKinley, A. Boylston, P. Budd, J. Evans, C. Chenery, A. J. Reynolds and S. Semple, 'An Anglo-Saxon Decapitation and Burial at Stonehenge', Wiltshire Archaeological and Natural History Magazine, 95 (2002), 131–46.
A. Reynolds, Anglo-Saxon Deviant Burial Customs (Oxford, 2009).

—— Late Anglo-Saxon England (Stroud, 1999).

S. Semple, 'A Fear of the Past: The Place of the Prehistoric Burial Mound in the Ideology of Middle and Later Anglo-Saxon England', World Archaeology, 30 (1998), 109–26.

J. F. S. Stone, 'Interments of Roche Court Down, Winterslow', Wiltshire Archaeological and Natural History Magazine, 45 (1932), 568–82.

M. L. Tildesley, 'The Human Remains from Roche Court Down', Wiltshire Archaeological and Natural History Magazine, 45 (1932), 583–99.

R. Wroe-Brown, 'Bull Wharf: Queenhithe', Current Archaeology, 158 (1998), 75–7.